GRUNDLAGEN

Ohne Wasser kein Leben

Ein Blick auf den Globus zeigt, dass auf unserer Erde riesige Wassermengen existieren. Aber nicht nur die Weltmeere und die Eisflächen der Pole enthalten Wasser (Abb. 2). Die meisten Wasserteilchen befinden sich in ständiger Bewegung. Flüssiges Wasser verdunstet, kondensiert in kälteren Luftschichten zu winzigen Wassertröpfchen oder erstarrt zu Eis. Wasser fließt in Flüssen, aber auch im Erdboden. In diesen **Kreislauf des Wassers** (Abb. 1) ist auch das Wasser in den Lebewesen, in Menschen, Tieren und Pflanzen, einbezogen. Wasser ist nicht nur für den Menschen ein lebensnotwendiger Stoff. Ohne Wasser wäre unsere Erde völlig unbewohnt. Wasser ist die Grundvoraussetzung für das Leben auf der Erde.
Für sehr viele Organismen bildet Wasser den Le-

2 Wasser kommt auf der Erde in unterschiedlichen Formen vor.

Die Fotosynthese, also die Bildung von Traubenzucker in grünen Pflanzenteilen, kann nur bei Anwesenheit von Wasser stattfinden, denn Wasser ist einer der Ausgangsstoffe bei diesem Prozess.
Ebenso vielseitig ist die Bedeutung des Wassers in Haushalt, Landwirtschaft und Industrie. Im Haushalt sind Nahrungszubereitung, Reini-

Im Abschnitt G[…] schen Sachver[…] und Gesetze s[…] umwandlung[…] Merksätze werden […] unterlegt und ergänzendes Wissen blau unterlegt. Experimente sind gelb eingerahmt ☐ und mit Gefahrstoffkennzeichnungen versehen.

ANWENDUNGEN

Eins plus eins ist nicht immer zwei

Ein Experiment zeigt, dass das Volumen beim Mischen zweier Mengen nicht immer mit der rechnerischen Summe dieser Mengen übereinstimmt. Gibt man z. B. 50 ml Alkohol (Ethanol) in 50 ml Wasser, erhält man nach dem Mischen nicht 100 ml Flüssigkeit, sondern nur ca. 96 ml (Abb. 1). *Erkläre diese verblüffende Erscheinung!*

Mischt man Alkohol (Ethanol) mit Wasser, so wird der Alkohol im Wasser gelöst. Es entsteht eine einheitliche Lösung. Die beobachtete Erscheinung

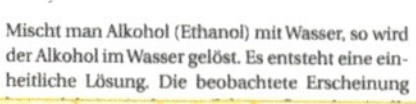

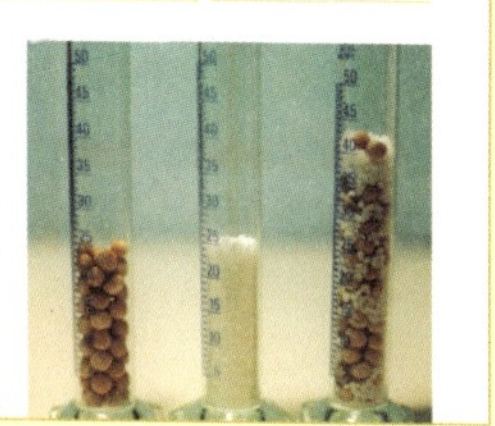

Im Abschnitt **Anwendungen** werden chemische Begriffe und Gesetze mit typischen Beispielen aus der Natur und dem täglichen Leben verbunden oder es werden Experimente beispielhaft dargestellt. Dieser Teil zeigt dir auch, wie man Tätigkeiten zum Lösen von Aufgaben (z. B. Beschreiben, Erklären) richtig ausführt.

AUFGABEN

1. Die meisten Wasserteilchen befinden sich in ständiger Bewegung. Belege die Richtigkeit dieser Aussage!

9. Berechne den Massenanteil an Kochsalz, wenn zur Herstellung der Lösung 55 g Salz in 1 l Wasser gelöst wurden!
10. Wasser ist eine gutes Lösemittel für viele Stoffe. Nenne Beispiele aus der Natur und dem Haushalt! Erläutere an je einem Beispiel, welche Bedeutung diese Eigenschaft des Wassers hat!
11. Die Wasserqualität der Seen und Flüsse wird ständig überprüft. Bei der Probenentnahme in einem See stellte man im November einen höheren Sauerstoffgehalt als im Juli fest. Nenne eine der möglichen Ursachen und

Die **Aufgaben** bieten dir unterschiedliche Möglichkeiten, dich mit den chemischen Sachverhalten zu beschäftigen und diese auch auf deine Beobachtungen in der Umwelt und der Technik anzuwenden.

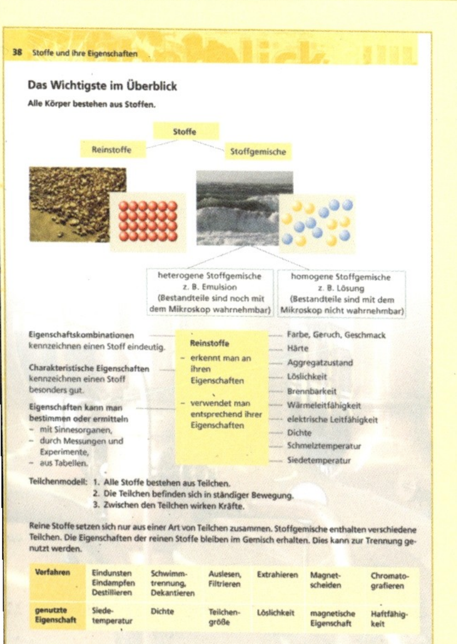
38 Stoffe und ihre Eigenschaften

Das Wichtigste im Überblick

Alle Körper bestehen aus Stoffen.

Stoffe
Reinstoffe
Stoffgemische

heterogene Stoffgemische z. B. Emulsion (Bestandteile sind noch mit dem Mikroskop wahrnehmbar)
homogene Stoffgemische z. B. Lösung (Bestandteile sind mit dem Mikroskop nicht wahrnehmbar)

Eigenschaftskombinationen kennzeichnen einen Stoff eindeutig.
Charakteristische Eigenschaften kennzeichnen einen Stoff besonders gut.
Eigenschaften kann man bestimmen oder ermitteln
- mit Sinnesorganen,
- durch Messungen und Experimente,
- aus Tabellen.

Reinstoffe
- erkennt man an ihren Eigenschaften
- verwendet man entsprechend ihrer Eigenschaften

Farbe, Geruch, Geschmack
Härte
Aggregatzustand
Löslichkeit
Brennbarkeit
Wärmeleitfähigkeit
elektrische Leitfähigkeit
Dichte
Schmelztemperatur
Siedetemperatur

Teilchenmodell: 1. Alle Stoffe bestehen aus Teilchen.
2. Die Teilchen befinden sich in ständiger Bewegung.
3. Zwischen den Teilchen wirken Kräfte.

Reine Stoffe setzen sich nur aus einer Art von Teilchen zusammen. Stoffgemische enthalten verschiedene Teilchen. Die Eigenschaften der reinen Stoffe bleiben im Gemisch erhalten. Dies kann zur Trennung genutzt werden.

Verfahren	Eindunsten Eindampfen Destillieren	Schwimm-trennung, Dekantieren	Auslesen, Filtrieren	Extrahieren	Magnet-scheiden	Chromato-grafieren
genutzte Eigenschaft	Siede-temperatur	Dichte	Teilchen-größe	Löslichkeit	magnetische Eigenschaft	Haftfähig-keit

Auf **Überblickseiten** werden wichtige Erkenntnisse und Definitionen aus dem Kapitel übersichtlich zusammengefasst.

Chemie

Lehrbuch für die Klassen 8–10
Brandenburg

Herausgeber
Dr. Christine Ernst
Dr. Adria Wehser

DUDEN PAETEC Schulbuchverlag
Berlin · Frankfurt a. M.

Herausgeber
Dr. Christine Ernst
Dr. Adria Wehser

Autoren
Frank-Michael Becker
Inge Bräuer
Dr. Claus Endisch
Dr. Christine Ernst
Günter Hauschild
Dr. Bärbel Kadow
Prof. Dr. habil. Armin Klein
Dr. Gabriele Mederow
Prof. Dr. habil. Lothar Meyer
Angelika Neumann
Barbara Reibis
Hans-Jürgen Richter
Klaus Saffian
Dr. Gerhard Schellenberg
Dr. Gerd-Dietrich Schmidt
Helga Simon
Dr. Adria Wehser

Begutachtet für Brandenburg von Regina Rall, Bernau

Dieses Buch enthält Vorschläge und Anleitungen für **Untersuchungen** und **Experimente.**
Vor jedem Experiment sind mögliche Gefahrenquellen zu besprechen. Die Gefahrstoffe sind durch die entsprechenden Symbole gekennzeichnet.
Experimente werden nur nach Anweisung des Lehrers durchgeführt. Solche mit Gefahrstoffen dürfen nur unter Aufsicht durchgeführt werden.
Beim Experimentieren sind die Richtlinien zur Sicherheit im naturwissenschaftlichen Unterricht einzuhalten.

1. Auflage
1 9 8 7 6 5 | 2012 2011 2010 2009 2008
Alle Drucke dieser Auflage können im Unterricht nebeneinander benutzt werden.
Die letzte Zahl bezeichnet das Jahr dieses Druckes.

Internet www.duden-paetec.de

Redaktion Dr. Adria Wehser
Gestaltungskonzept und Umschlag Britta Scharffenberg
Layout Marion Schneider, Christel Ruppin
Grafik Andreas Biedermann, Jessica Kupke, Marlies Konrad, Manuela Liesenberg, Angela Richter, Britta Scharffenberg
Druck und Bindung DZA Druckerei zu Altenburg GmbH, Altenburg

ISBN 978-3-89517-597-8

Inhaltsverzeichnis

Bildquellenverzeichnis

ABB Kabel und Draht GmbH: 15/2 l. – AEG: 277/1 – Alba AG & Co; Berlin: 35/2 – Archiv Feuerwehrmuseum; Berlin: 120/2 – Archiv für Kunst und Geschichte: 46/2, 268/2 – BackArts GmbH: 24 (Aufg. 1), 137 - BASF Agrarzentrum Limburgerhof: 140/2, 183/1, 259/2 - Beiersdorf AG: 259/4 – Berliner Wasserbetriebe: 64/3, 66/1, 67/1, 68/ 1 – 4, 71 l. Sp., 106, 171/1, 182/2, 277/2 – Bibliothek der Humboldt-Universität (Institut für Geschichte der Medizin und Naturwissenschaften); Berlin: 211/1 – Biedermann, A.; Berlin: 60 (Aufg.1 – r. o.), 110/2, 203 l. Sp., 287/2 – Bild Bayer AG; Leverkusen: 10/1 l., 24 (Aufg. 1), 259/2 – BMU: 162 (Aufg. 16) – BMWi: 201/2 - Brezmann, S.; Hamburg: 150 (Aufg. 22), 151/2 l., 240/3 – CargoLifter AG; Berlin: 95/1 – Corel photos: 6/1, 10/1 o., 10/1 r., 13, 14/1, 15/2 r., 29/2 – 5, 29/7, 29/9, 36 l. o. (Aufg.6), 37 (Aufg. 9), 38 r., 40/1, 43/1 (Cu), 51 (Aufg. 19), 53/1, 60 (Aufg.1 – u. r.), 63, 64/2, 65/2, 72 (Aufg. 1 + 14), 73/1 + 4, 76 r. Sp., 78/2 + 3, 79/1, 90 (Aufg. 22), 94/2, 95/3, 103/2, 104 (Aufg. 7), 108/2, 120/1, 122/1, 127/3, 138/1, 139/2, 141/2, 151/1, 152/3, 159/2, 162 (Aufg. 18), 163/3, 171/3, 188/2, 190/2, 199/1, 206 (Aufg. 15), 225/2, 233 (Aufg. 2), 234 (Aufg. 14), 248 (Aufg. 1), 258/2, 258/2, 259/1, 267, 270/3, 272/1, 275/1, 278/3, 284/1, 288/1, 288/2 - Chemicals For Industries; Göttingen: Bereitstellung von Geräten und Chemikalien für Fotos – Daimler Chrysler Konzernarchiv; Stuttgart: 95/2 – Degussa: 38 l., 42/1, 43/1 (Au), 51 (Aufg. 14 – Au), 54/1 (Au), 62 l. – Deutsche Bahn AG: 40/2 – Deutscher Wetterdienst; Offenbach: 78/1, 104 (Aufg. 8) – Diamant Zucker KG; Könnern: 167/1, 284/2 – diba press: 197/1 – DLR, Deutsches Zentrum für Luft- und Raumfahrt e. V.: 90 (Aufg. 26), 222/1 – DPA: 187 - Diener, G.; Kamenz: 200/1, 261/1 – Dornier Medienholding (aus Kalbe: Leben im Wassertropfen; Urania-Verlag, Leipzig, Jena, Berlin, 1985): 272/3, 276/2, 276/3 – Düngekalk–Hauptgemeinschaft im Bundesverband der dt. Kalkindustrie e. V.; Köln: 177/2 – EKO Eisenhüttenstadt: 12/1 – Elektrothermit, Essen: 129/1 - Ernst, D.; Berlin: 110/1, 157/1, 220/1, 228/2, 282/1 – Euro Souvenirs GmbH: 97/3 – Fichtel & Sachs AG: 51 (Aufg. 10) – GASAG; Berlin: 8 – Giehl, M.; Hamburg: 119/3 – Hahn, M.; Luckenwalde: 10/2 – Heinrich Frings GmbH & Co KG: 250/2 – Henkel-Werksarchiv: 77/1, 268/1, 271/2 – Horn, F.; Rostock: 151/3, 152/2 l., 257 (Aufg. 10) – Historisches Bergwerksmuseum, Grube Samson: 232 l. Sp. – H-TEC: 103/1 – IMA; Hannover: 138/2, 152/2 r., 178 (Aufg. 7), 278/1 – Isotherm: 19/1 r. - Jäggi, U.: 89 (Aufg. 3) – Jantzen, F.; Arolsen: 20/1, 33, 34/1+2, 36 (Aufg. 3), 43/1 (Al), 51 (Aufg. 14 – Al), 54/1 (Ag, Hg), 62 r., 81/3, 135 (Aufg. 15 r.), 154/1, 169 (Aufg. 5), 282/2 – Kali und Salz GmbH; Kassel: 138/3, 139/3, 143/2, 177/1 – Kettler GmbH & Co; Enge-Parsit: 18/2 – Knütter, P.; Güstrow: 153/1 – Königliche Porzellanmanufaktur; Berlin: 141/1 – LAUBAG AG: 11/1 l. - Lausitzer Braunkohle AG, Foto Rauhut: 11/1 r., 192/1 – Lehmann; Berlin: 188/1 – Liesenberg, G.; Berlin: 118 (Aufg. 18), 240/1 - Linde AG (bei Firma Loos; Gunzenhausen): 53/3, 82/1, 90 (Aufg. 15), 225/1 – Mannesmann Dematic AG: 35/2 – Mannesmannröhren-Werke AG; München: 49/1, 127/2 – Merck: 76/1 + 2, 156/4+5 – Meierei-Zentrale GmbH; Berlin: 258/3 – Meyer, L.; Potsdam: 17/1, 17/3, 19/1 M., 20/3, 20/4, 27/1, 36 r. o. (Aufg.6), 49 l. Sp., 60 (Aufg.1 – M. r.), 60 (Aufg. 2 l.), 69/1, 85/1, 97/2, 132/1, 140/1, 151/2 r., 161 (Aufg. 5), 184/1, 225/3, 231/2, 237/2, 242/2, 256 l. Sp., 273/1 – Minimax GmbH; Berlin: 122/2 – Museum für Regionalgeschichte und Volkskunde Gotha: 48/1 - NASA: 98/2, 99 u. - Naturfotografie Frank Hecker; Panten-Hammer: 77/2, 163/2 l., 269/2, 272/2 – Naturkundemuseum, Berlin (Harre): 56/1, 195/1 – Neuls, Z.; Berlin: 53/2, 56/2 l., 169 (Aufg. 11), 210/3 – Neumann, A.; Wildau: 18/1, 19/2 – Neumann, B.; Berlin: 163/2 r. – PAETEC Archiv: 6/2, 9/2, 16/1 (Cs), 19/1 l., 23 l. Sp., 24 (Aufg. 7), 26/3, 29/6, 29/8, 29/10, 29/11, 36 (Aufg.8), 54/1 (Na), 60 (Aufg. 1 – l. o.), 77/3, 80, 84/1, 99 o., 105 (Aufg. 23), 119/2, 145/1, 155/1, 162 (Aufg. 13), 166/1, 182/1, 188/3 - Parfümerie Yaska GmbH; Osnabrück: 244/2 – PCK Raffinerie GmbH Schwedt/Oder: 213/2 – Pews, H.-U.; Berlin: 223 r. Sp. – Pettkus, J.; Zepernick: 15/1, 25 (Aufg. 17), 26/2, 37 (Aufg. 19), 108/3, 135 (Aufg. 15 l.), 136, 173/2, 179, 245/1 – Photo disc: 5, 9/1, 9/3, 14/2, 14/3, 15/3, 15/4, 28/2, 31/1, 36 u. (Aufg.6), 39, 43/1 (Hg), 60 (Aufg.1 – M. l., u. l.), 64/1, 69/2, 73/2, 84/2, 87 l. Sp., 88/2, 107, 138/1, 209, 239, 278/2, 280/2, 281/2, Photosphere: 94/1, 213/1, 217/2 – Phywe Systeme GmbH; Göttingen: 171/2, 262 r. Sp. – Raum, B. ; Neuenhagen: 128/1 – Rhodia GmbH: 51 (Aufg. 14 – Ga) - Richter, H.-J.; Beeskow: 139/1 – Ruhrgas; Essen: 210/1 – Ruppin, Chr.; Berlin: 17/2, 119/1 – RWE Energie AG: 210/2 – Schuchardt, W.; Göttingen: 16 l. Sp.,16/1 (S, Cu), 23/1, 50 (Aufg. 2), 51 (Aufg. 14 – Cu), 54/1 (Cu, Mg), 55/1, 56/2 r., 83/1, 113/1, 137, 164/2, 166/2, 168/1, 220/2, 237/1 – Schutz unserer Gewässer (Information des Bundesumweltministeriums, Referat für Öffentlichkeitsarbeit): 159/1 – Siemens Bildarchiv: 96/2, 217/3 – Simon, R.; Berlin: 180/1, 240/2, 250/3, 268/3, 271/1 – Simson Zweirad GmbH; Suhl: 6/3 – Staatliche Porzellanmanufaktur Meißen: 108/1 - Stark Eloxal GmbH: 112/1 – Storch, S.; Berlin: 40/3, 57/1, 59 r. Sp., 88/1, 121/2 – 4, 123 r. Sp., 204 r. Sp. – Strube, W.: Der historische Weg der Chemie, Deutscher Verlag für Grundstoffindustrie GmbH, 1976: 135 (Aufg. 9) – Techniker Krankenkasse; Hamburg: 115/1, 176 l. Sp. – Technisches Halloren- und Salinenmuseum; Halle: 149 (Aufg. 11) – Theuerkauf, H.; Gotha: 243/1 Th. Gold-Schmidt AG; Essen: 136 – Thomas, V.; Bonn: 26/1 – Tierbildarchiv Angermeyer; Holzkirchen: 73/3, 255/2, 276/2 – Universität Bremen, Fachgebiet Mineralogie; M. Zuther: 16/1 (Pt), 127/1, 191/2 – Varta Erlangen Gerätebatterie: 205 (Aufg. 4) – VEAG, Berlin: 192/2 – Verein deutscher Metallhändler: 60 (Aufg. 2 r.) – Zabel, F.; Güstrow: 149 (Aufg. 5), 172/2, 250/1, 255/1

Chemie
ist überall

Chemie begegnet uns im täglichen Leben ständig. Beispielsweise gäbe es ohne sie gar keine Mopeds.
Für die Herstellung des Stahls, aus denen die Rahmenteile des Mopeds bestehen, für die Produktion der Reifen und auch der Lederkombi sind chemische Kenntnisse nötig. Benzin kann ebenfalls nicht ohne Chemie gewonnen werden, ebensowenig notwendige Schmierstoffe.

Chemie – eine der Naturwissenschaften

Alle Dinge, die uns umgeben, bestehen aus Stoffen: der Boden, auf dem wir gehen, die Luft, die wir atmen. Auch dein Körper ist aus Stoffen aufgebaut, z. B. aus Eiweißen, Fetten, Wasser und vielen anderen Stoffen aufgebaut, die aber außer Wasser anders zusammengesetzt sind als die mit der Nahrung aufgenommenen Stoffe.
Welche Eigenschaften haben die Nahrungsmittel und wie verändern sie sich auf dem Weg durch den Körper?

Elektrischer Strom ist etwas Selbstverständliches. Niemand denkt an Chemie, wenn er den Walkman in Betrieb nimmt oder eine Taschenlampe einschaltet.
Doch warum liefert keine Batterie ewig Strom?

Welche weiteren Stoffe spielen eine Rolle? Woraus und wie werden all diese Stoffe gebildet?

Die Naturwissenschaft Chemie gibt Antwort auf die Fragen, denn sie ist die Wissenschaft von den Stoffen und deren Eigenschaften und den Stoffumwandlungen.

Das Experiment – Quelle der Erkenntnis

Viele Erscheinungen und Prozesse unserer Welt können wir heute besser verstehen als noch vor hundert Jahren. Ohne eine Vielzahl von Experimenten wäre das nicht möglich gewesen.
Experimente dienen schon sehr lange als Quelle der Erkenntnis. Als der Mensch prüfte, welcher Naturstoff sich am besten eignet, um ein Feuer zu unterhalten, experimentierte er. Als er den Ablauf und das Ergebnis des Experiments anderen mitteilte, wurde der Vorgang für sie wiederholbar. Durch genaues **Beobachten** und **Beschreiben** konnten andere Menschen die gewonnenen Erkenntnisse nutzen.
Heute ist das **Experimentieren eine der wichtigsten Arbeitsweisen** der Naturwissenschaften.
Um Ergebnisse festzuhalten, wird ein **Protokoll** angefertigt. Darin sind u. a. die Geräteanordnung und eine genaue Beschreibung der Beobachtung enthalten. Mit dem Protokoll muss jemand, der das Experiment nicht kennt, dieses gefahrlos und fachgerecht wiederholen können.
Ein unverzichtbares Arbeitsgerät im Chemieunterricht ist der **Gasbrenner.** Der Vorläufer der heute eingesetzten Brenner wurde 1855 von ROBERT WILHELM BUNSEN (Professor für Chemie) entwickelt. Auf der folgenden Seite ist ein Beispielprotokoll für ein Experiment mit dem Brenner zu finden.

Arbeitshinweise zum Brenner

1. Überprüfe den sicheren Anschluss an der Gasversorgung!
2. Schließe die Gasregulierung und die Luftzufuhr!
3. Setze die Schutzbrille auf!
4. Öffne den Gasanschluss am Experimentiertisch!
5. Öffne die Gasregulierung am Brenner und zünde das Gas!
6. Öffne anschließend die Luftzufuhr!
7. Benötigst du den Brenner nicht mehr, schließe zuerst die Luft- und dann die Gasregulierschraube!
8. Nach Beendigung der Experimente schließe die Gaszufuhr am Experimentiertisch!

M **Das Ziel eines Experiments besteht darin, eine Frage an die Natur zu beantworten. Dazu wird eine Erscheinung der Natur unter ausgewählten, kontrollierten und veränderbaren Bedingungen beobachtet und ausgewertet. Die Bedingungen des Experiments müssen wiederholbar sein.**

Beschreiben

Beim Beschreiben wird sprachlich zusammenhängend und geordnet dargestellt, wie ein Gegenstand oder eine Erscheinung beschaffen ist, z. B. welche Eigenschaften ein Körper oder Stoff besitzt, wie ein Vorgang abläuft, wie ein technisches Gerät aufgebaut ist. Dabei werden in der Regel äußerlich wahrnehmbare Eigenschaften beschrieben.

Der Brenner

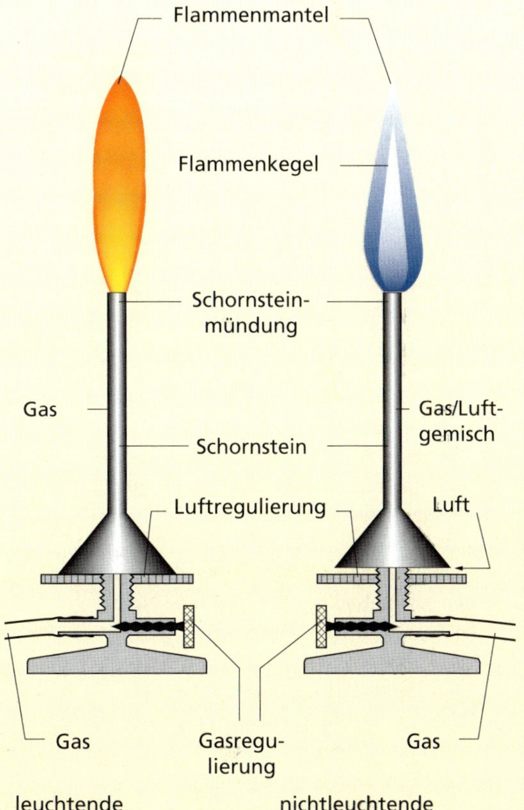

leuchtende Flamme (ohne Luftzufuhr)

nichtleuchtende (rauschende) Flamme (mit Luftzufuhr)

S Die Brennerflamme im Experiment

Aufgabe:
Untersuche die Flamme eines Gasbrenners!

Vorbereitung:
Geräte: Gasbrenner, Streichhölzer, Magnesiastäbchen, Tiegelzange
Chemikalien: Stadtgas, Propangas oder Butangas

Durchführung:
Das Magnesiastäbchen wird nahe an der Schornsteinmündung in die Brennerflamme gehalten, sodass es an beiden Seiten der Flamme herausragt. Anschließend wird es langsam nach oben geführt.
Der Versuch wird zuerst ohne (bzw. mit gedrosselter) Luftzufuhr (a) und dann mit Luftzufuhr (b) durchgeführt.

Beobachtung:
a) Gedrosselte Luftzufuhr
- Die Brennerflamme flackert und leuchtet gelb.
- In der Flamme glüht das Magnesiastäbchen schwach gelblich.
- Hält man das Magnesiastäbchen an den oberen Flammenrand, wird es schwarz.

b) Geöffnete Luftzufuhr
- Die Brennerflamme ist eine entleuchtete blaue Flamme, die bei starker Luftzufuhr rauscht. Ein innerer und ein äußerer Flammenkegel sind sichtbar.
- Im Innenkegel erfolgt keine Farbänderung. Das Magnesiastäbchen bleibt weiß.
- Direkt über dem Innenkegel glüht das Magnesiastäbchen rot.

Auswertung:

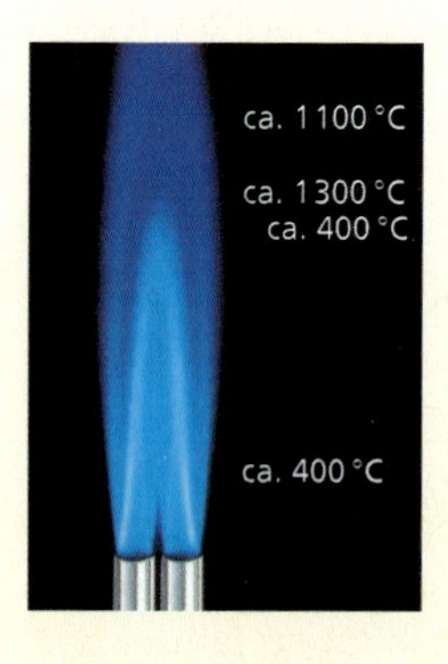

Durch die unterschiedliche Luftzufuhr entstehen zwei unterschiedliche Brennerflammen. Da die leuchtende Flamme eine niedrigere Temperatur besitzt als die nichtleuchtende (rauschende) Flamme, glüht das Magnesiastäbchen dort schwächer auf. Die Leuchtflamme weist eine Temperatur von ca. 1000 °C auf.
Die Heizflamme entsteht bei Luftzufuhr. In dieser Flamme sind unterschiedliche Temperaturzonen vorhanden (Abb.). Das erkennt man an der Farbänderung des Magnesiastäbchens in b).

Verhaltensregeln beim Experimentieren

Beim Experimentieren müssen **Sicherheitsbestimmungen** eingehalten werden, da die eingesetzten Stoffe gesundheitsschädigend oder an der Bildung gefährlicher Stoffe beteiligt sein können. Beachte folgende Regeln:

- Essen und Trinken sind im Chemieraum verboten!
- Beachte unbedingt den Arbeitsschutz!
- Folge den Anweisungen des Lehrers!
- Lies die Versuchsvorschrift sorgfältig vor jedem Experiment und befolge sie präzise!
- Führe nur bei Aufforderung Geruchsproben durch (zufächeln)!
- Koste Chemikalien niemals !
- Vermeide Hautkontakte mit Chemikalien!
- Verwende nur kleine Mengen an Chemikalien!
- Entnimm Chemikalien nur mit sauberem Spatel und verschließe das Gefäß wieder!
- Gib unverbrauchte Reste nicht ins Vorratsgefäß zurück!
- Fülle Reagenzgläser nur bis zu einem Drittel!
- Schüttle das Reagenzglas beim Erwärmen!
- Richte nie die Öffnung eines Reagenzglases auf Personen!
- Schaue nie in die Reagenzglasöffnung!
- Baue die Apparatur standfest auf!
- Entsorge Chemikalien umweltgerecht! (Beachte Hinweise und Vorschriften)

Bei Gefahrstoffen gelten außerdem gesonderte **Gefahrenhinweise (R-Sätze), Sicherheitshinweise (S-Sätze), Entsorgungsregeln (E-Sätze).**

Chemie – immer verbunden mit anderen Naturwissenschaften

Täglich haben wir es mit einer Vielzahl von Stoffen zu tun. Einige von ihnen sind für uns gefährlich. Doch wann ist ein Stoff für uns eigentlich „giftig“ oder „gesundheitsschädigend“? Auch ein so „harmloser“ und lebensnotwendiger Stoff wie Zucker kann schädlich sein. Schon PARACELSUS (1493–1541) sagte: „Alle Dinge sind Gift und nichts ohne Gift; allein die Dosis macht, dass ein Ding ein Gift ist!“

Will man aber die Wirkung eines Stoffes genau analysieren, benötigt man nicht nur Kenntnisse aus der Chemie. Viele Fragestellungen können nur mithilfe anderer Naturwissenschaften gelöst werden. Dabei überschneiden sich die Fachgebiete. So entstanden u. a. die naturwissenschaftlichen Teilgebiete Biochemie, die physikalische Chemie und die Biophysik.

Warum brauchen wir Zucker einerseits, andererseits macht er aber dick? (Ch, Bio, Ph)

Warum warnt der Zahnarzt vor übermäßigem Zuckergenuss? (Ch, Bio)

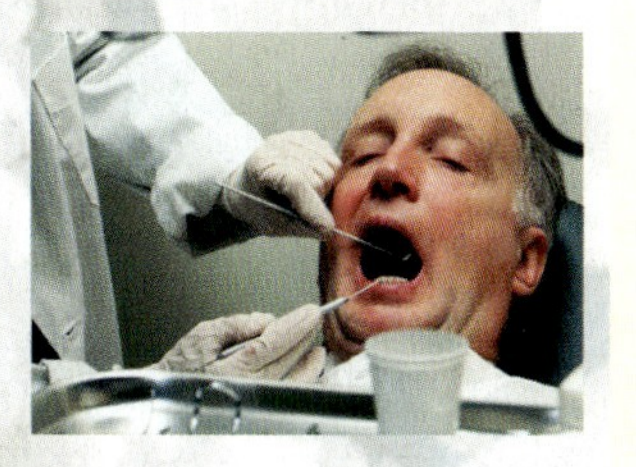

Welche Eigenschaften hat Zucker eigentlich? Ist er brennbar? (Ch, Ph)

Warum schmeckt Zucker süß? (Ch, Bio, Ph)

Warum kann man Zucker sehen? (Ch, Bio, Ph)

S Ein Experiment mit Zucker

Aufgabe:
Finde heraus, ob Zucker brennt! Überprüfe den Einfluss von Asche auf den Vorgang!

Vorbereitung:
Geräte: Brenner, Verbrennungslöffel, Tiegel
Chemikalien: Zucker, Asche

Durchführung:

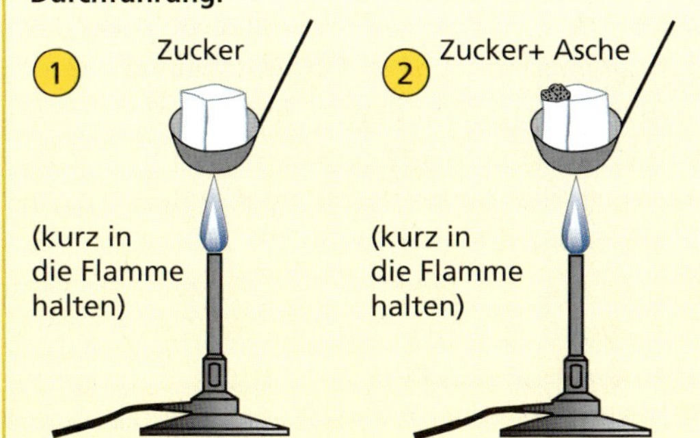

Auch beim Experimentieren nutzt man Kenntnisse aus anderen Naturwissenschaften. Den Verbrennungslöffel aus Eisen kann man beispielsweise nur einsetzen, weil die Schmelztemperatur des Metalls höher ist als die Temperatur der Brennerflamme.

Die Beobachtungen aus dem Experiment sagen übrigens nicht nur etwas über die Brennbarkeit des Zuckers aus. Obwohl es sich um ein Experiment im Chemieunterricht handelt, kann man die Ergebnisse auch zur Beantwortung von Fragestellungen aus der Biologie nutzen. Es ist deutlich geworden, dass Zucker als „Brennstoff“, u.a. auch im Körper genutzt werden kann. Der Beantwortung einer zweiten Frage sind wir ebenfalls näher gekommen. Wie kann die Verbrennung im Körper überhaupt ablaufen? Offensichtlich gibt es Stoffe, die diesen Prozess beeinflussen und steuern.

Chemie – Verantwortung der Industrie und jedes Einzelnen

Unser heutiges Leben ist ohne die Produkte der chemischen Industrie undenkbar. Nicht nur, dass selbstverständliche Dinge des täglichen Lebens wie Kleidung, Kosmetika, Papier, Glas, sauberes Wasser, Wärme u.v.m. nicht zur Verfügung ständen, die Weltbevölkerung müsste noch mehr hungern. Ohne Düngemittel wären die Böden schnell erschöpft, die Erträge würden sinken. Medikamente und Stoffe für Diagnosen sind chemische Produkte. Ohne sie würde sich unsere Lebenserwartung drastisch verringern. Ein Leben ohne Chemie ist heute nicht mehr möglich (Abb. 1).

Doch es gibt auch Schattenseiten. Besonders im Süden Brandenburgs sind die Gewässer durch die intensive Land- und Fischereiwirtschaft bzw. die Einleitung von Abwässern zum Teil sehr verunreinigt. Über 40 % der brandenburgischen Seen sind mit Nährstoffen belastet. 14 % der 1800 km an Wasserläufen wurden 1996 als stark bis übermäßig verschmutzt eingestuft. Über 24000 Flächen gelten als altlastenverdächtig, d.h., der Boden ist durch verschiedene giftige Stoffe belastet.

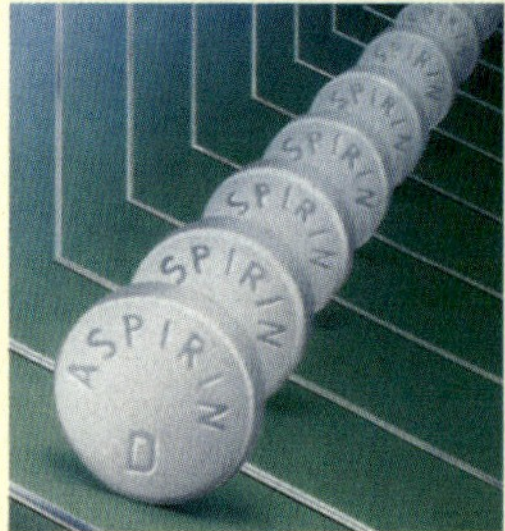

1 Die chemische Industrie schafft lebensnotwendige Stoffe.

2 Drehrohrreaktor aus Brandenburg

Die chemische Industrie trägt für den Umweltschutz eine besonders hohe Verantwortung, da oft bei komplizierten chemischen Prozessen Stoffe gebildet werden, die eine Umweltbelastung darstellen. Solche Gefahrstoffe müssen erkannt, sorgfältig behandelt, gelagert und entsorgt werden. Daher wurden für die Ermittlung kleinster giftiger Stoffmengen besonders empfindliche **Nachweisverfahren** entwickelt. Diese werden u. a. in stationären sowie mobilen Mess-Stationen zum Einsatz gebracht.

Außerdem geht es darum, Verfahren und Produkte zu entwickeln, die Umweltbelastungen vermeiden bzw. verringern. In einer mobilen Drehrohrofenanlage, die bei Luckenwalde steht, kann mit Kraftstoffen und Mineralölen verunreinigter Boden gereinigt werden (Abb. 2). Auch die Entwicklung von leistungsfähigen Autokatalysatoren trägt zur Verminderung der Umweltverschmutzung bei. Durch die steigende Anzahl der Fahrzeuge ist trotzdem ein hoher Schadstoffausstoß zu verzeichnen. Nicht nur die chemische Industrie, sondern auch jeder Einzelne kann dazu beitragen, dass unsere Umwelt weniger durch „Chemie“ verunreinigt wird. Die Nutzung von öffentlichen Verkehrsmitteln anstelle privater Autos oder die Bildung von Fahrgemeinschaften wären solche Möglichkeiten.

An den Menschen selbst wird es liegen, ob es in Brandenburg saubere Luft, klares Wasser, gesunde Böden und vielfältiges Leben gibt. Richtig handeln kann nur der, der Wissen besitzt, besonders auf dem Gebiet der Chemie, aber nicht nur dort.

Chemie im Land Brandenburg

Chemische Industrie in Brandenburg

Vor 25 bis 30 Millionen Jahren begannen auf dem Gebiet Brandenburgs chemische Prozesse, die zu den Lagerstätten des Lausitzer Braunkohlenreviers um Senftenberg, Lübbenau und Cottbus führten (Abb. 1). Um 1835 begann hier der Abbau der Braunkohle im Tagebau. 1924 nahm im Tagebau „Agnes“ bei Plessa die erste Förderbrücke der Welt den Betrieb auf.

Allerdings führt der Braunkohletagebau auch zu Umweltproblemen. Etwa eine Fläche von 34 000 ha der Landschaft Brandenburgs wurde zerstört und weitere Flächen werden beansprucht. Allein an Grundwasser fehlen 12 Mrd. m^3 auf einer Fläche von 2 100 km^2. Bis zum Jahr 2020 soll dieses Gebiet rekultiviert und saniert werden. Die Lausitz wird dann z. B. um 20 Seen reicher sein (Abb. 1).

In Brandenburg wird die abgebaute Kohle u. a. zur Energiegewinnung genutzt. Beim Einsatz von Braunkohle wird bedeutend mehr Kohlenstoffdioxid freigesetzt (0,4 kg pro kWh) als bei der Nutzung von Erdgas (0,2 kg pro kWh), Heizöl (0,26 kg pro kWh) oder Steinkohle (0,33 kg pro kWh). Kohlenstoffdioxid trägt aber zur Verstärkung des Treibhauseffekts bei. Eine Nutzung der Braunkohle als Energieträger erfordert daher einen effektiven und sparsamen Einsatz der Energie.

Die Kohle wird auch als Rohstoff verwendet. Die Betriebe der chemischen Industrie wandeln sie in Koks, Vergaser- bzw. Dieselkraftstoff, Heizöl, Lösemittel, Plaste oder Düngemittel um.

Brandenburgs Braunkohle war und ist noch immer Energieträger und chemischer Rohstoff und wird es auch in naher Zukunft bleiben. Jedoch kann man viele Dinge, die aus Kohle durch chemische Prozesse hergestellt werden, auch aus Erdöl gewinnen, oft sogar besser und günstiger.

Nach dem Zweiten Weltkrieg wurde Schwedt durch den Anschluss an eine Erdölleitung aus der ehemaligen Sowjetunion zu einem Zentrum der Erdölverarbeitung.

In den Schwedter Anlagen wird u. a. Benzin, Diesel, Heizöl und Bitumen produziert.

In anderen Chemiebetrieben des Landes werden durch chemische Prozesse Plaste, Chemiefasern, Arzneimittel, Düngemittel u. v. a. m. erzeugt. Schwarzheide, Premnitz und Guben sind einige wichtige Standorte der chemischen Industrie in Brandenburg. Hinzu kommt Schwedt als Standort der Mineralölverarbeitung.

1 Durch den Tagebau wird Landschaft zerstört, die wieder rekultiviert werden muss.

Im Osten Deutschlands gab es weder abbauwürdige Eisenerzvorkommen noch Steinkohle zur Herstellung von Koks. Die Eisenerze zur Gewinnung von Roheisen bezog man aus der ehemaligen Sowjetunion, den Koks aus Polen. Damit diese Stoffe nicht weiter als notwendig transportiert werden mussten, entstand im Osten Brandenburgs nicht nur das EKO (Eisenhüttenkombinat Ost, Abb. 1), sondern auch die dazugehörige Stadt Eisenhüttenstadt. In den Hochöfen dieses Werkes wurde und wird durch chemische Prozesse aus dem Eisenerz Roheisen und anschließend Stahl gewonnen.
Am 3. November 1995 ging in Gröden (im Elbe-Elster-Kreis) die größte Biogasanlage Deutschlands in Betrieb. Sie liefert im Jahr aus ca. 3,65 Mio. m^3 Biogas. Diese Anlage vergärt pro Jahr 80000 t Schweine- und Rindergülle, erzeugt dabei 8000 MW Strom und stellt der Landwirtschaft einen natürlichen Dünger zur Verfügung, der problemlos zu verwenden ist.
Die Chemie und das heutige Land Brandenburg waren schon immer durch bedeutende Chemiker und wichtige Chemiebetriebe eng miteinander verbunden.

Bedeutende Chemiker aus Brandenburg

Kurt Arndt (1873–1946)

Kurt Arndt wurde 1873 in Frankfurt (Oder), geboren. Er beschäftigte sich mit den Einwirkungen des elektrischen Stroms auf Stoffe und chemische Prozesse und setzte sich für die Anwendung seiner Forschungsergebnisse in der Technik ein.

1 EKO – Eisenhüttenstadt

Seine Forschungsfelder waren besonders Akkumulatoren und die Galvanotechnik.
1912 gelang ihm die Entwicklung eines kostengünstigen Verfahrens zur elektrolytischen Herstellung von Perborat. Damit wurde er als „Vater von Persil“ berühmt. Perborat war nämlich ein wesentlicher Wirkstoff des Waschmittels, das die Firma Henkel 1907 auf den Markt brachte. Vor der Entwicklung des neuen Verfahrens war die Herstellung dieses Stoffes sehr teuer.

Moritz Herman Jakobi (1801–1874)

Jakobi wurde 1801 in Potsdam geboren und ist 1874 in St. Petersburg gestorben.
Er hat sich durch sein Interesse für die Chemie und die Physik ebenfalls intensiv mit der Beeinflussung von Stoffen und chemischen Prozessen durch den elektrischen Strom beschäftigt. Er ist der Schöpfer der Galvanoplastik. Dabei handelt es sich um ein Verfahren zum Abformen von Gegenständen durch das galvanische Aufbringen dicker, abziehbarer Metallschichten. Auf diese Weise können Nachbildungen gefertigt werden.

Alexander Tschirch (1856–1939)

Tschirch wurde 1856 in Guben (Lausitz) geboren. In Dresden absolvierte er eine Apothekerlehre und an der Berliner Universität sein Examen. Ab 1890 leitete er das Pharmazeutische Institut in Bern.
Er erforschte viele Stoffe, die in Pflanzen enthalten sind und konnte ihren Aufbau und ihre Wirkungsweise ermitteln. In diesem Zusammenhang lag ihm auch eine Sammlung pharmazeutisch wirksamer Pflanzen am Herzen, die er betreute und erweiterte. Tschirch selbst bezeichnete sie als „Drogenmuseum“.

Gerhard Jander (1892–1961) und Wilhelm Jander (1898–1942)

Die Gebrüder Jander stammten aus Alt-Döbern. Sie arbeiteten gemeinsam auf dem Gebiet der Analysemethoden und entwickelten Verfahren zur Untersuchung unbekannter Stoffe. Besonders Gerhard Jander ist dadurch bekannt geworden, dass er an erfolgreichen Praktikumsbüchern mitgearbeitet hat.

Stoffe und ihre Eigenschaften

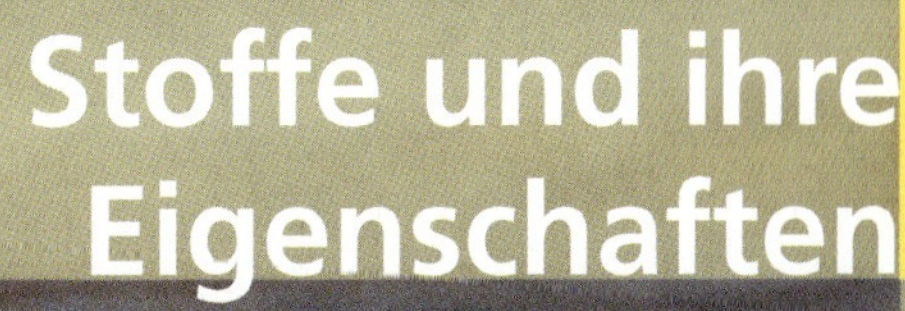

1.1 Von den Eigenschaften zu Steckbriefen für Stoffe

Stoffe im Visier

Salz und Zucker können leicht verwechselt werden. Eine salzige Obstsuppe bzw. eine süße Salamipizza schmecken aber nicht. Auch im Chemieunterricht ist es wichtig, Stoffe zu erkennen.
Welche Experimente können dazu dienen, einen genauen Steckbrief für Stoffe anzufertigen?

Gefährliche Stoffe im Haushalt

Es kommt immer wieder vor, dass Kinder in Lebensgefahr geraten, weil sie im Haushalt z. B. giftige Stoffe zu sich nehmen. Dabei enthalten viele Verpackungen Sicherheitshinweise oder Sicherheitsverschlüsse.
Welche Eigenschaften von Stoffen im Haushalt können für Kinder besonders gefährlich werden? Warum dürfen gefährliche Stoffe (z. B. Reinigungsmittel) nicht in Verpackungen von Lebensmitteln umgefüllt und darin aufbewahrt werden?

Gold – ein begehrter Stoff

Seit Jahrtausenden wird das Edelmetall Gold als besonders wertvoll von den Menschen geschätzt. Man nutzte es für die Herstellung von Schmuck und von Münzen. Es wurde zum Sinnbild von Macht und Reichtum. Heute wird Gold außer für Schmuck für viele andere Anwendungen eingesetzt, z. B. als Kontaktmittel in der Elektronik oder als Zahnersatz.
Welche Eigenschaften machen Gold so wertvoll und vielseitig anwendbar?

GRUNDLAGEN

Körper und Stoff

Die Chemie schafft Stoffe, die für den Bau eines Fahrradrahmens in Frage kommen, weil sie z. B. hart, stabil und elastisch sind und eine geringe Dichte haben. Sie kann chemische Vorgänge so steuern, dass ein synthetischer Kautschuk entsteht, der gut auf dem Straßenbelag haftet und viele Kilometer hält.
Der Fahrradreifen ist der Körper, der synthetische Kautschuk ist der Stoff, aus dem der Körper besteht. Das Rohr eines Fahrradrahmens ist der Körper, die Aluminiumlegierung der Stoff, aus dem er besteht.

Stoffe sind die Materialien, aus denen die Körper bestehen.

So ist der Gegenstand „Elektrokabel“ aus den Stoffen „Kupfer“ und „Plaste“ und der Gegenstand „Kanne“ aus dem Stoff „Glas“ (Abb. 2) gefertigt.
Obwohl wir Luft nicht sehen können, handelt es sich ebenfalls um einen Stoff. Wenn es windig ist, können wir ihn spüren (Abb. 3). Alle Körper bestehen aus Stoffen, selbst Organismen. Die Anzahl der Stoffe, aus denen Lebewesen bestehen, ist sehr groß, die Stoffe sind vielfältig (Abb. 4).
Oft ist es wichtig, die Stoffe zu erkennen. Stoffe können bei Normalbedingungen sowohl fest (Kupfer), flüssig (Wasser, Benzin) oder gasförmig (Luft) sein.
Jedoch wird jeder Stoff durch viele weitere Eigenschaften gekennzeichnet. Eigenschaften, an denen ein Stoff zweifelsfrei erkannt werden kann, sind seine **charakteristischen Eigenschaften**. Eine solche charakteristische Eigenschaft für die Stoffe Essig und Benzin ist beispielsweise der typische Geruch.

Stoffe erkennt man an ihren Eigenschaften. Charakteristische Eigenschaften kennzeichnen einen Stoff zweifelsfrei. Stoffe, denen einzelne charakteristische Eigenschaften fehlen, können nur an mehreren Eigenschaften erkannt werden.

1 Stoffe im Chemieunterricht in speziellen Gefäßen

2 Gegenstände (Körper) bestehen aus Stoffen.

3 Wer einen Drachen steigen lässt, spürt den Stoff Luft.

4 Lebewesen bestehen aus einer ungeheuren Vielzahl von Stoffen.

Umgang mit Chemikalien

Da einige Stoffe giftig oder gesundheitsschädigend sind, müssen sie für das Experimentieren im Chemieunterricht sofort zu erkennen sein. Damit es nicht zu Verwechslungen kommen kann, werden die Stoffe in besonders gekennzeichneten Flaschen und Vorratsbehältern aufbewahrt. Diese Gefäße müssen gut lesbar beschriftet sein. **Chemikalien dürfen niemals in Lebensmittelflaschen oder -behältern aufbewahrt werden.**

Handelt es sich um **Gefahrstoffe,** müssen in der Beschriftung die **Gefahrstoffkennzeichnung** und **R- und S-Sätze** zu erkennen sein (s. Umschlagseite), wie auch bei der Salzsäure:

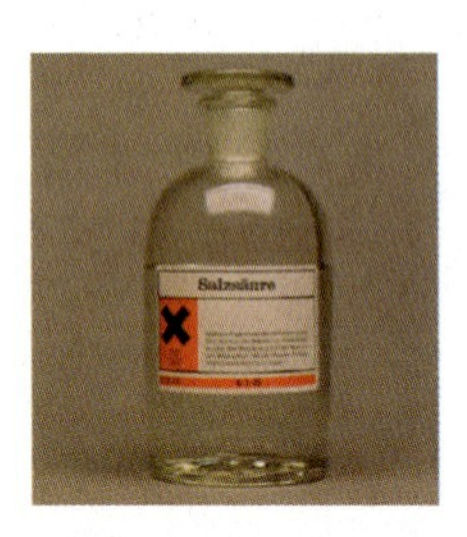

Die **R-Sätze** (Gefahrenhinweise) benennen besondere Gefahren. Die **S-Sätze** (Sicherheitsratschläge) weisen darauf hin, welche Besonderheiten beim Umgang mit den Stoffen zu beachten sind.

Auch bei der **Entsorgung von Gefahrstoffen** sind bestimmte Regeln (**E-Sätze**) einzuhalten. Das ist notwendig, weil die Stoffe unsere Umwelt in unterschiedlichem Maße schädigen können und daher nicht unbehandelt in das Abwasser gelangen dürfen.

Besondere Kennzeichen – Eigenschaften ...

Zum Erkennen der meisten Stoffe müssen aber mehrere Eigenschaften herangezogen werden: Die Eigenschaft „fest" reicht zum Erkennen des Stoffes Zucker nicht aus.

Die Eigenschaften „fest" und „weiß" treffen nicht nur auf Zucker, sondern auch auf Salz oder Gips zu. „Fest, weiß, kristallin und süß" kennzeichnet den Stoff Zucker besser.

Farbe, Geruch und Geschmack von Stoffen

Manche Stoffe kann man an der Farbe, dem Geruch und dem Geschmack erkennen.

Einige Stoffe haben eine ganz charakteristische **Farbe** (Abb. 1), z. B. Schwefel (gelb) oder Kupfer (rotbraun). Andere Stoffe können ihre Farbe unter bestimmten Bedingungen auch ändern. So ist z. B. kompaktes metallisches Silber silbrig glänzend. Liegt es jedoch in einer Flüssigkeit fein verteilt vor, so erscheint diese schwarz.

Bei der Beurteilung der Farbe eines Stoffes ist außerdem zu beachten, dass die Farbe, mit der uns ein Stoff erscheint, auch von der Farbe des auf den Stoff einfallenden Lichtes abhängig ist (Abb. 1, S. 17). Die meisten Farbangaben beziehen sich auf die Beleuchtung mit Sonnenlicht.

Einige Stoffe können auch an ihrem charakteristischen **Geruch** erkannt werden. Einen charakteristischen Geruch haben z. B. Essig, Benzin und Schwefelwasserstoff (nach faulen Eiern). Um den **Geruch** eines Stoffes zu bestimmen, wird eine **Geruchsprobe** durchgeführt. Dabei hält man seine Nase nicht direkt über den Stoff, sondern wedelt sich nur vorsichtig Gase zu (Abb. 2, S. 17).

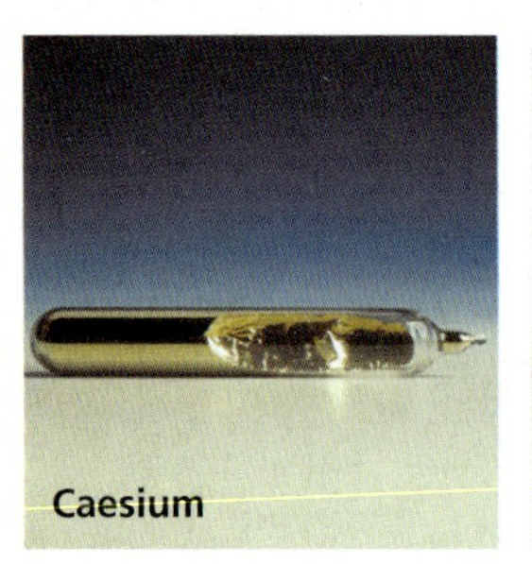

1 Feste Stoffe mit verschiedenen Farben

1 Die Farbe von Gegenständen in Abhängigkeit von der Art des einfallenden Lichtes.

2 Geruchsprobe: Giftige oder ätzende Dämpfe können schädigend wirken, also Vorsicht!

Bei einigen Stoffen besteht aufgrund von ätzenden oder giftigen Dämpfen Verletzungsgefahr, deshalb muss man vorsichtig sein!
Auch am **Geschmack** kann man einige Stoffe erkennen. Der Mensch kann vier Geschmacksrichtungen unterscheiden: süß, sauer, salzig und bitter.
Allerdings darf man die Stoffproben **nicht probieren.** Da man sich mit vielen Stoffen, z. T. auch in sehr kleinen Mengen, vergiften kann, **sind Geschmacksproben im Chemieunterricht grundsätzlich verboten**.

Geruchsproben sind nur nach ausdrücklicher Anweisung des Lehrers durchzuführen! Geschmacksproben sind im Chemieunterricht verboten!

Glanz und Oberflächenbeschaffenheit von Stoffen

Oberflächen von Stoffen können glatt oder rau sein, sie erscheinen matt oder glänzend.
Bei manchen Stoffen bleiben Glanz und Oberflächenbeschaffenheit lange erhalten, andere verlieren diese an der Luft sehr schnell. Durch Bearbeitung können der ursprüngliche Glanz und die Oberflächenbeschaffenheit wieder hergestellt werden. Wird angelaufenes Silber geputzt und poliert, erhält es schnell seinen Glanz zurück. Die Oberflächenbeschaffenheit kann dadurch wieder erzeugt werden.

Magnetische Eigenschaften

Es gibt Stoffe mit einer besonderen Eigenschaft. Sie ziehen andere Körper aus Eisen, Nickel oder Cobalt an (Abb. 3).

Magnete sind Körper, die andere Körper aus den Stoffen Eisen, Nickel oder Cobalt anziehen.

Magnete bestehen ebenfalls aus Eisen, Nickel oder Cobalt. Solche Dauermagnete werden heute meist technisch hergestellt. Dabei nutzt man die Eigenschaft, dass Körper aus Eisen, Nickel und Cobalt selbst magnetisch werden können.

3 Ein Dauermagnet zieht Eisenteile an.

Härte und Verformbarkeit von Stoffen

Stoffe sind **unterschiedlich hart.** Einige Feststoffe kann man durch Krafteinwirkung mithilfe anderer Stoffe ritzen, z.B. eine Glasscheibe durch einen Glasschneider mit einer Stahl- oder Diamantspitze. Welche Stoffe man mit einem anderen Stoff ritzen kann, hängt von ihrer Härte ab. Es gilt, ein härterer Stoff ritzt einen weicheren Stoff. Diamant ist der härteste natürliche Stoff.
Carl Friedrich Christian Mohs (1773–1839) hat die Methode des Ritzens um 1820 benutzt, um für Stoffe eine noch heute verwendete **Härteskala** (vgl. Tabelle) aufzustellen. Diamant als härtester Stoff erhielt darin den Härtegrad 10.
Stoffe sind unter Krafteinwirkung **unterschiedlich verformbar,** Roheisen und Glas sind nur wenig verformbar, sie zerspringen. Man sagt auch, sie sind **spröde.** Andere Stoffe, wie Kupfer, Aluminium, Stahl, Knete oder Gummi, sind gut verformbar, auch wenn man für die Verformung unterschiedlich große Kräfte benötigt.

Mohssche Härteskala

man ritzt mit	einen Stoff bis Härte	z. B.
dem Fingernagel	2	Gips
einem Aluminiumstück	3	Marmor
der Nähnadel	5	Apatit
der Glasscherbe	7	Quarz
dem Diamant-Glasschneider	10	Diamant

Härte		
1	weich wie	Talk
2	weich wie	Gips
3	mittelhart wie	Calcit
4	mittelhart wie	Fluorit
5	mittelhart wie	Apatit
6	mittelhart wie	Orthoklas
7	hart wie	Quarz
8	hart wie	Topas
9	hart wie	Korund
10	hart wie	Diamant

1 Metalle sind plastisch verformbar.

2 Elastische Verformung eines Impanders

Man unterscheidet zwei Arten von Verformung. Bei der **plastischen Verformung** geht der Stoff nach der Krafteinwirkung nicht wieder von allein in seine ursprüngliche Form zurück. Dies ist z. B. bei Knete, Ton oder auch bei Metallen der Fall. Das nutzt man beim Schmieden aus (Abb. 1).
Bei einer **elastischen Verformung** nimmt der Stoff nach der Krafteinwirkung wieder seine ursprüngliche Form an. Dies ist z. B. bei einem Impander aus Stahl der Fall (Abb. 2).

Die Aggregatzustände von Stoffen

Stoffe können in unterschiedlichen **Aggregatzuständen** vorliegen **(fest, flüssig** oder **gasförmig)**. Sie kennzeichnen das äußere Form- und Volumenverhalten eines Stoffes. In welchem Aggregatzustand ein Stoff vorliegt, wird von solchen Bedingungen wie Temperatur und Druck beeinflusst. Bei Normalbedingungen (0°C, 101325 Pa) ist Wasser z. B. flüssig, eine Tafel Schokolade ist fest und die Luft ist gasförmig. Bei einer anderen Temperatur können diese aber auch in einem an-

Wasser geht im Tiefkühlfach in seinen festen Zustand über und liegt als Eis vor.

Schokolade wird beim Erwärmen flüssig und kann für Glasuren genutzt werden.

Luft und andere Gase können bei sehr tiefen Temperaturen auch flüssig sein.

1 Stoffe in verschiedenen Aggregatzuständen

deren Aggregatzustand vorliegen (Abb. 1). Damit Stoffe ihren Aggregatzustand ändern, muss ihnen Wärme zu- oder abgeführt werden. Dabei können Stoffe schmelzen oder erstarren bzw. sieden oder kondensieren. Flüssige Stoffe können auch verdunsten.

Wärmeleitfähigkeit von Stoffen

Die **Wärmeleitfähigkeit** ist eine Form der Wärmeübertragung.
Dabei wird in Stoffen Wärme von einer Stelle höherer Temperatur zu einer Stelle niedrigerer Temperatur übertragen. Die Wärmeleitfähigkeit von Stoffen ist sehr unterschiedlich (vgl. Tabelle).
Gute **Wärmeleiter** sind Körper aus Metallen, vor allem aus Kupfer, Aluminium, Gold und Silber. Schlechte Wärmeleiter sind Wasser, Luft sowie die meisten Kunststoffe.

Wärmeleitfähigkeit von Stoffen

Stoffe	Wärmeleitfähigkeit im Vergleich zur Wärmeleitfähigkeit der Luft
Luft	1
Glaswolle	1,2
Styropor	1,8
Papier	5
Holz (Eiche)	8
Wasser	24
Ziegelstein	24
Beton	44

Elektrische Leitfähigkeit von Stoffen

Stoffe können den elektrischen Strom unterschiedlich gut leiten. Stoffe, die den elektrischen Strom gut leiten, nennt man **elektrische Leiter**. Stoffe, die den elektrischen Strom nicht leiten, heißen **Nichtleiter** oder **Isolatoren** (Abb. 2).

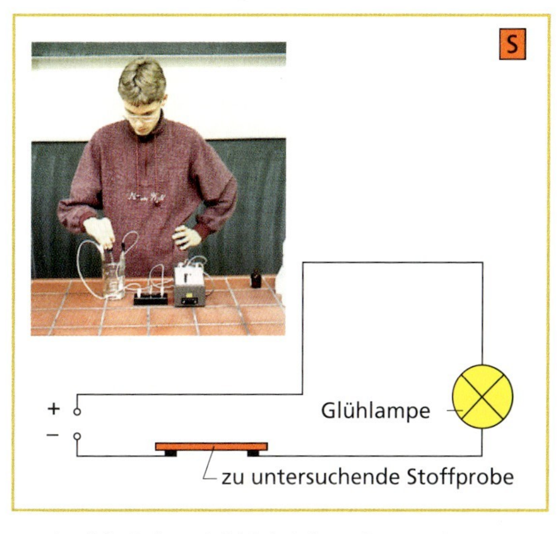

2 Die elektrische Leitfähigkeit kann in Experimenten bestimmt werden.

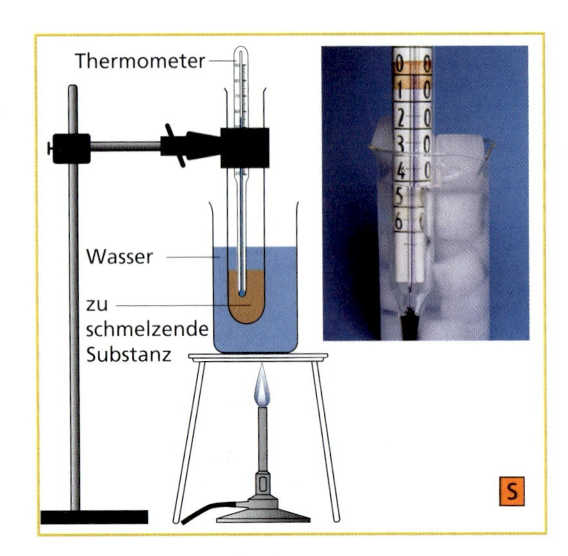

1 Bestimmung der Schmelztemperatur

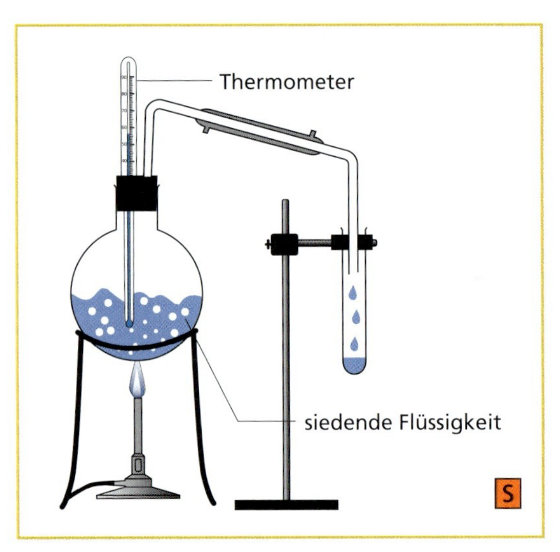

2 Bestimmung der Siedetemperatur

Schmelz- und Siedetemperatur

Wird einem festen Stoff, z.B. Eis, Wärme zugeführt, so steigt seine Temperatur. Bei einer bestimmten Temperatur, der **Schmelztemperatur**, wird der Stoff flüssig. In der Tabelle werden die Schmelztemperaturen einiger Stoffe angegeben.
Wird einer Flüssigkeit, z. B. Wasser, Wärme zugeführt, so steigt ihre Temperatur, bis sie zu sieden beginnt und gasförmig wird. Jeder Stoff hat eine bestimmte **Siedetemperatur**. Aus der Tabelle sind die Siedetemperaturen einiger Stoffe zu entnehmen.
Schmelz- und Siedetemperaturen können experimentell ermittelt werden (Abb. 1 und Abb. 2).
Das Verhalten der Stoffe beim Erwärmen und Abkühlen können wir beobachten.

Schmelz- und Siedetemperatur einiger Stoffe

Stoff	Schmelztemperatur in °C	Siedetemperatur in °C
Sauerstoff	−219	−183
Ethanol	−114,1	78,3
Quecksilber	− 39	357
Eisen	1540	3 000

Die Dichte von Stoffen

Bei verschiedenen Stoffen kann die Masse bei gleichem Volumen unterschiedlich sein (Abb. 3). Bei unterschiedlichem Volumen von Stoffen kann aber die Masse gleich sein (Abb. 4).

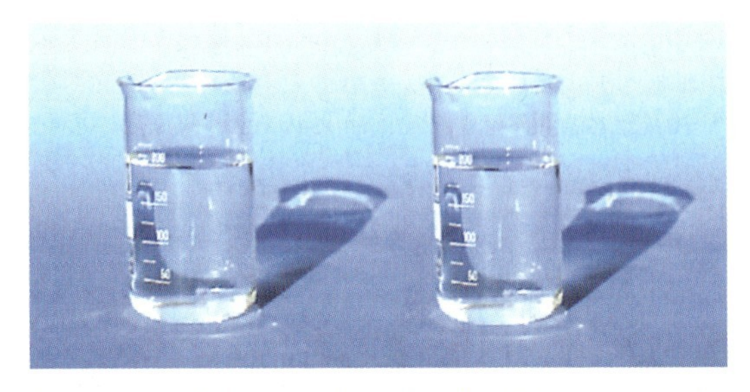

3 Wasser und Benzin haben dasselbe Volumen, jedoch ist die Masse des Wassers größer als die des Benzins.

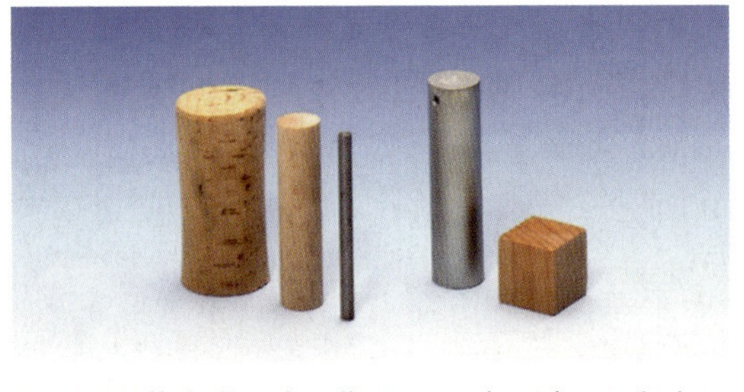

4 Die Stoffe haben dieselbe Masse. Ihr Volumen ist jedoch unterschiedlich.

Welche Masse ein Körper mit bestimmtem Volumen hat, ist abhängig von dem Stoff, aus dem er besteht. Die Eigenschaft eines Stoffes, bei einem bestimmten Volumen eine bestimmte Masse zu haben, wird durch die Größe **Dichte** beschrieben.

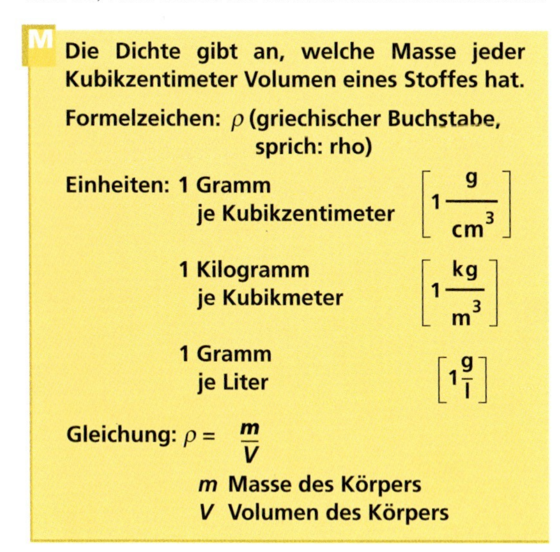

Die Dichte gibt an, welche Masse jeder Kubikzentimeter Volumen eines Stoffes hat.

Formelzeichen: ρ **(griechischer Buchstabe, sprich: rho)**

Einheiten: **1 Gramm je Kubikzentimeter** $\left[1 \frac{g}{cm^3}\right]$

1 Kilogramm je Kubikmeter $\left[1 \frac{kg}{m^3}\right]$

1 Gramm je Liter $\left[1 \frac{g}{l}\right]$

Gleichung: $\rho = \frac{m}{V}$

m **Masse des Körpers**
V **Volumen des Körpers**

Löslichkeit von Stoffen

Gibt man einen Löffel Zucker in heißen Tee oder Wasser, so sind die Zuckerkristalle bald nicht mehr einzeln zu erkennen.
Probiert man den Tee, so schmeckt man, dass der Zucker im Tee noch vorhanden ist. Der Zucker hat sich mit dem Tee zu einer einheitlichen Flüssigkeit vermischt. Man sagt auch, dass der Zucker im Wasser des Tees gelöst ist.

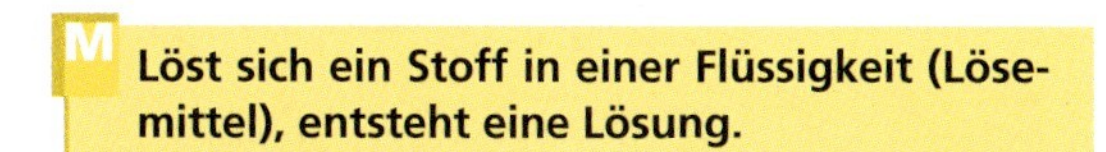

Löst sich ein Stoff in einer Flüssigkeit (Lösemittel), entsteht eine Lösung.

Die Löslichkeit eines Stoffes ist von der Art des **Lösemittels** abhängig. Zucker und Kochsalz lösen sich gut in Wasser, Sand jedoch gar nicht (Abb. 1).
Auch Flüssigkeiten und Gase können in einem Lösemittel gelöst werden. So enthält Wasser beispielsweise meist gelösten Sauerstoff.
In der Regel nimmt die Löslichkeit der Feststoffe und Flüssigkeiten mit steigender **Temperatur** zu, die der Gase ab.

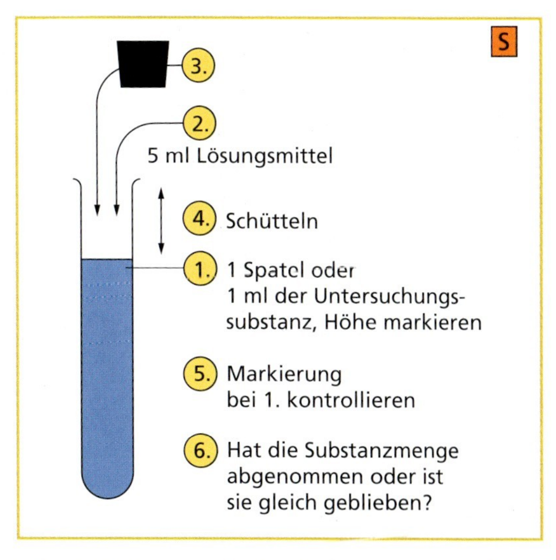

1 Die Löslichkeit von Stoffen kann untersucht werden.

Brennbarkeit von Stoffen

Ein Stoff brennt, wenn sich aus ihm Gase entwickeln, die als **Flammen** verbrennen oder wenn er selbst ein brennbares Gas ist. Flammen sind brennende Gase. Das Aussehen und Rußen einer Flamme sowie der beim Verbrennen auftretende Geruch sind für manche Stoffe charakteristisch. Damit ein Stoff brennen kann, muss seine **Entzündungstemperatur** erreicht werden.
Die Entzündungstemperaturen der Stoffe sind unterschiedlich (vgl. Tabelle). Manche Stoffe haben eine sehr hohe Entzündungstemperatur, z. B. Kohle. Andere Stoffe sind unbrennbar. Die Schutzanzüge von Feuerwehrleuten bestehen beispielsweise aus nahezu unbrennbaren Materialien.

Entzündungstemperaturen ausgewählter Stoffe

Stoff	Entzündungstemperatur
Ether	160 °C
Benzin	180 °C – 220 °C
Holz (trocken)	250 °C – 350 °C
Paraffin	ca. 250 °C
Alkohol (Ethanol)	425 °C

Praktikum

Ein Steckbrief für Kerzenwachs

Kerzen können unterschiedliche Formen aufweisen. Alle bestehen aus Kerzenwachs. Dabei handelt es sich um Stoffe, die durch bestimmte Eigenschaften gekennzeichnet sind.

Aufgabe:
Fertige einen Steckbrief für Kerzenwachs an! Ermittle die Eigenschaften durch geeignete Experimente!

S Experiment 1
Ermittlung von Farbe, Geruch, Verformbarkeit, magnetische Eigenschaften, Löslichkeit in Wasser

Vorbereitung:
Geräte und Chemikalien: Reagenzgläser, Pipette, Dauermagnet, kleiner Hammer, Stoffproben von verschiedenen Kerzen, Wasser
Durchführung:
Beschreibe die Durchführung der jeweiligen Experimente!
Beobachtung:
Notiere deine Beobachtungen! Lege dazu eine Tabelle an!

S Experiment 2
Test der elektrischen Leitfähigkeit

Vorbereitung:
Geräte und Chemikalien: Apparatur entsprechend deiner Durchführungsskizze, Stoffproben von verschiedenen Kerzen
Durchführung:
Teste die Proben mithilfe einer geeigneten Apparatur! Fertige dazu eine beschriftete Skizze an! Lege sie dem Lehrer vor und lasse sie bestätigen!
Beobachtung:
Notiere die Ergebnisse!

S Experiment 3
Dichtebestimmung

Vorbereitung:
Geräte und Chemikalien: Waage, Messzylinder, dünner Draht, Stoffproben von verschiedenen Kerzen, Wasser
Durchführung:
Ermittle die Masse einer Stoffprobe mithilfe der Waage! Stelle dann das Volumen dieser Stoffprobe fest! Nutze dazu die Abb. 1 S. 23!
Berechne mithilfe der gewonnenen Werte die Dichte!

S Experiment 4
Bestimmung der Schmelztemperatur

Vorbereitung:
Geräte und Chemikalien: Geräte entsprechend der Apparatur Abb. 1, S. 20, Stoffproben von verschiedenen Kerzen, Wasser
Durchführung:
Baue die Apparatur auf! Erhitze das Wasser, bis das Wachs geschmolzen ist! Lies die Temperatur alle 20 s ab!
Beobachtung:
Notiere die ermittelten Schmelztemperaturen und erkläre eventuelle Abweichungen!

S Experiment 5
Verhalten beim Erhitzen und Brennbarkeit

Vorbereitung:
Materialien: verschiedene Kerzen, Streichhölzer
Durchführung:
a) Überprüfe die Brennbarkeit der Kerzen!
b) Entzünde eine neue Kerze, lasse sie 2 min brennen, puste die Kerze aus und entzünde sie erneut!
Beobachtung:
Beobachte sehr genau! Achte nicht nur auf die Brennbarkeit, sondern auch auf Veränderungen des Aggregatzustandes!

Auswertung:
Fasse alle ermittelten Eigenschaften von Kerzenwachs in einem Steckbrief zusammen!

ANWENDUNGEN

S Welcher Stoff ist das?

Chemiker werden häufig beauftragt herauszufinden, aus welchem Stoff ein Material besteht. Auch im täglichen Leben kommt es vor, dass man Gegenstände findet und nicht weiß, aus welchem Stoff sie bestehen. Beim Aufräumen im Keller wurde z.B. der abgebildete Körper gefunden. *Bestimme, aus welchem Stoff der Körper bestehen könnte!*

Stoffe erkennt man an ihren Eigenschaften. Es werden zunächst die Eigenschaften erfasst, die man mit den Sinnesorganen (Auge, Nase) wahrnehmen kann: Der Stoff ist fest, hat eine glatte Oberfläche, sieht silbrig aus und ist geruchlos.
Bringt man ihn in Wasser, so geschieht nichts. Der Stoff ist also nicht wasserlöslich.
Seine Oberfläche kann mit dem Fingernagel geritzt werden. Der Stoff hat eine geringe Härte.
Zur Untersuchung der elektrischen Leitfähigkeit wird der Stoff in einen Stromkreis gebracht.
Der Stoff leitet den elektrischen Strom. Das ist eine typische Eigenschaft von Metallen.
Zur Untersuchung der Wärmeleitfähigkeit hält man eine Seite des Körpers in heißes Wasser und prüft mit den Fingern, wie schnell die andere Seite heiß wird. Es zeigt sich: Der Stoff leitet die Wärme gut. Auch das ist eine typische Eigenschaft von Metallen.
Die Dichte des Stoffes wird experimentell bestimmt, indem man mit einer Waage die Masse des betreffenden Körpers misst und mihilfe der Differenzmethode (Abb. 1) das Volumen ermittelt.

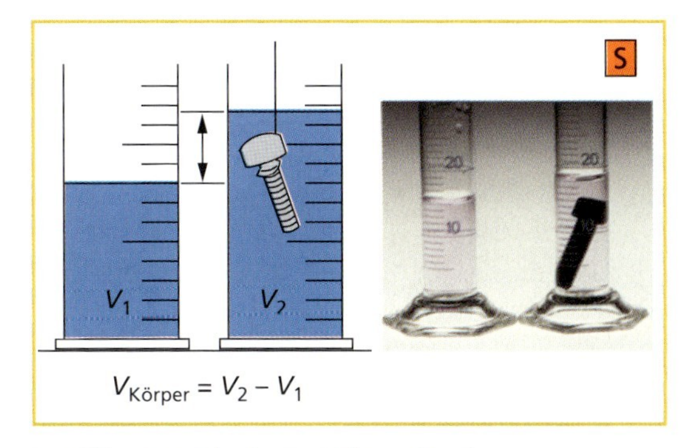

1 Differenzmethode zur Volumenbestimmung

$m = 85{,}8\,g$ $\qquad V = 11{,}9\,cm^3$

Daraus kann man die Dichte berechnen:

$$\rho = \frac{m}{V}$$

$$\rho = \frac{85,8\ g}{11,9\ cm^3}$$

$$\rho = 7,21\frac{g}{cm^3}$$

In Tabellen kann man nun nachschlagen, welcher metallische Stoff mit all den ermittelten Eigenschaften eine solche Dichte hat.
Zink hat eine Dichte von $7{,}13\ g \cdot cm^{-3}$, Zinn eine Dichte von $7{,}29 g \cdot cm^{-3}$. Es könnte sich also um Zink oder Zinn handeln.
Diese beiden Stoffe haben eine ähnliche Dichte, unterscheiden sich aber deutlich in ihren Schmelztemperaturen: Zinn schmilzt bei 232 °C, Zink dagegen erst bei 420 °C.
Bringt man die Spitze eines Lötkolbens, die eine Temperatur von ca. 260 °C hat, auf den zu untersuchenden Stoff, dann zeigt sich: Der Stoff schmilzt an der Stelle. **Es könnte sich also um Zinn handeln.**
Eine eindeutige Aussage darüber, aus welchem Stoff ein Körper besteht, ist häufig erst nach umfangreichen Untersuchungen möglich. In der modernen Chemie werden heute z.T. sehr aufwändige Analysetechniken mit wertvollen Geräten und Apparaturen genutzt, um unbekannte Stoffe eindeutig zu identifizieren.

AUFGABEN

1. In der Abbildung sind verschiedene Gegenstände zu sehen.
   Aus welchen Stoffen bestehen diese Gegenstände? Gib die Vor- und Nachteile des jeweiligen Stoffes für den Verwendungszweck an!

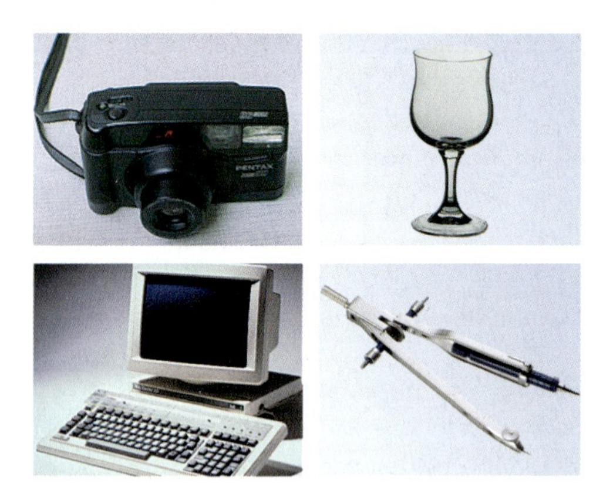

2. Es gibt Einkaufsbeutel aus Plast, Papier oder Baumwolle. Diskutiere Vor- und Nachteile dieser verschiedenen Materialien!

3. Nenne typische Eigenschaften für folgende Stoffe und gib für jeden Stoff an, wo man ihn aufgrund der jeweiligen Eigenschaft besonders häufig einsetzt! Recherchiere im Internet, z. B. unter www.schuelerlexikon.de!
   a) Glas, b) Aluminium, c) Stahl!

4. Tauche einen Teebeutel in heißes Wasser und beobachte! [S]
   a) Beschreibe deine Beobachtung!
   b) Was geschieht mit der Teemischung beim Eintauchen in heißes Wasser?

5. Kleine Verschmutzungen in Kleidungsstücken können mit Fleckenwasser entfernt werden. Warum gibt es verschiedene Fleckenwasser und immer wieder neue? Erkläre!

6. Die unterschiedliche Löslichkeit von Farben muss man berücksichtigen, wenn man beim Streichen z. B. Flecken beseitigen, Pinsel und Hände bzw. Kleidungsstücke reinigen will. Stelle in einer Tabelle zusammen, welche Farben ihr zu Haus habt und worin sie löslich sind!

7. Gießt man Öl und Wasser zusammen, so sammelt sich das Öl nach einer gewissen Zeit auf dem Wasser.

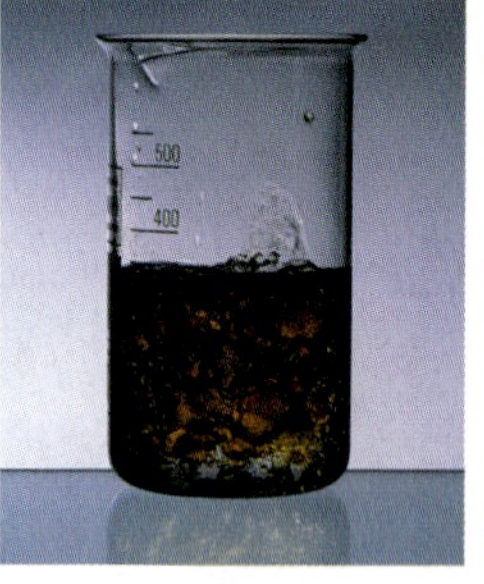

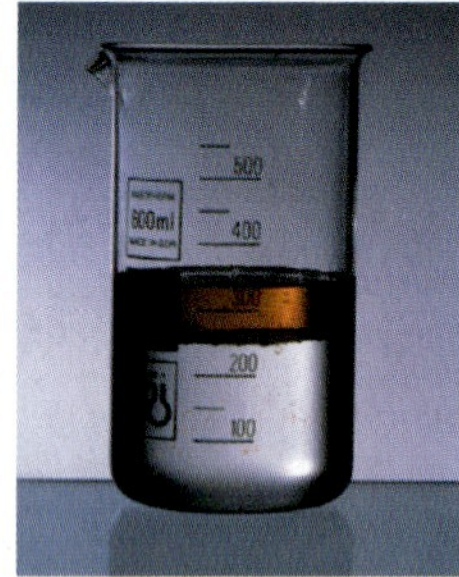

   a) Was bedeutet diese Beobachtung für die Löslichkeit von Öl in Wasser?
   b) Kann man Ölflecken mit Wasser beseitigen? Begründe!

8. Die Abbildung zeigt das Etikett einer Limonadenflasche.
   Gib Stoffe an, die im Getränk gelöst sind!

9. Finde heraus, welche Stoffe in folgenden Lebensmitteln zu Hause enthalten bzw. gelöst sind: Cola, Ketchup, Müsli, Margarine, Mineralwasser!

10. In Getränken wie Sprudel, Cola, Bier und Sekt ist ein Gas gelöst.
    a) Nenne das Gas!
    b) Erkläre, woran man erkennen kann, dass dieses Gas im Getränk gelöst ist!

11. Tapeten haben eine wesentlich höhere Entzündungstemperatur als normales Papier. Warum ist das sinnvoll?

12. a) Erkläre, warum man mit einem Streichholz zwar Papier, aber nicht Kohle anzünden kann!
    b) Beschreibe, wie man mit einem Streichholz und anderen Stoffen Kohle entzünden kann!

13. Warum benutzt man zum Anzünden von Grillkohle spezielle Grillanzünder? Erläutere! Was ist bei deren Anwendung zu beachten?

14. **S** Untersuche unter Anleitung experimentell die elektrische Leitfähigkeit verschiedener Stoffe (z.B. Kochsalzlösung, Leitungswasser, Zuckerlösung, Haushaltsessig (5 %ig), trockenes und feuchtes Holz, Bleistiftmine, Plastlineal, Büroklammern aus Stahl)!
    Welche Schlussfolgerungen kann man aus diesen Untersuchungen bezüglich des Umgangs mit Wasser und elektrischen Quellen (z. B. Steckdosen) ableiten?

15. Henkel und Griffe von Töpfen und Pfannen bestehen häufig aus anderen Stoffen als der übrige Topf bzw. die Pfanne.
    a) Nenne Stoffe, aus denen Töpfe, Pfannen und deren Henkel und Griffe bestehen können!
    b) Begründe, warum diese aus so unterschiedlichen Stoffen hergestellt werden!

16. **S** Stoffe besitzen unterschiedliches magnetisches Verhalten. Untersuche experimentell die magnetischen Eigenschaften verschiedener Stoffe! Überprüfe Kupferdraht, Büroklammern aus Plast und Stahl, Holz, Schrauben, Besteck aus Aluminium und Stahl!

17. Bei Farben oder Holzschutzmitteln sind die auf der Verpackung angegebenen Verarbeitungshinweise zu beachten, weil es sonst zu gesundheitlichen Beeinträchtigungen kommen kann.

    a) Welche Eigenschaften der enthaltenen Stoffe führen dazu, dass sich diese Stoffe in der Luft anreichern und damit beim Atmen aufgenommen werden könnten?
    b) Wie kann man das Einatmen solcher Stoffe und damit mögliche gesundheitliche Beeinträchtigungen verhindern?

18. **S** Ermittle in einem Experiment charakteristische Eigenschaftskombinationen folgender Stoffe: Mehl, Kochsalz, Zucker!

19. **S** Dir werden auf vier Schälchen Kochsalz, Mehl, Zucker und Puderzucker übergeben. Bestimme experimentell ohne Geschmacksprobe, welcher Stoff sich auf welchem Schälchen befindet! Begründe das Vorgehen!

20. Von einem Stoff wurden folgende Eigenschaften ermittelt:
    Aggregatzustand: fest,
    Farbe: weiß,
    Löslichkeit: in Wasser löslich,
    Dichte: $2{,}2\ g \cdot cm^{-3}$.
    Um welchen Stoff könnte es sich handeln?

21. Übernimm die Tabelle in dein Heft, ergänze sie und stelle für folgende Stoffe wichtige Eigenschaften zusammen!

Eigenschaften	Glas	Zucker	Essig
Aggregatzustand			

1.2 Stoffgemische und reine Stoffe

Wie viel Zucker passt in den Tee?

Zucker löst sich im Tee. Der Zucker ist nicht mehr zu sehen, trotzdem aber vorhanden. Der Tee schmeckt süß.
Dabei gibt es eine kuriose Erscheinung. In ein nicht ganz volles Glas Tee (Abb.) kann man unter Umrühren eine ganze Tasse Zucker schütten, ohne dass der Tee überläuft.
Wie kann man das erklären? Verschwindet ein Teil der Stoffe einfach?

„Vor Gebrauch schütteln"

Auf vielen Verpackungen, die wir verwenden, steht „Vor Gebrauch schütteln", so z. B. auf Arzneimittelfläschchen oder Farbbüchsen. Auch einige Getränke, z. B. Schokotrunk oder Fruchtsäfte, sollten vor dem Trinken geschüttelt werden.
Warum ist dieses Schütteln vor der Nutzung sinnvoll?
Bei welchen Mischungen von Stoffen ist ein solches Schütteln vor Gebrauch notwendig?

Müll – ein Gemisch aus Stoffen

In gelben Säcken bzw. Tonnen können Verpackungen, die einen grünen Punkt besitzen, gesammelt und kostenfrei abgegeben werden. Dabei werden Metallverpackungen (Dosen, Verschlüsse), Kunststoffe (Plastikbecher) und Verbundstoffe (Getränkekartons) zu einem Stoffgemisch zusammengeführt. Für die Wiederverwendung muss es getrennt werden.
Mit welchen Verfahren können diese Stoffe getrennt werden? Welche Eigenschaften der Stoffe werden dabei genutzt?

GRUNDLAGEN

Bausteine der Stoffe – das Teilchenmodell

Beim Herstellen einer Zuckerlösung bemerkt man die kuriose Erscheinung, dass das Gesamtvolumen der Lösung kleiner als erwartet ausfällt (s. Abb. 1, S. 26).

Dieser scheinbare Widerspruch lässt sich durch die Annahme, dass Stoffe aus **kleinen, nicht sichtbaren Teilchen** bestehen, lösen.

Die verschiedenen Teilchen, aus denen die Stoffe bestehen, bilden auch eine Ursache für die unterschiedlichen Eigenschaften der Stoffe. Nimmt man nun an, dass Teilchen verschiedener Stoffe unterschiedlich groß sind, kann das Kuriosum erklärt werden (s. S. 34).

Die Vorstellung, dass Stoffe aus Teilchen aufgebaut sind, wurde schon von DEMOKRIT (460 – 380 v. Chr.) entwickelt. Er überlegte, dass man kleine Teilchen erhalten würde, wenn man einen Körper immer weiter zerteilt. Kleine Teilchen erhält man wirklich, wenn man Kreide zerlegt (Abb. 1). Versucht man, diese Teilchen wieder zusammenzufügen, funktioniert das nicht. Beim Zerteilen hat man den Verband der Teilchen zerstört und damit die Kräfte, die zwischen den Teilchen wirken.

Von diesen Kräften hängt es ab, wie schnell sich Stoffe miteinander vermischen. Dabei spielt aber auch die Bewegung der Teilchen eine Rolle. Dass sich Teilchen bewegen, erkennt man z. B., wenn der Geruch einer leckeren Speise nicht nur über dem Topf wahrnehmbar ist, sondern durch den Raum zieht. Teilchen in flüssigen Stoffen bewegen sich ebenfalls. Gibt man beispielsweise einige Tropfen Tinte in Wasser, verteilt sich die Tinte von selbst im gesamten Wasser.

Allerdings bewegen sich die Teilchen gasförmiger, flüssiger und fester Stoffe nicht gleich, da zwischen ihnen unterschiedlich große Kräfte wirken.

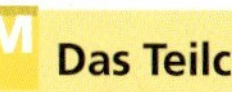

Das Teilchenmodell beinhaltet drei wesentliche Aussagen
1. **Alle Stoffe bestehen aus Teilchen.**
2. **Die Teilchen befinden sich in ständiger Bewegung.**
3. **Zwischen den Teilchen wirken Kräfte.**

1 Zerlegt man Kreide immer weiter, erhält man Kreidestaub. Die Teilchen darin sind sehr klein.

Teilchenmodell und Aggregatzustand

Mit dem Teilchenmodell können Aggregatzustände und ihre Änderungen erklärt werden. Im festen Zustand (z. B. beim Eis) sind die Teilchen regelmäßig angeordnet und können aufgrund starker Kräfte nur geringe Schwingungen ausführen. Beim Erwärmen nehmen die Schwingungen zu. Ab einer charakteristischen Temperatur werden die Schwingungen so stark, dass die Teilchen die Kräfte überwinden und sich leicht verschieben lassen. Der Stoff schmilzt und wird flüssig.

Bei weiterer Wärmezufuhr bewegen sich die Teilchen immer schneller. Die Abstände zwischen ihnen vergrößern sich und der Stoff wird bei einer charakteristischen Temperatur (Siedetemperatur) gasförmig. Wird die Wärmezufuhr unterbrochen, kühlt der Stoff wieder ab. Die Teilchenbewegung verlangsamt sich. Der Stoff wird erst flüssig, dann wieder fest.

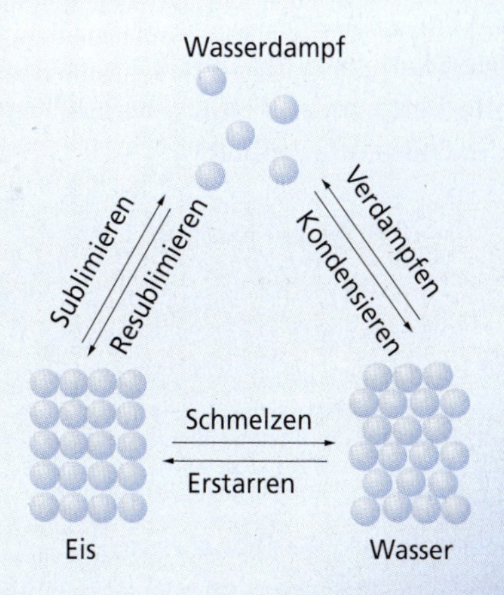

2 Änderung des Aggregatzustandes von Wasser nach dem Teilchenmodell

Stoffe vermischt oder rein

Stoffe sind durch ihre Eigenschaften gekennzeichnet. Aufgrund dieser Eigenschaften nutzen wir sie für einen ganz bestimmten Verwendungszweck.
Reines Kupfer beispielsweise ist besonders gut elektrisch leitfähig. Es besteht dann nur aus einer Teilchensorte. Ist das Kupfer durch andere Teilchen stark verunreinigt, dann sinkt die elektrische Leitfähigkeit.

Reine Stoffe bestehen nur aus einer Art von Teilchen.

Reine Stoffe sind in der Praxis oft nur mit sehr hohem Aufwand herzustellen. Immer sind sie durch andere „verunreinigt". Auch in der Natur liegen Stoffe häufig miteinander vermischt vor.

M

Stoffgemische bestehen aus Teilchen mehrer reiner Stoffe. Die Eigenschaften der reinen Stoffe bleiben im Gemisch erhalten.

Stoffgemische spielen in unserem Leben eine große Rolle. Geben wir Salz ins Wasser, um z. B. Spagetti zu kochen, haben wir ganz nebenbei ein Stoffgemisch erzeugt. Für die tägliche Körperpflege verwenden wir Stoffgemische, sei es, dass wir uns mit Waschlotionen waschen oder unsere Haut mit Cremes pflegen.
Die meisten Lebensmittel sind Stoffgemische, die Nährstoffe, Fette und Eiweiße, aber auch Aroma-, Farb- oder Duftstoffe enthalten.

1 Etikett eines Konfitürenglases

2 Für die Errichtung von Brückenkonstruktionen muss man Stahl verwenden. Eisen ist ungeeignet.

Hersteller von Lebensmitteln sind verpflichtet, die stoffliche Zusammensetzung auf der Verpackung anzugeben (Abb. 1).
Auch in der Natur existieren eine Unmenge von Stoffgemischen. Wasser ist nie ein reiner Stoff. Immer sind bestimmte andere Bestandteile gelöst. Wir laufen sogar auf Stoffgemischen, denn Steine (z. B. Granit) sind nichts anderes als Gemische aus unterschiedlichen Mineralien.
In der Technik werden nicht nur reine Stoffe benötigt. Einige Stoffgemische werden sogar gezielt hergestellt. Stahl ist ein Stoffgemisch aus Eisen mit einem gewissen Gehalt an Chrom, Mangan u. a. Durch die „Verunreinigungen" wird das Gemisch elastisch und stabil (Abb. 2).
Die Vielfalt der möglichen Stoffgemische ist groß. Ein Überblick ist auf der Seite 29 gegeben.

Homogene und heterogene Stoffgemische

Aufgrund der zahlreichen Reinstoffe und ihrer Eigenschaften erhält man eine große Vielfalt von Stoffgemischen.
Es können Stoffe verschiedener Aggregatzustände vermischt werden.
Der Rauch aus einem Schornstein ist ein Gemisch des Feststoffes Ruß und des Gases Luft.
Nebel ist ein Gemisch der Flüssigkeit Wasser und des Gases Luft.
Mischt man verschiedene reine Stoffe miteinander und betrachtet das Gemisch unter einer Lupe oder einem Mikroskop genauer, so kann man Unterschiede feststellen. Unter einem Mikroskop

Arten von Stoffgemischen

heterogen	Feststoff + Feststoff = **Gemenge**	Feststoff + Flüssigkeit = **Suspension**	Feststoff + Gas = **Rauch**
	Beispiel: Granitgestein	Beispiel: naturtrüber Orangensaft	Beispiel: Ruß in Luft
	Flüssigkeit + Flüssigkeit = **Emulsion**	Flüssigkeit + Gas = **Nebel**	Gas + Flüssigkeit = **Schaum**
	Beispiel: Milch	Beispiel: Wasser in Luft	Beispiel: Bierschaum
homogen	Feststoff + Feststoff = **Legierung**	Feststoff + Flüssigkeit = **Lösung**	Gas + Gas = **Gasgemisch**
	Beispiel: Bronze	Beispiel: Zucker in Wasser	
	Flüssigkeit + Flüssigkeit = **Lösung**	Flüssigkeit + Gas = **Lösung**	
	Beispiel: Speiseessig	Beispiel: Wasser mit Kohlenstoffdioxid	Beispiel: Luft

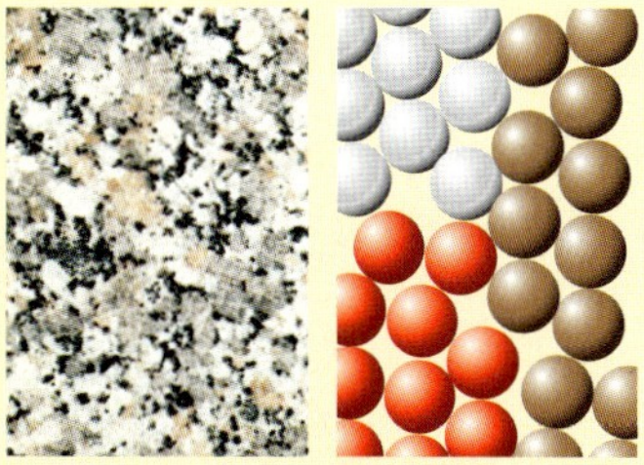

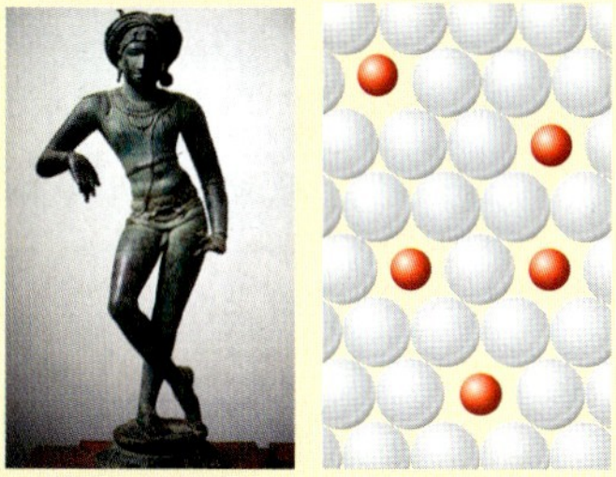

kann man in der Milch noch deutlich Fett-Teilchen erkennen, die in Wasser schwimmen. In einer Salzlösung kann man unter einem Mikroskop keine einzelnen Bestandteile mehr unterscheiden.

Entsprechend dieser Unterschiede unterteilt man Stoffgemische in **heterogene** (griechisch: verschieden) und **homogene** (griechisch: gleich) Stoffgemische.

Äußerlich lassen sich heterogene und homogene Flüssigkeiten als Stoffgemische auf einen Blick unterscheiden: Heterogene Flüssigkeiten sind undurchsichtig und trübe, während homogene Flüssigkeiten durchsichtig und klar sind, aber in manchen Fällen auch gefärbt sein können.

Eine heterogene Flüssigkeit entsteht z. B. durch Mischen eines unlöslichen Stoffes mit einer Flüssigkeit. Speiseöl ist beispielsweise in Wasser nicht löslich. Es entsteht beim Mischen eine trübe Flüssigkeit, die sich nach einer Weile wieder entmischt. Auch Milch ist nicht durchsichtig und erscheint weiß.

Haushaltsessig ist ein Gemisch aus Essigsäure und Wasser. Es handelt sich um eine homogene Flüssigkeit. Diese Flüssigkeit ist klar und durchsichtig.

M

In heterogenen Stoffgemischen sind die einzelnen Bestandteile (Reinstoffe) mit dem Auge, der Lupe oder dem Mikroskop noch wahrnehmbar.
In homogenen Stoffgemischen sind die einzelnen Bestandteile nicht mehr wahrnehmbar.

Vorsicht Prozente!

Lebensmittel, aber auch viele Genussmittel, sind im Allgemeinen Stoffgemische.

Die ganz genaue Zusammensetzung ist meist ein gut gehütetes Geheimnis der Hersteller. Trotzdem müssen manchmal außer den Angaben zu stofflichen Bestandteilen auch die Anteile einiger Inhaltsstoffe mit angegeben werden.

Für Feststoffe, die in Flüssigkeiten gelöst sind, wird der **Massenanteil** ω an der Gesamtmasse angegeben. Der Massenanteil ω_i eines gelösten Feststoffes kann berechnet werden mit der Gleichung:

$$\omega_i = \frac{m_i}{m}$$

m_i Masse der Komponente i (gelöster Feststoff)
m Gesamtmasse des Stoffgemisches

bzw. in Prozenten: $\omega_i(\text{in }\%) = \frac{m_i}{m} \cdot 100\ \%$

Besonders bei Kochsalzlösungen spielt der Massenanteil eine Rolle. So weist physiologische Kochsalzlösung beispielsweise einen Massenanteil von 0,9 % auf. Die benötigte Masse Kochsalz zur Herstellung von 100 g dieser Lösung kann mithilfe folgender Formel berechnet werden:

$$m_{\text{Kochsalz}} = \frac{\omega_{\text{Kochsalz}}(\text{in }\%) \cdot m_{\text{ges}}}{100\ \%}$$

Es ergibt sich eine Masse von 0,9 g Kochsalz. Diese Masse muss in 99,1 g reinem Wasser gelöst werden.

Für Flüssigkeiten, die in einer anderen Flüssigkeit gelöst vorliegen, ist die Angabe des **Volumenanteils** φ üblich.

Der Volumenanteil φ_i einer gelösten Flüssigkeit kann berechnet werden mit der Gleichung:

$$\varphi_i = \frac{V_i}{V_0}$$

V Volumen der Komponente i
V_0 Gesamtvolumen des Stoffgemisches

bzw. in Prozenten: $\varphi_i(\text{in }\%) = \frac{V_i}{V_0} \cdot 100\ \%$

Besonders bei alkoholischen Getränken ist die Angabe des Volumenanteils des enthaltenen Alkohols üblich. Beispielsweise kann man von einem Etikett einer Branntweinflasche den Volumenanteil des Akohols ermitteln (38%). Die obige Formel kann durch Umstellung auch zur Berechnung des enthaltenen reinen Alkohols genutzt werden.

$$V_{\text{Alkohol}} = \frac{\varphi_{\text{Alkohol}}(\text{in }\%) \cdot V_{\text{ges}}}{100\ \%}$$

Bei einem Gesamtvolumen von 0,7 l ergibt sich, dass in der Flasche 0,266 l reiner Alkohol gelöst enthalten sind.

Stoffgemische trennen

Die Luft stellt ein Stoffgemisch dar. Bläst jemand Zigarettenrauch in die Luft, verändert er die Zusammensetzung. Auch durch Schadstoffe in den Abgasen von Industrieanlagen, Haushalten und Autos wird die Luft verunreinigt.
Ähnliche Verhältnisse sind beim Boden und in natürlichen Gewässern zu finden. Dabei handelt es sich auch um Stoffgemische. Gelangen aber z. B. mit dem Abwasser Schadstoffe in den Boden oder in das Wasser, verändert sich die Zusammensetzung derartig, dass die Umwelt belastet wird.
Daher ist es wichtig, Schadstoffe aus der Luft oder aus dem Abwasser abzutrennen.

M **Zum Trennen von Stoffgemischen nutzt man die unterschiedlichen Eigenschaften der reinen Stoffe im Gemisch aus.**

In Abhängigkeit von den physikalischen Eigenschaften der enthaltenen Stoffe können unterschiedliche Trennverfahren zur Anwendung kommen (Überblick S. 32).
So werden beispielsweise die Rußteilchen aus der Abluft von Heizkraftwerken entfernt. Man nutzt aus, dass die Rußteilchen schwerer als die anderen Bestandteile der Abluft sind **(Zentrifugieren).**
Bei der Reinigung des Abwassers in Kläranlagen beruht die **Stofftrennung u. a. auf der unterschiedlichen Größe und der unterschiedlichen Dichte** der Bestandteile (s. S. 68).
Im Haushalt ist die Stofftrennung ebenfalls von Bedeutung.
Beim **Filtrieren** erfolgt die Trennung durch ein Filtermaterial aus Papier oder Keramik mit entsprechenden Poren. Die Poren sind auf die Teilchengröße des Feststoffes abgestimmt. Im Filter bleibt der Feststoff als Rückstand zurück, die Flüssigkeit bildet das Filtrat.
In einer Kaffeemaschine wird durch einen Filter der flüssige Kaffee vom wassergetränkten Kaffeepulver getrennt. Die Feststoffteilchen setzen sich als Schicht auf dem Filter ab und verschließen dabei auch die Poren. Die Geschwindigkeit der Filtration wird immer geringer.

1 Analysen in der Medizin

Bei der Trennung sehr feiner Substanzen oder Verunreinigungen verwendet man Filter mit Aktivkohle (z. B. bei manchen Dunstabzugshauben). Aufgrund der sehr großen Oberfläche der Aktivkohle können gelöste Substanzen, Gase oder Feststoffe an ihrer Oberfläche angelagert werden. Die Stoffe werden dabei durch **Adsorption** (lat. adsorbere – ansaugen) getrennt.
Die unterschiedliche Löslichkeit von Stoffen in einem Lösungsmittel wird beim **Extrahieren** genutzt. Ist von einem Stoffgemisch ein Stoff in einer Flüssigkeit löslich, der andere Stoff nicht, so kann durch Zugeben dieser Flüssigkeit der lösliche Stoff aus dem Gemisch extrahiert werden.
Extrahiert wird z. B. bei der Zubereitung von Tee oder Kaffee.
Geschmacks-, Aroma- und Farbstoffe im Kaffeepulver oder in den Teeblättern werden in heißem Wasser gelöst, durch Filtrieren werden die Rückstände des Kaffeepulvers oder der Teeblätter abgetrennt.
Auch die Trennung von Abfällen soll erwähnt werden. Sie stellt eine wesentliche Voraussetzung für ein Abfallrecycling dar, denn Kunststoffe können wieder verwertet und biologische Abfälle durch Kompostierung dem natürlichen Stoffkreislauf wieder zugeführt werden.
In der Umwelttechnik, der Kriminalistik, der chemischen Industrie und der Medizin spielt die Stofftrennung ebenfalls eine Rolle. Es werden Trennverfahren eingesetzt, weil viele Analysen (Abb. 1) zuerst mit der Stofftrennung beginnen.

Trennen von Stoffgemischen

unter Ausnutzung der Siedetemperaturen

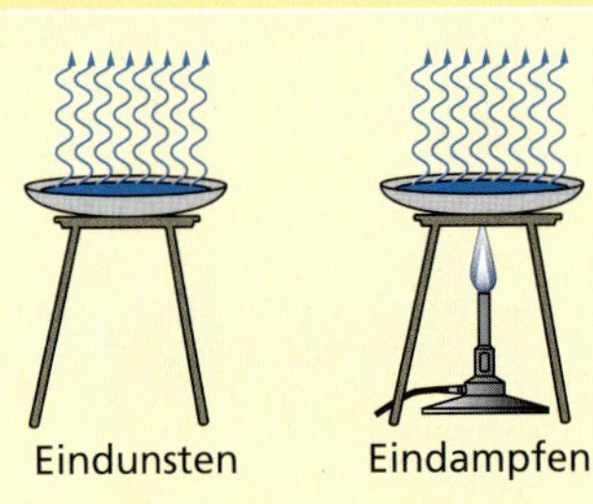

Eindunsten und **Eindampfen**: Trennen von Lösungen aufgrund unterschiedlicher Siedetemperaturen, wobei allgemein nur der gelöste Feststoff gewonnen wird.

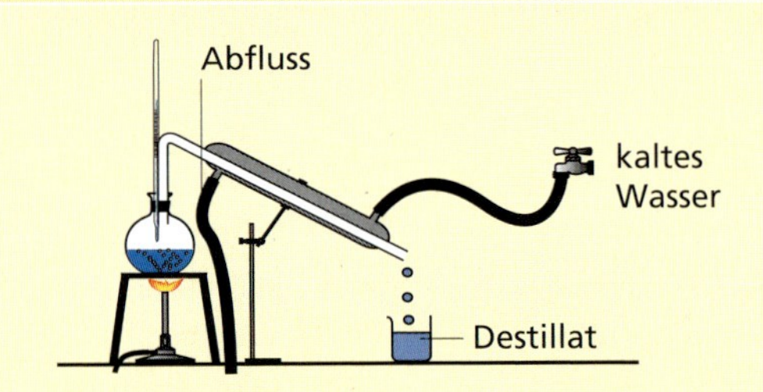

Destillieren: Trennen von Stoffgemischen aus mehreren flüssigen Stoffen oder aus Lösemittel und gelöstem Feststoff aufgrund unterschiedlicher Siede- bzw. Kondensationstemperaturen, wobei alle enthaltenen Stoffe gewonnen werden.

unter Ausnutzung der Teilchengröße

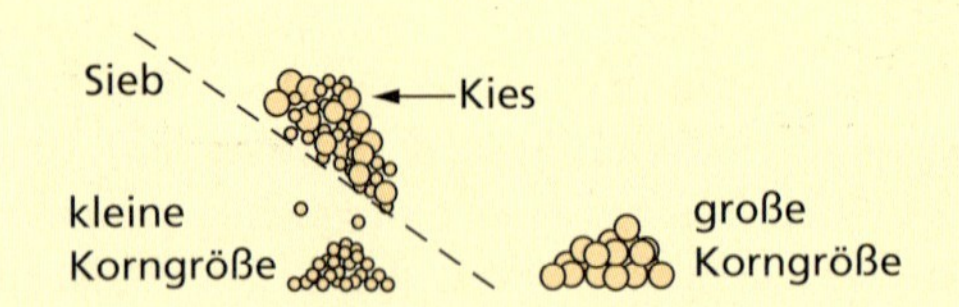

Sieben: Trennen von Gemischen aus festen Stoffen aufgrund unterschiedlicher Korngröße der enthaltenen Stoffe.

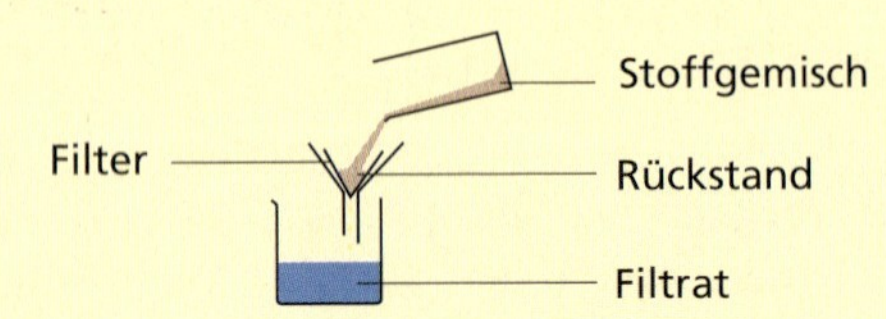

Filtrieren: Trennung einer Suspension aufgrund unterschiedlicher Teilchengröße der enthaltenen Stoffe.

unter Ausnutzung der Dichte

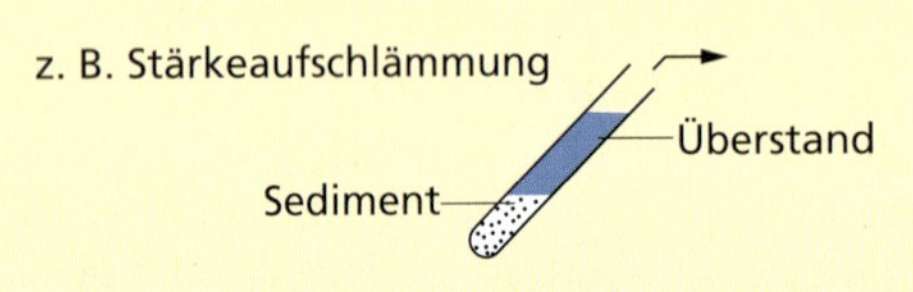

Dekantieren: Trennen eines Stoffgemisches aus flüssigem Stoff und Feststoff (Suspension) aufgrund unterschiedlicher Dichte und unterschiedlicher Aggregatzustände der enthaltenen Stoffe durch Abgießen des Überstandes.

unter Ausnutzung magnetischer Eigenschaften

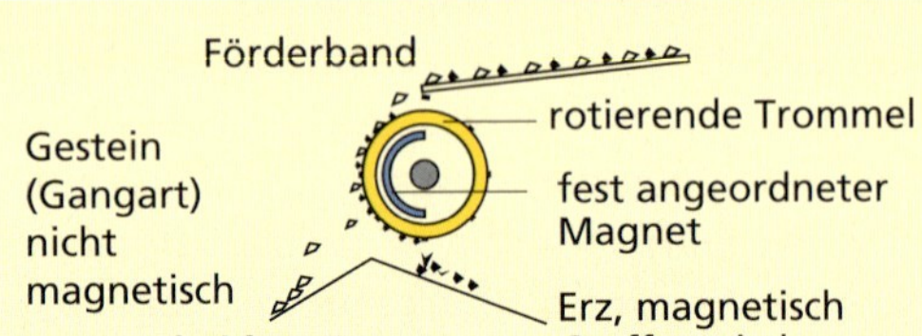

Magnetscheiden: Trennen von Stoffgemischen aus festen Stoffen aufgrund der magnetischen Eigenschaften eines der enthaltenen Stoffe.

unter Ausnutzung der Löslichkeit

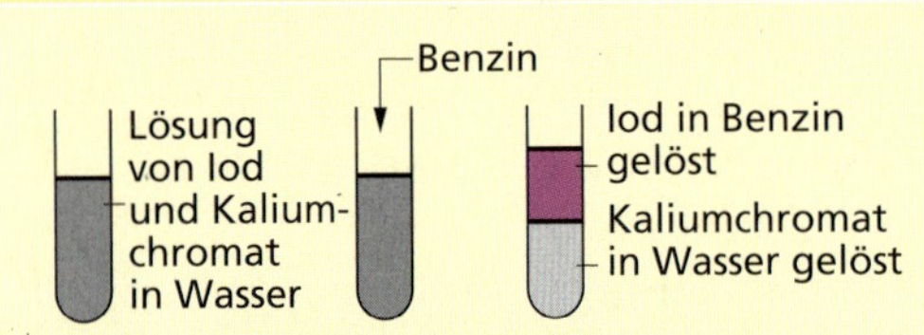

Extrahieren: Trennen von Stoffgemischen unter Ausnutzung unterschiedlicher Löslichkeit in einem bestimmten Lösungsmittel.

unter Ausnutzung der Haftfähigkeit

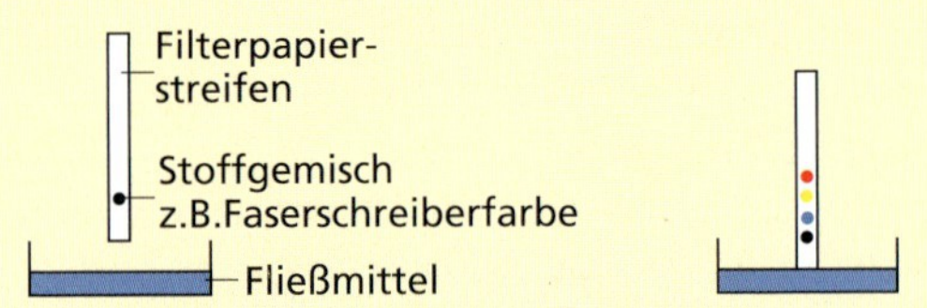

Chromatografieren: Trennen von Stoffgemischen unter Nutzung der unterschiedlichen Haftfähigkeit verschiedener Teilchen (z.B. in Farbstoffen) auf Papier oder Kreide.

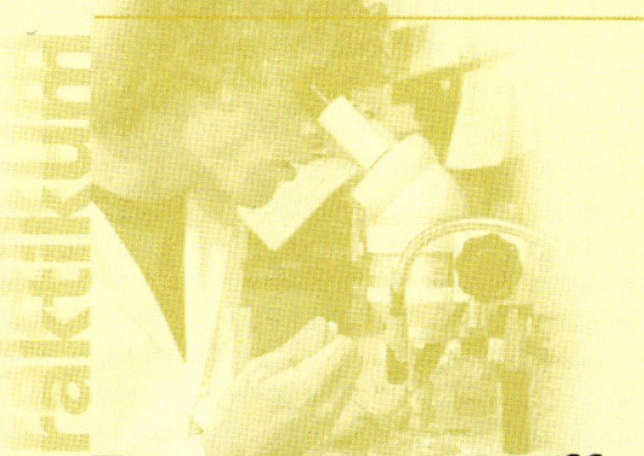

Trennen von Stoffgemischen

S Experiment 1

Aufgabe:
Trenne ein Öl-Wasser-Gemisch!

Vorbereitung:
Geräte: Scheidetrichter, Becherglas, Quirl
Chemikalien: Wasser, Speiseöl
Durchführung:
Verquirle Öl und Wasser miteinander! Gib das Gemisch in den Scheidetrichter (Abb. S. 36)!
Beobachtung und Auswertung:
Beobachte genau! Beschreibe und erläutere das Prinzip, auf dem dieses Trennverfahren beruht!

S Experiment 2

Aufgabe:
Ermittle experimentell den Anteil an Kochsalz in Instandbrühe!

Vorbereitung:
Geräte: 2 Bechergläser, Trichter, Rührstab, Filterpapier, Abdampfschale, Pipette, Brenner, Messbecher, Waage
Chemikalien: Instandbrühe, Wasser
Durchführung:
1. Mische 5 g Brühpulver mit 10 ml Wasser!
2. Filtriere das Gemisch!
3. Dampfe die Lösung ein!
4. Füge dem Rückstand noch einmal 1–2 Tropfen Wasser zu und lasse die Mischung eindunsten!

Auswertung:
a) Erkläre, warum es sich bei dem Rückstand nicht um einen Reinstoff handelt!
b) Schätze den Anteil des Kochsalzes in Instandbrühe ab!

S L Experiment 3

Aufgabe:
Mische 50 ml Wasser, 5 g Kochsalz und 5 g Sand. Trenne diese Stoffe, sodass am Ende alle Bestandteile vorliegen!

Vorbereitung:
Geräte: 2 Bechergläser, Trichter, Rührstab, Filterpapier, Destillationskolben, durchbohrter Stopfen, Kühler, Vorlage, Brenner
Chemikalien: Wasser, Kochsalz, Sand
Durchführung:
1. Arbeitsschritt

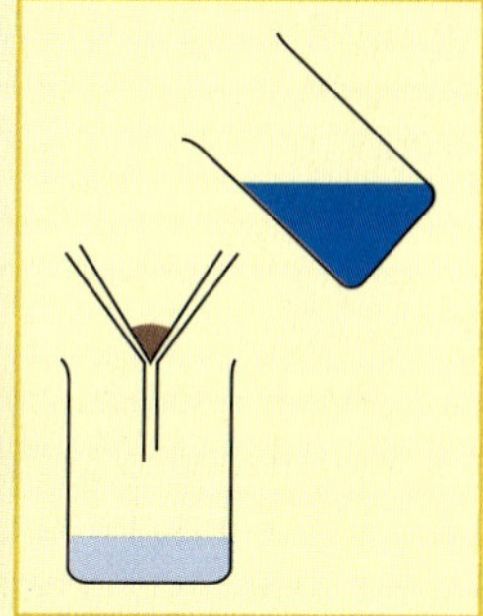

2. Arbeitsschritt

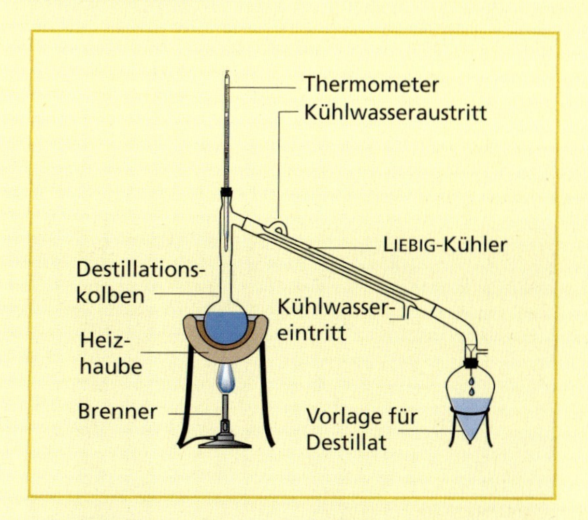

Beobachtung und Auswertung:
Notiere die Beobachtungen! Begründe, warum die angegebene Reihenfolge der Verfahren sinnvoll ist!

ANWENDUNGEN

Eins plus eins ist nicht immer zwei

Ein Experiment zeigt, dass das Volumen beim Mischen zweier Mengen nicht immer mit der rechnerischen Summe dieser Mengen übereinstimmt. Gibt man z. B. 50 ml Alkohol (Ethanol) in 50 ml Wasser, erhält man nach dem Mischen nicht 100 ml Flüssigkeit, sondern nur ca. 96 ml (Abb. 1). *Erkläre diese verblüffende Erscheinung!*

Mischt man Alkohol (Ethanol) mit Wasser, so wird der Alkohol im Wasser gelöst. Es entsteht eine einheitliche Lösung. Die beobachtete Erscheinung kann dabei mit dem Teilchenaufbau der Stoffe bzw. dem Teilchenmodell erklärt werden.
Stoffe lösen sich in einem Lösemittel auf, wenn die Anziehungskräfte zwischen den Teilchen des zu lösenden Stoffes durch das Lösemittel aufgehoben werden können.
Die Wasserteilchen schieben sich zwischen die Alkoholteilchen. Dadurch entsteht verdünnter Alkohol als einheitliches Gemisch.
Da die Alkohol- und Wasserteilchen unterschiedlich groß sind, kann der Raum zwischen den größeren Alkoholteilchen durch die kleineren Wasserteilchen ausgefüllt werden. Außerdem bilden sich zwischen den Teilchen in der Lösung, also zwischen den Alkohol- und Wasserteilchen, schwach anziehende Kräfte aus. Durch sie rücken die Teilchen noch enger aneinander. In einem Modellexperiment mit größeren Erbsen und kleineren Reiskörnern kann man diese Erklärung veranschaulichen (Abb. 2).

1 Alkohol und Wasser

2 Modellexperiment mit Erbsen und Reis

Die kleineren Reiskörner schieben sich zwischen die Erbsen. Der Raum zwischen den Erbsen wird dadurch besser ausgefüllt. Das Gesamtvolumen des Gemisches ist deshalb kleiner als die Summe der Einzelvolumen.

Erklären

Beim Erklären wird zusammenhängend und geordnet dargestellt, warum eine Erscheinung in der Natur so und nicht anders auftritt. Dabei wird die einzelne Erscheinung auf das Wirken allgemeiner Gesetze zurückgeführt, indem dargestellt wird, dass die Wirkungsbedingungen bestimmter Gesetze in der Erscheinung vorliegen. Auch Modelle können zum Erklären herangezogen werden.
Beim Erklären sollte man deshalb Folgendes darstellen:

1. Beschreibe die für das Wirken von Gesetzen und das Anwenden von Modellen wesentlichen Seiten in der Erscheinung! Lasse unwesentliche Seiten unberücksichtigt!
2. Nenne Gesetze und Modelle, mit denen die Erscheinung erklärt werden kann, weil deren Wirkungsbedingungen vorliegen!
3. Führe die Erscheinung auf das Wirken von Naturgesetzen bzw. auf das Anwenden von Modellen zurück!

Abfalltrennung und Recycling

Durch den steigenden Konsum in unserer modernen Gesellschaft wächst der Umfang des entstehenden Abfalls immer weiter an. Daher müssen die Stoffe möglichst wieder aufbereitet und erneut genutzt werden (Recycling).
Hausabfall ist ein kompliziert zusammengesetztes Stoffgemisch. Es enthält Papier, Glas, Kunststoffe, Metall, Küchenabfälle usw. Um die einzelnen Stoffe des Hausabfalls wieder verwenden zu können, müssen diese vorher getrennt werden.
Mit welchen Trennverfahren können wichtige Stoffe aus dem Hausabfall abgetrennt und recycelt werden? Mit welchen Maßnahmen kann jeder Einzelne zur Lösung des Müllproblems beitragen?

In Abfalltrennungsanlagen werden viele verschiedene Verfahren der Stofftrennung genutzt, die auf den unterschiedlichen Eigenschaften der Stoffe basieren. Einige wichtige Verfahren sollen hier vorgestellt werden. Zunächst wird an einem **Förderband** der Müll von Menschen per Hand grob vorsortiert (Abb. 1). Vor allem sperrige Gegenstände und Folien werden entfernt.
In einer **Siebanlage** werden Stoffe nach der Teilchengröße in Fein- und Grobmüll sortiert.
Mit einem **Magnetscheider (Elektromagnet)** werden Eisenteile getrennt und als Schrott an Stahlwerke geliefert (Abb. 2).
In einem **Windkanal** werden Teile aus Papier, Pappe, Textilien und Kunststoff aufgrund ihrer geringen Dichte und damit geringen Masse herausgeblasen.
In verschiedenen Nass-Stufen werden infolge der unterschiedlichen Dichte Stoffe wie Holz, Hartplaste, Metalle, Keramik und Steine getrennt.
Abfallsortierung in Abfalltrennungsanlagen ist eine aufwändige und teure Angelegenheit und benötigt viel Energie für die verschiedenen Trennverfahren. Deshalb sollten durch Abfallsortierung bzw. -trennung bereits im Haushalt einige Trennverfahren eingespart werden.
Dazu können die Sammelbehälter (Säcke, Tonnen) des „Grünen Punktes“ genutzt werden. Lebensmittelabfälle können zum Teil selbst kompostiert werden.

1 Sortieren von Abfall am Förderband

Auch in Sortieranlagen ist es nur möglich, ca. zwei Drittel des Abfalls zu recyceln, sodass ein großer Teil des Abfalls immer auf der Mülldeponie landet oder in Müllverbrennungsanlagen entsorgt wird.
Deshalb ist der wichtigste Beitrag zur Lösung des Abfallproblems die Abfallvermeidung. Das bedeutet, auf Einwegverpackungen, Wegwerfgeschirr usw. zu verzichten.
Außerdem sollte man nur Dinge kaufen, die man auch wirklich benötigt und so die Abfallmenge einschränken.

2 Schrott wurde mit Magneten vom Müll getrennt.

AUFGABEN

1. S Untersuche die Durchmischung von zwei Flüssigkeiten (z. B. Wasser und Tinte) bei 10 °C und 35 °C! Tropfe dazu vorsichtig 10 Tropfen Tinte in das temperierte Wasser! Notiere deine Beobachtungen nach jeweils 5 Minuten! Erkläre die Beobachtungsergebnisse mithilfe des Teilchenmodells!

2. Erläutere die Aggregatzustandsänderung von Wasser in Abhängigkeit von der Temperatur mithilfe des Teilchenmodells!

3. Beschreibe den Aufbau und die Wirkungsweise des Scheidetrichters!

4. Stelle in einer Übersicht Reinstoffe und Stoffgemische zusammen, die im Haushalt verwendet werden oder vorhanden sind!

5. S Majonäse ist ein Stoffgemisch aus Essig, Öl, Eigelb, Salz und Zucker.
   Stelle Majonäse selbst her, indem du wie folgt vorgehst: In ein vom Eiklar getrenntes Eidotter wird unter ständigem Rühren in kleinen Portionen Speiseöl hinzugegeben. Wenn eine dicke Masse entstanden ist, kann mit Salz, Zucker, Senf, Haushaltsessig oder Zitronensaft abgeschmeckt werden.
   Gib an, was für ein Stoffgemisch Majonäse ist!

6. Die folgenden Abbildungen zeigen Stoffgemische.
   a) Benenne die abgebildeten Stoffgemische!

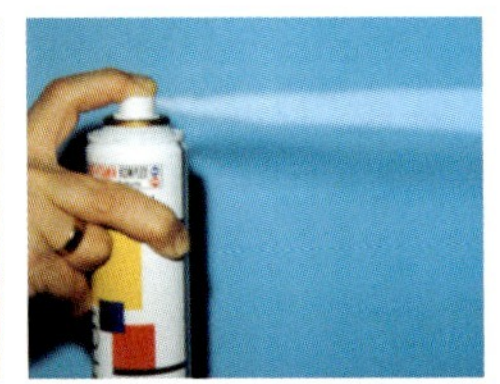

   b) Ordne die Beispiele nach homogenen und heterogenen Stoffgemischen!

7. S Stelle in einem Hausexperiment Brausepulver selbst her! Verwende dazu Zucker, Natron und feste Zitronensäure aus der Apotheke! Beschreibe, wie du dabei vorgehst!
   Was für ein Stoffgemisch liegt vor? Begründe die Antwort!

8. Milch ist ein heterogenes Stoffgemisch.

   a) Nenne Stoffe aus denen Milch besteht! Nutze für die Recherche geeignete Nachschlagewerke und das Internet!
   b) Betrachte einen Tropfen Milch unter dem Mikroskop! Beschreibe die Beobachtung!
   c) Auf Verpackungen der sogenannten „H-Milch“ steht, dass diese Milch homogenisiert ist. Was bedeutet das?

9. Goldwäscher nehmen eine Stofftrennung vor. Welche Stoffe werden getrennt? Welches Trennverfahren wird genutzt?

10. Beschreibe die verschiedenen Trennverfahren bei der Herstellung von
    a) Filterkaffee in einer Kaffeemaschine,
    b) gebrühtem Kaffee in einer Tasse,
    c) gebrühtem Tee mit einem Tee-Ei!

11. S Steinchen, Sand, Zucker, Kohlepulver und Eisenspäne liegen in einem Gemisch vor.
    a) Beschreibe und begründe, wie man diese Stoffe trennen kann!
    b) Führe diese Stofftrennung in einem Experiment selbst durch!

12. Welche Stoffeigenschaften und welches Trennverfahren werden beim „Auslassen" von Speck genutzt?

13. Zur Herstellung von hochprozentigem Alkohol wird das Destillationsverfahren genutzt. Erläutere dieses Verfahren zur Herstellung alkoholischer Getränke!

14. In Flüssen und Bächen sowie an Zuflüssen für Teiche und Seen werden Rechen eingesetzt.
    Beschreibe das Stofftrennungsverfahren, dem sie dienen!

15. Beschreibe den Aufbau und erkläre die Wirkungsweise einer Destillationsapparatur!

16. Destilliertes Wasser kann aus Leitungswasser hergestellt werden. Erläutere den Weg vom Leitungswasser zum destillierten Wasser!

17. S Aus hochprozentigem Alkohol (Ethanol) und Wasser kann ein Stoffgemisch hergestellt werden.
    Bestimme das Volumen beider Flüssigkeiten vor dem Mischen und nachdem das Stoffgemisch hergestellt wurde! Notiere deine Beobachtung und erkläre sie!

18. S Entscheide, ob Gartenerde ein reiner Stoff oder ein Stoffgemisch ist!
    a) Reibe Gartenerde zwischen den Fingern! Beobachte und beschreibe deine Beobachtung!
    b) Mische Gartenerde mit Wasser! Lasse das Gemisch anschließend ruhig stehen und beschreibe deine Beobachtung!

19. S Mithilfe von Papierchromatogrammen kann man Farbgemische trennen.

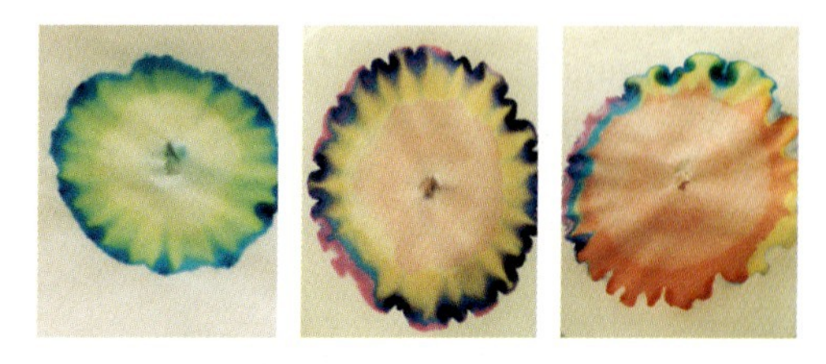

Überprüfe experimentell, aus welchem Farbgemisch die Farbe eines schwarzen und eines grünen Filzstiftes besteht!

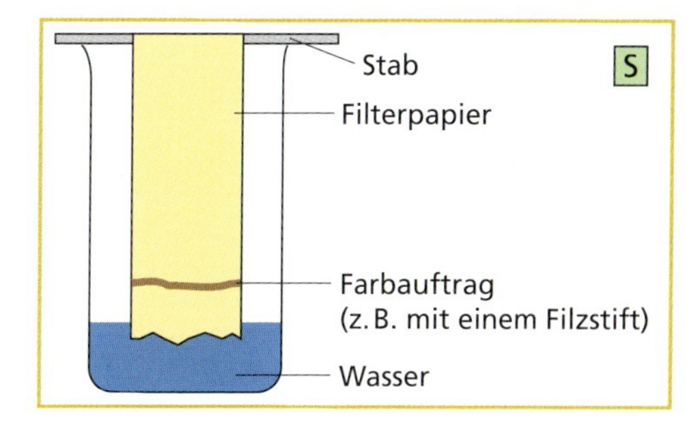

Das Wichtigste im Überblick

Alle Körper bestehen aus Stoffen.

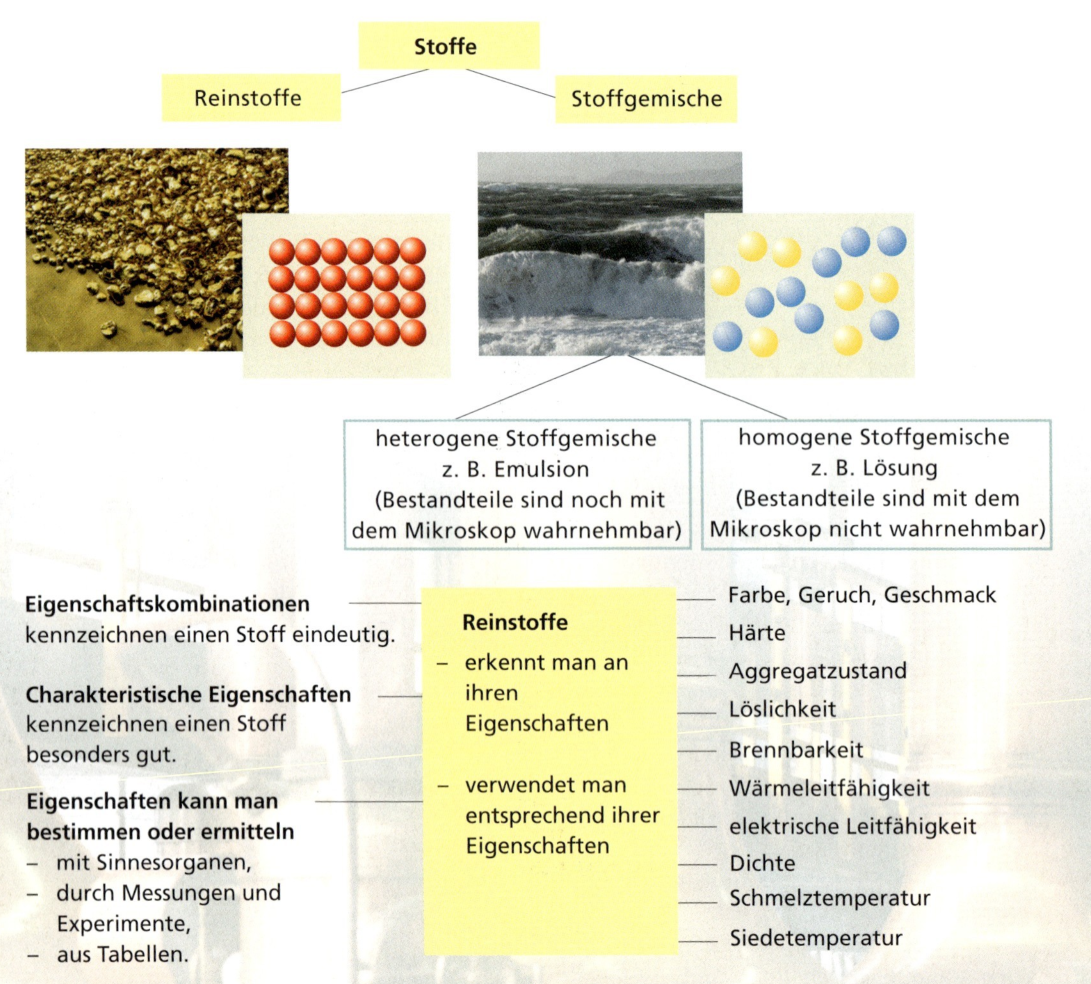

Teilchenmodell:
1. Alle Stoffe bestehen aus Teilchen.
2. Die Teilchen befinden sich in ständiger Bewegung.
3. Zwischen den Teilchen wirken Kräfte.

Reine Stoffe setzen sich nur aus einer Art von Teilchen zusammen. Stoffgemische enthalten verschiedene Teilchen. Die Eigenschaften der reinen Stoffe bleiben im Gemisch erhalten. Dies kann zur Trennung genutzt werden.

Verfahren	Eindunsten Eindampfen Destillieren	Schwimm-trennung, Dekantieren	Auslesen, Filtrieren	Extrahieren	Magnet-scheiden	Chromato-grafieren
genutzte Eigenschaft	Siede-temperatur	Dichte	Teilchen-größe	Löslichkeit	magnetische Eigenschaft	Haftfähig-keit

2 Metalle im Alltag

2.1 Metalle und Metall-Legierungen

Metalle – wichtige Werkstoffe

Viele Teile an Fahrzeugen, Brücken, Maschinen, aber auch Essbestecke, wichtige Teile an Fernsehgeräten und Kühlschränken bestehen aus Metallen. Viele Dinge, die wir im Alltag benötigen, sind zumindest teilweise aus Metallen gefertigt.
Was sind Metalle?
Welche Eigenschaften von Metallen machen diese so vielseitig einsetzbar?

Der passende Schlüssel

Das Periodensystem der Elemente hat erstmals Ordnung in die Fülle der über Jahrhunderte experimentell zusammengetragenen chemischen Kenntnisse gebracht. Es stellt den „Schlüssel zur Chemie" dar.
Wie erklärt sich solch eine Schlüsselfunktion?
Welche Gesetzmäßigkeiten und Zusammenhänge im atomaren Bereich liegen dem Periodensystem zugrunde?

Metalle am Fahrrad

Das Fahrrad besteht aus vielen metallischen Teilen. Mit Sicherheit erkennst du die Metallteile an deinem Fahrrad auf Anhieb.
Wie kannst du Metalle von anderen Stoffen so sicher unterscheiden?
Warum sind beispielsweise die Zahnkränze, die Lager und die Speichen in der Regel aus Metall und nicht aus anderen Stoffen gefertigt?
Ist dein Fahrrad nur deshalb lackiert, damit es schöner aussieht? Wie pflegst du dein Fahrrad?

GRUNDLAGEN

Bedeutung der Metalle

Einige Metalle sind seit etwa 7000 Jahren bekannt (s. Tab. unten). Ohne Metalle und ihre Legierungen (Gemische von Metallen) ist unser Leben nicht mehr denkbar. Die Möglichkeiten ihrer Verwendung nehmen ständig zu (s. Tab. rechts). Einsatz und Nutzung der Metalle hängen mit ihren verschiedenen Eigenschaften zusammen.
Gold wurde zeitlich zuerst verwendet, später Silber und Kupfer. Diese Metalle kamen in der Natur gediegen (als Metall) vor oder waren leicht zu gewinnen. Über Jahrtausende entwickelte man Arbeitstechniken zur Gewinnung der Metalle aus ihren Erzen. Die Herstellung und Bearbeitung bestimmter Metalle prägte ganze Entwicklungsepochen, z. B. die Bronzezeit (ca. 2000 v. u. Z.) oder die Eisenzeit (ca 1000 v. u. Z.).
Metalle wurden als Werkstoffe für Arbeitsgeräte, Gebrauchsgegenstände und Schmuck genutzt.

Metalle und ihre Verwendung

Metall	Verwendung
Eisen	Stahl für Brücken, Töpfe, Besteck
Kupfer	Elektrotechnik Kabel, Leiterelemente
Aluminium, Magnesium	Bau von Flugzeugen, Fahrzeugteilen, Fenstern
Zink	Überzüge als Schutz vor Korrosion, Legierungen
Gold	Schmuckgegenstände, Elektronik, Zahnfüllungen
Blei	Akkumulatoren
Quecksilber	Thermometerfüllungen
Zinn	Überzüge als Korrosionsschutz, Lötzinn, historisches Geschirr
Silber	Schmuck, Elektronikindustrie

Geschichtlicher Überblick über die Entdeckung und Nutzung der Metalle

Zeitraum	Entdeckung der Metalle	Verarbeitung der Metalle
um 5000 v. Chr.	Gold, Kupfer	aus gediegenen Vorkommen, kalt verarbeitet zu Schmuck bzw. Waffen
um 4000 v. Chr.	Gold, Kupfer, Blei, Zinn, Eisen, Antimon	Warmbearbeitung und Schmelzen
um 3000 v. Chr.	Bronze aus Kupfer und Zinn	erste Legierungen
um 2000 v. Chr.	Silber	Schmuck
um 400 v. Chr.	Quecksilber	aus Zinnober gewonnen
um 1400		in Deutschland Eisengewinnung in Hochöfen
1700–1800	Cobalt, Nickel, Mangan, Tellur, Wolfram, Chromium, Vanadium u. v. a.	Legierungsmetalle zur Stahlherstellung
1800–1850	Aluminium, Alkali- und Erdalkalimetall (z. B. Natrium, Magnesium)	Metalle werden auf elektrochemischem Wege gewonnen.
ab 1860	Entdeckung der seltenen und radioaktiven Metalle, z. B. Radium	Strahlenquellen
ab 1940	künstliche Herstellung neuer Metalle, die in der Natur bisher nicht gefunden wurden, z. B. Plutonium	Kernreaktoren, Atombomben

Eigenschaften der Metalle

Metallischer Glanz

Metallische Oberflächen können das Licht ganz oder teilweise reflektieren. Dadurch erscheinen polierte Flächen von Metallen silbrig glänzend wie ein Spiegel oder farbig glänzend wie Kupfer.

Elektrische Leitfähigkeit und Wärmeleitfähigkeit

Wird an ein Metall eine Spannung angelegt, so leitet das Metall den elektrischen Strom. Die elektrische Leitfähigkeit ist eine typische Eigenschaft aller Metalle. Metalle werden deshalb als elektrische Leiter eingesetzt. Allerdings sind nicht alle Metalle gleich gut leitfähig. Besonders gute Leiter sind Silber und Kupfer.
Metallische Stoffe leiten ebenfalls die Wärme gut. Deshalb sind Heizkörper, Kochtöpfe und Bügeleisen aus metallischen Werkstoffen gefertigt.

Schmelz- und Siedetemperaturen

Alle Metalle, außer Quecksilber, sind bei Raumtemperatur feste Stoffe. Quecksilber ist als einziges Metall bei Normbedingungen flüssig (Schmelztemperatur: −39 °C, Siedetemperatur: 357 °C). Ansonsten weisen die Metalle relativ hohe Schmelz- und Siedetemperaturen auf. So schmilzt Gold z. B. erst bei einer Temperatur von 1063 °C (Abb. 1). Es siedet bei 2970 °C.
Im Vergleich dazu liegt die Schmelztemperatur von Wasser bei 0 °C und die Siedetemperatur bei 100 °C.

Plastisches und elastisches Verhalten

Metalle sind plastisch verformbar. Einige Metalle zeigen auch elastisches Verhalten. Eine Spiralfeder aus Stahl (Eisenlegierung) ist elastisch verformbar. Im belasteten Zustand zusammengedrückt kann sie im entlasteten Zustand ihre ursprüngliche Form wieder annehmen.
Drückt man jedoch eine Kupferspirale zusammen, behält diese ihre veränderte Form bei.

1 Geschmolzenes Gold kann zu Barren gegossen werden.

Dichte

Die Dichten der Metalle sind ebenfalls sehr verschieden. Aluminium besitzt eine Dichte von 2,7 $g \cdot cm^{-3}$, die von Platin dagegen beträgt 21,4 $g \cdot cm^{-3}$. Ein Platinwürfel ist also fast achtmal schwerer als ein gleich großer Aluminiumwürfel. Metalle lassen sich nach ihrer Dichte einteilen. Ist die Dichte kleiner als 5 $g \cdot cm^{-3}$, werden die Metalle als **Leichtmetalle** bezeichnet, alle anderen Metalle sind **Schwermetalle**. Aluminium und Magnesium gehören zu den Leichtmetallen, Eisen und Blei zu den Schwermetallen.

Härte

Metalle können sehr hart (Wolfram), aber auch sehr weich (Blei) sein. Als Maß eignet sich die Härteskala (s. S. 18). Hierbei wird die Ritzhärte bestimmt. Der Härtegrad 1 bedeutet die geringste und der Härtegrad 10 die höchste Härte. Blei hat in dieser Skala die Härte 1,5, Eisen die Härte 4,5 und Wolfram die Härte 7.

M

**Metalle sind bei Normbedingungen Feststoffe (Ausnahme: Quecksilber).
Sie haben einen typischen metallischen Glanz, leiten den elektrischen Strom und die Wärme gut und sind plastisch verformbar. Die Schmelz- und Siedetemperaturen liegen relativ hoch. Dichte und Härte der Metalle sind unterschiedlich.**

Ausgewählte Metalle

Kupfer

Kupfer (Abb. 1) ist ein rotbraunes, weiches Metall, das sehr gut die Wärme leitet. Es besitzt nach Silber die beste elektrische Leitfähigkeit. Da sich Kupfer gut dehnen lässt, kann es zu feinen Drähten gezogen oder zu dünnen Platten getrieben werden. Durch Feuchtigkeit und verschiedene Bestandteile der Luft bildet sich auf dem Kupfer Patina oder Grünspan.
Kupfer ist ein wichtiges Gebrauchsmetall. Es dient als Leitungsmaterial in der Elektrotechnik (99,99 % reines Kupfer), zur Herstellung von Wasserleitungen und Kesseln oder als Dachbelag.
Kupfer bildet leicht Legierungen. Kupferlegierungen lassen sich gut gießen. Bronzeguss kann für Glocken oder Figuren genutzt werden. Messingguss wird für Armaturen und Apparateteile verwendet.
Beim Löten entsteht aus dem Kupfer und dem Lötzinn eine Legierung, die die Kupferteile miteinander verbindet.

Aluminium

Aluminium ist ein silberglänzendes, weiches Leichtmetall, das sehr gut den elektrischen Strom und die Wärme leitet (Abb. 1).
Es kann u.a. mit Kupfer, Magnesium und Mangan legiert werden. Dabei entsteht Duraluminium, das sehr viel härter als reines Aluminium ist, sich gut verarbeiten lässt und eine hohe Beständigkeit aufweist.
Aluminium wird aufgrund seiner hervorragenden Materialeigenschaften sehr vielseitig eingesetzt, z.B. beim Bau von Autos, Flugzeugen, Schienenfahrzeugen, Schiffen, als Material für Fenster und Türen und als Verpackungsmaterial (Aluminiumfolie). Jährlich verarbeitet man weltweit etwa 24 Mio. Tonnen.
Aluminiumverbindungen kommen sehr häufig in der Erdrinde vor. Besonders Bauxit bildet große Lagerstätten. Aus Bauxit wird das Metall Aluminium gewonnen.
Noch im 19. Jahrhundert war elementares Aluminium sehr selten. Deshalb wurde auf der Weltausstellung 1855 in Paris ein Barren reines Aluminium neben Kronjuwelen ausgestellt und stark bewacht.
Im Übrigen enthalten einige Edelsteine ebenfalls Aluminium als wesentlichen Bestandteil (z. B. Rubine und Saphire).

Gold

Gold kommt in der Natur als reines Metall vor (Goldadern, Goldnuggets). Es ist ein gelb glänzendes, weiches Metall, das polierfähig und sehr dehnbar ist.
Es lässt sich zu Blattgold von 1/6 000 mm Dicke ausschlagen. Aus 1 g Gold kann ein Draht von 3 km Länge gezogen werden.

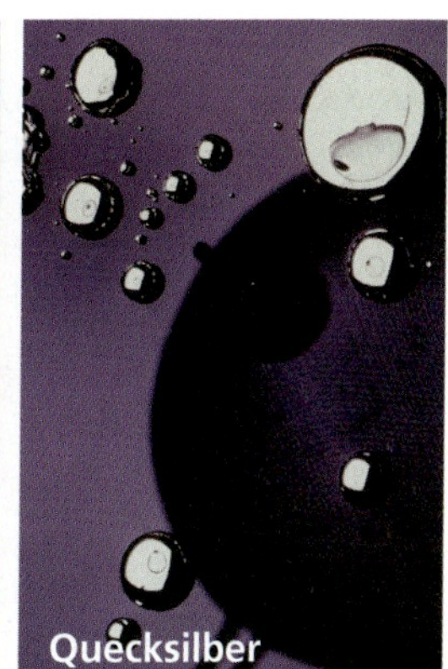

1 Neben gemeinsamen Eigenschaften weist jedes Metall charakteristische Eigenschaften auf.

Feingold enthält 99,8 % reines Gold. Zur Verbesserung der Festigkeit wird es mit Silber, Nickel, Kupfer oder Platin legiert.
Standardisierte Legierungen sind 333er Gold, 585er Gold, 750er Gold und 900er Gold. Beispielsweise enthält die 333er Legierung 33,3 % reines Gold und 66,7 % andere Bestandteile.
Gold wird hauptsächlich als Zahlungsmittel, als Wertanlage in Form von Goldbarren (Abb. 1, S. 43), für Schmuckgegenstände, als Zahnersatz, für feinmechanische Teile und elektrische Kontakte verwendet.
Rubinglas enthält Gold in feinstverteilter Form.

Quecksilber

Quecksilber ist das einzige bei Zimmertemperatur flüssige Metall. Es besitzt eine große Dichte. Ein Kubikzentimeter dieses Metalls wiegt 13,53 g. Quecksilber bildet auf einer Unterlage abgeplattete Kügelchen (Abb. 1, S. 43). Man benannte dieses Metall im Mittelalter „argentum vivium“ – lebendiges Silber. Der Name Quecksilber lässt sich von „quick“ (schnell) ableiten.

Bei Temperaturerhöhung dehnt sich das Metall leicht aus.
Bereits bei Zimmertemperatur entstehen giftige Quecksilberdämpfe. Eingeatmeter Quecksilberdampf kann Schädigungen des Nervensystems bewirken.
Mit verschiedenen Metallen bildet Quecksilber Legierungen, die man Amalgame nennt.
In großem Maße wird Quecksilber aufgrund seiner guten Ausdehnung, seiner elektrischen Leitfähigkeit und Wärmeleitfähigkeit in wissenschaftlichen und technischen Instrumenten wie Thermometern, Barometern, Manometern und für Spezialschalter genutzt.
In Höhensonnen ist Quecksilberdampf enthalten. Manche Kleinstbatterien (Knopfzellen) beinhalten Quecksilber, deshalb sind Knopfzellen sachgerecht zu entsorgen.
Defekte Thermometer und Quecksilberkügelchen sind in verschlossenen Flaschen aufzubewahren!

Vorsicht beim Umgang mit Quecksilber! Quecksilberabfälle sind Sondermüll!

Der Bau bestimmt die Eigenschaften

Reine Metalle bestehen aus einer Atomsorte. Die Atome sind regelmäßig in einem **Metallgitter** angeordnet und bilden einen **Metallkristall**. Metallatome haben meist nur wenige Außenelektronen, die sich leicht verschieben lassen. Sobald die Elektronen aus dem Atom austreten, entstehen positiv geladene Atomrümpfe (Abb. 1).
Aus diesem Bau resultieren die gemeinsamen Eigenschaften der Metalle. Die elektrische Leitfähigkeit beruht auf den frei beweglichen Elektronen, die im Metallkristall vorhanden sind.
Die starken Kräfte im Metallkristall, die zwischen den Atomrümpfen und den frei beweglichen Elektronen wirken, bilden die Ursache für die hohen Schmelz- und Siedetemperaturen. Da sich die Metallatome bzw. die Atomrümpfe auf festen Gitterplätzen befinden, weisen die Metalle im Allgemeinen den festen Aggregatzustand auf. Bei ausreichender Wärmezufuhr fangen die Teilchen jedoch an zu schwingen. Wird die Schmelztemperatur des jeweiligen Metalls erreicht, werden die Schwingungen der Teilchen so stark, dass sie die Kräfte im Metallkristall überwinden und ihre festen Gitterplätze verlassen. Das Metall schmilzt und geht in den flüssigen Aggregatzustand über. Sinkt die Temperatur, bildet sich das Metallgitter wieder aus. Steigt die Temperatur allerdings noch weiter, bewegen sich die Teilchen immer schneller. Beim Erreichen der Siedetemperatur geht das Metall vom flüssigen in den gasförmigen Aggregatzustand über.

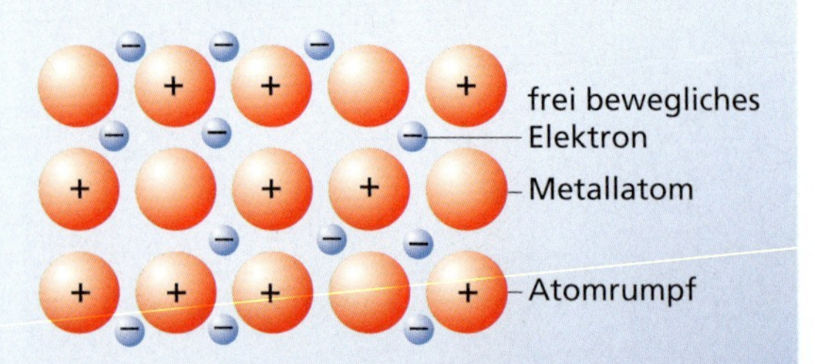

1 Die Atome der Metalle befinden sich im Metallgitter auf festen Gitterplätzen. Ihre Außenelektronen sind leicht verschiebbar.

Das Kern-Hülle-Modell – ein Modell vom Bau der Atome

Erste Vorstellungen vom Bau der Stoffe äußerte Demokrit. Er nannte die kleinsten unteilbaren Teilchen eines Stoffes **Atome** (atomos = griech.: unteilbar). Danach beschäftigte viele Wissenschaftler die Frage nach dem Bau der Atome und sie entwickelten entsprechende Modelle.
Nach dem **Kern-Hülle-Modell** bestehen Atome aus einem **positiv geladenen Atomkern**, der nahezu die gesamte Masse des Atoms enthält. Im Atomkern befinden sich die **elektrisch einfach positiv geladenen Protonen (p^+).**
Der Kern wird von einer viel größeren, relativ leeren **Atomhülle** umgeben. Innerhalb dieser Atomhülle bewegen sich die **elektrisch einfach negativ geladenen Elektronen (e^-).** Obwohl Atome geladene Elementarteilchen enthalten, sind sie nach außen elektrisch neutral, da sie gleich viele positiv geladene Protonen und negativ geladene Elektronen besitzen (Abb. 1).
Für den Chemiker sind besonders die Elektronen interessant, die sich am weitesten vom Kern entfernt aufhalten. Die entsprechenden Elektronen bezeichnet man als **Außenelektronen (Valenzelektronen).**

> **M** **Atome bestehen aus dem positiv geladenen Atomkern mit den Protonen und der negativ geladenen Atomhülle mit den Elektronen. Atome sind nach außen hin elektrisch neutral.**

Jede Atomsorte ist durch eine ganz bestimmte Anzahl von Protonen und Elektronen gekennzeichnet.
Besteht ein reiner Stoff nur aus einer Atomsorte, bezeichnet man ihn als **Element**.

> **M** **Chemische Elemente sind reine Stoffe, die nur aus einer Atomsorte aufgebaut sind.**

Metalle gehören zu den **Elementen.** Beispielsweise besteht reines Aluminium nur aus Aluminiumatomen (Abb. 2) und reines Kupfer nur aus Kupferatomen.

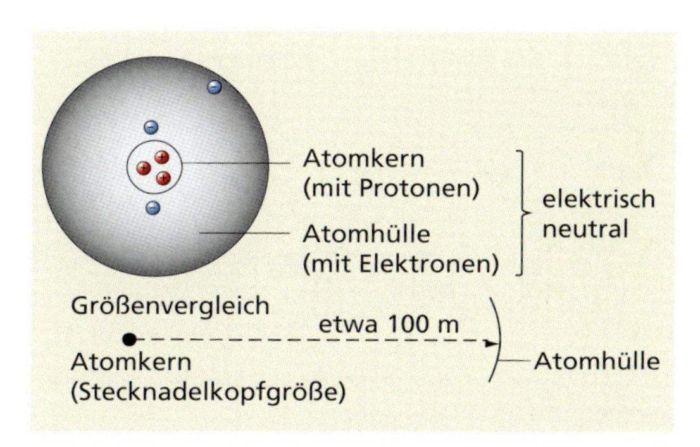

1 Das Kern-Hülle-Modell eines Atoms spiegelt Vorstellungen über seinen Bau wider.

Die chemische Zeichensprache und das Periodensystem der Elemente

Die Alchemisten des Mittelalters versuchten, auf chemischem Wege aus minderwertigen Metallen Gold herzustellen. In ihren Aufzeichnungen verwendeten sie schon bestimmte Zeichen für Stoffe. Diese dienten aber häufig dazu, Reaktionswege und Ausgangsstoffe zu verschlüsseln. Die Zeichensprache war am Anfang eher eine Geheimsprache.
Dass die Zeichen für ein und denselben Stoff oft ganz unterschiedlich waren (Abb. 1, S. 46) bildete natürlich für die Verständigung zwischen Chemikern ein Hindernis, wenn Experimente beschrieben werden sollten.
Mit der Entwicklung der Wissenschaften bestand zunehmend das Bedürfnis nach einer **chemischen Zeichensprache,** die in allen Ländern, unabhängig von der jeweiligen Landessprache, verstanden wurde.

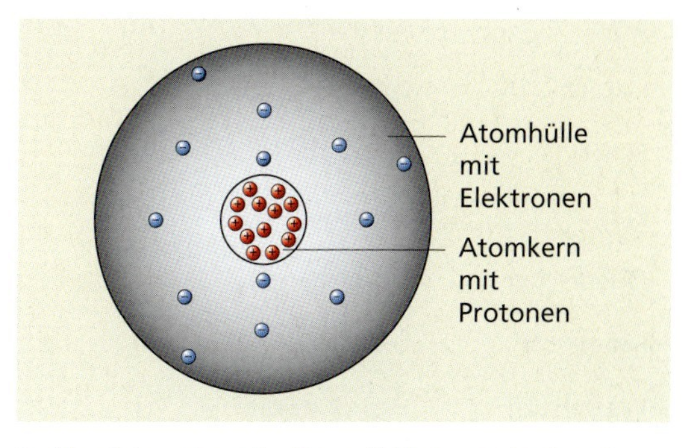

2 Aluminiumatome besitzen 13 Protonen im Atomkern und 13 Elektronen in der Atomhülle.

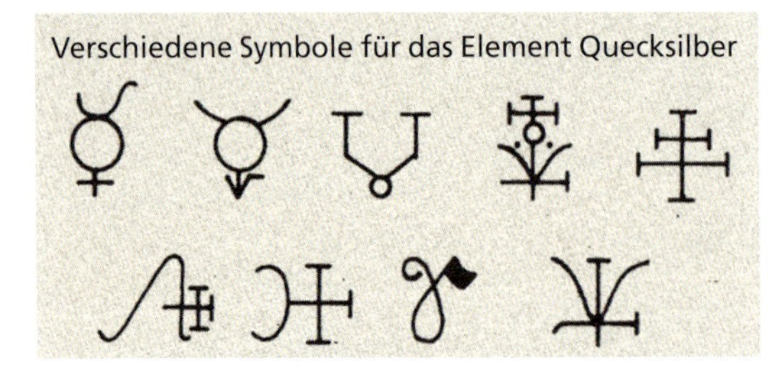

1 Alchemisten nutzten verschiedene Symbole, um ihre Erkenntnisse geheim zu halten.

2 ANTOINE LAVOISIER (l.) prägte den Elementbegriff, JÖNS JAKOB BERZELIUS (r.) entwickelte Symbole für Elemente.

Der Chemiker JÖNS JACOB BERZELIUS (1797–1848) (Abb. 2) schlug ein System von Zeichen vor, das noch heute überall auf der Welt verwendet wird. Er bildete die Zeichen für ein Element aus einem oder zwei Buchstaben des griechischen oder lateinischen Namens dieses Elements und nannte diese Zeichen **Symbole** (s. Tab.).

Jedes Symbol hat heute mehrere Bedeutungen:
1. **Es ist das chemische Zeichen für ein Element.**
2. **Es ist das Zeichen für ein Atom des Elements.**

Ableitung der chemischen Symbole

deutsche Bezeichnung	lat. oder griech. Bezeichnung	Symbol
Aluminium	**Al**uminium	Al
Blei	**P**lum**b**um	Pb
Eisen	**Fe**rrum	Fe
Gold	**Au**rum	Au
Kupfer	**Cu**prum	Cu
Silber	**Ag**entum	Ag
Zinn	**S**tan**n**um	Sn
Quecksilber	**H**ydrar**g**yrum	Hg
Sauerstoff	**O**xygenium	O
Wasserstoff	**H**ydrogenium	H
Kohlenstoff	**C**arboneum	C

Heute sind über 100 Elemente und entsprechend viele Atomsorten bekannt. Ein Hilfsmittel, das Ordnung in die Vielfalt der Elemente bringt, ist nötig. Dieses Hilfsmittel ist das von LOTHAR MEYER (1830–1895) und DIMITRI MENDELEJEW (1834–1907) unabhängig voneinander entwickelte **Periodensystem der Elemente (PSE).**

Im PSE sind die Elemente nach steigender Protonenzahl angeordnet. Ihrer Protonenzahl entsprechend ist jedem Element eine **Ordnungszahl** zugeordnet worden. Die Anzahl der Protonen eines Atoms ist gleich der Anzahl der Elektronen. Daher kann aus der Ordnungszahl die Anzahl der Protonen im Atomkern und die Zahl der Elektronen in der Atomhülle abgeleitet werden.

Alle Elemente sind im PSE in Abhängigkeit von der Anordnung der Elektronen in der Hülle seiner Atome in sieben waagerechten Reihen – den **Perioden** – angeordnet.

Außer in den Perioden sind die Elemente noch in Gruppen zusammengefasst, die senkrecht angeordnet sind. Es existieren **acht Hauptgruppen und acht Nebengruppen**. Sie sind jeweils durch römische Zahlen gekennzeichnet. Die Nummer der Hauptgruppe entspricht der Anzahl der Außenelektronen der Atome.

Der Bau der Atome bestimmt die Stellung des Elements im Periodensystem der Elemente.
Die Anzahl der Protonen und Elektronen spiegelt sich in der Ordnungszahl wider, die Anzahl der Außenelektronen in der Hauptgruppennummer. Entsprechend der Anordnung der Elektronen in der Atomhülle sind die Elemente in Perioden angeordnet.

Metall-Legierungen

Reine Metalle bestehen nur aus einer Atomsorte. Enthält das Metallgitter auch andere Atome, werden die Eigenschaften des Gemischs verändert. Beispielsweise sinkt die Leitfähigkeit von Kupfer. Allerdings stellt man auch gezielt solche **Stoffgemische** her. Heute besitzen nicht nur die reinen Metalle eine große wirtschaftliche Bedeutung, sondern auch ihre **Legierungen.** Sie entstehen, wenn ein Metall mit einem weiteren Metall oder anderen Stoffen zusammengeschmolzen wird (s. Abb. 1, Tab.).

M

Legierungen bestehen aus zwei oder mehreren Atomsorten. Es handelt sich um Stoffgemische.

Dies sind besondere Stoffgemische, denn durch Legierungsbildung können die Eigenschaften beeinflusst werden.
Beispielsweise ist Eisen silbergrau, polierfähig, relativ weich und rostet an der Luft sehr schnell. Aufgrund der besseren Eigenschaften wird für die Industrie und das Bauwesen häufig Stahl verwendet. Stahl ist eine Legierung aus Eisen mit verschiedenen Zusätzen.
Stahl enthält einen Kohlenstoffanteil von maximal 1,6 %. Dadurch ist er hart und schlagfest. Durch Zusätze von Mangan, Nickel, Chrom, Wolfram und anderen Stoffen können Elastizität und Korrosionsbeständigkeit erhöht werden.

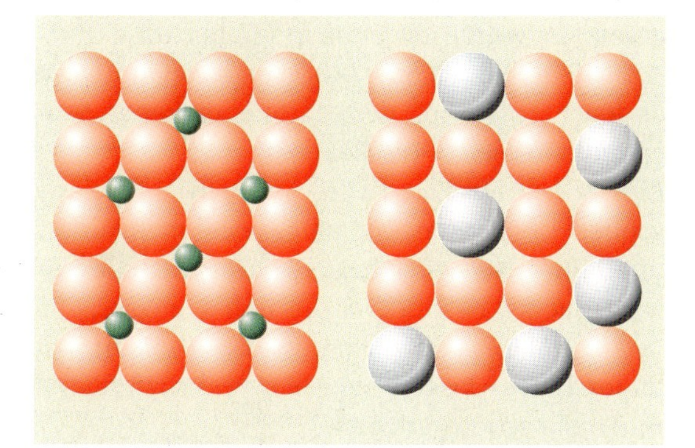

1 Bei Legierungen befinden sich zwischen den Metallatomen kleinere Atome (links) bzw. Metallatome werden durch andere Atome ersetzt (rechts).

Amalgame sind Quecksilberlegierungen

Quecksilber war bereits im Altertum bekannt. Es ist sehr leicht aus dem Erz Zinnober, einer Quecksilberverbindung, zu gewinnen.
Quecksilber bildet sehr gut Legierungen. Gold löst sich leicht in Quecksilber. Es entsteht das Goldamalgam. Diese Legierung konnte auf Gegenstände relativ leicht aufgetragen werden. Durch Erhitzen verdampfte das Quecksilber aus der aufgetragenen Schicht und das Gold blieb zurück (Feuervergolden). Da dieses Verfahren außerordentlich gesundheitsschädlich ist, wurde es in der Folgezeit durch andere ersetzt.
Eine Legierung des Quecksilbers mit Zinn und Silber wurde häufig als Material für Zahnfüllungen verwendet. Schon vor 2000 Jahren soll diese Methode in China angewendet worden sein. Durch mechanische Beanspruchung, elektrochemische und biologische Vorgänge und Erwärmen kann Quecksilber aus dem Amalgam freigesetzt werden. Dies kann zu Überreaktionen führen. Amalgam wird heute in der Zahnmedizin vielfach schon durch andere Füllstoffe ersetzt.

Verschiedene Legierungen von Metallen

Legierung	Bestandteile	Verwendung
Bronze	Zinn (25 %) Kupfer (75 %)	Plastiken, Kunstgegenstände, Glocken, Maschinenteile
Messing	Zink (30 %) Kupfer (70 %)	Armaturen, Beschläge, Musikinstrumente
Neusilber	Zink (25 %) Kupfer (50 %) Nickel (25 %)	Besteck, Modeschmuck
V2A-Stahl	Chrom (18 %) Nickel (8 %) Eisen (ca. 73 %)	Haushaltsgegenstände, Reaktoren in der chemischen Industrie
Duraluminium	Aluminium (95 %) Kupfer (3 %) Magnesium (1 %) Mangan (1 %)	Fahrzeug- und Flugzeugbau, Profile

ANWENDUNGEN

Kupfer oder Bronze

In der Geschichte der Menschheit spielt Kupfer eine besondere Rolle. Kupfer war das Metall für Werkzeuge, die die Steinwerkzeuge ablösten. Doch mit den Werkzeugen aus reinem Kupfer ließ sich nicht gut arbeiten. Deshalb fanden Kupferwerkzeuge keine weite Verbreitung.
Neben Kupfer waren auch Zinn und Eisen bekannt. Auf der Suche nach neuen Materialien wurden Zinn und Kupfer zusammengeschmolzen. Es entstand eine der ältesten Metall-Legierungen – die Bronze. Bronze hat einer ganzen Epoche der menschlichen Geschichte den Namen gegeben (ca. 3000 bis 1000 v. Chr.).
Warum gewann Bronze als Material für die Werkzeugherstellung eine viel größere Bedeutung und Verbreitung als Kupfer in der Menschheitsgeschichte?
Warum wurden zur damaligen Zeit gerade Kupfer und Zinn miteinander verarbeitet und nicht Eisen, obwohl dieses Metall auch bekannt war?

Kupfer ist ein sehr weiches Metall, das sich gut plastisch verformen lässt.
Die Menschen konnten schon sehr frühzeitig Kupfer aus Erzen gewinnen und es zu Werkzeugen und Waffen verarbeiten. Besonders geeignet war aber Kupfer dafür nicht.
Weil das Material relativ weich ist, nutzten die Werkzeuge schnell ab.

1 Gegenstände aus der Bronzezeit

Es ist gut möglich, dass gerade Kupfer und Zinn zu Legierungen verarbeitet wurden, weil ihre Schmelztemperaturen unter damaligen Bedingungen (Holzfeuer) leicht zu erreichen waren und sie sich gut aus den Erzen gewinnen ließen. Die Schmelztemperatur von Kupfer liegt bei 1 083 °C, die von Zinn bei 232 °C, die von Eisen dagegen bei 1 540 °C. Eine Verarbeitung von Eisen mit einer Schmelztemperatur von 1 540 °C hätte eine wesentlich größere Wärmezufuhr erfordert. So wurden zunächst Kupfer und Zinn miteinander verschmolzen. Es entstand die Legierung Bronze. Bronze schmilzt bei niedrigerer Temperatur als Kupfer, ist härter als Kupfer, aber ebenfalls gut bearbeitbar und beständig gegenüber Witterungseinflüssen.
In der Bronzezeit wurden Sicheln, Messer, Schwerter, Rüstungsteile, Speerspitzen usw. aus Bronze gefertigt. Bronze kann z. T. die Festigkeit von Stahl erreichen. Noch heute verwendet man Bronze für Apparaturen, im Schiffbau, in der Elektrotechnik sowie in der Kunst.

Stahl – ein weit verbreiteter Werkstoff

In Wirtschaft und Industrie wird Stahl in großen Mengen verwendet, u. a. zum Brückenbau und für die Konstruktion großer Hallen.
Warum verwendet man für solche Konstruktionen Stahl und nicht reines Eisen?

Eisen ist ein mittelhartes Metall. Einer starken Beanspruchung, der beispielsweise eine Brücke ausgesetzt ist, würde das Eisen möglicherweise trotzdem nicht Stand halten. Außerdem reagiert Eisen an feuchter Luft mit dem darin enthaltenen Sauerstoff recht schnell zu Rost.
Eine Brücke aus Eisen würde deshalb auch relativ schnell durchrosten und damit nicht mehr sicher und benutzbar sein. Diese Eigenschaften des Eisens machen es für den Brückenbau ungeeignet. Legierte Stähle (Eisenlegierungen) zeichnen sich dadurch aus, dass sie sehr hart und zugfest sind und nicht so leicht rosten.
Um Stahl besser vor Korrosion zu bewahren, wird er meist durch Verzinken, durch Anstriche oder durch Einbetten in Beton geschützt.

1 Kupferrohr wird mit Lötzinn verbunden.

Kupfer im Haushalt

Kupfer hat für Leitungen, Kabel und Wicklungen in der Elektrotechnik eine große Bedeutung. Aufgrund seiner hohen elektrischen Leitfähigkeit ist Kupfer ein idealer Leiter für den elektrischen Strom. Etwa 65 % des in der Bundesrepublik verwendeten Kupfers werden für die Elektrotechnik bereitgestellt.
Kupfer wird im Haushalt auch oft als Material für Rohrleitungen von Heizungsanlagen verwendet.
Welche Eigenschaften des Kupfers machen es so günstig für Rohrleitungen von Heizungen?

Durch Rohre aus Kupfer fließt warmes und kaltes Wasser. Kupfer ist beständig gegen Brauchwasser und bewahrt auch bei tieferen Temperaturen seine Festigkeit. Durch die gute Verformbarkeit lassen sich Kupferrohre auch leicht verlegen.
Mit dem Löten, einem Verfahren zum Verbinden von metallischen Werkstoffen, können die Rohre relativ einfach und dicht verbunden werden (Abb. 1). Zum Löten werden Legierungen des Zinns verwendet, die hohe Festigkeit und gute Verarbeitbarkeit aufgrund des niedrigen Schmelzpunktes bieten.

Weichlöten (unter 450 °C)

Lot:	96 % Zinn, 4 % Silber
Schmelzpunkt:	221 °C

Hartlöten (über 450 °C)

Lot:	5 % Zinn, 56 % Silber, 22 % Kupfer, 17 % Zink
Schmelzbereich:	620 – 650 °C

Warum Metalle den elektrischen Strom leiten

Stromkabel enthalten unter einer Isolierung eine „Kupferseele“. Das ist ein Kupferdraht, entweder massiv oder aus vielen Einzeldrähten zusammengedreht.
In hochwertigen Computern sind die stromführenden Drähte sogar teilweise aus Silber und Lötstellen aus Gold.
Erläutere, was die Konstrukteure bewogen hat, gerade diese Metalle auszuwählen, obwohl sie viel teurer als andere Metalle sind!

Metallatome sind in einem Metallgitter angeordnet. Sie haben feste Gitterplätze. Wir wissen, dass sich bei Metallen im Gitter freie negative Elektronen bewegen, weil sich die äußeren Elektronen der Atome leicht verschieben lassen.
Wird das Metall mit einer Spannungsquelle (Gleichspannung) verbunden, beginnt eine Bewegung der Elektronen in nur eine Richtung. Man nennt dies Stromfluss.
Die Metalle setzen diesem Elektronenfluss unterschiedlichen Widerstand entgegen. Bei Kupfer, Silber und Gold ist er nur gering. Sie sind gute elektrische Leiter.
Kupfer, Silber und Gold sind Edelmetalle. Das bedeutet, sie verbinden sich nur sehr schlecht oder gar nicht mit dem Sauerstoff der Luft. Man sagt, diese Metalle sind korrosionsbeständig.
Diese beiden Gründe führten neben ihren mechanischen Eigenschaften zur Auswahl dieser Metalle als Leitermaterialien.

AUFGABEN

1. Nenne technische Verfahren, bei denen die Verformbarkeit von Metallen ausgenutzt wird! Gib Produktbeispiele an, die mit diesen Verfahren hergestellt wurden!

2. Die folgenden Abbildungen zeigen Gegenstände aus dem Haushalt, die aus Metallen gefertigt werden.
   Begründe, warum gerade diese Gegenstände aus Metallen sind! Gehe dabei auf wichtige Eigenschaften der Metalle ein!

3. S Die Wärmeleitfähigkeit und die elektrische Leitfähigkeit von Stoffen können experimentell geprüft werden. Plane ein einfaches Experiment zum Vergleichen
   a) der Wärmeleitfähigkeit und
   b) der elektrischen Leitfähigkeit
   von Glas, Eisen, Kupfer, Holz, Plast!
   Führe das Experiment durch und werte es aus!

4. Unterhalb der Angelpose wird meist ein Metallkörper befestigt.
   Warum verwendet man dazu das Metall Blei und nicht Aluminium? Erkläre! Nutze zur Beantwortung die Tabelle zur Aufgabe 7!

5. Warum sind Isolationsmaterialien für Bauzwecke häufig zusätzlich mit einer Aluminiumfolie versehen? Erkläre!

6. Radiatoren, Heizwendeln, Bügeleisen und andere Gegenstände im Haushalt bestehen aus Metallen. Begründe, warum Metalle für deren Herstellung verwendet werden!

7. Entwickle einen Plan zur Bestimmung folgender Stoffproben: Kupfer, Blei, Eisen, Zink, Aluminium! Nutze nachfolgende Tabelle und das Tafelwerk!

Schmelz- und Siedetemperaturen einiger Metalle (in °C)

Metall	Schmelztemperatur	Siedetemperatur
Aluminium	660	2450
Blei	327	1740
Calcium	838	1490
Eisen	1540	3000
Gold	1063	2970
Kupfer	1083	2600
Magnesium	650	1110
Quecksilber	–39	357
Zink	419	906
Zinn	232	2270

Dichte bei 25 °C in $g \cdot cm^{-3}$

Metall	Dichte
Aluminium	2,7
Blei	11,4
Calcium	1,55
Eisen	7,86
Gold	19,3
Kupfer	8,96
Magnesium	1,74
Quecksilber	13,53
Zink	7,14
Zinn	7,3

8. S Du erhälst zwei Blechstreifen (Kupfer, Eisen). Ermittle experimentell, welches Metall härter ist!

9. Erläutere, wie du reines Gold von Messing unterscheiden kannst!

10. Autofedern fertigt man aus Stahl.
Welche Eigenschaft des Stahls wird genutzt?
Warum ist eine Herstellung aus Eisen nicht zweckmäßig?

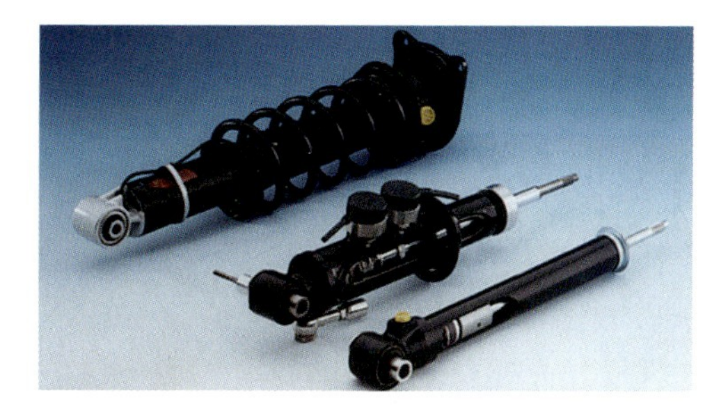

11. Stelle die Unterschiede zwischen den Eigenschaften von Eisen und Stahl in einer Tabelle zusammen!
Welche Verwendungsmöglichkeiten beider Stoffe ergeben sich daraus?

12. In einem Goldring ist die Zahl 333 eingraviert. Wie viel Gramm reines Gold enthält der Ring, wenn er eine Masse von 10 g hat?

13. Ermittle die Eigenschaften und die Verwendung von drei metallischen Elementen!
Nutze dazu verschiedene Medien!

14. Gib die Symbole für folgende Metalle an!

Gold

Kupfer

Gallium

Aluminium

15. Erläutere den Begriff Element an einem selbst gewählten Beispiel!

16. Im Periodensystem findest du u. a. dieses Kästchen. Gib an, welche Informationen daraus abgeleitet werden können!

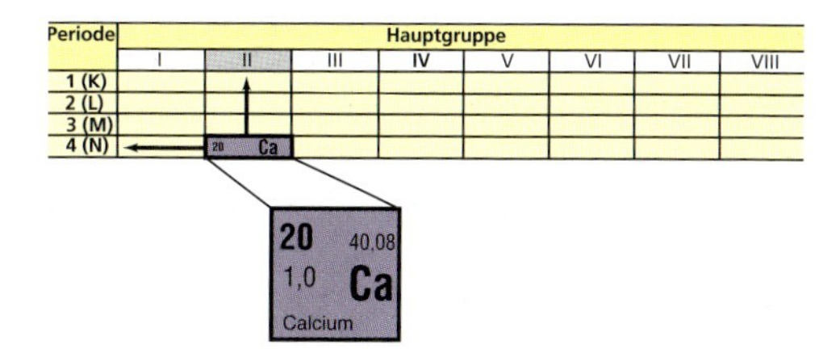

17. Ergänze die folgende Tabelle mithilfe des Periodensystems der Elemente!

Element	Symbol	Ordnungszahl	p^+	e^-
Magnesium			12	
Kohlenstoff				6
Natrium	Na			
	S		16	
		1		

18. Zeichne das Kern-Hülle-Modell eines Magnesiumatoms und eines Natriumatoms!

19. Große Kirchenglocken werden häufig aus Bronze gegossen.
Erkläre, warum du das chemische Zeichen für Bronze nicht im Periodensystem der Elemente finden kannst!

Untersuchungen zu Eigenschaften von Metallen

S Experiment 1

Aufgabe:
Überprüfe die elektrische Leitfähigkeit verschiedener Metalle und anderer Materialien!

Vorbereitung:
Geräte: Glühlampe, 2 Kabel mit Krokodilklemme, Spannungsquelle, Grundbrett, Kippschalter
Chemikalien: Gegenstände aus unterschiedlichen Metallen, Pappstreifen, Papierstreifen, Plaststreifen, Kerze, Glasstab

Durchführung:

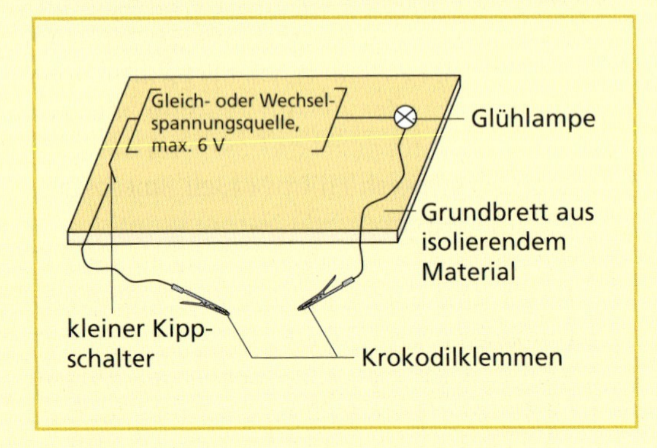

Bringe die unterschiedlichen Gegenstände nacheinander zwischen die Krokodilklemmen und lege eine Spannung von maximal 6 V an!

Beobachtung und Auswertung:
Stelle die Untersuchungsergebnisse in einer Tabelle zusammen.

a) Formuliere eine allgemeine Aussage über die untersuchte Eigenschaft der Metalle!
b) Leite jeweils Einsatzmöglichkeiten für die Materialien ab! Begründe deine Aussagen!

S Experiment 2

Vergleiche die Härte verschiedener Metalle (z.B. Magnesium, Blei, Eisen, Kupfer)!
Bestimme dazu die Ritzhärte nach MOHS (s. S. 18)! Beschreibe deine Vorgehensweise bei diesem Experiment! Notiere Beobachtungen und ziehe Schlußfolgerungen!

S Experiment 3

Berechne die Dichte eines Metalls (s. auch S. 23)! Bestimme experimentell das Volumen und ermittle die Masse der Stoffprobe mithilfe einer Waage! Nutze die gewonnenen Messwerte für die Berechnung!

S Experiment 4

Aufgabe:
Notiere die Zeit, die bis zum Abschmelzen der Paraffinkugel erforderlich ist! Schließe daraus auf die Wärmeleitfähigkeit des betreffend Materials!

Vorbereitung:
Chemikalien: Kerzenmasse, Drähte aus verschiedenen Materialien
Geräte: Reagenzglasständer, Reagenzglashalter, Brenner, Uhr

Durchführung:

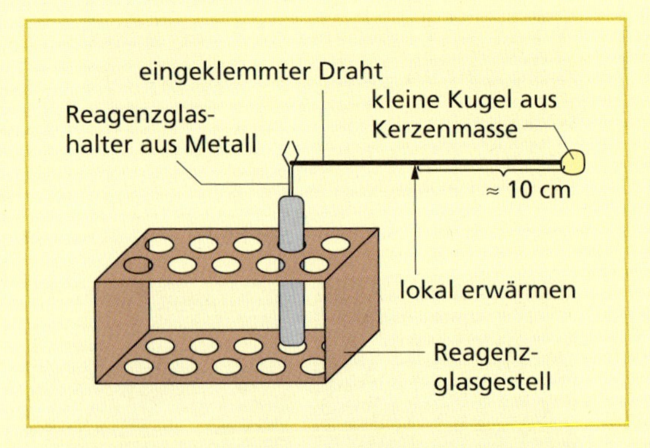

Beobachtung und Auswertung:
Notiere die Messergebnisse und leite Schlussfolgerungen entsprechend der Aufgabenstellung ab!

2.2 Stoffumwandlungen bei Metallen

Münzen aus Metall
Neben Silber und Gold dient Kupfer seit alters her zur Herstellung von Münzen. Allerdings stellten Kupfermünzen keinen so großen Geldwert dar, wie Münzen aus Silber oder gar Gold.
Auch heute gelten Silber und Gold als die edleren Metalle.
Welche chemische Bedeutung hat eigentlich der Begriff Edelmetall?
Welche Eigenschaften ermöglichen den Einsatz von Kupfer als Münzmaterial?

Schwerer Rost
Lässt man Gegenstände aus Eisen an feuchter Luft liegen, verrosten sie. Die Eigenschaften des Rostes sind ganz anders als die von Eisen. Es entsteht der Eindruck, die Gegenstände wären leichter geworden. Überprüft man diese Vermutung mit einer Waage, ist man über das Ergebnis sehr verblüfft. Wenn ein Stab vor dem Verrosten eine Masse von 20 kg besaß, zeigt die Waage nach einer vollständigen Korrosion 25,7 kg an.
Warum wiegt der Eisenstab nach dem Verrosten mehr?
Woher kommt diese zusätzliche Masse?

Sauerstoff schneidet Stahl
Mit einer Eisensäge kann Metall durchtrennt werden. Die elegantere Lösung ist der Einsatz eines Schneidbrenners. Beim autogenen Schneiden wird eine Stelle des Werkstücks stark erhitzt und ein Sauerstoffstrahl auf diese Stelle geleitet. Entlang der Linie, die mit dem Sauerstoff behandelt wurde, entsteht ein Spalt. Die Eisenplatte wurde getrennt.
Warum kann ein Sauerstoffstrahl stark erwärmte Metalle schneiden? Worauf beruht dieser Trennvorgang?

GRUNDLAGEN

Von edlen und unedlen Metallen

Die Verwendung von Metallen ist recht unterschiedlich. Das ist nicht nur durch verschiedene physikalische Eigenschaften bedingt, sondern beispielsweise auch durch ihr unterschiedliches Verhalten an der Luft.

Lässt man Gegenstände aus Eisen ungeschützt liegen, verändern sie sich unter dem Einfluss von feuchter Luft sehr schnell. Sie verrosten. Leider ist die Rostschicht so porös, dass durch sie keine Schutzschicht entsteht, und das Metall darunter weiter zerstört wird. Durch solche Schäden entsteht jährlich ein hoher Kostenaufwand.

Aluminium verändert sich an der Luft ebenfalls sehr schnell. Die entstehende Schicht auf der Oberfläche der Gegenstände ist jedoch fast undurchlässig, sodass eine weitere Zerstörung verhindert wird. Durch diese schützende Schicht sehen Gegenstände aus Aluminium nicht silbrig glänzend, sondern matt aus.

Bei anderen Metallen kann man oft noch nach Jahren kaum Veränderungen bemerken. So bleiben Schmuckstücke aus Gold glänzend. Das Metall verändert sich unter Normbedingungen kaum. Durch diese Beständigkeit gegenüber äußeren Einflüssen wurde Gold zu einem Zahlungsmittel und zum Symbol für Reichtum und Wohlstand.

Ob sich ein Stoff unter dem Einfluss eines anderen Stoffes schnell oder langsam verändert, kennzeichnet seine **chemischen Eigenschaften**. Die Ursache für die Beobachtungen sind **chemische Reaktionen.**

Metalle zeigen ein abgestuftes chemisches Reaktionsverhalten gegenüber der Luft und auch gegenüber anderen Stoffen. Danach unterteilt man sie in **Edelmetalle** (z. B. Platin, Gold, Silber, und auch Kupfer und Quecksilber zeigen z. T. entsprechende Eigenschaften) und in **unedle Metalle** (z. B. Magnesium, Eisen, Calcium, Natrium usw.) (Abb. 1). Unedle Metalle besitzen generell eine hohe Reaktionsfähigkeit, die trotzdem von Metall zu Metall noch verschieden ist.

Metalle werden nach ihrem Reaktionsverhalten in Edelmetalle und unedle Metalle geordnet.

1 Metalle können nach ihrer Fähigkeit, chemische Reaktionen einzugehen, eingeteilt werden.

Verhalten von Metallen beim Erhitzen mit Schwefel

Was bei den chemischen Reaktionen genau passiert, soll an konkreten Beispielen untersucht werden.
Erhitzt man beispielsweise ein Gemisch aus Schwefelpulver und Eisenpulver, so ist zunächst ein **Aufglühen** zu beobachten.
Danach sieht das „Gemisch“ ganz anders aus. **Die Eigenschaften haben sich verändert.**
Schwefelpulver ist gelb, Eisen ist durch seine magnetischen Eigenschaften gekennzeichnet. Das Stoffgemisch aus Schwefelpulver und Eisenpulver kann durch einen Magneten wieder getrennt werden.
Nach dem Erhitzen ist keine Trennung durch physikalische Verfahren mehr möglich. Magnetische Eigenschaften lassen sich nicht mehr feststellen. Es ist ein **neuer Stoff mit neuen Eigenschaften** entstanden. Eine **Stoffumwandlung** hat stattgefunden. Der neue Stoff heißt Eisensulfid (Abb. 1).
Die neuen Eigenschaften bleiben auch nach dem Abkühlen erhalten. Solche Prozesse bezeichnet man als **chemische Reaktionen.**

M **Chemische Reaktionen sind Prozesse, bei denen neue Stoffe mit neuen (bleibenden) Eigenschaften entstehen. Es erfolgt eine Stoffumwandlung.**

Dabei nennt man die Stoffe, die vor der chemischen Reaktion vorlagen **Ausgangsstoffe** und diejenigen, die gebildet werden, **Reaktionsprodukte.**
Die chemische Reaktion kann man durch eine **Wortgleichung** beschreiben. Die Wortgleichung für die Bildung von Eisensulfid lautet:

$$\text{Eisen} + \text{Schwefel} \xrightarrow[\text{zu}]{\text{reagiert}} \text{Eisensulfid}$$

Die Wortgleichung enthält die Namen der Ausgangsstoffe und Reaktionsprodukte. Der Reaktionspfeil gibt die Verlaufsrichtung der chemischen Reaktion an.

Auch andere Metalle reagieren mit Schwefel. Zündet man ein Gemisch aus Zink und Schwefel, so erfolgt die Reaktion fast explosionsartig.

$$\text{Zink} + \text{Schwefel} \xrightarrow[\text{zu}]{\text{reagiert}} \text{Zinksulfid}$$

Beobachtet man genau, so stellt man fest, dass im Zusammenhang mit der Stoffumwandlung immer auch **energetische Erscheinungen** verbunden sind.
In allen Stoffen ist Energie enthalten (chemische Energie). Bei den betrachteten Reaktionen erfolgte nach kurzem Erhitzen eine **Energieabgabe** in Form von Licht und thermischer Energie. Das ist daran zu erkennen, dass die Gemische nach kurzer Zündung weiter glühen und sehr heiß werden. Ein Teil der chemischen Energie der Stoffe wurde umgewandelt.

M **Stoffumwandlungen sind immer mit Energieumwandlungen verbunden.**

Wird ein Teil der chemischen Energie umgewandelt und in Form von Wärme abgegeben, so bezeichnet man diese Reaktion als **exotherm.**

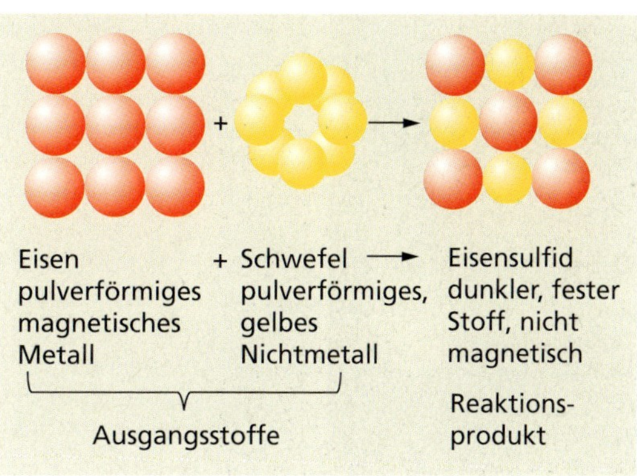

1 Eisen reagiert mit Schwefel zu Eisensulfid.

1 Pyrit ist ein Eisensulfid. Es ist wesentlicher Bestandteil wichtiger Erze.

Schwefelverbindungen der Metalle haben für uns große Bedeutung, da sie wertvolle Bestandteile von Erzen sind.
Beispielsweise ist Pyrit (Abb. 1) eine Verbindung aus Eisen und Schwefel. Sowohl das enthaltene Eisen als auch der Schwefel sind für die Industrie wichtig.
Bei Bleiglanz handelt es sich um Bleisulfid, bei Kupferglanz um Kupfersulfid und bei Zinkblende um Zinksulfid.
Andere Sulfide finden Verwendung als Künstlerfarben. Das bekannte Zinnoberrot ist der chemischen Zusammensetzung nach Quecksilbersulfid und das Cadmiumgelb besteht aus Cadmiumsulfid.

Metalle reagieren mit Schwefel. Dabei bilden sich die entsprechenden Sulfide.

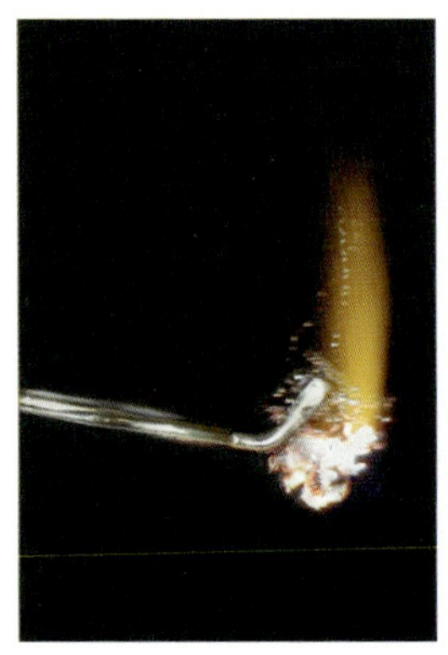

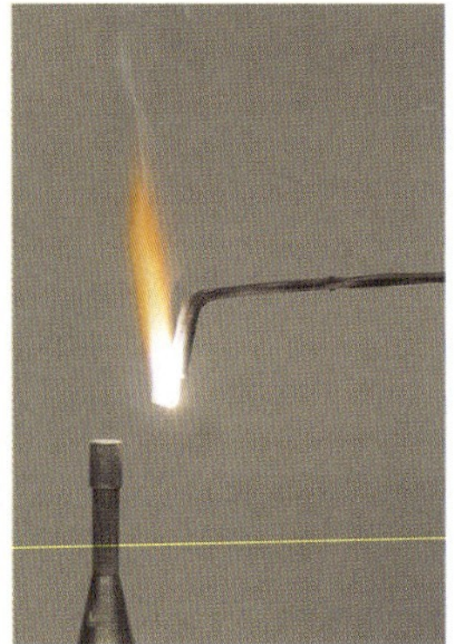

2 Stahlwolle (l.) und Magnesium (r.) werden erhitzt.

Verhalten von Metallen beim Erhitzen in Luft und in Sauerstoff

Gefäße zum Kochen, Backen und Braten sind heute in der Regel aus Metallen gefertigt, weil sie die Wärme gut leiten und auch auf offenem Feuer nicht brennen und zerspringen.
Wer einen Stahltopf jedoch ohne Wasser über eine offene Flamme oder auf eine Heizplatte stellt, wird bald unangenehme Veränderungen an diesem Topf entdecken.
Aus der Beobachtung ergibt sich die Frage, wie Metalle beim Erhitzen an der Luft reagieren (Abb. 2).
Dies soll zunächst am Metall Magnesium untersucht werden. Wird das silberglänzende Metall Magnesium in die Flamme gehalten, fängt es nach kurzer Zeit an, mit greller Lichterscheinung zu brennen. Nimmt man den Span aus der Flamme, brennt das Magnesium weiter. Ein weißes Pulver entsteht (Abb. 3).
Offensichtlich hat eine chemische Reaktion stattgefunden, da ein neuer Stoff mit bleibenden neuen Eigenschaften vorliegt. Diese Stoffumwandlung ist mit einer Energieumwandlung verbunden. Da nach kurzem Erhitzen Energie abgegeben wird, handelt es sich um eine exotherme Reaktion. Das Reaktionsprodukt nennt man **Magnesiumoxid.**
Damit der Verbrennungsvorgang ablaufen kann, ist als zweiter Ausgangsstoff Sauerstoff nötig. Magnesium verbindet sich mit dem Sauerstoff aus der Luft (Abb. 4, S. 57).

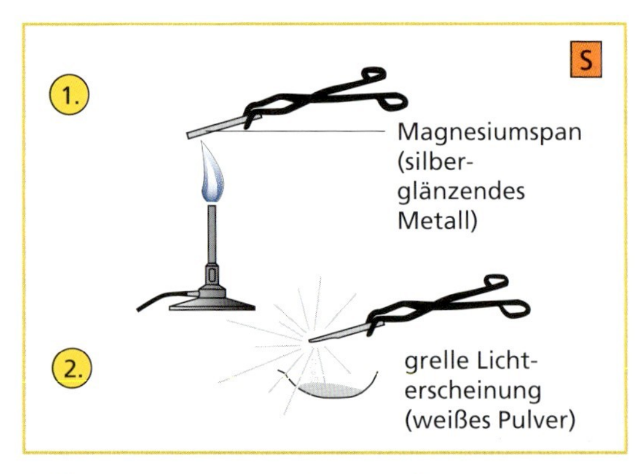

3 Magnesium reagiert mit Sauerstoff.

Die chemische Reaktion kann durch eine Wortgleichung beschrieben werden.

Magnesium + Sauerstoff ⟶ Magnesiumoxid

Andere Metalle reagieren ebenfalls mit Sauerstoff Eisenspäne in eine Bennerflamme geblasen, verbrennen zu einem schwarzgrauen Pulver (Abb. 1).

Eisen + Sauerstoff ⟶ Eisenoxid

Der Kupferdraht überzieht sich beim Erwärmen an der Luft mit einer schwarzen Schicht (Abb. 2) .

Kupfer + Sauerstoff ⟶ Kupferoxid

Metall + Sauerstoff ⟶ Metalloxid

Dass Sauerstoff einen notwendigen Reaktionspartner bei all diesen Reaktionen darstellt, kann man mit einem Experiment (Abb. 3) beweisen. Im Inneren des Kupferbriefes, wohin der Sauerstoff der Luft nicht gelangen kann, erfolgt keine Reaktion. Das ist an der charakteristischen rötlichen Färbung des Kupfers sichtbar.
Ein weiteres Experiment liefert noch zusätzlich den Beweis. Bringt man gleich große Stücken eines Metalls einmal an der Luft und einmal in reinem Sauerstoff zur Reaktion, verläuft die Reaktion im reinen Sauerstoff viel heftiger. Das liegt daran, dass Luft zwar Sauerstoff enthält, aber dieser notwendige Ausgangsstoff dort nur einen Bestandteil neben anderen darstellt.

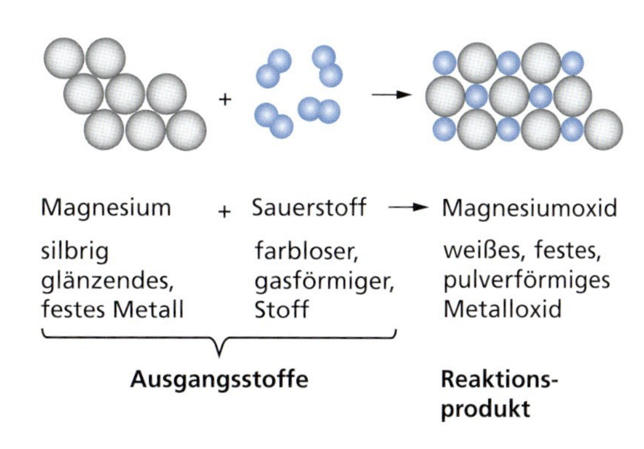

4 Bei der chemischen Reaktion bilden sich aus Teilchen der Ausgangsstoffe die Teilchen der Reaktionsprodukte.

Ob die Metalle heftig oder weniger heftig mit Sauerstoff reagieren, hängt u.a. auch von der Größe der Oberfläche ab. So reagiert Eisenpulver (Abb. 1) viel schneller als z. B. ein Eisendraht. Aluminiumfolie kann man gefahrlos erhitzen, ein Gemisch aus Aluminiumpulver und Luft ist jedoch hochexplosiv.
Die chemische Eigenschaft der Metalle, sich mit Sauerstoff zu verbinden, wird beim autogenen Schneiden genutzt. Das Metall wird an der entsprechenden Stelle erhitzt. Durch die Zufuhr von Sauerstoff schmilzt es nicht nur, sondern es reagiert („verbrennt“) zu einem Metalloxid. An der Reaktionsstelle wird das Metall getrennt.

Viele Metalle reagieren mit Sauerstoff. Dabei bilden sich die entsprechenden Metalloxide.

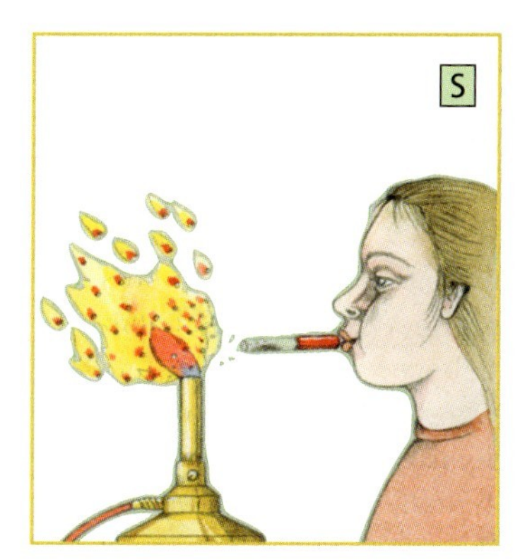

1 Eisenpulver und Sauerstoff

2 Kupferdraht und Sauerstoff

3 Kupferbrief und Sauerstoff

Das Gesetz von der Erhaltung der Masse

Auf der ganzen Erde werden Bodenschätze abgebaut. Erze werden genutzt, um aus ihnen Metalle herzustellen, die wir im Haushalt und in der Industrie dringend benötigen. Wird durch den ständigen Abbau der Rohstoffe unsere Erde leichter? Dies ist nicht der Fall, solange das hergestellte Metall auf der Erde verbleibt und nicht als Satellit oder Raumschiff eingesetzt wird. Mit dieser Antwort ist man einem wichtigen Gesetz auf der Spur – dem **Gesetz von der Erhaltung der Masse.**

M **Das Gesetz von der Erhaltung der Masse besagt, dass bei allen chemischen Reaktionen die Gesamtmasse der an der Reaktion beteiligten Stoffe gleich bleibt.**

Dieses Gesetz wurde im Jahr 1785 von dem französischen Chemiker ANTOINE LAVOISIER (1743–1794) formuliert.
Man kann es bei der Reaktion von Kupfer und Sauerstoff experimentell überprüfen (Abb. 1).

Kupfer	+ Sauerstoff	→	Kupferoxid
Masse des Kupfers	+ Masse des Sauerstoffs	=	Masse des Kupferoxids
Gesamtmasse der Ausgangsstoffe		=	**Gesamtmasse des Reaktionsprodukts**

Die Entdeckung des Gesetzes von der Erhaltung der Masse

Die Entdeckung des Gesetzes von der Erhaltung der Masse stand im Zusammenhang mit der Untersuchung von Verbrennungen.
So hatte R. BOYLE (1627–1691) Experimente mit Blei vorgenommen. Dazu erhitzte er dieses Metall, nachdem er es gewogen hatte, in einem geschlossenen Gefäß. Beim Öffnen des Behältnisses hörte er ein Zischen und notierte diese Beobachtung gewissenhaft. Er maß ihr aber weiter keine Bedeutung bei. Daher entging ihm, dass nach dem Öffnen ein Stoffgemisch mit einer Masse den Raum des „verbrauchten" Sauerstoffes einnahm. (Allerdings hatte man zu dieser Zeit den Sauerstoff noch nicht entdeckt und kannte das Wesen der Oxidation nicht.) Beim Wägen des Reaktionsproduktes (Bleioxid) stellte BOYLE eine Massenzunahme fest. Weil er eine wichtige Beobachtung nicht beachtet hatte, kam er zu falschen Schlussfolgerungen.
M. W. LOMONOSSOW (1711–1765) und A. LAVOISIER (1743–1794) wiederholten die Experimente. Sie verglichen die Masse vor und nach dem Experiment, ehe das Behältnis geöffnet wurde.
Aus dem Ergebnis dieser und weiterer Versuche leitete LAVOISIER das Gesetz von der Erhaltung der Masse ab.

In dem geschlossenen Gefäß befindet sich eine bestimmte Masse Sauerstoff, die mit Kupfer reagiert. Die Gesamtmasse der Stoffe in dem (noch verschlossenen) Gefäß ändert sich dabei nicht.

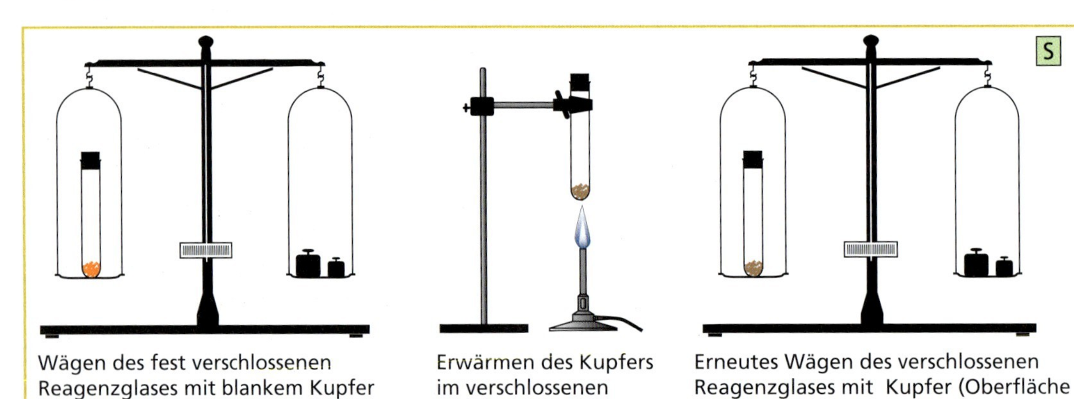

1 Kupfer und Sauerstoff reagieren in einem geschlossenen Gefäß. Die Gesamtmasse bleibt gleich.

ANWENDUNGEN

Eine Kerze zum Wundern

Jeder kennt eine Wunderkerze und hat sich vielleicht schon einmal gefragt, wie der Funkenregen und das helle Licht zustande kommen könnten.
Wie ist die beobachtete Erscheinung des Funkenregens bei der Wunderkerze zu erklären ? Leite eine Vermutung ab!

Man erkennt sofort, ob eine Wunderkerze abgebrannt ist oder noch nicht. Beim Verbrennen entstehen neue Stoffe mit neuen Eigenschaften. Mit dieser Stoffumwandlung sind energetische Erscheinungen verbunden. Deshalb handelt es sich um eine chemische Reaktion. Der Sauerstoff der Luft reagiert mit den Stoffen der Wunderkerze. Nach dem Anzünden der Wunderkerze reagieren die Stoffe sehr heftig, verbunden mit einer grellen Lichterscheinung.
Diese Merkmale treffen auf die Verbrennung des Magnesiums zu. Deshalb ist anzunehmen, dass Wunderkerzen winzige Partikel des Metalls Magnesium enthalten. Sie könnten bei der Verbrennung den Funkenregen verursachen. Viele Wunderkerzen enthalten wirklich Magnesiumspäne. Sie ergeben die schönen langen Funken.

Die Versuchsanordnung entscheidet über den Erfolg

Soll das Gesetz von der Erhaltung der Masse experimentell überprüft werden, muss unbedingt darauf geachtet werden, dass das Reaktionsgefäß vollständig verschlossen ist. Auch das Abwägen muss bei geschlossenem Gefäß erfolgen.
Begründe diese Maßnahme! Gib an, welche Messergebnisse zu erwarten wären, wenn der Behälter nicht völlig verschlossen war!

Schließt man das Reaktionsgefäß luftdicht ab und legt es auf die Waagschale, dann bestimmt man die Masse des Gefäßes einschließlich des enthaltenen Metalls und der Luft. Nach der Reaktion bestimmt man die Masse des Reaktionsgefäßes einschließlich der Masse des Reaktionsproduktes, der „Restluft" und eventuell des Metalls, welches nicht umgesetzt wurde. Man wird gleiche Massen vor und nach der Reaktion feststellen. Arbeitet man nicht sorgsam, kann Luft nachströmen. Man wägt diese zusätzliche Luft mit.

Die Geschichte vom süßen Brei

Sicher kennt jeder die Geschichte, in der ein Töpfchen so lange Brei lieferte, bis seine Besitzerin angesichts des übergroßen Arbeitseifers dieses Kochgerätes den Zauberspruch zum Abschalten ausgesprochen hatte. Nach dem Gesetz von der Erhaltung der Masse ist so etwas nicht möglich. Jedoch weist gekochter Milchreis eine sehr viel größere Masse auf als der ungekochte.
Gibt es doch Vorgänge, bei denen eine Massenzunahme erfolgt? Finde eine Erklärung für diese scheinbar widersprüchliche Beobachtung!

Vergleicht man nur die Masse vom ungekochten und gekochten Reis, stellt man eine Massenzunahme fest. Diese widerspricht jedoch nicht dem Gesetz von der Erhaltung der Masse, denn das besagt, dass die **Gesamtmasse** während eines Vorganges unverändert bleibt. So muss man in die Überlegung die Masse des Wassers bzw. der Milch mit einbeziehen. Während des Kochvorganges nimmt der Reis Flüssigkeit auf, er quillt. Gleichzeitig nimmt die Masse der Flüssigkeit im Topf ab. Rechnet man die Masse der Flüssigkeit und des ungekochten Reises zusammen und vergleicht diese mit dem gekochten, dann wird man feststellen, dass die Masse sogar geringer geworden ist. Während des Kochens verdampft nämlich Wasser. Genau um diese Masse hat sich die Gesamtmasse im Topf verringert.

AUFGABEN

1. Die folgenden Abbildungen zeigen verschiedene Prozesse.
   Gib für jeden Prozess an, ob es sich dabei um eine chemische Reaktion handelt!
   Begründe deine Entscheidung!

2. Kupferdächer sind oft grün, obwohl das Metall Kupfer eine andere Farbe hat. Was vermutest du? Welche Ursache könnte vorliegen?

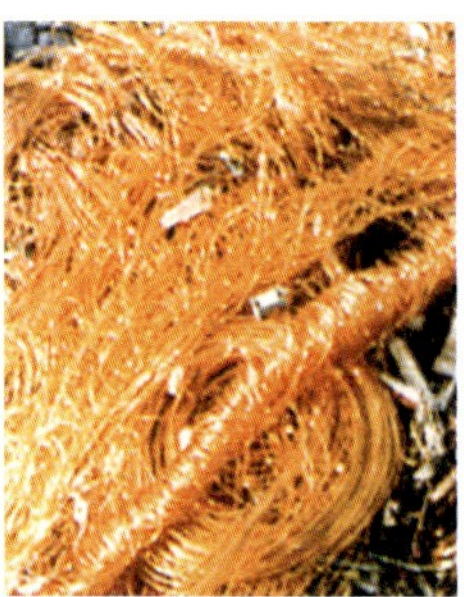

3. Im Folgenden werden einige Prozesse aufgeführt. Gib für jeden Prozess an, ob es sich dabei um eine chemische Reaktion handelt! Begründe deine Entscheidung!
   a) Schmelzen von Blei
   b) Abbrennen einer Wunderkerze
   c) Lösen von Zucker in Wasser
   d) Feilen von Eisenblech
   e) Schmelzen von Butter
   f) Sauerwerden von Milch

4. Ermittle in Haushalt und Natur Prozesse, bei denen chemische Reaktionen stattfinden! Kennzeichne jeweils stoffliche Veränderungen und energetische Erscheinungen!

5. Ergänze folgende Wortgleichungen:
   Blei + … → Bleioxid
   … + … → Kupferoxid
   … + Sauerstoff → Titanoxid
   … + … → Quecksilberoxid

6. Stelle Wortgleichungen für die Bildung von Sulfiden aus Metallen und Schwefel auf!

7. Notiere Beispiele für die Reaktion von Metallen mit Sauerstoff!
   a) Formuliere jeweils die Wortgleichung!
   b) Leite eine allgemeine Wortgleichung für die Reaktion der Metalle mit Sauerstoff ab!
   c) Entscheide, ob es sinnvoll ist, eine solche Wortgleichung für Gold aufzustellen!

8. Worauf deuten die Wärmeabgabe und die Lichterscheinung beim Verbrennen von Magnesium hin?

9. Begründe, dass beim Erhitzen eines Eisen-Schwefel-Gemisches eine chemische Reaktion erfolgt! Gib dazu Ausgangsstoffe und Reaktionsproduke an und beschreibe ihre Eigenschaften!

10. Entwickle die Wortgleichungen für die chemischen Reaktionen, die zur Bildung von folgenden Sulfiden führen: Kupfersulfid, Cadmiumsulfid, Silbersulfid, Bleisulfid!

11. Informiere dich im Internet über ausgewählte Sulfide! Ermittle jeweils ihre Eigenschaften, Vorkommen und Bedeutung!

12. Stelle in einer Tabelle sulfidhaltige Erze und ihre Fundorte zusammen! Nutze geeignete Medien!

13. In der Abbildung unten ist ein Experiment dargestellt, bei dem Eisenwolle erhitzt wird. Nach dem Vorgang lässt sich eine Massenzunahme feststellen.
    a) Erkläre, wie diese Massenzunahme zustande kommt! Stelle dazu die Wortgleichung für die chemische Reaktion auf!
    b) Wie müsste die Versuchsanordnung geändert werden, damit das Gesetz von der Erhaltung der Masse experimentell überprüft werden kann? Begründe deine Antwort!

14. Zündet man eine Kerze an, brennt diese Kerze ab. Die Masse der Kerze verringert sich sichtbar.
    Erkläre diesen „Massenverlust“!

15. Ein Werkzeug aus Eisen wird schwerer, wenn es verrostet.
    Wie ist diese Zunahme an Masse zu erklären?

16. Abfall wird in der Industrie häufig durch Verbrennen beseitigt.
    a) Kann man die Abfälle dadurch vollständig vernichten? Begründe deine Antwort!
    b) Welche Gefahren ergeben sich aus dieser Form der Abfallbeseitigung?

17. Beim Kompostieren biologischer Abfälle verringert sich die Masse der Feststoffe. Leite eine Schlussfolgerung ab!

18. Beschreibe Prozesse aus dem Alltag, bei denen es auf den ersten Blick scheint, als würden sie dem Gesetz von der Erhaltung der Masse widersprechen! Erkläre jeweils, worin der Irrtum besteht!

19. 10 g Magnesium werden verbrannt. Dabei reagiert es mit dem Sauerstoff der Luft. Bei dieser Reaktion entstehen ungefähr 16,6 g Magnesiumoxid.
    Wie viel Gramm Sauerstoff sind für die Verbrennung nötig?

20. Während einer chemischen Reaktion verbinden sich 5 Milliarden Magnesiumatome mit 10 Milliarden Sauerstoffatomen.
    a) Stelle die Wortgleichung für die chemische Reaktion auf!
    b) Notiere eine Aussage zur Masse des Reaktionsproduktes!

21. Gib an, ob die folgenden Aussagen wahr sind oder nicht! Begründe deine Antwort jeweils!
    a) In einer Verbrennungsanlage können Massen nicht vernichtet werden.
    b) Die Masse des Kupferoxids nach der Reaktion ist größer als die Masse des Kupfers vor der Reaktion.
    c) Gase besitzen eine so geringe Masse, dass man sie bei chemischen Reaktionen vernachlässigen kann.
    d) Ein gebackenes Brot ist leichter als der Teig, aus dem es geformt wurde. Dies ist ein Beispiel dafür, dass das Gesetz von der Erhaltung der Masse nicht auf alle chemischen Prozesse zutrifft.

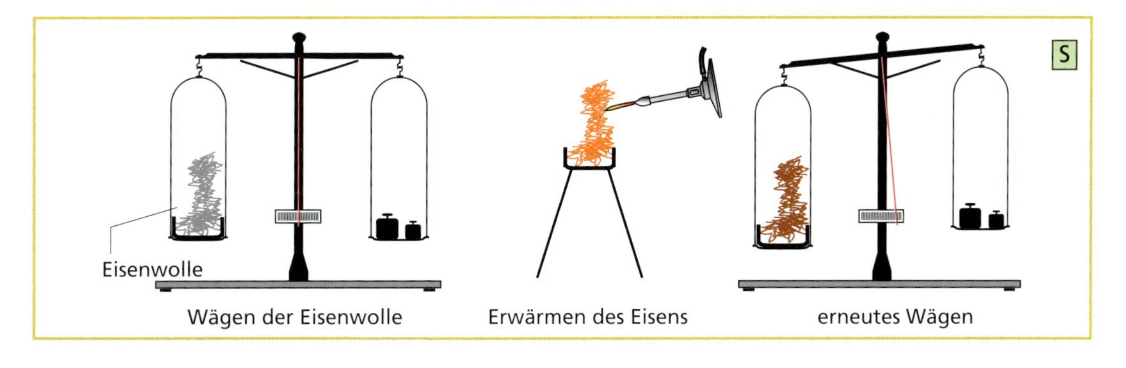

Das Wichtigste im Überblick

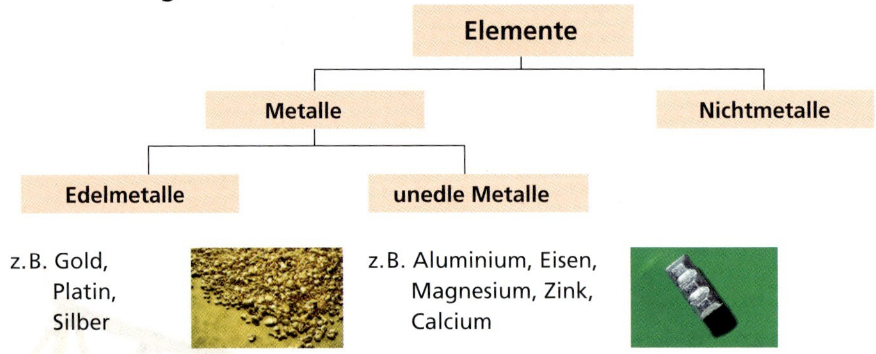

Metalle sind chemische Elemente. Ein chemisches Element ist ein reiner Stoff, der nur aus einer Atomsorte aufgebaut ist.

Reine Metalle sind nur aus einer Atomsorte aufgebaut. Die Atome sind regelmäßig in einem Kristallgitter angeordnet.

Aluminiumatom (Kern-Hülle-Modell)

Atomhülle mit 13 Elektronen
Atomkern mit 13 Protonen
nach außen elektrisch neutral

Ein Symbol ist

- ein Zeichen für ein chemisches Element,
- ein Zeichen für ein Atom des Elements.

Der Bau der Atome bestimmt die Stellung des Elements im Periodensystem der Elemente. Die Anzahl der Protonen und Elektronen spiegelt sich in der Ordnungszahl wider, die Anzahl der Außenelektronen in der Hauptgruppennummer. Entsprechend der Anordnung der Elektronen in der Atomhülle sind die Elemente in Perioden angeordnet.

Besonders die unedlen Metalle können leicht mit Sauerstoff reagieren.

Beispiele:	Magnesium	+	Sauerstoff	⟶	Magnesiumoxid
	Eisen	+	Sauerstoff	⟶	Eisenoxid

Erhitzt man ein Gemisch aus einem Metall und Schwefel bilden sich Sulfide.

Beispiele:	Eisen	+	Schwefel	⟶	Eisensulfid
	Zink	+	Schwefel	⟶	Zinksulfid

Aus **Ausgangsstoffen** bilden sich bei chemischen Reaktionen **Reaktionsprodukte. Chemische Reaktionen** sind Prozesse, bei denen eine Stoffumwandlung verbunden mit energetischen Erscheinungen erfolgt.
Bei allen chemischen Reaktionen gilt das **Gesetz von der Erhaltung der Masse.** Es besagt, dass die Gesamtmasse der an der chemischen Reaktion beteiligten Stoffe konstant bleibt.

Gesamtmasse der Ausgangsstoffe = Gesamtmasse der Reaktionsprodukte

3 Wasser und Luft – lebensnotwendige Stoffe

3.1 Wasser – Quelle des Lebens

Ein kristallklares Lebensmittel

Wenn der Wasserhahn geöffnet wird, erwarten wir einwandfreies Wasser. Das Wasser, das für die Trinkwasserversorgung aus Brunnen gefördert wird, erscheint nach dem ersten Prüfen kristallklar, geruchs- und geschmacksfrei. Dennoch wird die Qualität in den Wasserwerken regelmäßig ermittelt, geprüft und konstant gehalten.

Warum darf selbst scheinbar sauberes Wasser aus Brunnen nicht ohne Prüfung getrunken werden?

Weintrauben – frisch oder getrocknet

Frische Weintrauben enthalten sehr viel Saft. Sie bestehen zum großen Teil aus Wasser. Legt man einige Weintrauben in die Sonne, erhält man Trockenobst. In Abhängigkeit von der verwendeten Traubensorte handelt es sich dabei um Sultaninen, Rosinen oder Korinthen.
Welche Funktion hat das Wasser in Lebewesen bzw. in pflanzlichen Teilen, wie z.B. Weintrauben?

Lebensraum Wasser

Ein sauberes Gewässer bietet immer unterschiedlichen Pflanzen und Tieren einen Lebensraum. Beobachtet man einen See oder Teich im Sommer, kann man z. B. Frösche entdecken. Im Winter, wenn das Gewässer zugefroren ist, sind diese Tiere nicht zu sehen. Einige Arten überwintern am Gewässergrund.
Warum können Frösche im Wasser den Winter überleben?

GRUNDLAGEN

Ohne Wasser kein Leben

Ein Blick auf den Globus zeigt, dass auf unserer Erde riesige Wassermengen existieren. Aber nicht nur die Weltmeere und die Eisflächen der Pole enthalten Wasser (Abb. 2). Die meisten Wasserteilchen befinden sich in ständiger Bewegung. Flüssiges Wasser verdunstet, kondensiert in kälteren Luftschichten zu winzigen Wassertröpfchen oder erstarrt zu Eis. Wasser fließt in Flüssen, aber auch im Erdboden. In diesen **Kreislauf des Wassers** (Abb. 1) ist auch das Wasser in den Lebewesen, in Menschen, Tieren und Pflanzen, einbezogen.
Wasser ist nicht nur für den Menschen ein lebensnotwendiger Stoff. Ohne Wasser wäre unsere Erde völlig unbewohnt. Wasser ist die Grundvoraussetzung für das Leben auf der Erde.
Für sehr viele Organismen bildet Wasser den Lebensraum (Flüsse, Seen, Teiche, Meere usw.).
Unabhängig davon ist in allen Organismen Wasser enthalten. So besteht der menschliche Körper zu etwa zwei Dritteln aus Wasser, u.a. dient das Wasser als Lösemittel. Innerhalb der Organismen werden die Nährstoffe in wässriger Lösung transportiert.
Auch Pflanzen können die für sie lebensnotwendigen Nährsalze nur in einer wässrigen Lösung aus dem Boden aufnehmen und im Organismus transportieren.

2 Wasser kommt auf der Erde in unterschiedlichen Formen vor.

Die Fotosynthese, also die Bildung von Traubenzucker in grünen Pflanzenteilen, kann nur bei Anwesenheit von Wasser stattfinden, denn Wasser ist einer der Ausgangsstoffe bei diesem Prozess.
Ebenso vielseitig ist die Bedeutung des Wassers in Haushalt, Landwirtschaft und Industrie. Im Haushalt sind Nahrungszubereitung, Reinigungsvorgänge verschiedener Art und persönliche Hygiene typische Beispiele für die Nutzung des Wassers.
In der Landwirtschaft wären der Ackerbau und die Aufzucht von Tierbeständen und damit die Nahrungsmittelerzeugung für den Menschen ohne Wasser nicht realisierbar.
In der Industrie gibt es kaum Bereiche, in denen Wasser nicht in irgendeiner Form oder an irgendeiner Stelle des Produktionsprozesses Ausgangsstoff, Hilfsstoff oder Kühlmittel ist.

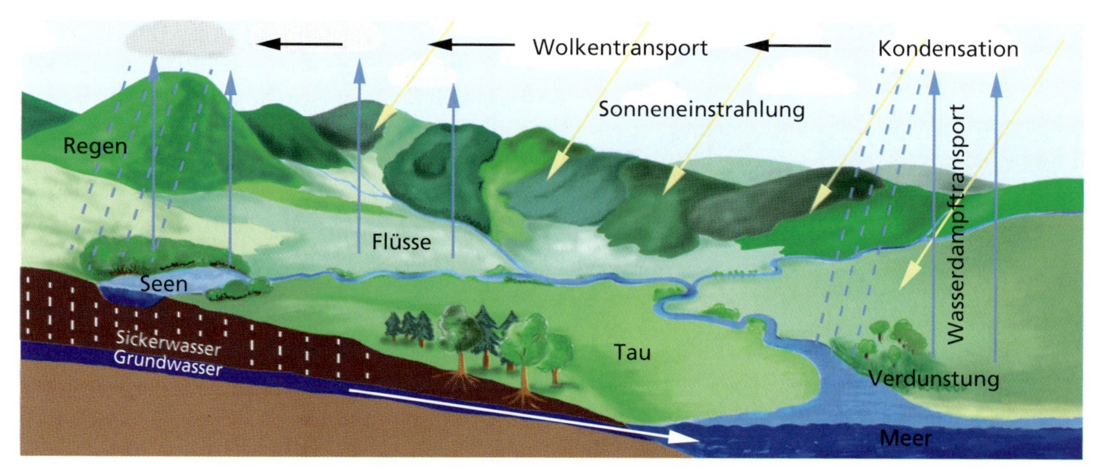

1 Kreislauf des Wassers

Trink- und Abwasser – Stationen des Wasserkreislaufs

Gewässer, wie Bäche, Flüsse, Seen, aber auch das Grundwasser werden durch verschiedene Stoffe verunreinigt.

Das sind z. B. Rückstände von Pflanzen und Tieren, Sickerwasser von Deponien, industrielle Abwässer und organische Abfallstoffe aus Landwirtschaft, Haushalten und Industrie.

Die Abfallstoffe können die **Selbstreinigungsprozesse in den Gewässern** so stören, dass Fäulnisprozesse gefördert werden und diese zum Absterben der Lebewesen im Gewässer führen.

Deshalb muss an alle Verbraucher die Forderung gestellt werden, sparsam mit Wasser umzugehen und jede Verunreinigung des Wassers zu vermeiden (Abb. 1).

An **Trinkwasser** werden ganz besondere Anforderungen gestellt. Es soll klar, geruchlos und geschmacksfrei sein und keine Krankheitskeime enthalten. Ebenso dürfen bestimmte Grenzwerte an gelösten Stoffen nicht überschritten werden (z. B. nicht mehr als 50 mg Nitrat oder 0,4 mg Blei pro Liter).

Schon etwa 1 cm^3 Mineralöl kann 1 m^3 Wasser so schwer belasten, dass es als Trinkwasser unbrauchbar ist. Deshalb wird die Qualität des Wassers, das als Trinkwasser verwendet werden soll, regelmäßig kontrolliert.

Der größte Teil des Trinkwassers wird durch Tiefbohrungen aus dem **Grundwasser** entnommen, da **Quellwasser** nur in geringeren Mengen als Trinkwasser zur Verfügung steht. Etwa 25 % des Gesamtaufkommens an Trinkwasser stammen als Oberflächenwasser aus Flüssen, Seen und Talsperren.

1 Die Wasserqualität wird ständig geprüft.

Besonders das **Oberflächenwasser** wird in den Wasserwerken aufwändig gereinigt (s. S. 67).

An **Brauchwasser** werden nicht so hohe Anforderungen gestellt wie an Trinkwasser. Für viele Zwecke im Haushalt (z.B. WC-Spülung) sowie in Industrie und Landwirtschaft reicht Brauchwasserqualität aus.

Wasser, das im Haushalt, in der Industrie und in der Landwirtschaft genutzt wurde, wird durch Verunreinigungen zu **Abwasser.**

Geht man von einem durchschnittlichen Verbrauch von 128 l pro Person und Tag aus, würden allein bei einer Stadt von 100 000 Einwohnern ca. 12,8 Millionen Liter Abwasser pro Tag anfallen. Hinzu kommen noch beträchtliche Mengen aus Industrie und Wirtschaft. Auch der größte Teil des Regenwassers muss hinzugerechnet werden.

Abwasser ist hauptsächlich durch Staub- und Schmutzteilchen, Speisereste, Wasch- und Spülmittel und Fäkalien verunreinigt.

Zum **Schutz unserer Gewässer** muss es in Kläranlagen so behandelt werden, dass es später in das Oberflächenwasser zurückgelangen kann, ohne dort das biologische Gleichgewicht zu stören. Die Klärung und Aufbereitung erfolgt in mehreren Stufen. Zuerst werden die gröbsten Verunreinigungen mechanisch mit Rechen, Sieben und durch Absetzen entfernt, dann erfolgt die biologische Reinigung durch Mikroben. Dabei wird viel Sauerstoff benötigt. Das Abwasser wird versprüht oder mit Druckluft behandelt. Oft muss sich noch eine chemische Behandlung anschließen, um bestimmte Salze auszufällen (z. B. Phosphate).

Durch Verbesserung der Aufbereitungsverfahren und den Anschluss fast aller Haushalte an Kläranlagen gelingt es mehr und mehr, die Qualität des Oberflächen- und Grundwassers zu erhöhen und vorher stark **verschmutzte Gewässer zu sanieren.** Trotzdem besteht noch immer eine große Gefahr, wenn Mineralöle durch Unachtsamkeit und Nichtbefolgen von Umweltschutzgesetzen oder durch Havarien in Gewässer oder in das Grundwasser gelangen.

Wasser im Haushalt

Im industriellen Bereich wird meist kein Trinkwasser, sondern Brauchwasser benötigt, sodass Kreisläufe möglich sind. Diese Art der mehrfachen Verwendung von Wasser ist im Bereich der Haushalte noch sehr selten. Dort nutzt man vor allem Trinkwasser, also besonders behandeltes Wasser. Fast das gesamte im Haushalt verwendete Wasser wird zu Abwasser. Das ist umso bedenklicher, weil unser Wasserbedarf ständig steigt. Der Pro-Kopf-Verbrauch hat sich in den letzten 100 Jahren verdreifacht bis vervierfacht. Er beträgt heutzutage etwa 128 Liter für eine Person pro Tag (s. Tab.). Nur ein geringer Teil davon wird wirklich als Trinkwasser und zur Nahrungszubereitung genutzt.
Auch bei der Herstellung aller Produkte, die wir kaufen, werden unvorstellbar große Wassermengen verbraucht. So sind zur Erzeugung von 1 Tonne Stahl etwa 200 m^3 Wasser erforderlich, für 1 kg weißes Papier 800 bis 1000 Liter.
Da ein großer Anteil des Trinkwassers im Haushalt für die WC-Spülung und die persönliche Hygiene verbraucht wird, gibt es heute schon Systeme in Haushalten und Hotels, mit denen das Badewasser in Behältern aufgefangen und in einem zweiten Wasserkreislauf für die WC-Spülung genutzt wird. Außerdem gibt es an modernen Toiletten bereits Spülstopps, mit denen der Wasserverbrauch verringert werden kann.

Durchschnittlicher Wasserverbrauch im Haushalt

Verwendung	täglicher Wasserverbrauch pro Person
persönliche Hygiene	61 l
WC-Spülung	34 l
Geschirrspülen	8 l
Reinigung der Wohnung, Auto, Garten	8 l
Speisen- und Getränkezubereitung	8 l
Sonstiges	9 l

Trinkwassergewinnung

1. Aus dem Grundwasser (Abb. 1, S. 68)

Tiefbrunnen: Bohrungen dringen bis zu den Grundwasserschichten vor (Abb. 1).
Kiesfilter: Wasser aus den Tiefbrunnen wird durch Kies filtriert, um feinste Verunreinigungen zu entfernen.
Aktivkohlefilter: Wasser aus dem Kiesfilter wird von den eventuell vorhandenen Verunreinigungen befreit.

2. Aus Flüssen und Seen

Niederschlagswasser füllt als Oberflächenwasser Seen und Flüsse.
Absetzbecken: Unlösliche Verunreinigungen setzen sich als Schlamm ab.
Sickerbecken: Wasser aus dem Absetzbecken sickert durch den Grund des Sickerbeckens bis in das Grundwasser. Es wird dabei durch Gesteins-, Sand- und Kiesschichten gereinigt.
Sammelrohre: Sie fangen das Grundwasser auf und führen es dem Tiefbrunnen zu.
Tiefbrunnen: Pumpen befördern das Wasser in das Wasserwerk.
Desinfektionsbecken: Durch Zusatz von Chlor bzw. Ozon werden die im Wasser enthaltenen Mikroorganismen abgetötet.
Flockungsbecken: Dem Wasser werden Chemikalien zugesetzt, die mit den Schadstoffen unlösliche Reaktionsprodukte bilden. Diese setzen sich auf dem Grund des Beckens ab.
Kiesfilter: Wasser aus dem Flockungsbecken wird durch Kies filtriert.
Aktivkohlefilter: Wasser aus dem Kiesfilter wird von weiteren Verunreinigungen befreit.
Trinkwasserabgabe an den Verbraucher.

1 Aus Tiefbrunnen wird das Wasser entnommen und im Wasserwerk aufbereitet.

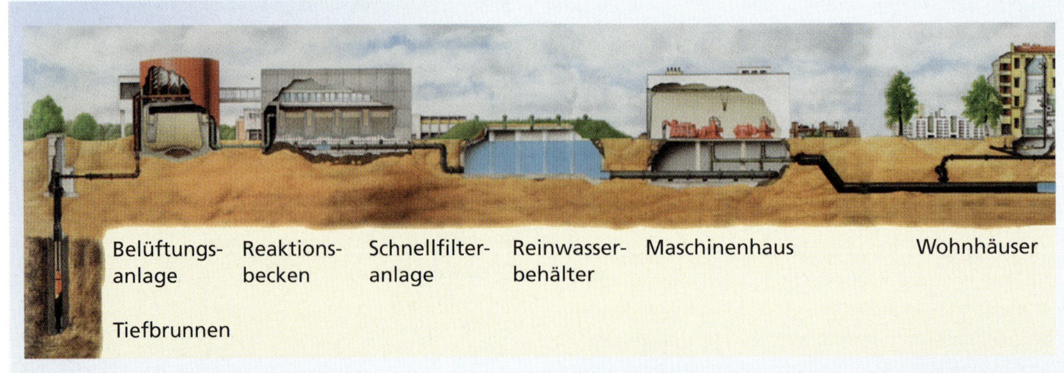

1 Wasserwerk (Schema einer Anlage)

Abwasseraufbereitung

1. Mechanische Abwasseraufbereitung

Abwasserzufluss mit Rechen: Grobe Verunreinigungen werden zurückgehalten (Abb. 2).
Sandfang: Abwasser fließt langsam durch das Becken, erdige Bestandteile setzen sich ab.
Absetzbecken: Auch die feinsten unlöslichen Verunreinigungen setzen sich als Schlamm ab.
Der Schlamm wird in den Faulbehälter gepumpt. Das sich dort bildende Biogas wird in Gasometern gesammelt.

2 Mit Rechen werden grobe Verunreinigungen aus dem Abwasser entfernt.

2. Biologische Abwasseraufbereitung

Belebtbecken: Darin leben angereichert Mikroorganismen, die die gelösten Verunreinigungen als Nahrung verbrauchen. Mit entsprechenden Einrichtungen wird das Wasser gut durchlüftet (Abb. 3).
Tropfkörper: Betonkessel sind mit feinkörnigem Gestein gefüllt, auf dem sich Mikroorganismen ansiedeln. Von oben wird Abwasser auf die Steine versprüht und von unten Luft eingeleitet.
Nachklärbecken: Zusammen mit dem gebildeten Schlamm setzen sich die Mikroorganismen ab (Abb. 4). Aus dem Schlamm wird im Faulbehälter Biogas gewonnen.

3 Im Belebtbecken erfolgt die Reinigung durch Mikroorganismen.

3. Chemische Abwasseraufbereitung

Rührkessel: Dem Abwasser mit gelösten Schadstoffen werden Chemikalien zugesetzt, die in einer chemischen Reaktion mit den Schadstoffen unlösliche Reaktionsprodukte bilden.
Nachklärbecken: Die unlöslichen Reaktionsprodukte setzen sich als Schlamm ab und werden gegebenenfalls auf einer Sonderdeponie gelagert.

4 Nachklärbecken

Wasser als Reinstoff

In der Natur existiert der Reinstoff Wasser nicht, denn viele Stoffe sind sehr gut im Wasser löslich. Eine solche Wasserprobe enthält neben den Wasserteilchen auch Teilchen anderer Stoffe.
Diese Stoffe werden sichtbar, wenn man einen Tropfen Wasser (Leitungswasser, Seewasser oder Meereswasser) auf einem Objektträger eindunsten lässt.
Relativ reines Wasser kann man herstellen, wenn man Leitungswasser destilliert.
Wasser ist in reinem Zustand völlig geruchlos und geschmacksfrei und bei Zimmertemperatur flüssig. Unter Normaldruck siedet reines Wasser bei 100 °C.
Das Erreichen der Siedetemperatur erkennt man am Aufsteigen großer Gasblasen.
Bei 0 °C (Normaldruck) erstarrt Wasser zu einem festen, kristallinen Stoff, dem Eis.
Beim Erstarren kommt es zu einer Volumenzunahme von etwa 9 %, d.h., 100 cm^3 flüssiges Wasser ergeben etwa 109 cm^3 Eis (Abb. 1). So kann gefrierendes Wasser stabile Wasserrohre zerstören und Gestein sprengen. Auch oberhalb von 4 °C dehnt sich Wasser bei steigender Temperatur aus. Wasser besitzt bei 4 °C die größte Dichte (Anomalie des Wassers – s. Tab.).
Diese besondere Eigenschaft hat Bedeutung für Organismen, die im Wasser leben oder dort überwintern (s. S. 71).
Reines Wasser leitet den elektrischen Strom nahezu nicht. Die elektrische Leitfähigkeit des natürlich vorkommenden Wassers beruht auf den in ihm gelösten Stoffen.

M **Wasser ist ein reiner Stoff mit charakteristischen Eigenschaften. Man erhält ihn durch Destillation.**

Dichte des Wassers				
Temperatur	0 °C	4 °C	5 °C	10 °C
Dichte $g \cdot cm^{-3}$	0,99987	1,00000	0,99999	0,99973

1 Wasser dehnt sich beim Gefrieren aus.

Lösemittel Wasser

Ein Taucher kann unter der Wasseroberfläche viele interessante Tiere entdecken und beobachten. Er muss seinen Luftvorrat mit in die Tiefe nehmen. Fische können mithilfe ihrer Kiemen im Wasser atmen (Abb. 2). Das ist möglich, weil im Wasser eine bestimmte Menge Sauerstoff gelöst ist. Natürlich ist Sauerstoff nicht unbegrenzt löslich. Bei 10 °C können maximal 11,25 mg des Gases in 1 l Wasser gelöst sein, dann ist eine **Sättigung** erreicht. Bei steigender Temperatur nimmt die Löslichkeit von Sauerstoff in Wasser ab.

2 Ohne den im Wasser gelösten Sauerstoff könnten die Fische nicht existieren. Der Taucher muss seinen Luftvorrat mit in die Tiefe nehmen.

Löslichkeit ausgewählter Stoffe in Wasser (bei 20 °C und Normaldruck)

Stoff	Löslichkeit in g/100 g Wasser
Zucker	203,9
Kochsalz	35,85
Kaliumnitrat	31,5
Gips	0,2
Löschkalk	0,163
Kohlenstoffdioxid	0,17
Sauerstoff	0,0044
Stickstoff	0,0019

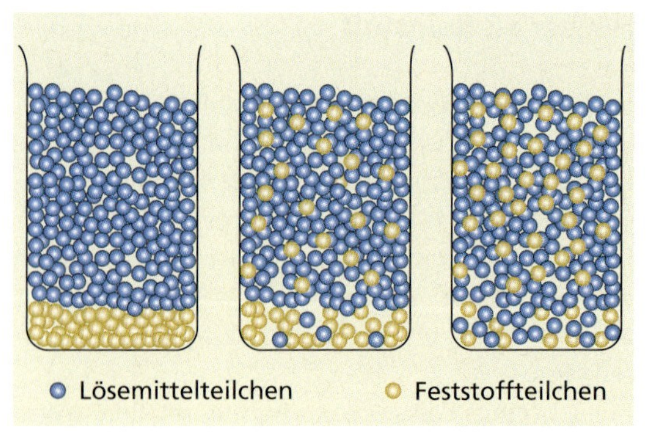

2 Lösung eines festen Stoffes (Teilchenmodell)

Neben dem Sauerstoff liegen im Wasser natürlich noch eine Menge anderer Stoffe gelöst vor, z. B. Kohlenstoffdioxid, verschiedene Salze und auch andere Flüssigkeiten. Nicht immer nimmt die Löslichkeit mit steigender Temperatur ab. Bei Kochsalz steigt die Löslichkeit an.

M Die Löslichkeit der Stoffe in Wasser ist unterschiedlich. Sie hängt von der Temperatur und vom Stoff selbst ab.

Die Eigenschaft des Wassers, andere Stoffe zu lösen, ist von großer Bedeutung. Die meisten Stoffwechselprozesse, also biochemische Reaktionen, laufen nur in Lösung ab. Durch sein gutes Lösevermögen für viele Fremdstoffe kann Wasser jedoch leicht verunreinigt werden.

Die Vorgänge beim Lösen können mit dem Teilchenaufbau der Stoffe erklärt werden (Abb. 2). Stoffe lösen sich in einem Lösemittel auf, wenn die Kräfte zwischen den Teilchen des zu lösenden Stoffes durch das Lösemittel aufgehoben werden können.

So kann z. B. Wasser den Zusammenhalt der Teilchen im Kochsalzkristall aufheben.

Salzlösungen sind eine alltägliche Sache. Sollen beispielsweise Kartoffeln gekocht werden, stellt man solch eine Lösung her. Jedoch gibt man niemals die Menge an Kochsalz ins Wasser, die sich maximal in ihm lösen würde. Man stellt **ungesättigte Lösungen** her.

Doch die Löslichkeit von Kochsalz in Wasser ist begrenzt. Ist im Wasser die höchstmögliche Masse an Kochsalz gelöst, spricht man von einer **gesättigten Lösung**. Der Massenanteil (s. S. 30) von Kochsalz beträgt dann ungefähr 26,4 %.

Wird eine größere Masse Salz in das Lösungsmittel gegeben, so bildet sich ein **Bodensatz** (Abb. 1).

M In Abhängigkeit von der Menge des gelösten Stoffes unterscheidet man gesättigte und ungesättigte Lösungen.

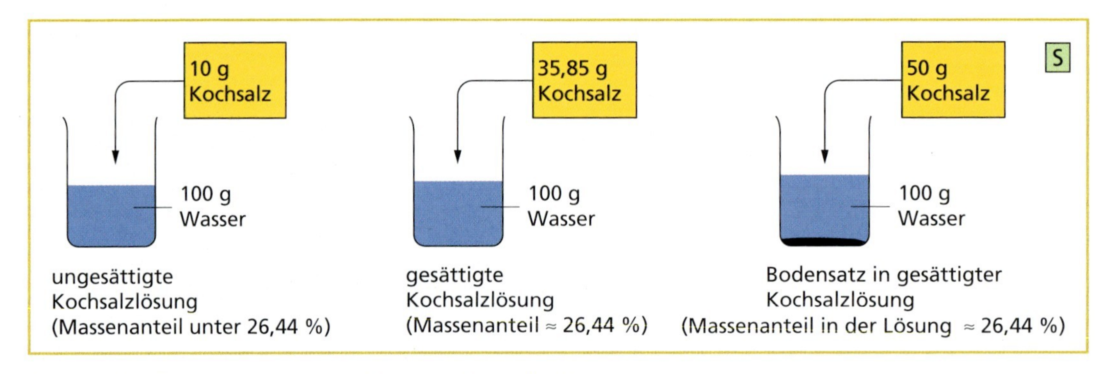

1 Unterschiedlich gesättigte Kochsalzlösungen (Normalbedingungen)

ANWENDUNGEN

Ist jedes kristallklare Wasser unbedenklich?

Eine Wasserprobe, die einem Hausbrunnen entnommen wurde, ist klar, geruchlos und geschmacksfrei.
Kann man in jedem Falle davon ausgehen, dass dieses Wasser auch unbedenklich als Trinkwasser genutzt werden kann? Begründe deine Antwort!

Klarheit, Geruchs- und Geschmacksfreiheit einer Wasserprobe allein sagen noch nichts über die Trinkwasserqualität aus.
Lässt man das Wasser einige Zeit an der Luft stehen, so kann man oftmals beobachten, dass es sich braun färbt und trübe wird. Der Sauerstoff der Luft bewirkt Veränderungen, wenn verschiedene Stoffe im Wasser enthalten sind. Beispielsweise können sich schwer lösliche Eisen- und Manganverbindungen bilden.
Wasser, das einen zu hohen Gehalt dieser Stoffe hat, ist für die Zubereitung von Speisen und Getränken nicht geeignet.
Aber auch klarem Wasser ist nicht anzusehen, ob es z. B. einen zu hohen Gehalt an Nitraten oder Pflanzenschutzmitteln hat, die durch unsachgemäße Düngung oder übermäßigen Einsatz von Chemikalien in das Grundwasser gelangt sind. Nur wenn in der Wasserprobe die entsprechenden Grenzwerte nicht überschritten werden, kann es als Trinkwasser verwendet werden. Die meisten Schadstoffe sind farblos, man kann sie ohne eine chemische Untersuchung nicht feststellen. Außerdem kann das scheinbar so saubere Wasser Krankheitskeime enthalten, die nur durch mikrobiologische Untersuchungen zu ermitteln sind.
Deshalb muss auch solch ein klares, geruchs- und geschmacksfreies Wasser erst im Labor auf seine Trinkwasserqualität geprüft werden.

Wie können die Fische im Winter überleben?

Wenn im Winter die Temperaturen unter 0 °C fallen, frieren die Seen zu.
Ist das Eis dick genug und „trägt“, ist das Schlittschuh laufen für viele ein großes Vergnügen.
Aber welche Auswirkungen hat das Gefrieren des Wassers auf das Überleben der Fische? Erläutere!

An der Oberfläche eines Sees kühlt das Wasser ab. Bei 4 °C hat Wasser im Vergleich zu wärmerem oder kälterem Wasser die größte Dichte und sinkt nach unten.
Bei Abkühlung auf 0 °C erstarrt das Wasser an der Oberfläche zu Eis. Das zu Eis erstarrte Wasser hat eine geringere Dichte als flüssiges Wasser. Deshalb bildet sich das Eis stets an der Oberfläche. Die Eisschollen schwimmen auf dem Wasser. Die Flüsse und Seen gefrieren niemals vom Grund her.
Eis hat eine geringere Dichte als Wasser im flüssigen Zustand bei 4 °C. Diese Tatsache ist in unseren Regionen die Voraussetzung für das Überleben der Fische in den Gewässern während des Winters. Die Fische halten sich im Winter am Gewässergrund auf. Tiefere Gewässer frieren selten bis auf den Grund zu.
Bei längeren Frostperioden ist es jedoch notwendig, Löcher in die Eisdecke zu schlagen, damit sich wieder Sauerstoff aus der Luft im Wasser lösen kann.

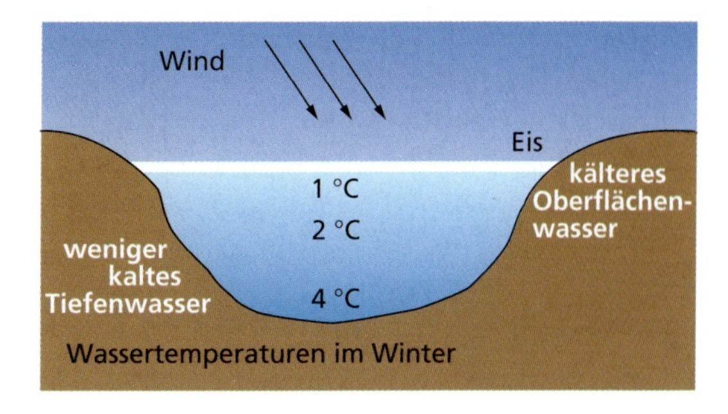

AUFGABEN

1. Die meisten Wasserteilchen befinden sich in ständiger Bewegung. Belege die Richtigkeit dieser Aussage!

2. Erläutere den Kreislauf des Wassers
   a) in der Natur,
   b) unter Einbeziehung der Wassernutzung durch den Menschen!

3. Erläutere an drei Beispielen die Bedeutung des Wassers für das Leben auf der Erde!

4. Wasser ist eine notwendige Voraussetzung für die meisten Bereiche der Industrie.
   Belege diese Aussage mit Beispielen!

5. Führe Gründe an, die zur Erhöhung des Wasserbedarfs der Haushalte in den letzten 100 Jahren führten!

6. Wäre Wasser kein Lösemittel, so könnte im Wasser keinerlei Leben existieren. Handelt es sich bei diesem Satz um eine wahre Aussage? Begründe deine Antwort!

7. Leitungswasser kann zwar als Trinkwasser genutzt werden, aber es handelt sich dabei nicht um einen Reinstoff.
   Wie kann man fast reines Wasser herstellen? Beschreibe das Stofftrennungsverfahren!

8. Erläutere die Begriffe „ungesättigte" und „gesättigte" Lösung an einem selbst gewählten Beispiel!

9. Berechne den Massenanteil an Kochsalz, wenn zur Herstellung der Lösung 55 g Salz in 1 l Wasser gelöst wurden!

10. Wasser ist eine gutes Lösemittel für viele Stoffe. Nenne Beispiele aus der Natur und dem Haushalt! Erläutere an je einem Beispiel, welche Bedeutung diese Eigenschaft des Wassers hat!

11. Die Wasserqualität der Seen und Flüsse wird ständig überprüft. Bei der Probenentnahme in einem See stellte man im November einen höheren Sauerstoffgehalt als im Juli fest.
    Nenne eine der möglichen Ursachen und erläutere sie!

12. S Stelle 100 ml einer gesättigten Kochsalzlösung her! Füge jetzt noch 5 g Kochsalz hinzu und erwärme die Lösung! Notiere und erkläre deine Beobachtungen!

13. Vor Beginn der Frostperiode werden in Gartenanlagen Wasserbehälter geleert und das Wasser aus den Leitungen abgelassen. Begründe die Notwendigkeit der Maßnahmen!

14. Eis hat eine geringere Dichte als Wasser! Erläutere, welche Bedeutung diese Tatsache für die im Wasser lebenden Tiere hat!

15. Beschreibe das Prinzip der
    a) mechanischen Abwasserbehandlung
    b) biologischen Abwasserbehandlung
    c) chemischen Abwasserbehandlung!
    Erkundige dich im Klärwerk, welche Reinigungsstufen dort zur Anwendung kommen!

Projekt

Projektorientierter Unterricht

Hinweise für die praktische Arbeit

Beim projektorientierten Arbeiten geht es darum, eigene Ideen zum Thema zu entwickeln und sich eigene Aufgaben zu stellen, die die jeweilige Gruppe möglichst selbstständig bearbeitet. Dabei sollte das Thema komplex betrachtet werden.

1. Arbeitsschritt: Am besten veranstaltet man zuerst einmal einen Markt der Ideen und wählt daraus die Themenbereiche aus, die die jeweilige Gruppe bearbeiten möchte.

2. Arbeitsschritt: Die Gruppe erstellt einen **Arbeitsplan.** Die Punkte, die unbedingt geklärt werden sollten, sind unten zu finden.

3. Arbeitsschritt: Die Umsetzung des Arbeitsplanes erfolgt. Treten Fragen auf, kann man sich an den Lehrer wenden.

4. Arbeitsschritt: Nach Beendigung der Gruppenarbeit werden die Ergebnisse präsentiert. Dabei muss man beachten, dass sich die Mitschüler meistens mit unterschiedlichen Fragestellungen beschäftigt haben.
Die Art der Darstellung muss also in kurzer, knapper und logischer Form erfolgen und anschaulich sein, sodass alle die Versuche und Ergebnisse verstehen und die gewonnenen Erkenntnisse nachvollziehen können.

5. Arbeitsschritt: Abschließend kann eine Wandzeitung angefertigt werden, die einen Überblick über die Arbeit der Klasse gibt. Diese wird an gut sichtbarer Stelle im Schulhaus ausgehängt.

Arbeitsplan der Gruppe

a) Welche Fragen sollen in der Gruppe zum ausgewählten Themenbereich beantwortet werden?
b) Welche Maßnahmen sollen bei der Informationsbeschaffung angewendet werden (evtl. Expertenbefragung, Nutzung der Medien)?
c) Welche Experimente möchte die Gruppe durchführen?
d) Wer ist für welchen Bereich/welche Frage zuständig?
e) Welcher zeitliche Rahmen steht zur Verfügung?
f) Wie sollen die Ergebnisse dargestellt werden?

Wasser – ein erstaunlicher Stoff

Wassermengen in Natur und Haushalt

Unsere Erde wird nicht nur wegen seiner blau schimmernden Lufthülle als BLAUER PLANET bezeichnet, sondern auch wegen der Weltmeere, die weite Teile der Erdoberfläche bedecken:

Aufgabe:
Übernimm die folgenden Werte in dein Heft und rechne sie jeweils in Prozent um! Erstelle ein Kreisdiagramm! Kennzeichne Landsektoren und Wassersektoren farbig! Werte das Diagramm aus!

Oberfläche	in Mio. km²	%
Europa	10	
Asien	44	
Afrika	30	
Nordamerika	24	
Südamerika	18	
Australien, Ozeanien	9	
Antarktis, Arktis	12	
Pazifik	180	
Atlantischer Ozean/ nördliches Eismeer	108	
Indischer Ozean	75	

Wasser ist kostbar! Täglich benötigt jeder Mensch 2–3 Liter um zu überleben. Betrachtet man die Werte aus der Tabelle, fällt es schwer zu glauben, dass Wassermangel auf der Erde in einigen Regionen ein schwer wiegendes Problem darstellt. Noch erstaunlicher ist die Tatsache, dass auch in der Bundesrepublik Deutschland Wasser nicht in unbegrenzter Menge zur Verfügung steht und die Bereitstellung von Trinkwasser, besonders im Sommer, Probleme bereitet:

Aufgabe:
Ermittle, welche Menge Süßwasser auf der Erde vorhanden ist! Finde heraus, ob dieses Süßwasser auch als Trinkwasser genutzt werden könnte!

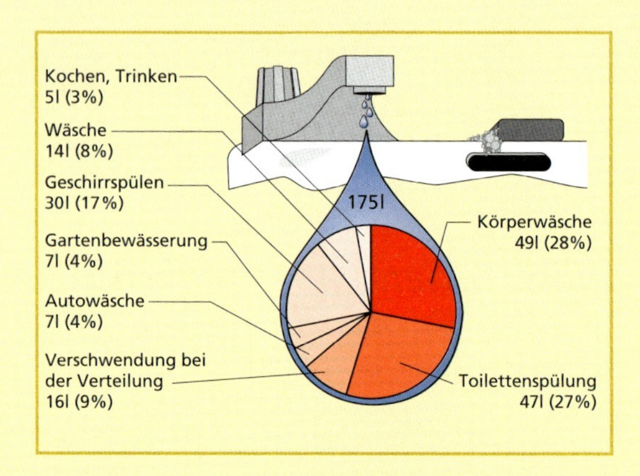

1 Wasserverbrauch in einer Großstadt eines Industrielandes

Aufgabe:
1. Informiere dich im Internet über den durchschnittlichen Wasserverbrauch in Deutschland und in anderen Ländern!
2. Notiere einen Tag lang, wie viel Wasser du verbraucht hast! Vergleiche mit den Werten in der Abbildung! Welche persönlichen Schlussfolgerungen ziehst du?
3. Beschreibe die Wasserversorgung und die Abwasserentsorgung in einem Haus! Welche Verbesserungsvorschläge kannst du unterbreiten?

Alles Wasser, das im Haushalt verwendet wird, geht in Abwasser über. Das gilt auch für das in der Tierproduktion und der Industrie eingesetzte Wasser.

S Experiment:

Aufgabe:
Stelle eine Aufschlämmung aus Gartenerde oder Ackerboden in Wasser her und versuche, sie durch Filtration wieder zu reinigen!
(Die Probe kann zusätzlich mit einem Farbstoff angefärbt werden!)

Vorbereitung:
Chemikalien: Wasser, Kies, Aktivkohle, Gartenerde
Geräte: Becherglas, durchstoßene Reagenzgläser oder Glasrohr

Durchführung:

1. Filtrat
Leitungswasser mit Bodenprobe
Kies, Sand
Aktivkohle
Glaswolle
Gröbere Anteile
1. Filtrat
2. Filtrat

Vergleiche die Trübung und die Färbung nach dem Dekantieren und der Filtrate 1 und 2! Ziehe Schlussfolgerungen für die Aufbereitung von Abwässern!

Unser Trinkwasser

Das Trinkwasser aus der Wasserleitung oder aus einem Brunnen, das Regenwasser oder das Wasser unserer Flüsse und Seen ist kein reines Wasser. In diesem Wasser sind verschiedene Stoffe, z. B. Salze und Gase, gelöst.

S Experiment:

Aufgabe:
Ermittle den Rückstand verschiedener Wasserproben (Regenwasser, Brunnenwasser, Leitungswasser) durch Eindampfen!

Vorbereitung:
Chemikalien: Wasserproben laut Aufgabenstellung, Haushaltsessig
Geräte: Brenner, Schale, Dreifuß

Betrachte die Schale nach dem Eindampfen und beschreibe das Ergebnis! Überprüfe den Rückstand auf seine Löslichkeit in Wasser und Haushaltsessig! Leite eine Schlussfolgerung ab!

Wasser und Leben

Bei einem gesunden Menschen gleichen sich Wasseraufnahme und Wasserabgabe aus. Einen Teil der Flüssigkeit nimmt man mit der festen Nahrung auf.

Aufgabe:
Notiere einen Tag lang, wie viel Wasser du durch Essen und Trinken zu dir nimmst! Schätze dazu den Wassergehalt der festen Nahrung bzw. nutze ein Tafelwerk!
Ermittle für einige ausgewählte Lebensmittel den Wassergehalt experimentell!

Nahrungsmittel	Wassergehalt in g (berechnet auf 100 g)
Kartoffeln	79,8
Karotten	88,6
Schweinekotelett	53,9
Butter	17,4
Hühnerei	74,0
Roggenbrot	38,5

S Experiment:

Aufgabe:
Bestimme von Brot, Fleisch und Kartoffeln die Trockensubstanz und berechne anschließend wie viel Prozent Wasser die untersuchten Lebensmittel enthalten!

Vorbereitung:
Geräte: Reibschale mit Pistill, Waage, Backofen,
Chemikalien: Lebensmittelproben

a) Zerkleinere die Lebensmittel! Wäge die drei leeren Wägegläschen! Überführe je 3g der Nahrungsmittelproben in die Wägegläser! Trockne die Proben im Backofen bei 110 °C etwa 1 Stunde!
b) Wäge erneut! Bestimme den Masseverlust!

Beobachtung und Auswertung:
Berechne den Wassergehalt der Lebensmittel in Prozent! Wie viele Liter Wasser sind z. B. in 10 kg Kartoffeln enthalten? (1l Wasser = 1kg)
Vergleiche mit dem Wert aus der Tabelle! Nenne Ursachen für eventuelle Unterschiede!

Wasseruntersuchung

Wasser ist Lebensraum für viele Tiere und Pflanzen. Die Lebewesen benötigen eine bestimmte Wasserqualität. Weil Wasser ein sehr gutes Lösemittel für viele Stoffe ist, gelangen auch giftige oder schädliche Stoffe in die Gewässer. Beispielsweise führen Phosphate und Nitrate zu einem erhöhten Algenwachstum und belasten daher die Gewässer. Die Belastung kann man mit Testsets prüfen.

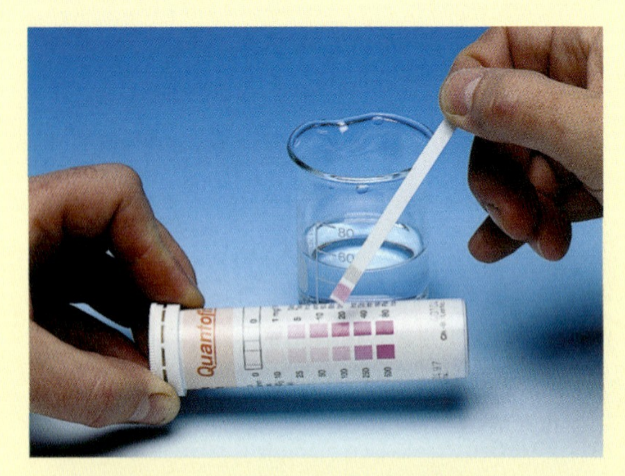

1 Überprüfung einer Wasserprobe auf Nitrat

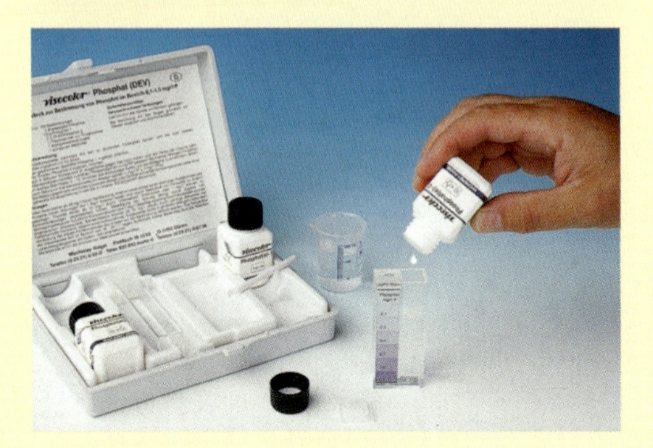

2 Überprüfung einer Wasserprobe auf Phosphat

S Experiment:

Entnimm Gewässerproben an unterschiedlichen Untersuchungsstandorten!
Überprüfe mit geeigneten Testsets, ob in diesen Wasserproben Phosphate und Nitrate in erhöhten Mengen enthalten sind!

Anomalie des Wassers

Wasser zeigt in der Nähe des Gefrierpunktes ein eigenartiges (unnormales = anormales) Verhalten. Das hat Folgen!

Aufgabe:
Ermittle mithilfe von drei Experimenten, welche Eigenschaft Wasser im Bereich des Gefrierpunktes zeigt!

S 1. Experiment:

Fülle Wasser und kleine Eisstücke in ein Reagenzglas! In ein zweites Reagenzglas wird flüssiges Paraffin gefüllt. Markiere die Füllstände! Kühle nun beide Reagenzgläser mit einer Eis-Salz-Mischung (Kältemischung) unter 0 °C ab!

S 2. Experiment:

Fülle ein gläsernes Medizinfläschchen mit destilliertem Wasser, verschließe es, umwickele es mit einem Lappen und lege es 4 Stunden in den Gefrierschrank! (Vorsicht bei der Kontrolle!)

S 3. Experiment:

Gib Eis in ein mit Wasser von 10 °C gefülltes Becherglas! Miss nach einiger Zeit die Wassertemperatur am Boden und an der Oberfläche!

Beobachtung und Auswertung:
Formuliere eine Schlussfolgerung aus deinen Beobachtungen! Gib an, welche Bedeutung diese Eigenschaft des Wassers in der Natur hat! Denke daran, was passieren kann, wenn Wasser in Gesteinsspalten eindringt und gefriert!
Pfützen, Flüsse und Seen frieren stets von oben nach unten zu. Warum ist das so? Welche Folgen hätte es in der Natur, wenn diese Gewässer von unten nach oben zufrieren würden?

1 Durch die Oberflächenspannung hat ein Tropfen die bekannte Gestalt.

Wasser hat eine Haut

Als eure Urgroßeltern schwimmen lernten, gab es ein erstaunliches Hilfsmittel. Man stellte aus dünnem Leinen ein Schwimmkissen her und feuchtete es an. Nun konnte es je nach Bedarf aufgeblasen werden. Wie war das möglich?

> **Aufgabe:**
> Nimm ein feines Kaffeesieb und tauche es in Wasser! Was beobachtest du?
> Beschreibe die Beobachtung!

Anziehungskräfte zwischen den Teilchen des Wassers bedingen den Zusammenhalt der Flüssigkeit. Infolge dessen ist Wasser bestrebt, eine möglichst kleine Oberfläche einzunehmen. Dadurch kommt es zur Oberflächenspannung des Wassers (Abb. 1). Diese „gespannte" Grenzfläche zwischen Wasser und Luft wird von vielen Organismen als Lebensraum genutzt (Abb. 2).

2 Der Wasserläufer bewegt sich auf der Wasseroberfläche als wäre es fester Boden.

3 Beim Füllen eines Aquariums steigt das Wasser im Schlauch zuerst nach oben.

> **Frage:**
> Weshalb kann ein Aquarianer sein Becken über einen Schlauch füllen (Abb. 3), obwohl das Wasser doch erst ein Stück nach oben steigen muss?

> **Auftrag:**
> Informiere dich darüber, welche Organismen die „Wasserhaut" als Lebensraum nutzen!

Wasser als Lösemittel

Jeden Tag nutzt du die Eigenschaft des Wassers, dass sich bestimmte Stoffe gut in ihm lösen. Zu nennen sind da Seifen, Zucker, Waschpulver, Essigsäure, Salze u. v. m. Diese Eigenschaft wird von erstaunlichen Effekten begleitet.

> **S 1. Experiment:**
> Löse in je 10 ml Wasser jeweils 5 g Kaliumchlorid bzw. Ammoniumchlorid ☒ (Bestandteile von Düngemitteln) und miss die Temperatur vor und nach dem Lösen des Stoffes!
>
> **S 2. Experiment:**
> Stelle eine Kältemischung her! Vermische dazu etwa 500 g Eis mit 150 g Kochsalz oder 150 g Ammoniumchlorid ☒!
> Ermittle wiederum die Temperatur!
>
> **Beobachtung und Auswertung:**
> Leite eine Schlussfolgerung aus den Temperaturveränderungen ab!

3.2 Luft – ein lebensnotwendiges Stoffgemisch

Grüne Lungen

Parks, Wiesen und Grünanlagen bezeichnet man als die „grünen Lungen" der Stadt. Bei der Stadtplanung und -entwicklung wird heute darauf geachtet, dass im Ort möglichst viele Grünflächen vorhanden sind. Sie sind für das Klima wichtig und produzieren u. a. Sauerstoff. Mensch und Tier müssen Sauerstoff aufnehmen und atmen Kohlenstoffdioxid aus.
Was sind das für Stoffe?
Welche Eigenschaften kennzeichnen sie?

Glutroter Horizont

An manchen Abenden kann man wunderschöne Sonnenuntergänge beobachten. Der Horizont ist in rotes Licht getaucht. Dieses Phänomen wird immer wieder gern fotografiert.
Wodurch wird die Erscheinung hervorgerufen?
Was hat der rote Abendhimmel mit der Luft zu tun?

Luft – kaum spürbar?

An windstillen Tagen spürt man die Luft, die uns umgibt, kaum. Man könnte sich sogar vorstellen, dass gar keine Luft vorhanden ist. Wirbelstürme können jedoch mit ihrer Kraft schwere Verwüstungen anrichten. Auch große Gegenstände werden mit Leichtigkeit durch die Luft gewirbelt. Wind und Sturm sind schnell bewegte Luft.
Woraus besteht die Luft?
Ist Luft ein einheitlicher, reiner Stoff oder ein Stoffgemisch?

GRUNDLAGEN

Luft als Stoffgemisch

Die Gashülle der Erde – die Atmosphäre – besteht aus Luft. Luft ist bei Zimmertemperatur gasförmig, farblos und geruchlos.
Luft ist u. a. die Voraussetzung für den statischen Auftrieb, damit z. B. Ballons (Abb. 1) schweben können. Fahrradreifen, Autoreifen und auch andere Reifen sind mit zusammengepresster Luft gefüllt und können dadurch tonnenschwere Lasten tragen.
Mit einem einfachen Kerzenexperiment kann man feststellen, dass Luft kein reiner Stoff ist, denn nur etwa 1/5 der Luft unterhält die Verbrennung (Abb. 3). Der Anteil, der die Verbrennung und auch die Atmung der Pflanzen und Tiere unterhält, ist das bei Zimmertemperatur gasförmige Nichtmetall **Sauerstoff**.
Sauerstoff liegt zu ca. 21 % in der Luft vor. Die verbleibenden 79 % des Volumens weisen andere Eigenschaften auf als Sauerstoff. Der Luftrest vermag die Verbrennung und die Atmung nicht zu unterhalten (Abb. 3). Er besteht hauptsächlich aus dem Nichtmetall **Stickstoff**. Stickstoff ist zu ca. 78 % in der Luft enthalten. Der Rest von etwa 1 % des Luftvolumens besteht überwiegend aus dem Edelgas **Argon**, einem geringen Teil **Kohlenstoffdioxid**, anderen Edelgasen und ganz wenig **Wasserstoff** (Abb. 2).

1 Ballons schweben durch den Auftrieb in der Luft.

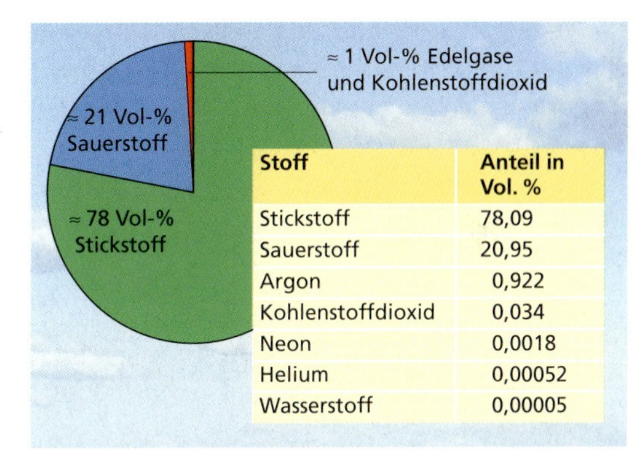

Stoff	Anteil in Vol. %
Stickstoff	78,09
Sauerstoff	20,95
Argon	0,922
Kohlenstoffdioxid	0,034
Neon	0,0018
Helium	0,00052
Wasserstoff	0,00005

2 Zusammensetzung der Luft

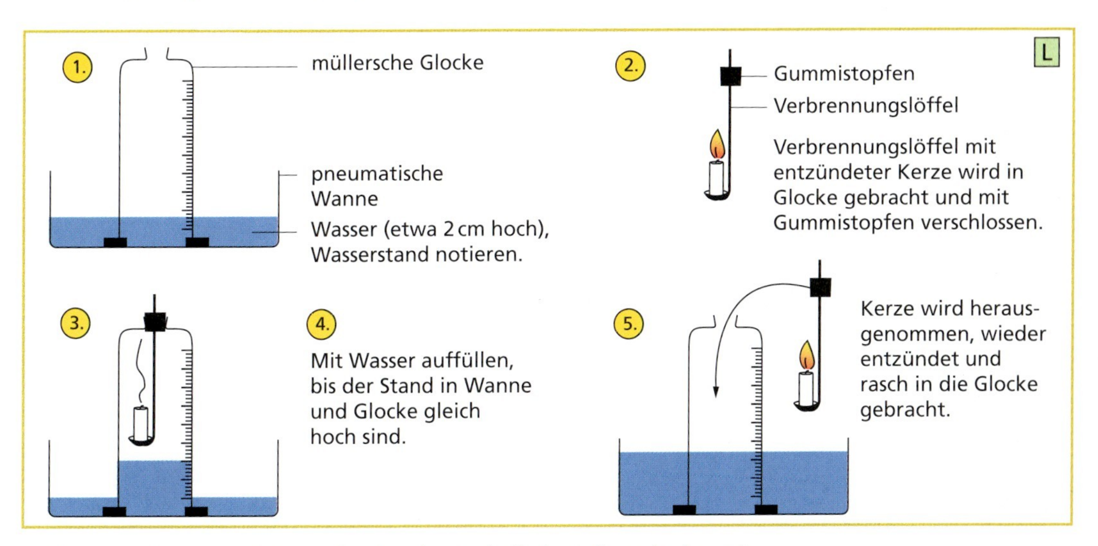

3 Mit diesem Experiment können die Hauptbestandteile der Luft ermittelt werden.

In der Luft kommen wechselnde Mengen **Wasserdampf** vor (Luftfeuchtigkeit). Die Angabe „70 % Luftfeuchtigkeit“ bedeutet aber nicht, dass die Luft zu diesem Zeitpunkt aus 70 % Wasserdampf besteht, sondern dass 70 % des Sättigungsgrades mit Wasserdampf bei der vorliegenden Lufttemperatur erreicht sind.

M **Luft ist ein Stoffgemisch aus mehreren gasförmigen Reinstoffen.**
Die Hauptanteile bilden die Stoffe Sauerstoff und Stickstoff.

Das Stoffgemisch Luft hat eine Dichte von 1,29 $g \cdot l^{-1}$ bei 0 °C und Normaldruck. Mit zunehmender Höhe vom Meeresspiegel aus nimmt die Dichte der Luft ab.

Luft ist nicht nur Voraussetzung für das Leben der meisten Organismen auf der Erde. Sie stellt auch einen wichtigen Rohstoff für die chemische Industrie und die Metallurgie dar.
Bei hohem Druck und niedrigen Temperaturen kann Luft verflüssigt werden. Bei der Luftverflüssigung werden durch Abkühlung und anschließende **spezielle Destillation** reiner Sauerstoff und Stickstoff gewonnen. Bei diesem Verfahren fallen auch Edelgase an, die zur Füllung von Glühlampen und Leuchtstoffröhren verwendet werden.
Entzieht man der Luft den Sauerstoff, entsteht „Luftstickstoff“, der die Grundlage für die Ammoniaksynthese und die künstliche Harnstoffproduktion bildet. Aus dem Stickstoff der Luft wird der größte Teil aller Stickstoffverbindungen hergestellt (z. B. Düngemittel).

Von Luft und ihrer Kraft

Der Magdeburger Bürgermeister OTTO VON GUERICKE (1602–1686) beschäftigte sich experimentell mit der Luft. Dabei gelangen ihm verblüffende Beobachtungen und er zog daraus für die damalige Zeit sensationelle Schlüsse. Er bewies nämlich, dass Luft eine Masse besitzt und der Luftdruck eine enorme Kraft ausübt.
OTTO VON GUERICKE demonstrierte das dem erstaunten Publikum sehr eindrucksvoll. Sein Experiment mit den „Magdeburger Halbkugeln“ beschrieb er so: „Ich ließ zwei Halbkugeln aus Kupfer ... herrichten. Die Halbkugeln passten gut aufeinander. Auch war die eine mit einem Ventil versehen, mit dessen Hilfe die im Inneren befindliche Luft herausgezogen werden konnte. Die Schalen waren außerdem mit eisernen Ringen verbunden, damit Pferde daran angespannt werden konnten. Ferner ließ ich einen Ring aus Leder zusammennähen, der gut mit Wachs (Terpentinöl) durchtränkt wurde, sodass er keine Luft durchließ.
Diese Schalen habe ich, nachdem jener Ring dazwischen gebracht war, aufeinandergelegt und daraus die Luft schnell herausgepumpt. Ich sah, mit welcher Kraft die beiden Schalen, zwischen denen sich jener Ring befand, vereinigt wurden. Von der äußeren Luft zusammengepresst, waren sie so fest verbunden, dass sechzehn Pferde sie nicht oder nur mit Mühe voneinander reißen konnten. Gelang es endlich mit Aufbietung aller Kraft, sie zu trennen, so verursachte dies ein Geräusch wie ein Büchsenschuss.
Sobald aber durch Öffnen des Hahnes der Luft Zutritt gegeben wurde, konnten sie schon mit bloßen Händen getrennt ... werden.“

Sauerstoff

Für die Verbrennung und für die Atmung ist **Sauerstoff** der entscheidende Bestandteil der Luft. Dieses Gas ist zwar nicht brennbar, **fördert aber die Verbrennung.** In reinem Sauerstoff verlaufen Verbrennungen weitaus heftiger als in Luft.

In der Technik werden große Mengen von Sauerstoff aus der Luft gewonnen. Durch Kompression und Abkühlung werden die einzelnen Bestandteile der Luft verflüssigt. Unterhalb von −183 °C liegt Sauerstoff in flüssiger Form vor.

Durch **elektrochemische Zersetzung von Wasser** entsteht ebenfalls Sauerstoff (s. Kap. 3.3).

Der größte Produzent von Sauerstoff ist die grüne Pflanze. Das Gas wird bei der Fotosynthese freigesetzt.

Kleine Mengen Sauerstoff werden im Labor z. B. aus Wasserstoffperoxid und aus dem Stoff Kaliumpermanganat (Abb. 1, 2) hergestellt. Das entstehende Gas fängt man pneumatisch (durch Wasserverdrängung) auf. Ein geringer Teil des Gases löst sich dabei jedoch.

Bei 0 °C nimmt 1 Liter Wasser etwa 70 mg Sauerstoff auf, bei 20 °C nur noch etwa 44 mg (Normaldruck).

Sauerstoff ist ein farbloses und geruchloses Gas. Seine Dichte (1,429 $g \cdot l^{-1}$) bei 0 °C ist etwas größer als die der Luft. Um zu erkennen ob ein Gefäß wirklich Sauerstoff enthält, muss man das Gas nachweisen. Dazu nutzt man seine verbrennungsfördernde Eigenschaft. Den **Nachweis für Sauerstoff** bezeichnet man als **„Spanprobe“**. Sie verläuft positiv, wenn ein glimmender Span im zu untersuchenden Gas aufflammt (Abb. 3).

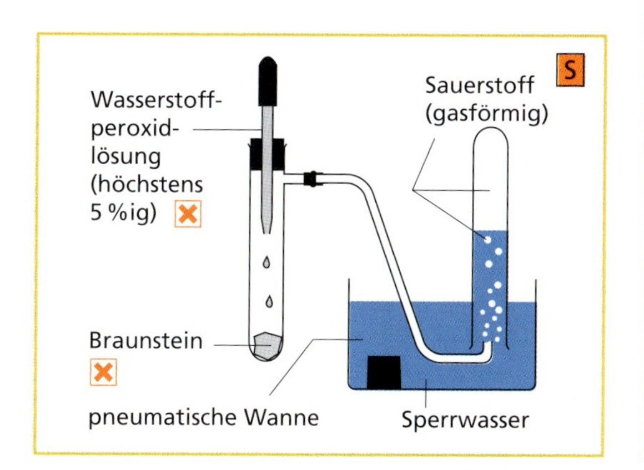

1 Herstellung von Sauerstoff aus Wasserstoffperoxid mithilfe von Braunstein

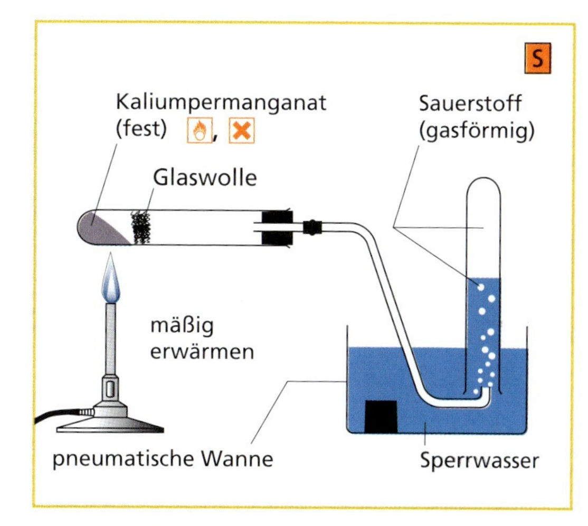

2 Sauerstoffherstellung aus Kaliumpermanganat

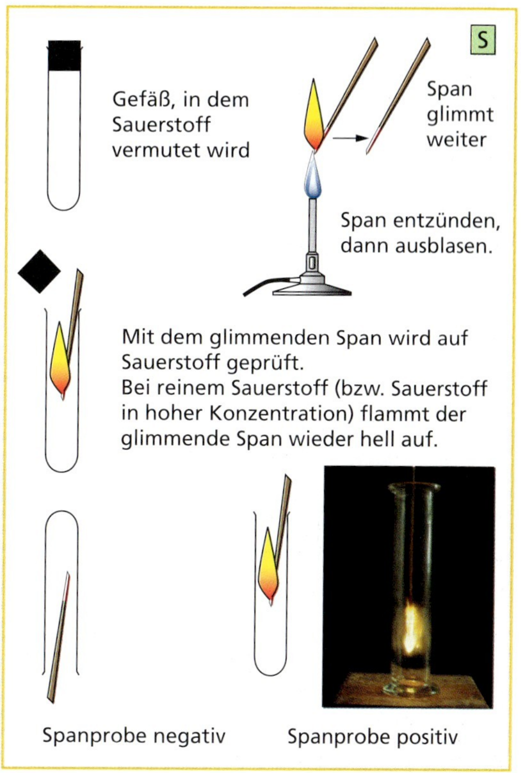

3 Sauerstoff kann mithilfe der Spanprobe nachgewiesen werden.

1 Autogenes Schneiden mit einem Schneidroboter

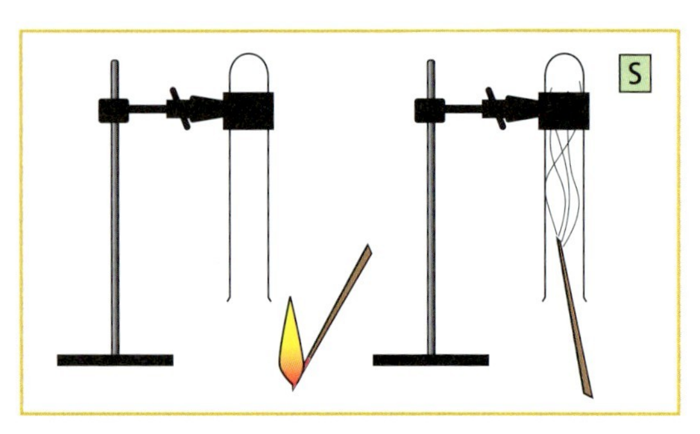

2 Verlöschen des Spans in Stickstoff

Sauerstoff wird vielseitig eingesetzt, z.B. in Beatmungsgeräten zur Lebenserhaltung und Lebensrettung. Bergsteiger, Feuerwehrleute, Taucher und Piloten nutzen Atemgeräte mit sauerstoffreicher Luft.

Im Gemisch mit brennbaren Gasen verwendet man Sauerstoff zum Schweißen und Brennschneiden (Abb. 1). Beim Brennschneiden wird zunächst die Schnittstelle mit der etwa 2 000 °C heißen Flamme des Schneidbrenners erwärmt. Dann richtet man auf die glühende Stelle einen Sauerstoffstrahl. Der Stahl verbrennt an dieser Stelle unter Funkensprühen. Dadurch wird das Stahlteil an der beabsichtigten Stelle getrennt. Dieser Vorgang kann bei der Produktion hoher Stückzahlen mit Schneidrobotern automatisiert werden.

Große Mengen Sauerstoff in flüssiger Form werden im Gemisch mit gasförmigen oder flüssigen Treibstoffen zum Antrieb von Raketen eingesetzt. Sauerstoff wird in Stahlflaschen abgefüllt. Damit es nicht zu Verwechslungen mit anderen Gasen kommt, werden diese blau gekennzeichnet.

M **Sauerstoff ist ein Reinstoff. Dieser Stoff ist geruchlos, farblos und bei Zimmertemperatur gasförmig. Er brennt nicht, fördert aber die Verbrennung. Als Nachweis dient die Spanprobe.**

Stickstoff

Den Hauptbestandteil der Luft bildet **Stickstoff.** Der Name dieses Reinstoffes leitet sich von einer seiner Eigenschaften ab. Er unterhält die Verbrennung und die Atmung nicht, sondern wirkt erstickend (Abb. 2).

Trotzdem ist das Leben auf der Erde ohne das **Element** Stickstoff nicht möglich. Stickstoff stellt einen wesentlichen Bestandteil tierischen und pflanzlichen Eiweißes dar.

Den Luftstickstoff können die meisten Pflanzen nicht direkt verwerten, dazu sind nur bestimmte Bakterien fähig. Sie wandeln ihn in eine Form um, die in den Boden gelangt und von den Pflanzen über die Wurzeln aufgenommen werden kann. Darüber hinaus kann chemisch gebundener Stickstoff über Düngemittel zugeführt werden. Überdüngung muss jedoch vermieden werden, damit es nicht zur Beeinträchtigung natürlicher Gleichgewichte kommt.

Der Reinstoff Stickstoff ist ein farbloses, geruchloses Gas. Die Dichte ($1{,}251\ g \cdot l^{-1}$ bei 0 °C) ist geringer als die von Luft. Da Stickstoff die Verbrennung nicht fördert und schwer mit anderen Stoffen reagiert, wird er als Schutzgas beim Schweißen und als Füllgas in Glühlampen genutzt. Als Füllung für Autoreifen vermindert Stickstoff die Gefahr von Reifenbränden.

In der chemischen Industrie ist Stickstoff ein notwendiger Ausgangsstoff für die Herstellung von Stickstoffverbindungen, die weiter zu Düngemitteln und Sprengstoffen (Nitroglycerin, Dynamit, TNT) verarbeitet werden.

Flüssiger Stickstoff wird unter anderem in der Medizin und in der Forschung als Kühlmittel eingesetzt. Stickstoff geht bei –196 °C (Normaldruck) in den flüssigen Aggregatzustand über. Lebende Zellen können damit sehr schnell eingefroren und lange aufbewahrt werden.

Kohlenstoffdioxid

Kohlenstoffdioxid ist nur zu 0,034 Vol% in der Luft enthalten. Trotzdem ist seine Bedeutung in der Natur enorm. Bei Stoffwechselprozessen der Lebewesen spielt das Gas eine bedeutende Rolle. Sogar an der Ausbildung eines stabilen Klimas ist es beteiligt, denn Kohlenstoffdioxid gehört zu den so genannten Treibhausgasen (s. S. 85).

Es entsteht, wenn Kohle, Erdöl, Erdgas, Holz, aber auch viele andere Stoffe verbrannt werden. Beim Abbau abgestorbener Pflanzenteile oder toter tierischer Substanzen wird es ebenfalls freigesetzt.

Im Haushalt haben wir oft mit diesem Stoff zu tun. Er wird nämlich einigen Getränken zugesetzt. Öffnet man die Flasche, entweicht Kohlenstoffdioxid.

Der Stoff ist bei Zimmertemperatur gasförmig. Erst bei −79 °C wird Kohlenstoffdioxid fest, geht aber beim Erwärmen sofort in den gasförmigen Zustand über. Kohlenstoffdioxid ist farb- und geruchlos. Das Gas löst sich nur wenig in Wasser, die Löslichkeit nimmt aber bei steigendem Druck und sinkender Temperatur zu.

Das Gas ist nicht brennbar und unterhält die Verbrennung nicht, sondern erstickt die Flamme. Diese Eigenschaft wird ausgenutzt, wenn man Kohlenstoffdioxidlöscher zur Brandbekämpfung einsetzt. Für viele Lebewesen wirkt Kohlenstoffdioxid ebenfalls erstickend, wenn eine bestimmte Konzentration vorliegt.

Der Nachweis dieses Gases erfolgt mit Kalkwasser (Abb. 1).

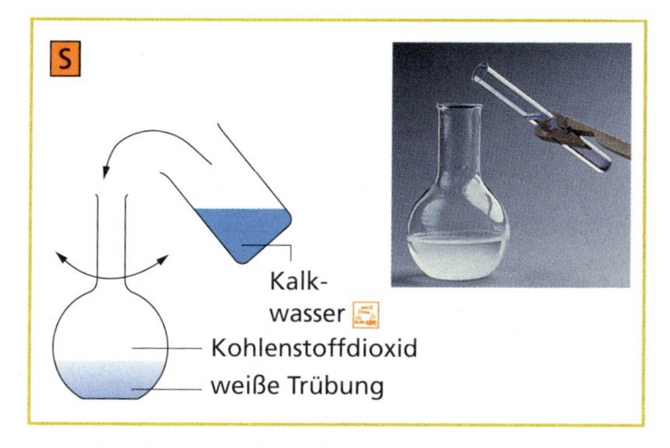

1 Nachweis von Kohlenstoffdioxid

Sauerstoff und Kohlenstoffdioxid – zwei wichtige Stoffe im Kreislauf der Natur

Sauerstoff ist eine Grundvoraussetzung für das Leben auf der Erde. Alle höher entwickelten Lebewesen brauchen zur Atmung Sauerstoff. Nur wenige Lebewesen, wie Hefezellen und Milchsäurebakterien, können ohne Sauerstoff existieren.

Der größte Produzent von Sauerstoff ist die grüne Pflanze. Sie setzt ihn bei der Fotosynthese frei. Bei diesem Stoffwechselprozess werden in den grünen Blättern der Pflanzen unter Einfluss von Lichtenergie aus Wasser und Kohlenstoffdioxid Traubenzucker und Sauerstoff gebildet.

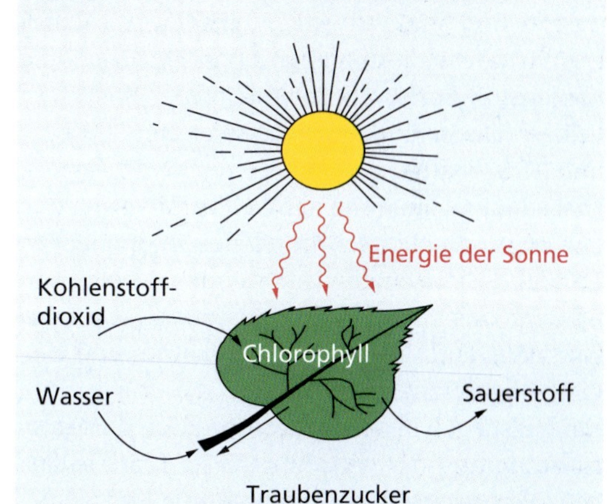

Den Sauerstoff gibt die Pflanze zu einem großen Teil an die Umgebung ab. Traubenzucker bildet die Grundlage für die Synthese aller Stoffe, aus denen die Pflanze besteht. Diese Stoffe sind energiereich und dienen anderen Lebewesen als Nahrungsgrundlage.

Damit die Fotosynthese überhaupt ablaufen kann, muss die Pflanze jedoch Kohlenstoffdioxid aufnehmen. Dieses Gas wird von höheren Lebewesen ausgeatmet. Kohlenstoffdioxid entsteht beim Abbau von Stoffen in den Zellen, der so genannten „inneren Atmung". Durch diesen Prozess wird die Energie freigesetzt, die die Lebewesen benötigen. Energiereiche Stoffe werden „verbrannt", natürlich ohne ein offenes Feuer. Dabei handelt es sich um eine Reaktion mit Sauerstoff. Daher benötigen die Lebewesen unbedingt Sauerstoff und müssen ihn aufnehmen. So schließt sich der natürliche Kreislauf.

Saubere Luft – keine Selbstverständlichkeit

Durch verschiedene natürliche Prozesse gelangen die unterschiedlichsten Stoffe in die Atmosphäre, z. B. Schwefelwasserstoff, Methan, aber auch Staub.
Die Zusammensetzung unserer Lufthülle wird jedoch auch durch die Tätigkeit des Menschen beeinflusst. Besonders in Ballungszentren, aber nicht nur dort, verändert sich ihre Zusammensetzung, sodass Folgen spürbar werden.
Durch das Betreiben von Verbrennungsmotoren, durch Verbrennungen in Haushalten, in der Industrie und in Kraftwerken werden zusätzlich Fremdstoffe in die Luft abgegeben. Dazu gehören Kohlenstoffdioxid, Schwefeldioxid, Stickstoffoxide, Fluorchlorkohlenwasserstoffe (FCKW) und Wasserdampf.
Die ständige Zunahme der Weltbevölkerung und der technische Fortschritt führten in den letzten 100 Jahren zu einem wachsenden Energieverbrauch aus fossilen Brennstoffen. Dadurch wurde die Luft u. a. stark mit Industrie- und Heizungsabgasen belastet.
Zudem stiegen in den letzten 50 Jahren die Motorisierung und der Verkehr sehr stark an, sodass trotz verbesserter Autokatalysatoren der Schadstoffausstoß insgesamt nicht geringer geworden ist.
Diese Schadstoffe sind u.a. die Ursache für den sauren Regen (Abb. 1) und Smog und für die Entstehung des Ozonlochs bzw. für die Verstärkung des Treibhauseffektes verantwortlich.

Die Belastung der Luft mit Schadstoffen kann vermindert werden.
Für die Energiewirtschaft bedeutet dies, insbesondere die Kohlenstoffdioxidabgabe der Kraftwerke zu reduzieren. Als Mittel zur Kohlenstoffdioxid-Reduzierung ergeben sich drei Wege:

- sparsamer Umgang mit Energie in allen Bereichen;
- Erhöhung des Wirkungsgrades der Energiewandler;
- Einsatz alternativer Energie.

Mit dem geringeren Energieverbrauch würde die Menge der für Verbrennungsvorgänge eingesetzten Brennstoffe, wie Kohle, Erdöl, Erdgas und damit die Menge der Schadstoffe, die in die Atmosphäre abgegeben werden, sinken.
Der Umstieg auf alternative Energiequellen, wie Wind, Wasser, Sonne und Gezeiten, ist ein weiterer Beitrag dazu (Abb. 2).
Die Nutzung von Atomenergie erhöht zwar nicht den Kohlenstoffdioxidanteil, stellt die Menschheit aber vor ganz andere Aufgaben und Gefahren (Schutz vor Radioaktivität, Verhinderung von Störfällen, Umgang mit radioaktiven Abfällen und deren Lagerung).
Da aber der Energiebedarf weiter steigen wird und zurzeit nicht auf die Energiegewinnung auf der Grundlage fossiler Energieträger verzichtet werden kann, sind Verfahren zur Entfernung von Schwefeldioxid und der Oxide des Stickstoffs aus den Abgasen der Kraftwerke von Bedeutung. Sie verursachen aber erhebliche Kosten.
Durch den Einbau von 3-Wege-Katalysatoren wird der Schadstoffausstoß der Autos verringert.

1 Schädigung an Laubblättern durch sauren Regen

2 Alternative Energiequellen werden genutzt.

1 Dunstglocke über einer Stadt

Der Treibhauseffekt

Auf der Erde tritt ein natürlicher Treibhauseffekt auf. Kurzwellige Lichtstrahlung gelangt zum Erdboden und erwärmt diesen. Der Erdboden gibt langwellige Wärmestrahlung ab. Wie in einem Treibhaus wird die Wärmeabstrahlung durch Wolken und verschiedene Gase, z. B. Kohlenstoffdioxid, verhindert (Abb. 2). Diese Wirkung kann man beobachten, wenn die Sonne an einem Wintertag durch das Fenster scheint.

Ozonschicht
Sonnenstrahlung
Kohlenstoffdioxid
Wärmestrahlen
Kohlenstoffdioxid aus: Erdgas 14 %, Erdöl 40 %, Kohle 37 %, Holz 9 %

2 Entstehung des Treibhauseffektes

Durch diesen natürlichen Treibhauseffekt hat sich eine mittlere Temperatur auf der Erde von rund + 15 °C ergeben, die für ein stabiles Leben von Pflanzen, Tieren und Menschen wichtig ist. Ohne Treibhauseffekt würde auf der Erde eine mittlere Temperatur von - 18 °C herrschen.
Der Kohlenstoffdioxidanteil nimmt jedoch weltweit zu, wodurch auch der Treibhauseffekt verstärkt werden kann (Tab.).

Gas	Anteil am verstärkten Treibhauseffekt in %	Eintrag in Mio. t pro Jahr	Quelle
Kohlenstoffdioxid	50	850000	fossile Brennstoffe, Waldrodung, biologischer Abbau, Atmung
Methan	19	500	Großviehhaltung, Sümpfe, Reisanbau
FCKW	17	0,8	FCKW-Anwendung
Ozon	8	wechselnd	Eintrag aus Stratosphäre, Reaktionen von Gasen
Stickstoffoxide	4	50	Stickstoffdüngung, Brandrodung, Verbrennungsvorgänge
Wasser	4	wechselnd	Verdunstung

Saurer Regen

Bei der Verbrennung von Kohle, aber auch von Erdöl werden Verbrennungsprodukte (z.B. das Gas Schwefeldioxid) freigesetzt, die sich mit dem Regen verbinden. Dadurch entstehen saure Lösungen.
Die Tätigkeiten des Menschen können den sauren Regen so verstärken, dass in der Natur und in der Umwelt starke Schäden auftreten. Der saure Regen führt zur Versauerung des Bodens. Bodenbakterien sterben ab, Wasser- und Nährstoffaufnahme sowie Stoffwechselprozesse der Pflanzen werden gestört. Die Wirkungen des sauren Regens auf Pflanzen sind an Wuchsstörungen, Verfärben und Abwerfen der Nadeln und Laubblätter, der Wipfeldürre und Kronenverlichtung und schließlich dem Absterben der Pflanzen erkennbar.
Saurer Regen wirkt auch zerstörend auf Bauwerke und Metallkonstruktionen.

Der Smog

Smog (engl.: smoke – Rauch, fog – Nebel) kennzeichnet einen Zustand der Luftschichten über einem Ort oder einer Gegend. Abgase aus Kraftfahrzeugen und aus der Industrie bilden unter bestimmten Witterungsbedingungen eine Dunstglocke, unter der Sauerstoffmangel und eine hohe Konzentration an Schadstoffen, wie Rauch und Rußpartikel, herrschen. Die Schadstoffe können nicht ausgetauscht werden (Abb. 1).

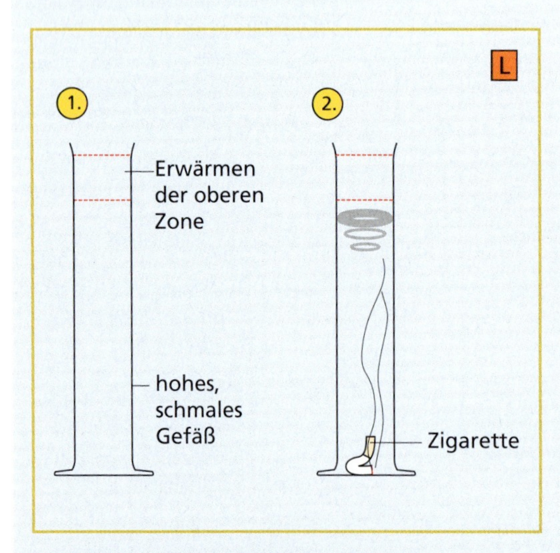

1 Modellversuch zur Bildung von Smog

Probleme mit dem Ozon

Durch elektrische Entladungen oder energiereiche Strahlungen können in der Luft einzelne Sauerstoffatome freigesetzt werden. Diese Sauerstoffatome bilden neue Teilchen, bestehend aus drei Sauerstoffatomen. Die Substanz heißt **Ozon.**

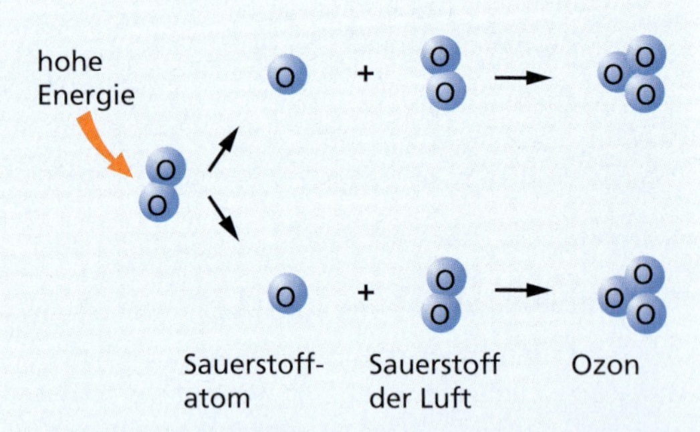

Ozon ist in reinem Zustand ein tiefblaues Gas mit charakteristischem Geruch. In den höheren Schichten der Erdatmosphäre (ca. 20 bis 35 km) entsteht Ozon durch die UV-Strahlung und bildet dort die Ozonschicht. Die Ozonschicht schützt Lebewesen vor der Wirkung energiereicher Strahlung. Natürlicherweise enthält auch die Luft in den unteren Schichten in geringem Maße Ozon ohne Einfluss auf Organismen.
Durch die technische Entwicklung sind allerdings in den letzten Jahrzehnten verstärkt zwei Probleme mit dem Stoff Ozon aufgetreten:
Zum einen führte die zunehmende Motorisierung und der größere Ausstoß von Industrieabgasen zu einem erhöhten Ozonanteil in den unteren Luftschichten.
Bei stärkerer Sonneneinstrahlung nimmt die Ozonkonzentration weiter zu. Dadurch kann der Sauerstofftransport im Blut negativ beeinflusst werden, es treten Reizungen der Schleimhäute bis zu Verätzungen hin auf. Ab 240 µg Ozon pro m^3 Luft muss deshalb Ozonalarm gegeben werden.
Zum anderen besteht die Gefahr, dass durch Abgase, Staub und Ruß und vor allem durch FCKW-Dämpfe (Fluorchlorkohlenwasserstoffe) die schützende Ozonschicht teilweise zerstört wird. Man spricht dann von einem Ozonloch, wie es bereits über dem Südpol besteht.
Dadurch gelangen schädliche, sehr energiereiche Strahlen bis auf die Erdoberfläche und gefährden die Gesundheit und das Leben der Menschen.

ANWENDUNGEN

Was haben wir mit dem tropischen Regenwald zu tun?

Regenwald kommt in den feuchtwarmen Tropenzonen um den Äquator vor.
Der immergrüne tropische Regenwald setzt sich vorwiegend aus Laubbäumen zusammen.
Durch Abholzung bzw. Rodung verschwinden 300 km^2 Regenwald pro Tag auf der Erde. Die Vernichtung des Regenwaldes hat Folgen sowohl für die dort lebende Bevölkerung als auch für die gesamte Erdbevölkerung und damit für uns.
Erkläre, welche Folgen sich für die Zusammensetzung der Luft aus der Vernichtung des Regenwaldes ergeben könnten!

Die Regenwälder besitzen eine wichtige Funktion für das Klima auf der Erde. Bei der Fotosynthese nehmen die Pflanzen der Regenwälder große Mengen Kohlenstoffdioxid auf. Dieses Kohlenstoffdioxid dient zusammen mit Wasser als Ausgangsstoff für die Produktion von Traubenzucker. Außerdem wird bei diesem Prozess Sauerstoff gebildet und in die Atmosphäre abgegeben. Da alle höheren Lebewesen bei der Atmung Sauerstoff aufnehmen und Kohlenstoffdioxid abgeben, benötigen sie den von den Pflanzen produzierten Sauerstoff. Das Abholzen der Regenwälder würde bedeuten, dass auf der Fläche nicht mehr im gleichen Maße wie zuvor die Fotosynthese abläuft. Daher wird weniger Sauerstoff abgegeben. Besonders wichtig ist aber, dass auch entsprechend weniger Kohlenstoffdioxid aufgenommen wird. Die Regenwälder tragen dazu bei, die Zusammensetzung der Luft konstant zu halten. Werden sie gerodet, könnte der Kohlenstoffdioxidgehalt steigen und der Treibhauseffekt verstärkt werden Das hat Einfluss auf unser Klima. Die Folgen kann man nicht mit Sicherheit abschätzen. Jedoch gehen viele Forscher davon aus, dass es zum Abschmelzen der Polkappen und Gletscher kommen kann. Damit würden Überschwemmungen zunehmen. Durch die höhere globale Temperatur werden sich die Wüstengebiete wahrscheinlich ausdehnen.

Rettung einer Maus

Der Engländer JOSEPH PRIESTLEY (1733–1804) hat mit der Luft experimentiert, um ihre Zusammensetzung zu erkunden. Er stellte dazu eine brennende Kerze in ein geschlossenes Gefäß. Ebenso setzte er eine Maus in solch ein Gefäß ein. Auch eine Pflanze stellte er in ein geschlossenes Gefäß.
Erläutere, welche Beobachtungen PRIESTLEY machte und welche Schlussfolgerungen er daraus zog!

PRIESTLEY beobachtete, dass eine lebende Maus in einem abgeschlossenen Behälter nach einiger Zeit verstarb (s. Abb. 1, S. 88).

Erläutern chemischer Sachverhalte

Beim Erläutern wird versucht, einem anderen Menschen einen naturwissenschaftlichen Sachverhalt (z. B. Vorgänge, Gesetze, Begriffe, Arbeitsweisen) verständlicher, anschaulicher, begreifbarer zu machen. Dazu werden häufig Beispiele für den Sachverhalt herangezogen.

1 Experimente von J. PRIESTLEY

Ebenso beobachtete er, wie eine brennende Kerze in diesem Behälter nach einiger Zeit erlosch.
Brachte er eine brennende Kerze in den Behälter der toten Maus, erlosch die Kerze sofort.
Die Pflanze jedoch entwickelte sich gut.
PRIESTLEY hat daraus richtig gefolgert, dass Maus und Kerze den gleichen Bestandteil der Luft, den Sauerstoff, verbrauchen.
Bei der Pflanze schien das anders zu sein. Daher stellte er in die Behältnisse zur Kerze und zur Maus Pflanzen mit ein.
Er konnte feststellen, dass nun eine entzündete Kerze wesentlich länger brannte als im vorigen Experiment, bei dem die Kerze erloschen war.
Im Falle der Maus konnte das Tier dank der Pflanze am Leben bleiben.
PRIESTLEY stellte 1771 fest, Pflanzen verwandeln „verbrauchte Luft" wieder in „gute Luft". Heute wissen wir, dass von den Pflanzen Sauerstoff abgegeben wird, sodass der Anteil des Sauerstoffs im Stoffgemisch Luft erhalten bleibt, obwohl Sauerstoffes ständig von den atmenden Lebewesen aufgenommen wird (Abb. 2).

2 Mensch und Tier atmen Sauerstoff ein, der von Pflanzen produziert wird.

S Untersuchung zur Dichte von Gasen

Gerade bei farblosen Gasen ist es unerlässlich, die Dichte des Gases im Vergleich zur Luft zu kennen. Man muss nämlich wissen, ob das hergestellte Gas auch im Gefäß verbleibt oder aufgrund seiner Dichte sofort entweicht.
Beschreibe ein einfaches Experiment, mit dem sich schnell ermitteln lässt, ob Sauerstoff eine geringere oder größere Dichte als Luft hat!

Vorbereitung:
Geräte: Stativ, Reagenzgläser, Brenner, Holzspan
Chemikalien: Sauerstoff

Durchführung:

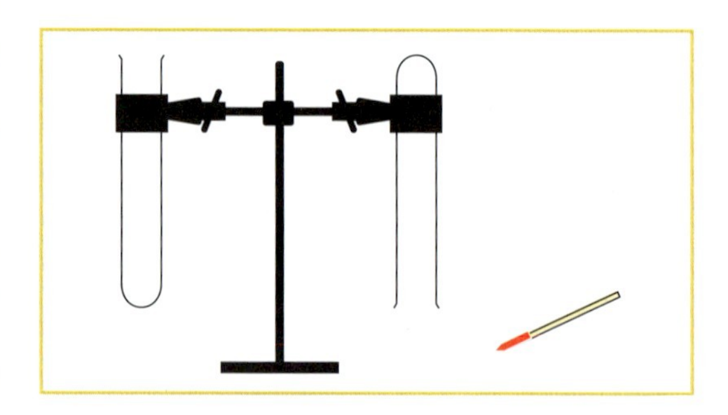

Beide Reagenzgläser werden mit Sauerstoff gefüllt. Die verschlossenen Reagenzgläser werden in dargestellter Weise an einem Stativ befestigt.
Zu Beginn des Experiments öffnet man die Gefäße. Nach 2 min wird in beiden Reagenzgläsern die Spanprobe durchgeführt.

Beobachtung:
Die Spanprobe verläuft positiv im Reagenzglas, dessen Öffnung nach oben gerichtet ist. Der glimmende Holzspan flammt auf. Im Reagenzglas mit der Öffnung nach unten verläuft die Spanprobe negativ.

Auswertung:
Im Reagenzglas, das mit der Öffnung nach oben befestigt wurde, ist Sauerstoff enthalten. Aus dem anderen Reagenzglas ist das Gas Sauerstoff „herausgefallen". Demzufolge hat Sauerstoff eine größere Dichte als Luft.

AUFGABEN

1. Mit einem Experiment soll nachgewiesen werden, dass Luft ein Stoffgemisch ist. S
   a) Plane ein Experiment und fertige für die Durchführung eine Skizze an!
   b) Führe das Experiment durch!

2. Veranschauliche die Zusammensetzung der Luft durch ein Streifendiagramm!

3. Beobachtet man Mauersegler oder Störche in der Luft, so stellt man häufig fest, dass sie gar nicht mit den Flügeln schlagen.
   Warum fallen sie nicht vom Himmel?

4. Ein Mitschüler behauptet, dass Luft gar kein Stoff ist, weil man ihn ja nicht sehen und anfassen kann.
   Widerlege diese Behauptung!

5. Luft ist ein Stoffgemisch.
   a) Erläutere den Begriff „Stoffgemisch“!
   b) Führe Beispiele für Stoffgemische an!
   c) Nenne zwei Reinstoffe und kennzeichne sie mithilfe ihrer Eigenschaften!

6. Ein genauer Wetterbericht ist für viele Berufsgruppen wichtig. Für jeden Einzelnen ist eine Wettervoraussage nützlich, weil man sich dann entsprechend kleiden kann. Mit einem Barometer kann jeder feststellen, ob das Wetter gleich bleibt oder sich ändern wird. Recherchiere im Internet, beispielsweise unter www.schuelerlexikon.de, was mit einem Barometer gemessen wird und auf welchem Prinzip die Wettervoraussage beruht!

7. Wasser ist ein wesentlicher Bestandteil unserer Atmosphäre.
   a) Informiere dich darüber, in welcher Form dieser Stoff in der Atmosphäre vorkommt!
   b) Erarbeite wichtige Eigenschaften des Reinstoffs Wasser und seine Bedeutung!

8. Warum müssen Räume, in denen sich viele Menschen aufhalten, häufig gelüftet werden? Erkläre!

9. Im Unterricht wird Sauerstoff in kleinen Mengen benötigt. Nenne Herstellungsmöglichkeiten!

10. Könnte man mit einem Ballon, der mit Sauerstoff (Normbedingungen) gefüllt ist, in die Atmosphäre aufsteigen? Begründe die Antwort!

11. Stickstoff und Sauerstoff werden als reine Gase vielfältig eingesetzt.
    Beschreibe eine Möglichkeit, mit der man beide Gase aus der Luft gewinnen kann!

12. Nenne Beispiele für die Verwendung von Sauerstoff!

13. Es stehen drei Reagenzgläser mit farblosen, gasförmigen Stoffen bereit. In einem der Gläser soll Stickstoff, im zweiten Sauerstoff und im dritten Luft sein. Wie kann man die Stoffe experimentell unterscheiden? S
    Plane einen sinnvollen Versuchsaufbau und führe die notwendigen Experimente durch!

14. Übertrage diese Tabelle in dein Heft, ergänze und vergleiche die Reinstoffe Stickstoff und Sauerstoff miteinander!

	Stickstoff	Sauerstoff
Brennbarkeit		
Unterhalten der Verbrennung		
Nachweismöglichkeit		
Vorkommen		

15. Gase wie Stickstoff und Sauerstoff werden in Stahlflaschen abgefüllt. Zur Unterscheidung werden die Stahlflaschen farblich gekennzeichnet.
In welchen der abgebildeten Flaschen befindet sich Sauerstoff? Begründe!

16. Stickstoff unterhält nicht die Atmung. Man kann jedoch behaupten, dass Stickstoff trotzdem lebenswichtig ist.
Kläre diesen scheinbaren Widerspruch!

17. Beim Schweißen wird oft Stickstoff als Schutzgas verwendet.
Was wird damit bewirkt?

18. Zu einem bestimmten Anteil befindet sich Wasser in Form von Wasserdampf in der Luft. Dies wird als Luftfeuchtigkeit bezeichnet.
Ermittle, was ein Wert von „80 % Luftfeuchtigkeit" bedeutet!

19. S Es soll experimentell überprüft werden, ob Kohlenstoffdioxid eine größere oder geringere Dichte als Luft hat.
Beschreibe dein Vorgehen, führe das Experiment durch und fertige ein Protokoll an!

20. Kohlenstoffdioxid spielt bei vielen Stoffwechselprozessen eine Rolle.
Beschreibe Prozesse in der Natur, bei denen dieser Stoff entweder einen Ausgangsstoff oder ein Reaktionsprodukt darstellt!

21. Erkläre, warum man Kohlenstoffdioxid auch als Treibhausgas bezeichnet!

22. Sammle Informationen über die Zusammensetzung der Abgase von Kraftwerken!
Nenne Maßnahmen, die den Schadstoffgehalt verringern!
Nutze für die Recherche das Internet, z. B. www.schuelerlexikon.de!

23. Luftverunreinigungen haben verschiedene Quellen. Nenne Bereiche, die die Luft hauptsächlich mit Schadstoffen belasten! Welche Schadstoffe sind das?

24. Stimmt folgende Aussage: „Ohne grüne Pflanzen hätte die Luft eine andere Zusammensetzung."? Begründe!

25. Stelle unterschiedliche Möglichkeiten, die zur Verbesserung der Luftqualität führen, in einer Tabelle zusammen!

26. In den letzten Jahren ist immer wieder vom „Ozonloch" die Rede. Gib entsprechende Daten an! Nutze dazu z. B. das Internet! Stelle in einer Übersicht Ursachen und Auswirkungen dieser Erscheinung zusammen!

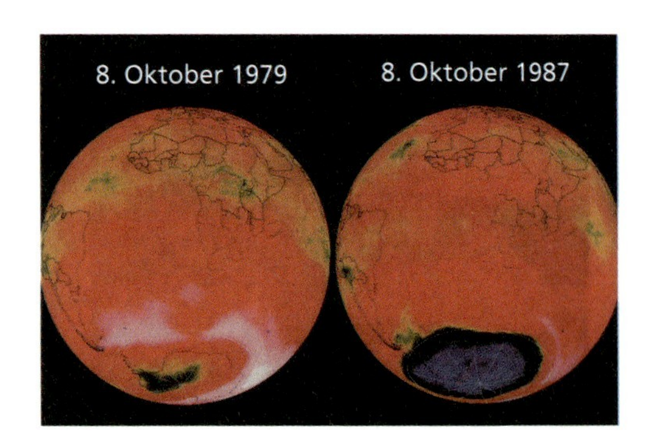

Praktikum

Experimente mit Luft und Wasser

S Experiment 1

Aufgabe:
Blase eine Kerze hinter einem Gefäß aus!

Vorbereitung:
Geräte: Kerze, Flasche, Streichhölzer

Durchführung:

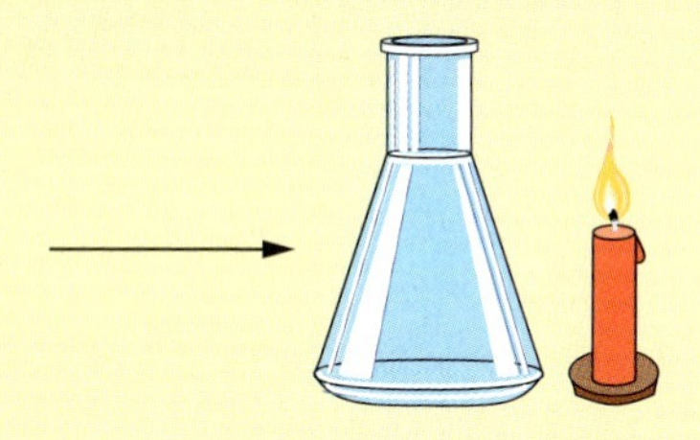

Beobachtung und Auswertung:
Notiere deine Beobachtungen und erkläre sie!

S Experiment 2

Aufgabe:
Entferne das Metallstück aus dem Becken, ohne in das Wasser zu fassen!

Vorbereitung:
Geräte und Chemikalien: Becherglas, Metallstück, Glaswanne, Wasser, Farbstoff (Lebensmittelfarbe)

Durchführung:

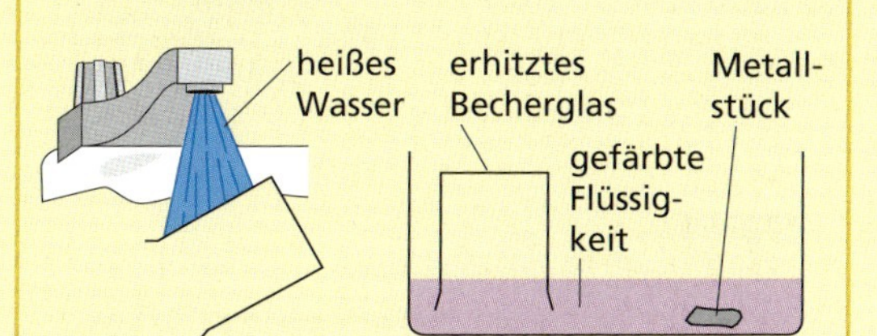

Beobachtung und Auswertung:
Notiere deine Beobachtungen und erkläre sie!

S Experiment 3

Aufgabe:
Teste, ob ein schmelzender Eiswürfel ein eigentlich volles Glas zum Überlaufen bringt!
Stelle vor Beginn des Experiment eine Vermutung über den Ausgang des Tests auf! Begründe deine Vermutung!

Vorbereitung:
Geräte: Trinkglas, Filterpapier, Uhr
Chemikalien: Wasser in flüssiger Form und als Eiswürfel

Durchführung:
Stelle ein Trinkglas auf Filterpapier! Lege einen Eiswürfel in das Glas und fülle es vorsichtig bis zum Rand mit Wasser auf! Achte darauf, dass kein Wasser überläuft!
Kontrolliere nach einer Stunde und überprüfe, ob das Filterpapier feucht ist!

Beobachtung:
Notiere deine Beobachtungen zu Beginn und nach Abschluss des Experimentes!

Auswertung:
Vergleiche deine Vermutung mit den Beobachtungsergebnissen! Finde eine Erklärung für mögliche Unterschiede!

S Experiment 4

Aufgabe:
Untersuche den Einfluss von Wasser auf Erbsen!

Vorbereitung:
Geräte: Standzylinder, Uhr
Chemikalien bzw. Pflanzenteile: Wasser, unbehandelte Erbsen

Durchführung:
Fülle bis zum Rand Erbsen in den Standzylinder! Gieße anschließend Wasser auf, bis der Standzylinder gefüllt ist!

Beobachtung:
Notiere deine Beobachtungen zu Beginn des Versuchs, nach einer Stunde und nach vier Stunden!

Auswertung:
Leite eine Schlussfolgerung aus deiner Beobachtung hinsichtlich einer Funktion von Wasser in der Natur ab!

Projekt

Luft

Unsere Atmosphäre

Obwohl man Luft weder sehen, riechen, fühlen, noch schmecken kann, weiß jeder, dass ein Leben ohne diesen Stoff auf unserer Erde nicht denkbar ist. Das äußert sich auch in der Sprache. Redewendungen wie „Heute ist dicke Luft“ und „Du bist für mich Luft“, hat jeder schon gehört.

> **Auftrag:**
> Höre dich um! Finde weitere Aussagen dieser Art! Interpretiere die Redewendungen!

Die Lufthülle unserer Erde ist gemessen an ihrem Durchmesser hauchdünn. Etwa 75 % der Luftmassen sind in einer nur etwa 10 km dicken Schicht über dem Boden enthalten. Hier spielt sich das gesamte Wettergeschehen ab.
Das für das Leben auf der Erde notwendige Ozon befindet sich zu 90 % in der Ozonsphäre (Abb. 1).

> **Aufgabe:**
> In 40 km Höhe steigt die Temperatur an. Finde eine Erklärung!

> **Auftrag:**
> Informiere dich in den Medien und bei Umweltschutzverbänden zum Thema Ozon! Beachte dabei besonders folgende Schwerpunkte:
> - Wirkung des Ozons
> - die Bedeutung der Fluor-Chlor-Kohlenwasserstoffe (FCKW) im Zusammenhang mit der Ozonschicht
> - Wirkung der UV-Strahlen und Tipps für sinnvolle Verhaltensweisen.

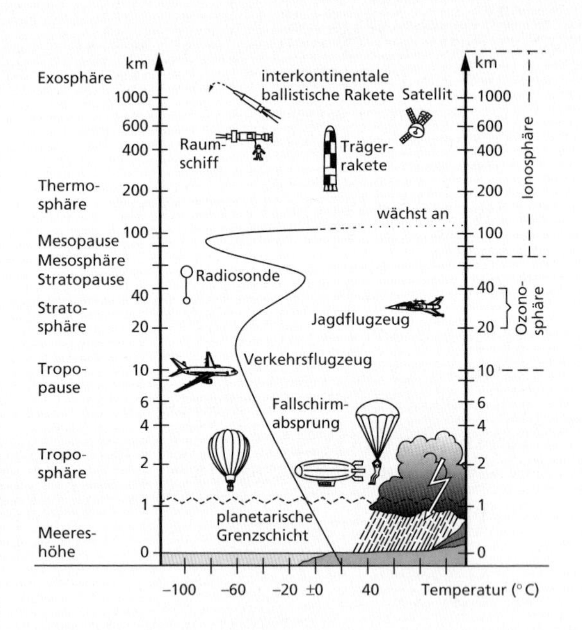

1 Schichtung unserer Atmosphäre

Zusammensetzung der Luft	
Stickstoff	78,08 %
Sauerstoff	20,95 %
Argon	0,93 %
Kohlenstoffdioxid	0,034 %
Neon	0,0018 %
Helium	0,0005 %
Methan	0,00016 %
Krypton	0,00011 %
Wasserstoff	0,00005 %
Distickstoffmonooxid	0,00003 %
Kohlenstoffmonooxid	0,00002 %
Xenon	0,000009 %

> **Aufgaben:**
> 1. Zeichne ein Säulendiagramm, das den Anteil der vier wichtigsten Bestandteile der Luft widerspiegelt!
> 2. Informiere dich in Fachbüchern über die fettgedruckten Stoffe in der Tabelle!

Luft enthält je nach Klimazone, Jahres- und Tageszeit einen bestimmten Anteil Wasser. Besonders bei Reisen in tropische Länder macht uns die **Luftfeuchtigkeit** zu schaffen.
Die (relative) Luftfeuchtigkeit misst man mit einem Hygrometer. In ihm verändert ein Haar durch den Einfluss von Feuchtigkeit seine Länge. Dieser Vorgang wird über Feder und Zeiger auf die Skala übertragen.

Frage:
Warum empfindet unser Körper kalte feuchte Luft unangenehmer als kalte trockene Luft (bei gleicher Temperatur)?

Auftrag:
Informiere dich in der Tageszeitung und in Reisekatalogen oder im Internet über die Werte relativer Luftfeuchtigkeit in deiner Region und in tropischen Gebieten in den unterschiedlichen Jahreszeiten!

Der Luftdruck

Der Luftdruck ist der Druck, den die Atmosphäre auf unsere Erde ausübt.
Die Eigenschaft der Luft, Druck auszuüben, führt zu vielen interessanten Erscheinungen.

S Experiment:

Aufgabe:
Teste, ob es möglich ist, eine Plastflasche zu zerdrücken, ohne die Hände zu benutzen!

Vorbereitung:
Geräte: Plastflasche mit Schraubdeckel
Chemikalien: warmes Wasser

Durchführung:
Fülle warmes Wasser in die Flasche! Fühle, ob die Flasche warm geworden ist! Gieße das Wasser aus und schraube den Deckel schnell zu.

Beobachtung und Auswertung:
Beobachte, während die Flasche abkühlt! Notiere und erkläre die Beobachtungen!

S Experiment:

Fülle ein Glas bis zum Überlaufen mit Wasser! Schiebe eine Pappscheibe über das Glas, bis sie es ganz abdeckt! Drehe das Glas schnell, aber vorsichtig um, während du mit einer Hand das Glas, mit der anderen Hand die Pappe hälst und lasse die Pappe behutsam los!
Schreibe ein Protokoll zu diesem Experiment! Erkläre darin deine Beobachtung!

Fragen:
1. Warum können Roboterarme mit Saugnäpfen schwere Lasten heben? Erkläre!
2. Hat das Einkochen von Obst und Gemüse etwas mit dem Luftdruck zu tun? Begründe die Antwort!

Luft in der Technik

Carl von Linde, ein deutscher Ingenieur entwickelte 1895 ein Verfahren, mit dessen Hilfe er Luft verflüssigen und gleichzeitig durch Destillation den Stickstoff vom Sauerstoff trennen konnte.

Auftrag:
Finde heraus, ob es in der Region Betriebe gibt, die durch Luftverflüssigung technisch wichtige Gase gewinnen! Informiere dich über das Prinzip des Lindeverfahrens! Organisiere eine Exkursion in einen entsprechenden Betrieb!

Frage:
Lässt man einen Behälter mit flüssiger Luft einige Zeit offen stehen und gießt anschließend die sehr kalte Flüssigkeit auf glühendes Holz, brennt dieses lichterloh! Erkläre!

Auftrag:
Der durch das Lindeverfahren gewonnene Sauerstoff wird bei vielen technischen Prozessen benötigt. Dokumentiere Anwendungsgebiete in einer Wandzeitung!

Kenntnisse über die physikalischen Eigenschaften der Luft werden häufig in der Technik genutzt. Beispielsweise transportieren Luftkissenboote Menschen, aber auch Lasten unterschiedlicher

1 Rotoren wandeln Windenergie in elektrische Energie um.

Art. Von Bedeutung ist auch die Stromerzeugung mithilfe bewegter Luft (Abb. 1).

Auftrag:
Informiere dich über die Nutzung der Windenergie! Verdeutliche das Prinzip der Stromerzeugung, indem du ein Modell baust!

Luftschadstoffe

Die Luft, durch die wir existieren, unterliegt in ihrer Zusammensetzung Schwankungen.
Durch die Verbrennung von Erdöl, Erdgas und Kohle, durch intensive Tierhaltung, durch die Verwendung von Chemikalien, durch Auto- und Flugzeugabgase und die zunehmende Industrialisierung werden Schadstoffe abgegeben.
Aber auch natürliche Quellen tragen zur Belastung bei. Bei jedem Gewitter oder Waldbrand entstehen ebenfalls Schadstoffe. Der Anteil an solchen Schadstoffen wird regelmäßig gemessen und bewertet.

Auftrag:
Befrage örtliche Behörden über die Luftqualität in Brandenburg und in deinem Heimatort! Informiere dich über die Ursachen der Verschmutzungen und über die Wirkung von Luftschadstoffen auf Organismen und auf Gebäude! Nutze dazu das Internet, z. B. www.schuelerlexikon.de!

Staub stellt eine Belastung der Luft dar. Als Staub bezeichnet man in der Luft schwebende feste Bestandteile. Sie müssen nicht immer sichtbar sein.

S **Experiment:**

Aufgabe:
Stelle eine Staubkarte (Grundriss-Skizze des Untersuchungsgebietes mit Legende) her!

Vorbereitung:
Materialien: Tesafilm, Glasgefäß (Durchmesser kleiner 10 cm), Lupe, Millimeterpapier

Durchführung:
Bespanne das Glasgefäß mit einem Tesafilm so, dass der Klebeteil nach oben zeigt. Stelle mehrere so präparierte Gläser an verschiedenen Stellen der Stadt auf (Verweildauer der Proben am Messort = 24 Stunden)! Klebe dann den Tesastreifen mit Staub auf Millimeterpapier und zähle die Staubpartikel pro Quadratzentimeter mithilfe der Lupe aus!

Beobachtung und Auswertung:
Fasse ähnliche Werte zu Gruppen zusammen (z. B. geringe Staubbelastung, mittlere Staubbelastung, hohe Staubbelastung).
Ordne den Werten Farben zu und zeichne die Ergebnisse in eine Karte ein!

Aufgabe:
Überlege, ob solche Staubmessungen in der Schule oder im schulischen Umfeld praktische Bedeutung haben könnten!

2 Welche Staubbelastung gibt es auf dem Schulhof und im Schulumfeld?

3.3 Wasser – ein besonderer Stoff

Element oder Verbindung?

Im Altertum wurde Wasser neben Luft, Feuer und Erde als eines der vier Elemente angesehen, aus denen die Welt besteht. Auch heute verwendet man den Begriff für Wasser manchmal noch im Alltag, z. B. wenn man von einem sehr guten Schwimmer behauptet, das Wasser wäre „sein Element".

Handelt es sich bei Wasser um ein Element? Kann der Stoff wirklich nicht durch eine chemische Reaktion zerlegt werden? Wie sind die Teilchen des Wassers aufgebaut?

Wasserstoff als Transportmittel?

Luftschiffe sind schon recht alte „Transportmittel". Sie wurden früher, ebenso wie Ballons, mit Wasserstoff gefüllt. Es gab jedoch verheerende Unfälle.

Auch heute sieht man manchmal Ballons in der Luft schweben, als wären sie schwerelos.

Sind diese Ballons immer noch mit Wasserstoff gefüllt?

Warum kam es eigentlich in der Vergangenheit zu den Unfällen?

Was für ein Stoff ist Wasserstoff und welche Eigenschaften hat er?

Treibstoff Wasserstoff

Wasserstoff wird häufig zusammen mit Sauerstoff als Treibstoff für Raketen eingesetzt. Auch für Autos ist er als ein möglicher Treibstoff der Zukunft im Gespräch. Er hätte den Vorteil, dass bei seiner Nutzung keine giftigen Abfallstoffe entstehen, wie sie bei der Verbrennung von Benzin gebildet werden. Außerdem kann man Wasserstoff aus Wasser gewinnen.

Welche chemische Reaktion läuft ab, wenn aus Wasser Wasserstoff gebildet wird?

GRUNDLAGEN

Zerlegung und Bildung von Wasser

Reines Wasser ist durch charakteristische Eigenschaften gekennzeichnet. Jeder weiß, dass Wasser bei Zufuhr von thermischer Energie (Wärme) bei 100 °C siedet und in den gasförmigen Zustand übergeht (Abb. 2). Kühlt man den Dampf unter 100 °C ab, erhält man wieder flüssiges Wasser.
Interessant wird es, wenn dem Wasser Energie in Form von elektrischer Energie zugeführt wird. Das Experiment wird im **hofmannschen Zersetzungsapparat** durchgeführt. Legt man eine **Gleichspannung** an, kann man nach kurzer Zeit das Aufsteigen von Gasblasen beobachten. Diese Gasblasen bestehen nicht aus gasförmigem Wasser. Untersucht man die gebildeten Gase, stellt man ganz andere Eigenschaften fest (Abb. 1).
Das Gas, das am Minuspol entsteht, ist brennbar und verbrennt mit einem pfeifenden Geräusch. Es handelt sich um **Wasserstoff**.
Das Gas, das am Pluspol entsteht, fördert die Verbrennung. Es handelt sich um **Sauerstoff.**

Wasser ⟶ Wasserstoff + Sauerstoff

M Durch das Anlegen einer Gleichspannung wird Wasser in Wasserstoff und Sauerstoff zerlegt.

Bei der Zerlegung von Wasser entsteht das brennbare Gas Wasserstoff. Soll es verbrannt werden, muss Sauerstoff vorhanden sein. Im Ergebnis der Verbrennung entsteht ein Stoff, den man auffangen kann. Untersucht man die Eigenschaften des gebildeten Stoffes, stellt man fest, dass es sich um den Stoff Wasser handelt (Abb. 1, S. 97).

Wasserstoff + Sauerstoff ⟶ Wasser

M Wasserstoff reagiert mit Sauerstoff. Dabei bildet sich Wasser.

Um wirklich sicher zu sein, daß es sich bei dem Reaktionsprodukt um Wasser handelt, kann man

2 Bei ausreichender Wärmezufuhr geht das Wasser in den gasförmigen Aggregatzustand über.

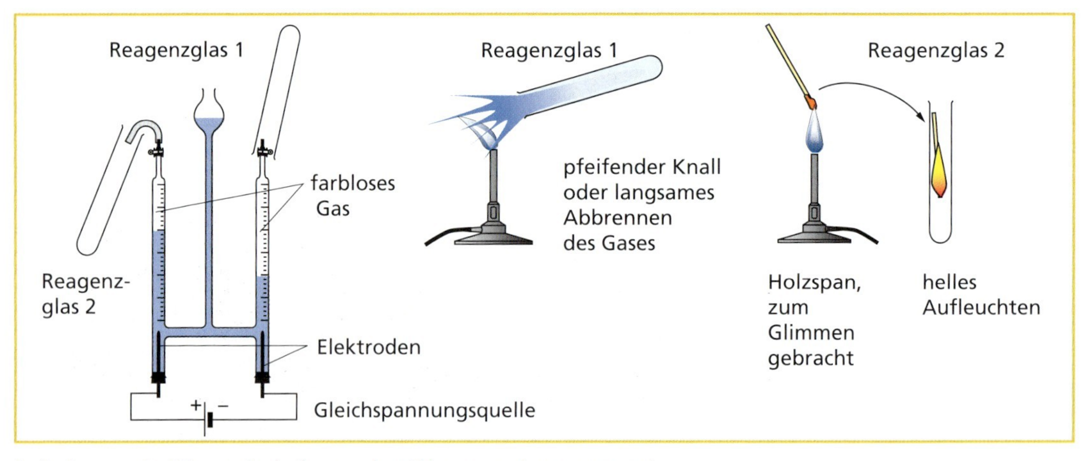

1 Zerlegung des Wassers im hofmannschen Wasserzersetzungsapparat

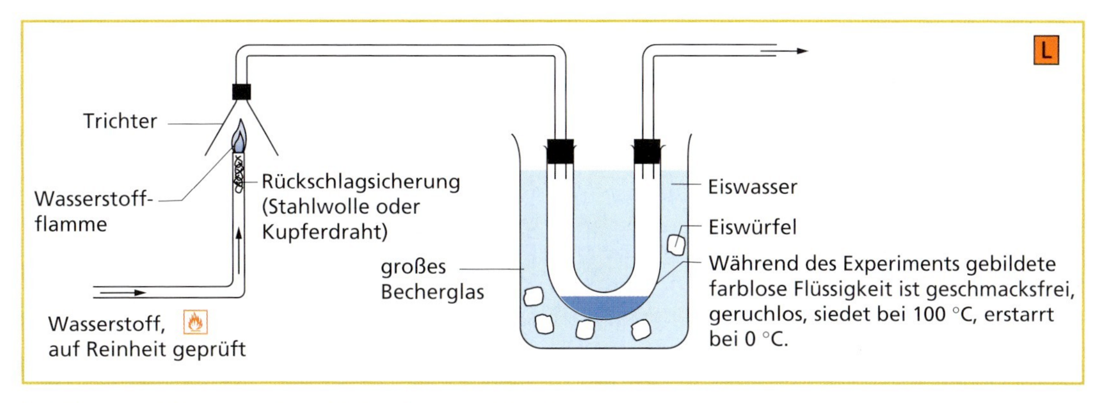

1 Bildung von Wasser aus Wasserstoff und Sauerstoff im Experiment

den Nachweis für Wasser durchführen. Zum **Nachweis von Wasser** wird Kupfer(II)-sulfat verwendet. Kupfer(II)-sulfat ist im wasserhaltigen Zustand ein blau gefärbtes Salz. Eine Spatelspitze dieses Salzes wird in eine kleine Porzellanschale gegeben und vorsichtig über einer Sparflamme erwärmt. Dabei verlieren die Kristalle ihre blaue Farbe und gehen in ein weißes Pulver über. Gibt man auf diese jetzt weiße Substanz einige Tropfen der zu prüfenden Flüssigkeit, so tritt eine Blau- bis Türkisfärbung ein, wenn es sich bei der zu untersuchenden Substanz um Wasser handelt oder wenn sie stark wasserhaltig ist (Abb. 2).
Auch andere chemische Substanzen ändern bei Wasseraufnahme ihre Farbe. Cobaltchlorid ist in wasserfreier Form blau gefärbt, durch Wasserzusatz wird es rosa (Abb. 3).

3 Skulpturen, die entsprechend der Luftfeuchtigkeit ihre Farbe wechseln, enthalten Cobaltchlorid.

2 Experimenteller Nachweis von Wasser

Wasserstoff

Wasserstoff ist im Weltall sehr häufig. Unsere Sonne besteht zu einem großen Teil aus diesem Stoff (Abb. 2).
Auf der Erde kommt reiner Wasserstoff nur in ganz geringen Mengen vor. Er ist jedoch in gebundener Form im Wasser enthalten, das große Teile der Erdoberfläche bedeckt und als Wasserdampf in der Luft vorhanden ist. Das **Element Wasserstoff** ist wesentlich am Aufbau aller organischen Stoffe, also auch des Erdöls und des Erdgases, beteiligt.
In der Technik wird Wasserstoff aus Wasser und Erdöl oder Erdgas gewonnen. Wasser kann mithilfe des elektrischen Stromes in Wasserstoff und Sauerstoff zerlegt werden. Diesen Vorgang nennt man **Elektrolyse** (s. S. 96). Im Labor oder für Schulexperimente stellt man Wasserstoff häufig durch chemische Reaktionen von Zink oder einem anderen unedlen Metall und einer Säure (meist verdünnte Salzsäure) her (Abb. 1).

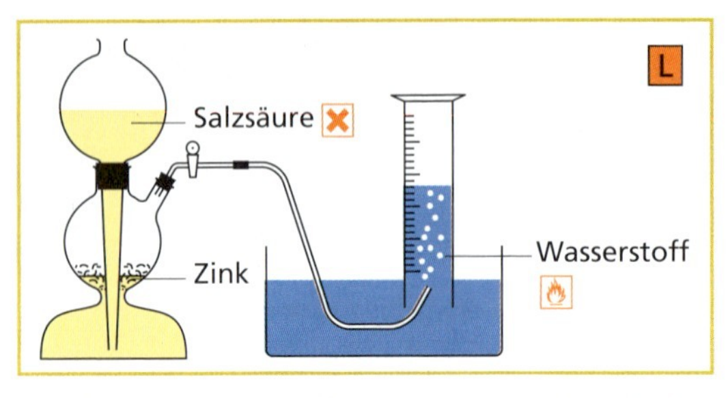

1 Im kippschen Gasentwickler entsteht durch die Reaktion von Zink mit verdünnter Salzsäure Wasserstoff.

Die Entdeckung des Wasserstoffs

Bei Experimenten mit unedlen Metallen und Säuren konnte HENRY CAVENDISH (1731–1811) Wasserstoff herstellen. Er nannte ihn „brennbare Luft". Der Name „brennbare Luft" wurde von der Entzündbarkeit abgeleitet. So beschreibt NICOLAI in seiner „Naturlehre" (1797): *„Sobald sie (brennbare Luft) mit atmosphärischer Luft vermischt, und derselben eine Flamme genähert wird, so verbrennt sie mit einer Explosion (Knall-Luft) und an den Wänden des Gefäßes setzt sich ein wässriger Niederschlag ab."*

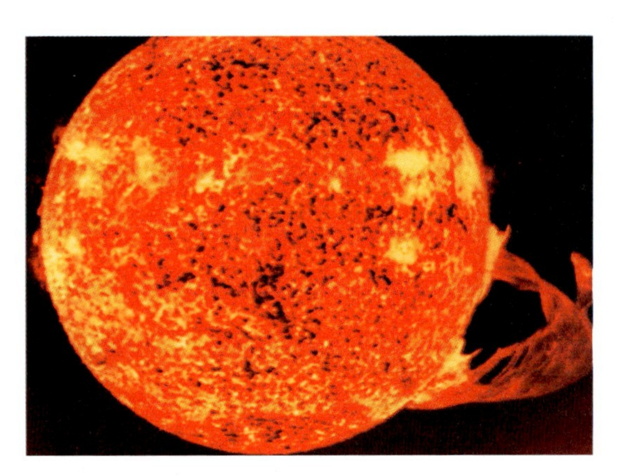

2 Die Kernfusionen in unserer Sonne beruhen auf Wasserstoff.

Bei Zimmertemperatur ist Wasserstoff ein farbloses und geruchloses Gas, das nicht die Verbrennung und Atmung unterhält, aber selbst brennbar ist. Im Gemisch mit Sauerstoff, aber auch mit Luft, verbrennt Wasserstoff explosionsartig. Man nennt diese Gasgemische **„Knallgas"**. Die Explosion ist am heftigsten, wenn Wasserstoff und Sau-

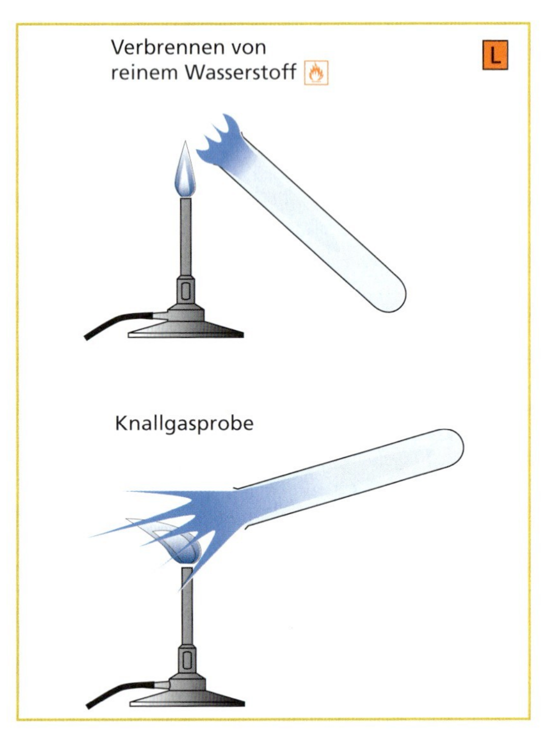

3 Knallgasprobe und Verbrennen von reinem Wasserstoff

erstoff in einem Volumenverhältnis von 2:1 vorliegen. Bei einem Wasserstoffanteil unter 4 % tritt keine Explosion ein, ab einem Anteil von 75 % Wasserstoff brennt das Gemisch mit schwach blauer Flamme langsam ab. Das Gemisch „Knallgas“ nutzt man zum **Wasserstoffnachweis**. Mit der **Knallgasprobe** kann geprüft werden, ob ein gefährliches Wasserstoff-Luft-Gemisch vorliegt (Abb. 3, S. 98).

Da Wasserstoff ein Gefahrstoff ist, muss er in rot gekennzeichneten Stahlflaschen aufbewahrt werden. Wasserstoff ist das leichteste aller Gase. Seine Dichte beträgt nur $0{,}089\ g \cdot l^{-1}$. Damit ist die Dichte von Luft etwa vierzehnmal so groß wie die von Wasserstoff. Ballons, die mit Wasserstoff gefüllt sind, haben also großen Auftrieb.

In Wasser ist Wasserstoff kaum löslich. Der Stoff liegt selbst bei sehr niedrigen Temperaturen im gasförmigen Aggregatzustand vor. Erst bei einer Temperatur von -253 °C wird Wasserstoff flüssig.

Wasserstoff ist **Ausgangsstoff in der chemischen Industrie** für die Herstellung von Ammoniak, Düngemitteln, Kunststoffen und Lösemitteln. Pflanzliche Öle werden teilweise mit Wasserstoff „gehärtet“, damit man sie in der Margarineproduktion einsetzen kann.

Früher wurde der extrem leichte Wasserstoff auch zum Füllen von Luftschiffen verwendet. Die leichte Brennbarkeit des Wasserstoffs führte jedoch zu verheerenden Unfällen. Deshalb wird heute Wasserstoff nur zur **Füllung von Wetterballons** eingesetzt.

Die hohen Temperaturen, die beim Verbrennen von Wasserstoff in reinem Sauerstoff auftreten, nutzt man beim **autogenen Schweißen und Schneiden** von Metallen, besonders von Stahl.

In der letzten Zeit kommt Wasserstoff immer häufiger als **Energieträger der Zukunft** ins Gespräch. Da die Verbrennung von Kohle und Erdöl unsere Umwelt belastet, wird nach Alternativen gesucht.

Wasserstoff als Energieträger hat Vorteile. Bei der Verbrennung von Wasserstoff bildet sich Wasser, das unsere Umwelt nicht gefährdet. Wasserstoff lässt sich leicht speichern. Wasser als Ausgangsstoff steht in ausreichendem Maße zur Verfügung. Allerdings darf die Gewinnung des Wasserstoffs unsere Umwelt nicht zusätzlich belasten. Das wäre der Fall, wenn die Energie zur Zerlegung des Wassers aus fossilen Brennstoffen stammt. Die Energiegewinnung mithilfe von Wasserstoff kann u. a. in **Brennstoffzellen** erfolgen. Die Einsatzmöglichkeiten werden auch in der Fahrzeugindustrie getestet (s. S. 102).

Unglücke mit Wasserstoff

Das größte je benutzte Luftschiff „Hindenburg“ verunglückte 1937 nach dreitägigem Flug. Das Luftschiff war mit 200 000 m³ Wasserstoff gefüllt. Kurz vor der Landung geriet das Luftschiff in Brand.

Auch das Unglück der Raumfähre „Challenger“ 1986 ist auf eine Explosion in den Treibstofftanks zurückzuführen. In den Tanks befand sich noch der größte Teil der ca. 1,5 Mio. l flüssigen Wasserstoffs und ca. 0,5 Mio. l flüssigen Sauerstoffs.

M Wasserstoff ist farb- und geruchlos, brennbar und bildet mit Luft oder Sauerstoff explosive Gemische. Der Nachweis von Wasserstoff erfolgt durch die Knallgasprobe.

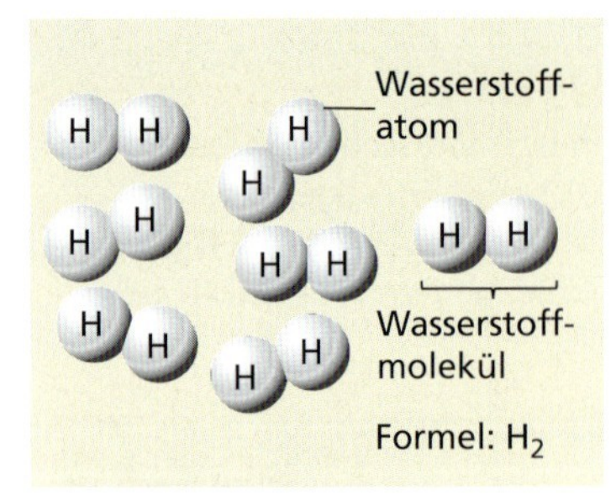

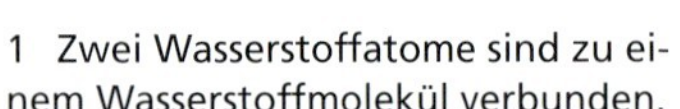
1 Zwei Wasserstoffatome sind zu einem Wasserstoffmolekül verbunden.

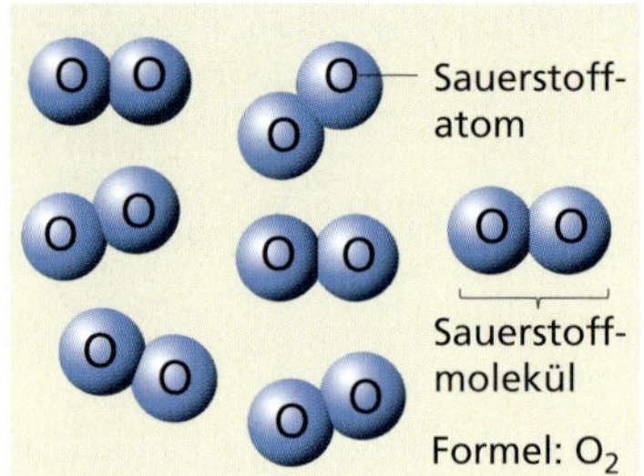

2 Zwei Sauerstoffatome sind zu einem Sauerstoffmolekül verbunden.

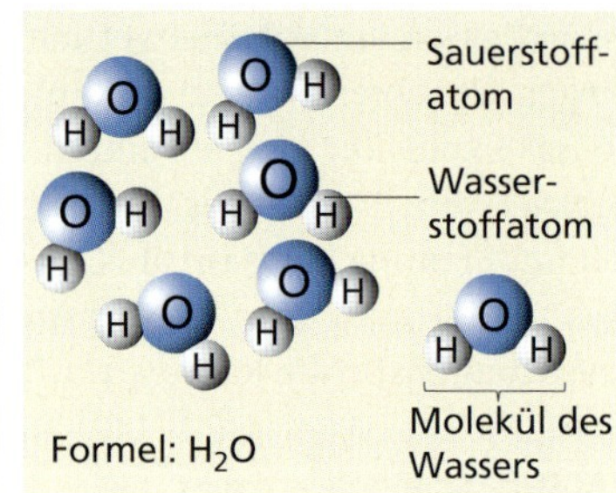

3 Ein Sauerstoff- und zwei Wasserstoffatome bilden ein Wassermolekül.

Vom Molekül zur Formel

Durch Untersuchungen weiß man, dass Wasserstoff und Sauerstoff nicht aus einzelnen Atomen bestehen, sondern immer zwei Atome miteinander verbunden sind (Abb. 1, 2). Solche Teilchen heißen **Moleküle**.

> M **Teilchen, die aus mindestens zwei Atomen bestehen, bezeichnet man als Moleküle.**

Chemische Zeichen für Moleküle sind **Formeln.**

O_2

O — Symbol: Element Sauerstoff

2 — tiefgestellte Zahl: 2 Atome haben sich verbunden.

Der Stoff Wasser lässt sich durch elektrischen Strom zerlegen. Er kann kein Element sein. Die Wassermoleküle setzen sich jeweils aus einem Sauerstoffatom und zwei Wasserstoffatomen zusammen (Abb. 3). Stoffe, deren Teilchen aus mehreren Atomsorten bestehen, bezeichnet man als **Verbindungen.** Die **Formel** für die Verbindung Wasser lautet $\mathbf{H_2O}$.

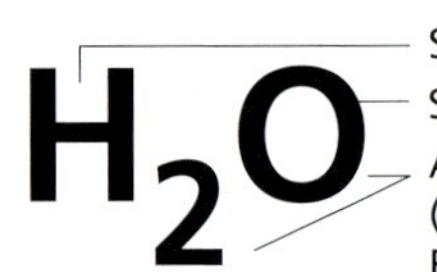

> M **Stoffe, deren Moleküle aus mehreren Atomsorten bestehen, sind Verbindungen. Sie werden durch Formeln gekennzeichnet.**

Analyse und Synthese

Auch wenn Wasser im heutigen Sprachgebrauch manchmal noch als Element bezeichnet wird, zeigen experimentelle Untersuchungen, dass es sich um eine Verbindung und nicht um ein Element handelt. Bei der chemischen Reaktion im hofmannschen Wasserzersetzungsapparat wurde die Verbindung Wasser in die Elemente Sauerstoff und Wasserstoff zerlegt. Das ist möglich, weil die Moleküle des Wassers aus den jeweiligen Atomsorten zusammengesetzt sind. Die Zerlegung eines Stoffes durch eine chemische Reaktion nennt man **Analyse** (analysis = Zerlegung).
Allgemein wendet man diesen Begriff heute für „genaue Untersuchungen" an. Dabei muss es sich nicht immer um eine Zerlegung durch chemische Reaktionen handeln. So kann die Zusammensetzung der Luft analysiert werden. Dazu kommen auch physikalische Verfahren zur Anwendung.
In der Chemie unterscheidet man zwischen der qualitativen und der quantitativen Analyse. Bei der **qualitativen Analyse** wird nur die Art der Bestandteile ermittelt. Bei der Analyse von Wasser stellt man also fest, dass es sich bei den Bestandteilen um Wasserstoff und Sauerstoff handelt.
Bei der **quantitativen Analyse** ermittelt man das Verhältnis, in dem die Bestandteile miteinander stehen. Am hofmannschen Wasserzersetzungsapparat kann man ablesen, dass Wasserstoff und Sauerstoff im Verhältnis von 2:1 gebildet werden.
Wird durch eine chemische Reaktion ein neuer Stoff aus mehreren Stoffen aufgebaut, so nennt man diesen Vorgang **Synthese** (synthesis = Zusammenfügung). Die Bildung von Wasser aus den Elementen Wasserstoff und Sauerstoff ist ein Beispiel für eine Synthese.

Die Reaktionsgleichung für die Bildung von Wasser

Wasserstoff verbrennt, verbindet sich dabei mit Sauerstoff und es entsteht Wasser. Während der chemischen Reaktion entstehen keine neuen Atome. Die Anzahl der Atome bleibt erhalten. Sie werden nur umgeordnet und verbinden sich neu. Dadurch entsteht aus den Ausgangsstoffen das Reaktionsprodukt. Den Prozess kann man mit einer Wortgleichung, noch besser jedoch mit einer **chemischen Reaktionsgleichung** beschreiben:

$$2H_2 + O_2 \longrightarrow 2H_2O$$

> **M** **In der chemischen Reaktionsgleichung werden die reagierenden Stoffe durch Symbole und Formeln angegeben. Mithilfe der Faktoren wird deutlich, in welchem Verhältnis die Stoffe miteinander reagieren.**

Beim **Aufstellen der Reaktionsgleichung** geht man von der **Wortgleichung** aus.

Wasserstoff + Sauerstoff ⟶ Wasser

Einsetzen der Symbole und Formeln der beteiligten Elemente und Verbindungen:

H_2	+	O_2	($\longrightarrow$)	H_2O
1 Molekül, bestehend aus 2 Atomen	+	1 Molekül, bestehend aus 2 Atomen	($\longrightarrow$)	1 Molekül, bestehend aus 3 Atomen
	4		$\neq$	**3**

Ausgleichen der Teilchenanzahl
Bei chemischen Reaktionen bleibt die Anzahl der Atome gleich. Bei dieser Gleichung ist die Summe der Atome der Ausgangsstoffe jedoch noch ungleich der Summe der Atome der Reaktionsprodukte. Ein Sauerstoffatom wäre „übrig".
Das „übrige" Sauerstoffatom reagiert mit einem weiteren Wasserstoffmolekül zu einem Wassermolekül. Insgesamt reagieren also 2 Wasserstoffmoleküle mit einem Sauerstoffmolekül zu 2 Wassermolekülen. In der chemischen Gleichung geben wir das mithilfe der **Faktoren** (**Stöchiometriezahlen**) an. Die Faktoren werden ermittelt, indem man auf ein Element bezogen das kleinste gemeinsame Vielfache (k.g.V.) berechnet und durch die Anzahl der vorhandenen Atome dividiert:

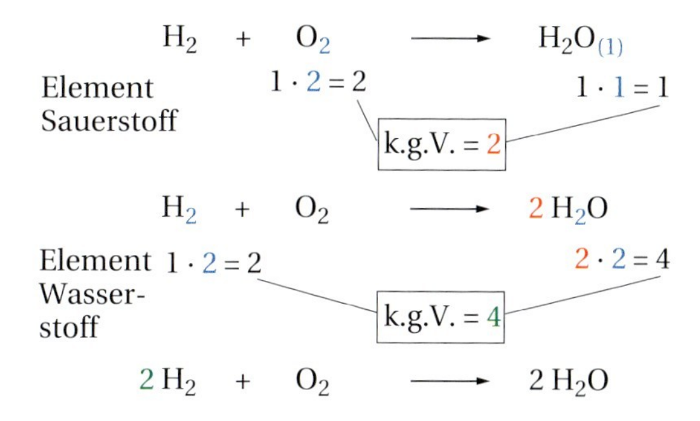

Es ist zu **überprüfen,** ob die Summe der Atome der Ausgangsstoffe mit der der Reaktionsprodukte übereinstimmt.

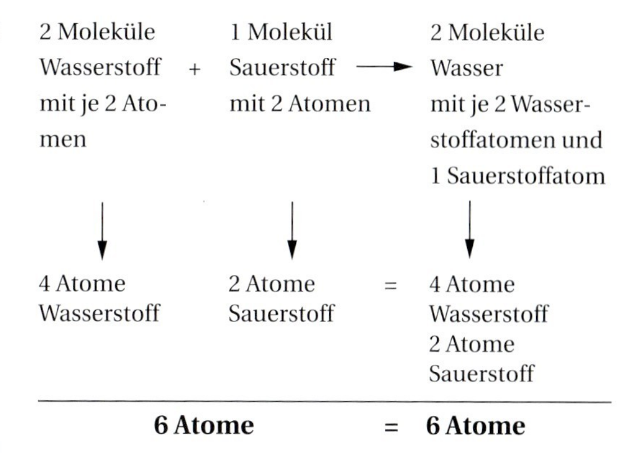

Die Anzahl der Atome der Ausgangsstoffe und der Atome der Reaktionsprodukte stimmen überein.

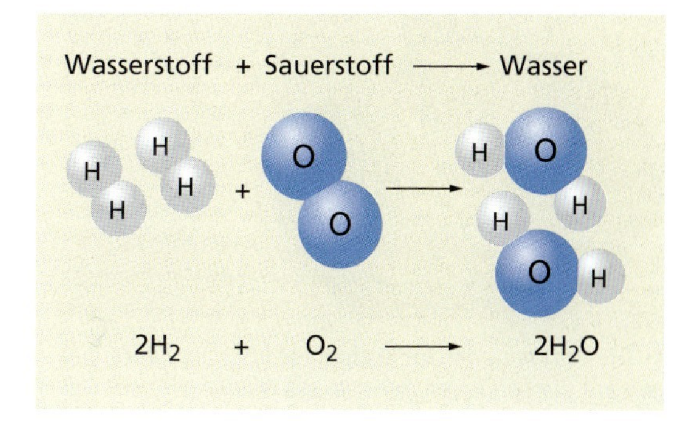

ANWENDUNGEN

Aus welchen Elementen besteht die Welt?

Im Mittelalter suchten viele Alchemisten nach dem Stein der Weisen. Durch besondere Mischungen der Elemente sollte er gebildet werden. Häufig spielte das „Element Wasser“ eine Rolle.
Die Anleitungen für solche Experimente waren oft sehr mystisch. Offensichtlich bezeichneten sie mit dem Begriff Element etwas anderes als wir heute.
Erläutere, welche Auffassungen zum Begriff Element im Mittelalter herrschten! Ist Wasser aus heutiger Sicht wirklich ein Element?

Zurzeit der Alchemisten war die Vier-Elementen-Lehre weit verbreitet.
Die Menschen gingen davon aus, dass die Welt aus den Elementen „Feuer“, „Wasser“, „Luft“ und „Erde“ bestehen würde. Sie glaubten, dass durch unterschiedliche Mischungen dieser Elemente unterschiedliche Stoffe mit den jeweiligen Eigenschaften entstünden.
Diese Auffassung wurde ursprünglich von EMPEDOKLES (490 – 430 v. u. Z.) geäußert. ARISTOTELES (Abb. 1) griff die Idee auf und entwickelte sie weiter. Seine Lehre galt fast zwei Jahrtausende als richtig und wurde für die Erklärung chemischer Erscheinungen genutzt.
Durch die vielen analytischen Experimente, die Chemiker mit der Zeit durchführten, wurden die Widersprüche zwischen der Vier-Elementen-Lehre und den Beobachtungen immer deutlicher. Nach und nach setzte sich die Auffassung durch, dass es viel mehr als nur vier Elemente gibt. Jedoch erst der französische Chemiker LAVOISIER (1743–1794) definierte den Begriff neu und stellte die zu seiner Zeit bekannten Elemente zusammen. Danach waren Elemente Stoffe, die durch chemische Prozesse nicht weiter zerlegbar sind.
Heute definiert man Elemente als Stoffe, die nur aus einer Atomsorte bestehen.
Auch wenn man im Alltag noch des Öfteren vom „Element Wasser“ spricht, ist Wasser chemisch gesehen kein Element. Seine Moleküle enthalten zwei Atomsorten (Sauerstoff- und Wasserstoffatome) und der Stoff Wasser lässt sich in Wasserstoff und Sauerstoff zerlegen. Wasser ist eine Verbindung.

1 Die Auffassungen im Mittelalter über Elemente gingen auf die Lehre von ARISTOTELES zurück.

Wasserstoff – Energieträger der Zukunft?

Die Verbrennung fossiler Brennstoffe (Kohle, Erdöl und Erdgas) belastet unsere Umwelt, weil sich Kohlenstoffdioxid bildet, das als Treibhausgas wirkt und damit unser Klima beeinflusst. Außerdem entstehen dabei auch giftige Stoffe. Nicht zuletzt sind die nutzbaren Lagerstätten begrenzt und ihre Erschöpfung absehbar. Die Suche nach alternativen Energieträgern hat begonnen.
Immer häufiger wird Wasserstoff als ein möglicher alternativer Energieträger für die Zukunft genannt.
Ist Wasserstoff wirklich ohne Einschränkungen als Energieträger geeignet?

Wasserstoff wäre durchaus als Energieträger geeignet, weil
- bei der Umsetzung von Wasserstoff mit Sauerstoff sehr viel Energie freigesetzt wird,
- bei seiner Verbrennung fast keine belastenden Stoffe entstehen,
- Wasserstoff sich gut speichen lässt (in Druckgasbehältern oder als Flüssiggas),
- Wasserstoff gut aus Wasser gewonnen werden kann,
- Wasser in großen Mengen zur Verfügung steht.

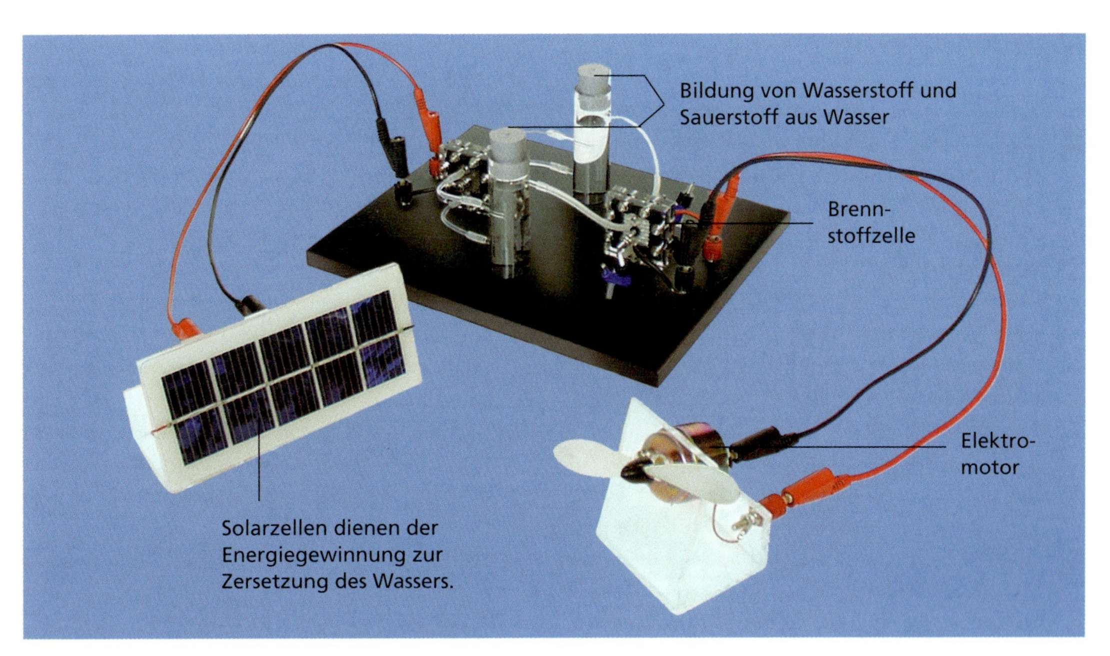

1 Im Modell wird Solarenergie für die Zersetzung von Wasser genutzt. Die in der Brennstoffzelle freigesetzte Energie treibt einen Elektromotor an.

Wasserstoff wird schon lange als Brennstoff in Raketen eingesetzt.
Allerdings existieren heute schon praktische Einsatzmöglichkeiten in anderen Bereichen, die einen zunehmend günstigeren Wirkungsgrad aufweisen. Dabei spielt die Brennstoffzelle eine große Rolle. In der Brennstoffzelle wird die bei der Reaktion freigesetzte Energie in elektrischen Strom umgewandelt. Mithilfe solcher Brennstoffzellen sollen in Zukunft Fahrzeuge angetrieben werden und Heizkraftwerke arbeiten.
Schon auf der IAA 1998 in Frankfurt wurde ein erstes Auto mit Brennstoffzellenantrieb vorgestellt. Mittlerweile existieren unterschiedliche Testfahrzeuge. Insbesondere im Nahverkehr sollen solche Fahrzeuge zum Einsatz kommen.
Auch wenn Wasserstoff auf den ersten Blick als idealer Energieträger erscheint, ist sein Einsatz nur unter bestimmten Bedingungen wirklich umweltschonend.
Wasser steht zwar als Ausgangsstoff fast unbegrenzt zur Verfügung, lässt sich aber nur durch hohen Energieaufwand in Wasserstoff und Sauerstoff zerlegen. Wenn diese Energie durch die Verbrennung von fossilen Energieträgern gewonnen wird, wird zwar das giftige Abgas nicht durch das Auto erzeugt, jedoch am Ort der Herstellung des Brennstoffs Wasserstoff.
Sinnvoll wird der Einsatz von Wasserstoff darum erst dann, wenn die Energie zu seiner Erzeugung auch alternative Energie ist, die die Umwelt nicht belastet. Gelingt es, dafür Solar-, Windenergie oder Wasserkraft umzuwandeln, könnten die Brennstoffzellen in Zukunft vermehrt zum Einsatz kommen.

2 Sonnenenergie könnte die Energie zur Zersetzung des Wassers liefern.

AUFGABEN

1. S Hält man eine kalte Glasscheibe in einer geringen Entfernung über eine Kerzenflamme, so beschlägt sie. Man kann winzige Flüssigkeitströpfchen entdecken.
   Es ist zu vermuten, dass es sich dabei um Wasser handelt.
   Gib mindestens eine Möglichkeit an, wie du diese Vermutung experimentell beweisen oder widerlegen kannst! Überprüfe die Vermutung dann mithilfe des vorgeschlagenen Experiments!

2. Sowohl bei der Bildung von Wasser aus den Elementen als auch bei der Zersetzung des Wassers kann man charakteristische Beobachtungen registrieren.
   Notiere diese Beobachtungen und leite eine mögliche Schlussfolgerung ab!

3. Im Labor soll Wasser aus den Elementen hergestellt werden. Beschreibe dein Vorgehen! Gehe auf nötige Sicherheitsmaßnahmen ein!

4. S Es soll folgendes Experiment durchgeführt werden:
   - Ein Glaskolben, aus dem ein Glasrohr ragt, wird mit Leitungswasser von 8 bis 10 °C gefüllt.
   - Der Wasserstand wird am Glasrohr markiert (z. B. mit einem Fettstift).
   - Der Kolben wird erwärmt.

   Notiere und erkläre deine Beobachtungen!

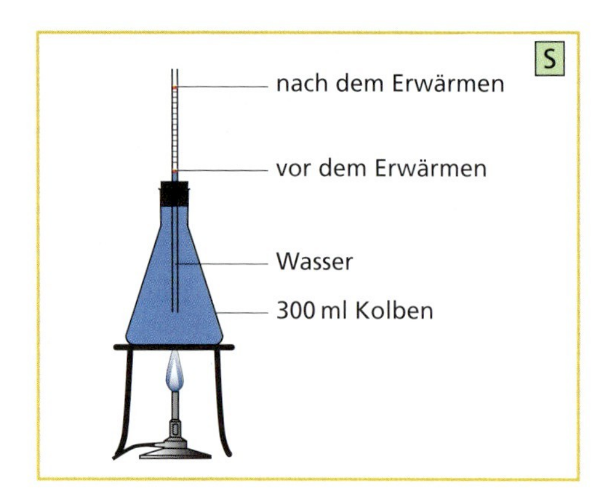

5. Nenne Eigenschaften des Wassers und stelle einen Zusammenhang zur Nutzung bzw. Bedeutung dieses Stoffes her!

6. Beschreibe ein Experiment, aus dem man ableiten kann, dass Wasser aus verschiedenen Elementen aufgebaut ist!

7. Wasser weist gegenüber anderen Stoffen besondere Eigenschaften auf. Man fasst sie unter dem Begriff „Anomalie des Wassers“ zusammen.
   Was ist damit gemeint? Informiere dich im Internet, z. B. unter www.schuelerlexikon.de oder in geeigneten Nachschlagewerken!

8. Wasserstoff wird auch heute noch zum Füllen von Wetterballons verwendet, für Ballons, mit denen Menschen befördert werden, jedoch selten.
   Begründe diese Tatsache mithilfe der Eigenschaften des Wasserstoffs!

9. Gib an, welche Aussagen du aus folgenden Formeln ableiten kannst: H_2O_2, CO_2, CO, N_2O! Nutze für die Erfüllung dieser Aufgabenstellung auch dein Tafelwerk!

10. Erläutere den Begriff „Verbindung" am Beispiel des Wassers!

11. S Wasserstoff und Luft sind in je einem verschlossenen Reagenzglas enthalten. Wie würdest du feststellen, in welchem Reagenzglas Luft und in welchem Wasserstoff enthalten ist? Erläutere dein Vorgehen!

12. Für die Nutzung von Brennstoffzellen zur Gewinnung von elektrischem Strom wird mit dem Argument geworben, ihr Einsatz wäre umweltschonender als die Stromerzeugung durch die Verbrennung fossiler Brennstoffe. Werte diese Aussage!

13. Wasserstoff ist ein wichtiger Ausgangsstoff für die chemische Industrie. Informiere dich im Internet oder mithilfe geeigneter Nachschlagewerke, für welche Produkte Wasserstoff benötigt wird!

14. Im Labor benötigt man häufig Wasserstoff als Ausgangsstoff. Bevor die entsprechende chemische Reaktion ausgelöst wird, muss man mithilfe der Knallgasprobe die Reinheit von Wasserstoff prüfen. Begründe!

15. Nenne je zwei Beispiele für die industrielle Nutzung von Sauerstoff und Wasserstoff!

16. „Wasserstoff lässt sich pneumatisch und durch Luftverdrängung auffangen." Ist diese Aussage richtig? Begründe deine Antwort! Skizziere jeweils die Versuchsanordnung!

17. Informiere dich über fossile Rohstoffe! Stelle Vor- und Nachteile ihrer Nutzung zusammen!

18. Erkläre, warum die Verbrennung von Wasserstoff umweltschonender ist als die Verbrennung fossiler Brennstoffe!

19. Gib an, welche Stoffe im Abgas eines Brennstoffzellenautos enthalten sind, wenn es Wasserstoff nutzt! Notiere die Wortgleichung!

20. Im Alltag bezeichnet man manchmal „Wasser" als Element! Nenne Beispiele! Nimm dazu Stellung!

21. Fülle die Tabelle mithilfe einer Formeltafel aus!

Stoff	**chemisches Zeichen**	**Element/ Verbindung**
	CO_2	
Silber		Element
Schwefel		
Ammoniak		
	O_2	
	N_2	
	Hg	
	NaCl	

22. Interpretiere die folgenden chemischen Reaktionsgleichungen!

$$C + O_2 \longrightarrow CO_2$$
$$2Mg + O_2 \longrightarrow 2MgO$$
$$Fe + S \longrightarrow FeS$$

23. Die Alchemisten des späten Mittelalters versuchten Gold aus anderen Elementen zu synthetisieren. Ist das möglich? Begründe!

Das Wichtigste im Überblick

Luft ist ein Stoffgemisch. Wesentliche Bestandteile dieses Stoffgemisches sind die Stoffe Sauerstoff und Stickstoff. Der Anteil an Wasserstoff in der Luft ist sehr gering.

Stoff	Sauerstoff	Stickstoff	Wasserstoff
Eigenschaften	gasförmig, geruchlos, farblos, fördert die Verbrennung, Dichte größer als die der Luft	gasförmig, geruchlos, farblos, nicht brennbar, Dichte kleiner als die der Luft	gasförmig, geruchlos, brennbar, Dichte kleiner als die der Luft
Nachweis	glühender Span flammt auf (Spanprobe)	brennender Span verlischt	Knallgasprobe
Verwendung	– Gas in Atemgeräten – im Gemisch als Treibstoff	– Schutzgas beim Schweißen – Füllgas in Glühlampen	– Ausgangsstoff der chemischen Industrie – Brennstoff
Bau	Moleküle aus zwei Atomen Sauerstoff	Moleküle aus zwei Atomen Stickstoff	Moleküle aus zwei Atomen Wasserstoff
Formel	O_2	N_2	H_2

Wasser ist ein Reinstoff mit charakteristischen Eigenschaften.

Eigenschaften
- geruchlos, farblos, bei Zimmertemperatur flüssig
- Schmelztemperatur: 0 °C (Normaldruck)
- Siedetemperatur: 100 °C (Normaldruck)
- sehr gutes Lösemittel für viele Stoffe
- geringstes Volumen einer bestimmten Masse Wasser bei 4 °C

Nachweis:

wasserfreies Kupfer(II)-sulfat (weiß) $\xrightarrow{\text{Wasser}}$ wasserhaltiges Kupfer(II)-sulfat (blau)

Bildung von Wasser:

Wasserstoff + Sauerstoff ⟶ Wasser

$$2\,H_2 + O_2 \longrightarrow 2\,H_2O$$

Zerlegung von Wasser:

Wasser ⟶ Wasserstoff + Sauerstoff

$$2\,H_2O \longrightarrow 2\,H_2 + O_2$$

Wasser ist eine **Verbindung**. Die Moleküle sind aus mehreren Atomsorten – jeweils aus einem Sauerstoffatom und zwei Wasserstoffatomen – aufgebaut.

Wasserstoff und Sauerstoff sind **Elemente**. Die Moleküle sind nur aus einer Atomsorte – jeweils aus zwei Wasserstoffatomen bzw. Sauerstoffatomen – aufgebaut.

Das chemische Zeichen für Moleküle und für chemische Verbindungen ist die Formel.

4 Chemische Reaktionen und Alltag

4.1 Chemische Reaktionen als Stoff- und Energieumwandlung

Kuchenbacken – eine chemische Reaktion
Zum Kuchenbacken werden Mehl, Zucker, Milch, Eier und andere Zutaten zunächst zu einem Teig vermengt. Es entsteht ein Stoffgemisch.
Gibt man diesen Teig in eine Form und stellt ihn bei einer bestimmten Temperatur in eine heiße Backröhre, so entsteht ein wohlschmeckender Kuchen.
Der Kuchen hat andere Eigenschaften als die Zutaten, deutlich zu erkennen am veränderten Geschmack.
Was passiert beim Backen des Teiges?

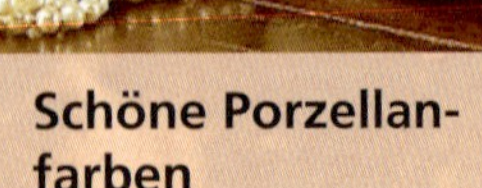

Schöne Porzellanfarben
Für die Herstellung von Pigmentfarben, aber auch für Cobaltglas werden als Ausgangsstoffe fein gemahlene Metalloxide verwendet. Solche Pigmentfarben nutzt man z. B. für die Unterglasurbemalung von Porzellan. Unser prächtiges Porzellangeschirr wäre ohne diese Metalloxide nur weiß. Das so genannte Cobaltblau findet allerdings auch als Malfarbe und sogar als Farbe beim Druck von Banknoten Verwendung.
Welche Metalloxide werden als Pigmentfarben eingesetzt?
Haben Metalloxide auch noch andere Bedeutung?

Verbrennungen – alltäglich und trotzdem sehr interessant
Lässt man eine Kerze längere Zeit brennen, wird sie immer kürzer. Sie verschwindet scheinbar.
Heizt man einen Kamin, kann man eine ähnliche Beobachtung registrieren. Das Holz wird immer weniger. Übrig bleibt nur ein Häufchen Asche.
Welche chemischen Prozesse laufen ab?
Was passiert während der Verbrennung?

Verbrennung – eine chemische Reaktion mit Sauerstoff

Holz und Kohle werden schon sehr lange als Brennstoffe genutzt. Vor dem Verbrennen besitzen die Stoffe ganz andere Eigenschaften als nach dem Verbrennen. Es handelt sich demnach um chemische Reaktionen.
Kohle, Holzkohle und Holz enthalten einen hohen Anteil des Elements Kohlenstoff. Der Kohlenstoff verbrennt. Dieser Prozess läuft aber nur ab, wenn Luft bzw. Sauerstoff in ausreichender Menge vorhanden ist (Abb. 2). Beispielsweise hört Holzkohle auf zu glühen, wenn in der Luft kein Sauerstoff mehr vorhanden ist.
Während der Verbrennung reagiert Kohlenstoff mit Sauerstoff. Aus diesen beiden Ausgangsstoffen bildet sich ein farbloses und geruchloses Gas – **Kohlenstoffdioxid (CO_2)** (s. auch S. 83). (Das Restchen Asche im Verbrennungslöffel stammt von Mineralstoffen in der Holzkohle).
Bei der Verbrennung von Kohlenstoff handelt es sich um eine chemische Reaktion.
Stoffumwandlung und Energieumwandlung finden statt. Diese chemische Reaktion ist exotherm. Nach kurzem Erhitzen wird Wärme abgegeben (Abb. 1).

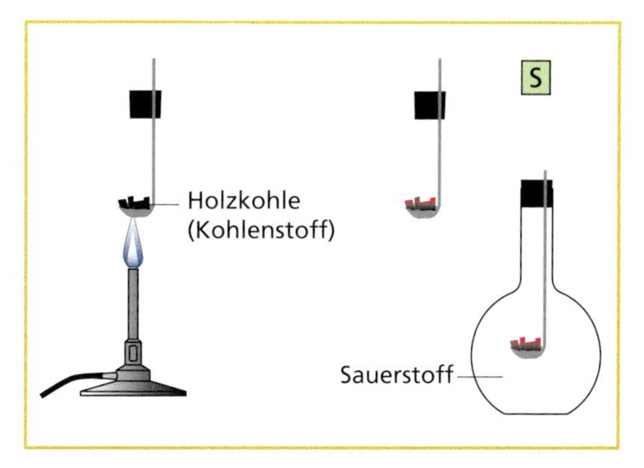

2 Verbrennung von Kohlenstoff

Während der chemischen Reaktion werden aus den Teilchen der Ausgangsstoffe (Kohlenstoffatome, Sauerstoffmoleküle) die Teilchen des Reaktionsprodukts (Kohlenstoffdioxidmoleküle) gebildet. Dazu ordnen sich die Atome um und verbinden sich neu (Abb. 3).
Reaktionen, bei denen sich Stoffe mit Sauerstoff verbinden, haben für uns große Bedeutung. Man bezeichnet sie als **Oxidationen.** Der Name leitet sich von der lateinischen Bezeichnung für Sauerstoff (Oxigenium) ab. Als Reaktionsprodukte bilden sich immer **Oxide.** Verbrennungen sind Oxidationen.

M **Bei exothermen Reaktionen ist der Energiegehalt der Reaktionsprodukte geringer als der der Ausgangsstoffe.**

M **Eine Oxidation ist eine chemische Reaktion, bei der ein Ausgangsstoff mit Sauerstoff reagiert. Verbrennungen sind Oxidationen.**

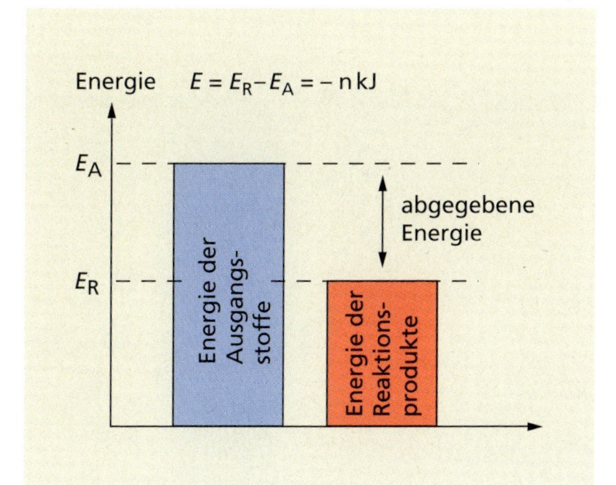

1 Energieumwandlung bei exothermen Reaktionen

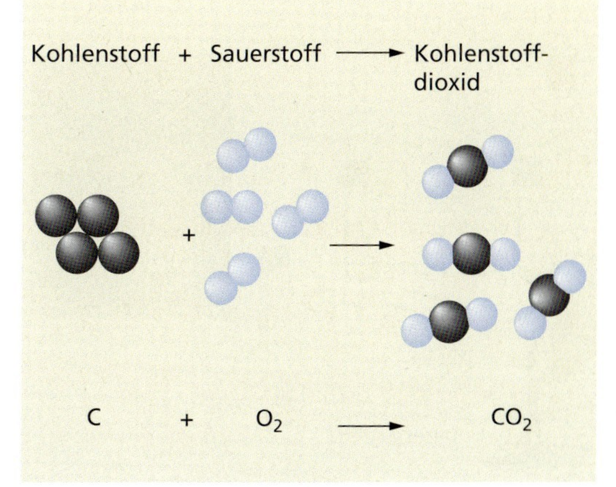

3 Bildung von Kohlenstoffdioxid

Schwefeldioxid – oft unerwünschtes Reaktionsprodukt

Beim Verbrennen von Braunkohle nimmt man oft einen stechenden Geruch wahr. Neben dem Kohlenstoffdioxid hat sich noch ein anderes gasförmiges Reaktionsprodukt gebildet – **Schwefeldioxid (SO_2).** Es entsteht immer dann, wenn Schwefel mit Sauerstoff reagiert (Abb. 1, 3). Auch in der Braunkohle ist das Element Schwefel enthalten.
Da sich Schwefel mit Sauerstoff verbindet, handelt es sich um eine **Oxidation.** Das Reaktionsprodukt ist ein **Oxid.**

Die Reaktion von Schwefel mit Sauerstoff zu Schwefeldioxid ist eine Oxidation.

Diese Reaktion ist von großer Bedeutung, denn Schwefeldioxid spielt als **Luftschadstoff** eine Rolle.
Schwefeldioxid ist farblos und riecht stechend. Dieses „Stechen" in der Nase kommt zustande, weil Schwefeldioxid sehr gut wasserlöslich ist und sich schon mit der Feuchtigkeit unserer Schleimhäute verbindet. Dabei entsteht ein ätzender Stoff. Außerdem ist Schwefeldioxid giftig. Man kann die Verbindung auch als Desinfektionsmittel benutzen.
Jedoch nicht nur auf Mikroorganismen wirkt der Stoff giftig. Deshalb gilt an Arbeitsplätzen ein Grenzwert. Die maximale Arbeitsplatzkonzentration in Betrieben oder im Labor darf 2 ml Schwefeldioxid pro 1 m^3 nicht übersteigen.
Schwefeldioxid hat auf viele Farbstoffe eine bleichende Wirkung (Abb. 2). Früher wurde die Schwefeldioxidbleiche vielfach in der Industrie eingesetzt, heute greift man auf weniger giftige Substanzen zurück.
Schwefeldioxid ist in den Abgasen der Industrie, der Haushalte und der Autos, die mithilfe von Verbrennungsmotoren fahren, enthalten.
Da Schwefeldioxid sich sehr schnell mit Wasser verbindet, reagiert es mit dem Regenwasser und stellt so einen wesentlichen Faktor bei der Ausbildung des **sauren Regens** dar. Dieser saure Regen gefährdet nicht nur die Wälder, er zerstört auch Bauwerke.
Schwefeldioxid ist als Luftschadstoff auch an der Ausbildung von **Smog** beteiligt.

2 Entfärben von Blüten durch Schwefeldioxid

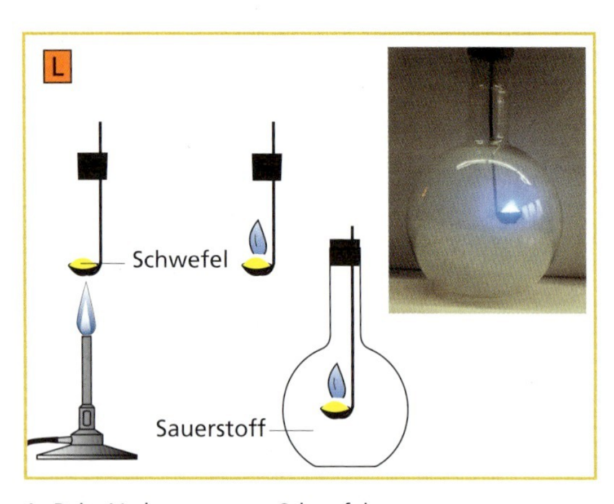

1 Beim Verbrennen von Schwefel …

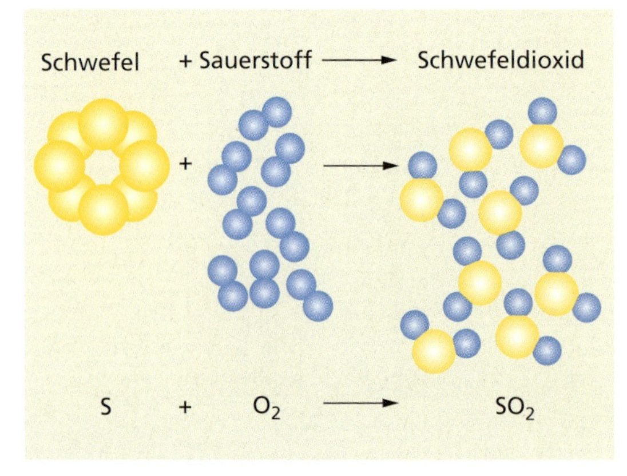

3 … bildet sich Schwefeldioxid.

Metalloxide – Reaktionsprodukte von Oxidationen

Metalle reagieren mehr oder weniger heftig mit Sauerstoff (s. S. 56/57). Dabei handelt es sich ebenfalls um Oxidationen. Als Reaktionsprodukte bilden sich Metalloxide, z. B.:

$$2Fe + O_2 \longrightarrow 2FeO$$
$$2Mg + O_2 \longrightarrow 2MgO$$
$$4Al + 3O_2 \longrightarrow 2Al_2O_3$$

Metall + Sauerstoff ⟶ Metalloxid

Auch diese Reaktionen sind exotherm.

M Oxidationen sind exotherme Reaktionen.

Große Bedeutung haben Metalloxide als Bestandteile von Erzen. Sie stellen wichtige Ausgangsstoffe für die Gewinnung der Metalle dar. Aber auch die Metalloxide selbst finden Verwendung.
Reine Metalloxide sind feste, kristalline Substanzen. Sie besitzen allgemein sehr hohe Schmelz- und Siedetemperaturen. Viele Metalloxide weisen charakteristische Farben auf (s. Tab. oben).
Schon vor Jahrtausenden nutzten die Menschen die Vorkommen farbiger Oxide. So wurden beispielsweise Tote mit rotem Ocker (eisenoxidhaltiger Ton) bestreut. Auch die Höhlenmalereien wurden mit diesen Ockerfarben ausgeführt.
Heute dienen viele Metalloxide als Farbpigmente. Beständige weiße Malerfarbe enthält Titanoxid, die verschiedenen Arten des Ockers dienen zum Abtönen von Fassadenfarben. Eine bekannte Künstlerfarbe ist z. B. das Chromgrün. Die Porzellanmalerei beruht ebenfalls auf der Nutzung von Metalloxiden. Das Cobaltblau entsteht aus Cobaltoxid, das auf Rohporzellan aufgetragen, mit Glasur überzogen und dann gebrannt wird.
Bei der Herstellung von Baustoffen kann auch auf Metalloxide nicht verzichtet werden. Der Ausgangsstoff für die Herstellung von Kalkmörtel besteht überwiegend aus Calciumoxid.
Die Formeln für die Metalloxide kann man Tabellen oder Tafelwerken entnehmen.

Farben ausgewählter Metalloxide

Metalloxide	Farbe
Eisenoxide	braun, rotbraun oder gelbbraun
Chrom(III)-oxid	grün
Titan(IV)-oxid	weiß
Blei(II, IV)-oxid	orange

Dabei fällt auf, dass z. B. für Eisenoxid mehrere Formeln angegeben sind (s. Tab. unten). Aus den Formeln kann man ablesen, in welchem Verhältnis sich Eisen mit Sauerstoff verbunden hat.

FeO: Jeweils 1 Eisenatom ist mit 1 Sauerstoffatom eine Bindung eingegangen.

Fe_2O_3 Jeweils 2 Eisenatome haben sich mit 3 Sauerstoffatomen verbunden.

Damit man sicher die Formeln von Verbindungen und daraus gegebenenfalls die richtige Reaktionsgleichung aufstellen kann, wurde der Begriff **Wertigkeit** eingeführt.
Im Namen wird sie durch römische Ziffern hinter dem Metall angegeben:

FeO: Eisen(II)-oxid
Fe_2O_3: Eisen(III)-oxid
Fe_3O_4: Eisen(II, III)-oxid.

Es wurde festgelegt, dass Wasserstoff die Wertigkeit „1" besitzt. Wasserstoff ist „einwertig".
Die Wertigkeit eines Elements zu Wasserstoff gibt an, wie viel Wasserstoffatome es binden oder in einer Verbindung ersetzen kann.

Metall	Metalloxide
Aluminium (Al)	Al_2O_3
Eisen (Fe)	FeO, Fe_2O_3, Fe_3O_4
Kupfer (Cu)	Cu_2O, CuO
Magnesium (Mg)	MgO
Quecksilber (Hg)	HgO
Zink (Zn)	ZnO

Wertigkeit und Formel

Wasser besteht aus den zwei Elementen Wasserstoff und Sauerstoff im Verhältnis 2 : 1, d.h., ein Atom Sauerstoff bindet 2 Wasserstoffatome. Folglich ist Sauerstoff zweiwertig.

$$H_2O$$

Beim Magnesiumoxid ist das Verhältnis Magnesium zu Sauerstoff 1 : 1. Da Sauerstoff zwei Wasserstoffatome ersetzen kann, muss also auch Magnesium zwei Wasserstoffatome ersetzen können.
Magnesium ist zweiwertig.

$$MgO$$

Daraus kann man folgende Gesetzmäßigkeit ableiten: Ist eine Verbindung aus den 2 Elementen A und B aufgebaut, so ist die Summe der Wertigkeiten von Element A gleich der Summe der Wertigkeiten von Element B.
Die erkannte Gesetzmäßigkeit kann zum **Aufstellen von Formeln** genutzt werden (Beispiel: Aluminiumoxid).

Al 3-wertig O 2-wertig

k.g.V. aus 2 und 3
ist
6

2 Al-Atome ergeben in der Summe der Wertigkeiten „6", denn 2 · 3 = 6

3 Sauerstoffatome ergeben in der Summe der Wertigkeiten „6", denn 3 · 2 = 6.

$$Al_2O_3$$

Korrosion und Korrosionsschutz

Oft ist die Oxidation von Metallen unerwünscht. Besonders Gegenstände aus Eisen weisen nach längerem Liegen in feuchter Luft extreme Veränderungen auf. Sie rosten. Diese Beobachtung macht man, wenn man Eisenwerkzeuge versehentlich der Witterung aussetzt. Nicht nur an der Oberfläche bildet sich die rotbraune Schicht – Rost.
Die Umwandlung von Eisen in Rost erfolgt bei Anwesenheit von Sauerstoff und Wasser. Weil diese Schicht sehr porös ist, können Wasser und Luft an das darunter befindliche Eisen gelangen. Dadurch können Gegenstände aus Eisen völlig durchrosten und zerstört werden.
Andere Metalle, wie z.B. Aluminium, bilden eine feste Oxidschicht, die die darunter liegenden Metallschichten von der Luft abschirmt. Dadurch schützt diese Oxidschicht vor einer völligen Zerstörung der Metalle durch Korrosion. Beim **Eloxieren** wird diese Schicht sogar künstlich verstärkt (Abb. 1).

M **Die langsame Zerstörung von Metallen unter dem Einfluss feuchter Luft nennt man Korrosion.**

Um wirtschaftliche Schäden gering zu halten, müssen deshalb besonders Eisen- und Stahlteile vor feuchter Luft geschützt werden. Am einfachsten ist dies durch Einölen und Einfetten der Gegenstände zu erreichen. Haltbarer sind Anstriche mit Rostschutzfarben oder das Auftragen von Lacken. Vielfach werden auch Beschichtungen mit anderen Metallen (z. B. mit Zink, Nickel und Chrom) angewendet. Man nutzt aus, dass nicht alle Metalle gleich gut mit Sauerstoff reagieren.
Eine weitere Möglichkeit des Rostschutzes besteht in der Herstellung von besonders legierten Stahlsorten. Der Einsatz von korrosionsfesten Stählen kommt besonders bei Brücken und Metallkonstruktionen zur Anwendung.

1 Durch Farbzusätze beim Eloxieren können die Gegenstände dekorativer gestaltet werden.

Quantitative Betrachtungen von Stoffen und Reaktionen

Bei chemischen Reaktionen werden unterschiedliche Mengen von Ausgangsstoffen (bestimmte Stoffportionen) in unterschiedliche Mengen von reaktionsprodukten (ebenfalls Stoffportionen) umgewandelt. Die **Stoffportionen** können durch **Masse** und **Volumen** gekennzeichnet werden. Außerdem besteht die Stoffportion aus einer bestimmten **Anzahl von Teilchen.**

Die Teilchenzahl *N* gibt an, wie viele Teilchen in einer Stoffprobe enthalten sind.

Zwischen der Masse der Stoffportion und der Teilchenzahl besteht ein Zusammenhang, weil jedes einzelne Teilchen eine ganz bestimmte Masse besitzt. Diese ist jedoch sehr klein. Die **absoluten Atommassen** der unterschiedlichen Atome betragen zwischen 10^{-24} bis 10^{-22} g. Das Rechnen mit so kleinen Zahlen ist sehr kompliziert. Deshalb hat man eine Vergleichsgröße (1/12 der Masse des Kohlenstoffatoms) gewählt, mit der die Massen der Atome verglichen werden. So war es möglich, eine **relative Atommasse** zu bestimmen.

Die relative Atommasse A_r gibt an, wievielmal die Masse eines Atoms größer ist als ein Zwölftel der Masse des Kohlenstoffatoms.

Schwefel hat beispielsweise die relative Atommasse 32. Sie kann aus dem Periodensystem der Elemente entnommen werden (s. Umschlagseite).

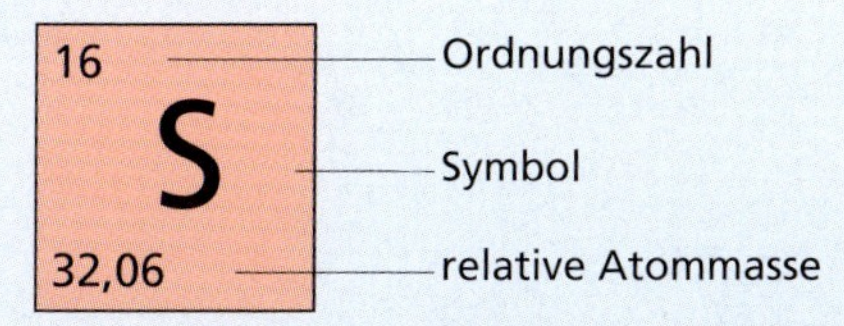

Die **relative Molekülmasse** ergibt sich aus der **Summe der relativen Atommassen** der Atome, aus denen das Molekül aufgebaut ist. Beispielsweise ist ein Wassermolekül aus zwei Wasserstoffatomen und einem Sauerstoffatom aufgebaut. Die beiden Wasserstoffatome haben jeweils die relative Atommasse 1, das Sauerstoffatom die relative Atommasse 16. Aus der Summe der relativen Atommassen ergibt sich für das Wassermolekül eine relative Molekülmasse von 18.

1 Stoffportion Magnesium
m = 10,0 g
V = 5,75 cm^3
n = 0,41 mol
N = 2,47 · 10^{23}

Die Stoffmenge

Beim Experimentieren arbeitet man allerdings nicht mit einzelnen Teilchen, sondern mit Stoffportionen, die eine große Teilchenzahl aufweisen. Bei quantitativen Betrachtungen von chemischen Reaktionen müsste man daher mit sehr großen Zahlen rechnen. Um das chemische Rechen zu erleichtern, wurde 1971 eine neue Größe eingeführt, die **Stoffmenge *n*.**

Die Stoffmenge n gibt an, wie viele Teilchen eines Stoffes vorliegen. Die Einheit der Stoffmenge ist das Mol. Ein Mol umfasst 6 · 10^{23} Teilchen.

Stoffportion – Zusammenhang Stoffmenge und Teilchengehalt

Stoff	Stoffportion (in g)	Stoffmenge (in mol)	Teilchengehalt
S	64,0	2	$12 \cdot 10^{23}$
Fe	55,8	1	$6 \cdot 10^{23}$
Zn	32,7	0,5	$3 \cdot 10^{23}$
Zn	65,4	1	$6 \cdot 10^{23}$
Cu	190,6	3	$18 \cdot 10^{23}$
H_2O	36,0	2	$12 \cdot 10^{23}$
MgO	80,6	2	$12 \cdot 10^{23}$
NaOH	160,0	4	$24 \cdot 10^{23}$
O_2	32,0 (22,4 l)	1	$6 \cdot 10^{23}$
H_2	1 (11,2 l)	0,5	$3 \cdot 10^{23}$
Cl_2	141,8 (44,8 l)	2	$12 \cdot 10^{23}$

Molare Masse und molares Volumen

Zwischen der Masse einer Stoffportion und der Stoffmenge besteht ein Zusammenhang. der Quotient aus beiden ergibt eine Konstante. Diese Konstante ist für die verschiedenen Stoffe unterschiedlich und wird als **molare Masse** bezeichnet (s. Tab.).

Die molare Masse eines Stoffes ist der Quotient aus der Masse und der Stoffmenge einer Stoffportion.

$M = \frac{m}{n}$ **m Masse der Stoffportion**
n Stoffmenge der Stoffportion

Die molaren Massen kann man Tabellen und Tafelwerken entnehmen.
Bei Reaktionen, an denen Gase beteiligt sind, spielen die Massen der Stoffportionen nicht die entscheidende Rolle. Die Angabe des Volumens ist wichtig.

Das molare Volumen ist der Quotient aus dem Volumen und der Stoffmenge einer Stoffprobe.

$V_m = \frac{V}{n}$ **V Volumen der Stoffportion**
n Stoffmenge der Stoffportion

Gase haben das gleiche molare Volumen V_m. Es beträgt bei Normbedingungen etwa 22,4 $l \cdot mol^{-1}$. 22,4 Liter eines Gases enthalten $6 \cdot 10^{23}$ Teilchen (Abb. 1).

Massen- und Volumenberechnungen bei chemischen Reaktionen

Bei chemischen Reaktionen interessieren weniger die einzelnen Stoffportionen, sondern eher, in welchem **Verhältnis diese Stoffportionen** miteinander reagieren. Überprüft man das Verhältnis der einzelnen Reaktionspartner, ergeben sich für die Reaktion von Magnesium mit Sauerstoff **feste Massenverhältnisse** (s. Tab. oben rechts).

Portionen einiger Stoffe

Stoff	Masse (in g)	Stoffmenge (in mol)	Molare Masse (in g/mol)
Mg	30	1,23	24,31
Mg	10	0,41	24,31
O_2	30	0,94	32
O_2	10	0,31	32

m_{Mg} (m_1)	m_{O_2} (m_2)	$\frac{m_{Mg}}{m_{O_2}}$ $\left(\frac{m_1}{m_2}\right)$
1,0g	0,658g	1,52
1,5g	0,987g	1,52
24,31g	16,0g	1,52

Die Massen von Magnesium und Sauerstoff sind zueinander proportional, denn der Quotient aus den beiden Massen ist annähernd konstant.

Bei chemischen Reaktionen reagieren die Stoffe in festen Massenverhältnissen miteinander.

$m_1 \sim m_2$ **bzw.** $\frac{m_1}{m_2}$ **= konstant**

Diese Erkenntnis kann man für quantitative (stöchiometrische) Berechnungen nutzen. Es gilt:

$$\frac{m_1}{m_2} = \frac{M_1 \cdot n_1}{M_2 \cdot n_2}$$

Das **Volumen** von Sauerstoff steht ebenfalls im konstanten Verhältnis zu den Massen der an der Reaktion beteiligten Stoffe. Es existieren **feste Volumenverhältnisse.**
Das Gesetz der konstanten Proportionen gilt für alle Reaktionen. Ebenso wie für die Berechnung von Massen kann man diese Tatsache für Volumenberechnungen nutzen.

$$\frac{m_1}{V_2} = \frac{M_1 \cdot n_1}{V_m \cdot n_2} \text{ oder } \frac{V_1}{m_2} = \frac{V_m \cdot n_1}{M_2 \cdot n_2}$$

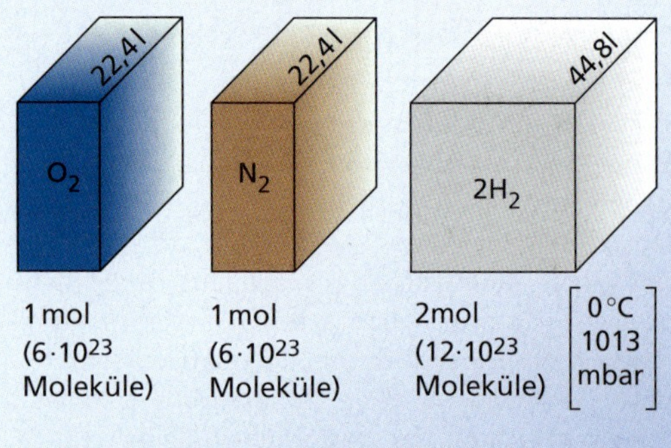

1 Molare Volumina von Gasen

ANWENDUNGEN

Die Ernährung des Menschen

Menschen müssen zur Aufrechterhaltung ihrer Lebensprozesse Nahrung zu sich nehmen.
Häufig spricht man im Zusammenhang mit den im Körper ablaufenden Stoffwechselprozessen auch von „biologischer Oxidation“.
Warum ist die Nahrungsaufnahme nortwendig?
Beschreibe, was mit der Nahrung im menschlichen Organismus passiert!
Was ist die „biologische Oxidation“?

Bei den verschiedensten Lebensvorgängen, z. B. beim Wachsen, Bewegen und Verrichten von Arbeit, laufen im Körper der Lebewesen chemische Reaktionen ab und chemische Energie wird umgewandelt.
Auch der menschliche Körper wandelt ständig Energie um, damit er sich bewegen und entwickeln kann. Außerdem wird im menschlichen Körper eine Temperatur von 37 °C aufrechterhalten, damit alle biologischen und chemischen Vorgänge im Körper optimal ablaufen können. Da die Umgebungstemperatur häufig wesentlich geringer ist als die Körpertemperatur, gibt der Mensch Wärme, die im Körper erzeugt wurde, an seine Umgebung ab. Damit geht dem Körper ständig Energie verloren. Das Gehirn hat ebenfalls einen großen Energiebedarf.
Um die Energie für den Ablauf der Lebensprozesse und die Aufrechterhaltung der Körpertemperatur bereitzustellen, muss der Mensch energiehaltige Stoffe aufnehmen und umwandeln.
In den Stoffen der Nahrung ist Energie in Form von chemischer Energie enthalten.
Besonders Traubenzucker wird direkt zur Energiefreisetzung genutzt. Der Prozess findet in den Zellen statt und wird als „innere Atmung“ oder besser als „biologische Oxidation“ bezeichnet. Dabei reagiert Traubenzucker mit Sauerstoff.

Traubenzucker + Sauerstoff ⟶ Kohlenstoffdioxid + Wasser

$$C_6H_{12}O_6 + 6O_2 \longrightarrow 6\,CO_2 + 6\,H_2O$$

1 Menschen nehmen mit der Nahrung Energie auf. Diese wird für viele Lebensprozesse benötigt.

Auch wenn im Alltag öfter vom „Brennstoff“ Traubenzucker gesprochen wird, wird diese biochemische Reaktion von Enzymen geregelt und findet ohne offenes Feuer statt.
Trotzdem wird ein Teil der freigesetzten Energie in Form von Wärme abgegeben. Die Reaktion ist exotherm.
Den Sauerstoff, der als Ausgangsstoff der biologischen Oxidation erforderlich ist, nehmen wir mithilfe unserer Atmungsorgane aus der Luft auf. Das Blut transportiert ihn zu den Zellen.
Im Ergebnis der biologischen Oxidation entsteht Kohlenstoffdioxid. Das gebildete Kohlenstoffdioxid gelangt über den umgekehrten Weg wieder zu unserer Lunge und wird ausgeatmet.
Mit der Nahrung aufgenommene Nährstoffe werden jedoch nicht nur verbrannt. Durch vielfältige und komplizierte biochemische Reaktionen werden sie in körpereigene Stoffe umgewandelt. Einige dienen als Baustoffe. Andere werden gespeichert.

Beschreiben von Erscheinungen

Beim Beschreiben wird sprachlich zusammenhängend und geordnet dargestellt, wie ein Gegenstand oder eine Erscheinung in der Natur beschaffen ist, z. B. welche Eigenschaften ein Körper oder ein Stoff besitzt, wie ein Vorgang abläuft, wie ein technisches Gerät aufgebaut ist. Dabei werden in der Regel äußerlich wahrnehmbare Eigenschaften dargestellt.

S Schülerexperiment kontra Laboruntersuchung?

Im Unterricht soll das Gesetz von den konstanten Proportionen am Beispiel der Verbrennung von Magnesium an der Luft experimentell überprüft werden.
Die Masse des Magnesiumspans beträgt 0,5 g. Er wird über einem Tiegel verbrannt und die entstandene Masse Magnesiumoxid mit einer Waage bestimmt.
Berechne die Masse an Magnesiumoxid, die theoretisch bei dieser Reaktion entstehen muss! Führe das Experiment durch! Vergleiche die errechnete und die experimentell ermittelte Masse! Gib mögliche Ursachen für Abweichungen an!
Ist die gewählte Versuchsanordnung geeignet, um konstante Massenverhältnisse bei chemischen Reaktionen zu ermitteln?

Vorüberlegungen:
Für die Berechnung muss zuerst die Reaktionsgleichung aufgestellt werden.

$$2Mg + O_2 \longrightarrow 2MgO$$

Lösen stöchiometrischer Aufgaben

Beim Lösen stöchiometrischer Aufgaben solltest du Folgendes beachten:

1. Analysiere zunächst den Sachverhalt der Aufgabe! Ermittle die Ausgangsstoffe und reaktionsprodukte! Stelle, wenn möglich, eine Reaktionsgleichung auf!
2. Stelle die gesuchten und die gegebenen Größen der Aufgabe zusammen! Ermittle fehlende Größen aus Tafelwerken und Tabellen bzw. lies die Stoffmengen aus der Reaktionsgleichung ab!
3. Suche einen Ansatz für die Berechnungen über
   a) eine Verhältnisgleichung oder
   b) eine Größengleichung!
4. Stelle die Gleichung nach der gesuchten Größe um!
   Setze die gegebenen Größen ein und berechne die gesuchte Größe!
5. Formuliere das Ergebnis der Aufgabe! Beantworte dabei die Fragen im Aufgabentext!

Gesucht: m_{MgO}

Gegeben:
$m_{Mg} = 0{,}5\,g$
$M_{Mg} = 24{,}3\,g \cdot mol^{-1}$
$M_{MgO} = 40{,}3\,g \cdot mol^{-1}$
$n_{Mg} = 2\,mol$
$n_{MgO} = 2\,mol$

Lösung: Berechnung mit der Größengleichung

$$\frac{m_{MgO}}{m_{Mg}} = \frac{M_{MgO} \cdot n_{MgO}}{M_{Mg} \cdot n_{Mg}}$$

Anschließend erfolgt das Einsetzen der Größen in die Größengleichung, ihre Umstellung nach der gesuchten Größe und die Berechnung.

$$m_{MgO} = \frac{40,3g \cdot mol^{-1} \cdot 2mol \cdot 0,5g}{24,3g \cdot mol^{-1} \cdot 2mol}$$

$$\underline{\underline{m_{MgO} = 0{,}83\,g}}$$

Bei der Reaktion von 0,5 g Magnesium mit Sauerstoff bilden sich 0,83 g Magnesiumoxid.
Die experimentell ermittelte Masse liegt deutlich unter dem errechneten Wert. Um die Ursachen für diese Abweichung zu erkennen, muss beim Experimentieren genau beobachtet werden.

1. Meist verbleibt ein Rest Magnesium. Wo der Span mit der Tiegelzange in Berührung kam, hat sich der Ausgangsstoff oft nicht vollständig umgesetzt.
2. Während der Reaktion ist ein weißer Rauch zu bemerken. Dabei handelt es sich um Magnesiumoxid, das durch die Hitze fein verteilt in die Luft gewirbelt wird. Diese Masse kann anschließend nicht mehr gewogen werden.

Eine offene Versuchsanordnung ist nicht geeignet, feste Massenverhältnisse bei der Verbrennung von Magnesium zu ermitteln. Der Versuch muss in einem geschlossenen Gefäß und in reinem Sauerstoff durchgeführt werden. Außerdem ist es nötig, Magnesium feiner zu verteilen, damit alle Teilchen mit dem Sauerstoff reagieren können.

AUFGABEN

1. Nenne Vorgänge aus Natur und Technik, bei denen chemische Reaktionen ablaufen!

2. Wird ein Stück Kupferblech zu einem „Brief" zusammengefaltet und dieser „Kupferbrief" erwärmt, so kann man an der Innen- und Außenseite verschiedene Beobachtungen registrieren.
   Beschreibe die Beobachtungen! Wie lassen sich diese Erscheinungen erklären?

3. Erläutere den Begriff „exotherme Reaktion" mithilfe eines Schemas!

4. Kohlenstoff und Schwefel sind brennbar.
   a) Notiere jeweils die chemische Gleichung für die Reaktion mit Sauerstoff!
   b) Vergleiche die Eigenschaften der Reaktionsprodukte, die bei der Verbrennung von Kohlenstoff und Schwefel entstehen! Übernimm die Tabelle in dein Heft und fülle sie aus!

Eigenschaften	**Reaktionsprodukt der Verbrennung von Kohlenstoff**	**Reaktionsprodukt der Verbrennung von Schwefel**
Farbe		
Geruch		
Dichte im Vergleich zu Luft		
Brennbarkeit		
Unterhalten der Verbrennung		
Reaktion mit Kalkwasser		
Bleichende Wirkung		
Giftigkeit		

   c) Notiere die Bedeutung der beiden Reaktionsprodukte!

5. Die Abbildung zeigt ein Experiment.
   a) Entscheide und begründe, ob eine chemische Reaktion vorliegt!
   b) Ermittle Ausgangsstoffe und Reaktionsprodukte, wenn eine chemische Reaktion vorliegt und gib die Wortgleichung an! Notiere die Reaktionsgleichung!

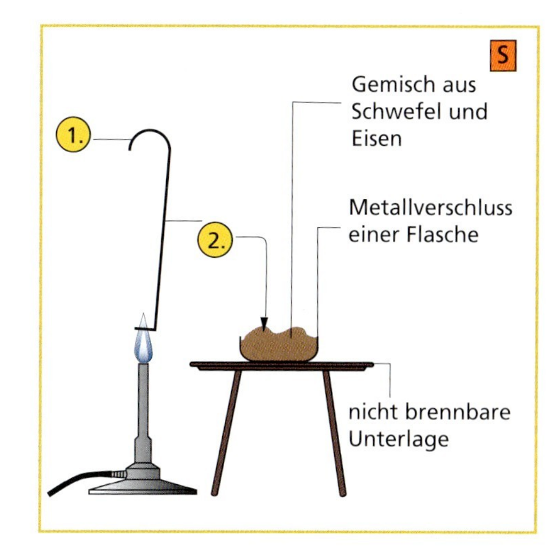

6. Schwefel ist ein brennbares Nichtmetall. Führt man jedoch einen Verbrennungslöffel, auf dem brennender Schwefel liegt, in ein kleines, geschlossenes Gefäß ein, erlischt die Flamme, ehe der gesamte Schwefel verbrannt ist. Leite aus dieser Beobachtung eine Schlussfolgerung ab!

7. Wasser ist ein Oxid. Werte diese Aussage!

8. Welche Teilchenanzahlen sind in 0,25 mol Eisen, 1,5 mol Kupfer, 110 mol Sauerstoff, 2 mol Stickstoff, 0,1 mol Wasserstoff, 0,75 mol Schwefel, 2,1 mol Kohlenstoff, 12 mol Kohlenstoffdioxid, 12 mol Wasser enthalten?

9. Ermittle die molaren Massen von Kohlenstoffdioxid, Wasser und Schwefeldioxid!

10. Drei Stoffproben aus Natrium, Blei und Zink weisen dieselbe Masse auf. Es wurden genau 35 g ausgewogen. Von welchem Stoff ist die größte Stoffmenge vorhanden?

11. Interpretiere folgende Reaktionsgleichungen!

a) $N_2 + O_2 \longrightarrow 2\,NO$
b) $Fe + S \longrightarrow FeS$
c) $2\,Zn + O_2 \longrightarrow 2\,ZnO$
d) $Pb + O_2 \longrightarrow PbO_2$

12. Gib die Wertigkeiten der Elemente in folgenden Verbindungen an: Fe_2O_3, FeO, PbO_2, Cu_2O, NO_2, P_2O_5!

13. Informiere dich über die Reaktionswärme bei chemischen Reaktionen! Definiere den Begriff! Nutze dazu das Internet, z. B. www.schuelerlexikon.de!

14. Die „innere Atmung" oder Zellatmung ist eine biologisch wichtige Oxidation.
Bewerte diese Aussage! Nenne dazu Ausgangsstoffe, Reaktionsprodukte und Orte der Zellatmung! Erläutere die Bedeutung dieses Stoffwechselprozesses!
Ermittle die Fakten mithilfe des Internets oder geeigneter Nachschlagewerke!

15. Wir nutzen exotherme Reaktionen zur Energiefreisetzung. Für die Qualität eines Brennstoffs ist der Heizwert entscheidend.
Ermittle, was man unter dem „Heizwert" eines Stoffes versteht und wovon er abhängt! Gib für einige Brennstoffe den Heizwert an! Nutze dazu geeignete Nachschlagewerke oder das Internet, z. B. www.schuelerlexikon.de!

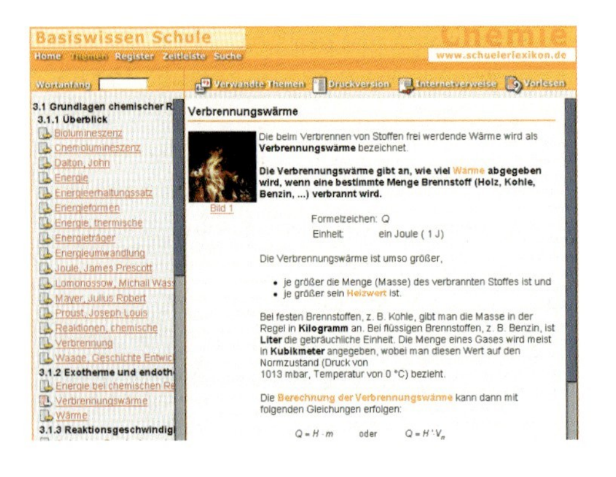

16. Beschädigungen an der Autokarosserie durch Steinschlag müssen schnell beseitigt werden. Erkläre, warum das notwendig ist!

17. Begründe, dass es notwendig ist, für tragende Kostruktionen (z. B. Brückenteile) korrosionssichere Stähle einzusetzen!

18. Die Heizkörper einer Zentralheizung sind in der Regel mit Wasser gefüllt. Die Heizkörper sind aber innen weder lackiert noch verzinkt, dennoch rosten sie kaum durch. Erkläre!

19. S Ein Stück Eisenblech wird mit Schleifpapier blank gerieben und auf mehrere Lagen feuchtes Papier gelegt. Das Papier wird in regelmäßigen Abständen angefeuchtet.
   a) Stelle eine Vermutung über das zu erwartende Ergebnis auf und begründe diese! Überprüfe deine Vermutung durch das Experiment!
   b) Präpariere ein zweites Eisenblech, indem du es vor dem Anfeuchten mit Kochsalz bestreust.

   Beobachte jeweils mehrere Tage! Beschreibe die Beobachtung und erläutere ein praktisches Beispiel für die Ergebnisse!

20. Warum werden Werkzeuge nach dem Benutzen oft mit Öl abgerieben und dann erst weggeräumt? Erkläre!

4.2 Entstehung, Bekämpfung und Verhütung von Bränden

Brände verhindern, aber wie?

Die Nutzung des Feuers stellt eine wichtige Grundlage für viele Lebensprozesse der Menschen dar. Im täglichen Leben spielt das Verbrennen von Stoffen zur Energiefreisetzung eine große Rolle. Strom wird oft durch die Verbrennung von fossilen Rohstoffen erzeugt.
Geht man jedoch mit Feuer unsachgemäß um, kann es zu Bränden kommen, die zur Vernichtung großer Werte führen.

Töpfe aus Tierhaut

Schon vor der Nutzung des Metalls verstanden es die Menschen, Wasser zu erwärmen. Dazu benötigt man aber ein Gefäß. Die allerersten Kochgefäße bestanden vermutlich aus Tierhaut, die über dem offenen Feuer aufgehängt wurde. Jeder weiß, dass es sich bei diesem Material eigentlich um brennbare Stoffe handelt. Trotzdem werden die ungewöhnlichen Kochgefäße nicht verbrennen, solange das Wasser in ihnen nicht vollständig verdampft ist.
Wie ist es zu erklären, das dieser „Topf" nicht in Flammen aufgeht?

Wie kann das Entstehen von Bränden verhindert werden?

Ein überraschendes Experiment

Die meisten Menschen finden es bei Kerzenschein gemütlich. Kleine Experimente mit dieser Flamme hat sicher jeder schon durchgeführt, z. B. eine Apfelsinenschale kurz vor der Flamme zusammengedrückt und die kleinen Funken betrachtet.
Hält man nun ein Metallröhrchen in die brennende Flamme einer Kerze, kann man auch am Ende des Röhrchens eine Flamme entzünden.
Warum kann am Ende des Röhrchens eine Flamme entzündet werden? Was brennt denn dort?

GRUNDLAGEN

Die Entstehung von Feuer

Menschliches Leben und technischer Fortschritt sind ohne Verbrennungsprozesse nicht denkbar. Jedoch ist bekannt, welche Folgen Brände haben können (Abb. 2). Um sie zu vermeiden und bekämpfen zu können, muss man die Bedingungen kennen, die zu ihrem Entstehen führen.
Eine der Bedingungen wird jedem nach kurzem Überlegen einfallen. Normalerweise achtet man nämlich darauf, dass man ein Lagerfeuer nicht in der Nähe eines Holzstapels, sondern in einiger Entfernung zu ihm entfacht. Ansonsten könnten die Flammen leicht übergreifen. Neben einem Steinhaufen bestünde die Gefahr nicht. Zur Entstehung eines Feuers muss ein **brennbarer Stoff** vorhanden sein. Brennbare Stoffe können verschiedene Feststoffe, Flüssigkeiten oder Gase sein (Abb. 1).
Beim Erhitzen werden feste und flüssige Stoffe gasförmig oder zersetzen sich. Die Gase verbrennen dann. Das wird z. B. deutlich, wenn man eine Kerze entzündet. Erst wenn das Wachs gasförmig ist, beginnt es zu brennen. **Flammen sind brennende Gase.**

2 Brennendes Haus – große Werte werden zerstört.

Werden keine Gase gebildet, verglühen die Stoffe (z.B. Holzkohle). Beim Grillen muss darauf geachtet werden, dass sich keine Flammen entwickeln. Deshalb sollte das Grillgut erst aufgelegt werden, wenn die Grillkohle nur noch glüht.
Die Stoffe können nur verbrennen, wenn die Luftzufuhr gesichert ist, denn **Verbrennungen sind Oxidationen**. Ein Reaktionspartner ist immer Sauerstoff.
Stoppt man die Sauerstoffzufuhr, z. B. indem man ein Glas oder einen abgedeckten Zylinder über eine brennende Kerze stülpt, erlischt die Flamme (Abb. 1, S. 121). Die **Zufuhr von Luft bzw. Sauerstoff** stellt demnach eine weitere Vor-

1 Um mit einem Heißluftballon aufsteigen zu können, wird Luft durch Verbrennen von Propangas erwärmt.

Vorstellungen über Feuer in der Geschichte

Die große Bedeutung des Feuers für die Menschen zeigt sich auch in religiösen Bräuchen.
Oft wurde ein Gott des Feuers verehrt, z. B. bei den Germanen der Gott Loki.
Auch bei Vorstellungen, die die ersten Philosophen über die Natur entwickelten, spielte das Feuer immer eine große Rolle.
Der Ursprung aller Dinge sollte z.B. nach HERAKLIT (ca. 544–483 v. Chr.) ein Urstoff gewesen sein. Als diesen Urstoff bezeichnete er das Feuer. Später nahm man vier Urstoffe (Elemente) an, durch deren Vermischung und Umwandlung alle Stoffe entstehen – Luft, Erde, Wasser und Feuer. Die Vorstellung vom Feuer als ein „Element" hielt sehr lange. Noch im 17. Jahrhundert ging man davon aus, dass es einen „Feuerstoff" gibt, der ein Gewicht besitzt. Die Natur des Feuers und auch das Prinzip der Verbrennung waren nicht geklärt.

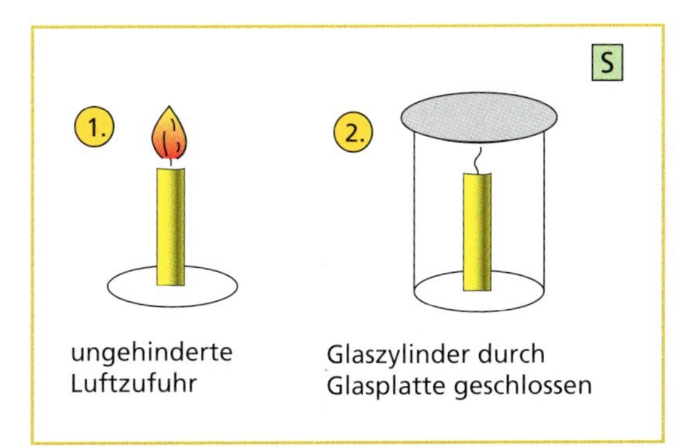

1 Stoffe verbrennen nur, wenn Luft bzw. Sauerstoff vorhanden ist.

aussetzung für die Entstehung von Bränden dar.

Für den Beginn der Oxidationsreaktion ist auch eine bestimmte Wärmezufuhr notwendig. Ist die Entzündungstemperatur des brennbaren Stoffes erreicht, verbrennt er.

Die **Entzündungstemperaturen** der Stoffe sind unterschiedlich, z.B.

Papier – ca. 250 °C
Holz (trocken) – ca. 300 °C
Steinkohle – 350 bis 600 °C
Benzin – 200 bis 250 °C
Propangas – 460 °C.

Drei Voraussetzungen müssen für die Entstehung von Bränden erfüllt sein:
- **Vorhandensein eines brennbaren Stoffes,**
- **Zufuhr von Sauerstoff oder Luft,**
- **Erreichen der Entzündungstemperatur des brennbaren Stoffes.**

Das Löschen von Feuer

Die Voraussetzungen für das Entstehen eines Brandes muss man kennen, damit man ihn wirksam bekämpfen kann. Um Brände zu verhindern oder sie zu löschen, muss immer **mindestens eine** dieser Voraussetzungen fehlen (Abb. 2, 3, 4).

Maßnahmen zum Löschen eines Feuers sind:
- **Entfernen des brennbaren Stoffes oder**
- **Unterbinden der Sauerstoffzufuhr oder**
- **Herabsetzen der Temperatur unter die Entzündungstemperatur des Stoffes.**

Besonders gefährlich sind schnell verlaufende Verbrennungen von Gemischen aus brennbaren Gasen und Luft bzw. aus fein verteilten brennbaren Feststoffen. Man bezeichnet sie als **Explosionen.**

Im Bereich solcher extrem schnell verlaufenden Verbrennungen treten kurzzeitig sehr hohe Temperaturen und starke, zerstörende Druckwellen auf.

Typische Beispiele hierfür sind Gasexplosionen nach dem unkontrollierten Ausströmen von Erd- oder Stadtgas, „schlagende Wetter“ im Bergwerk (Gemische aus dem Grubengas Methan und Luft explodieren), Staubexplosionen in der Kohle verarbeitenden Industrie oder in Mühlenwerken (Explosionen von Mehlstaub-Luft-Gemischen).

Im täglichen Leben treten vor allem durch unsachgemäßen und sorglosen Umgang mit Erd- oder Stadtgas leider immer wieder schwerwiegende Unfälle auf. Hier gelten ganz bestimmte Verhaltensregeln.

2 Feuer kann man löschen durch Entfernen des brennbaren Stoffes, …

3 Unterbinden der Sauerstoffzufuhr oder …

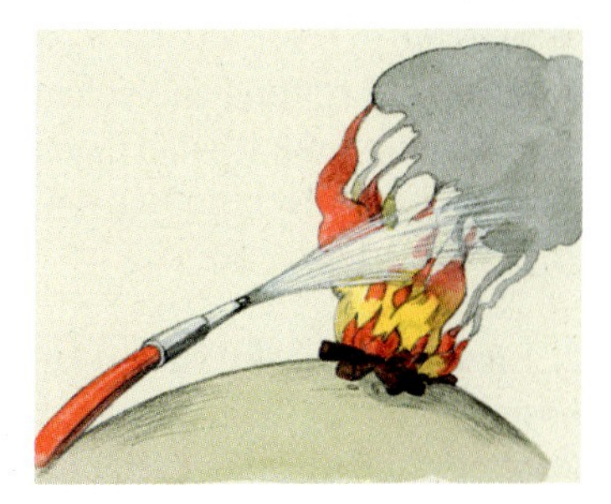

4 Herabsetzen der Temperatur unter die Entzündungstemperatur.

- Montagen an Gasleitungen dürfen nur dafür ausgebildete Fachkräfte ausführen.
- Bei längerer Abwesenheit sind die Hauptabsperrventile für Gas zu schließen.
- Bei auftretendem Gasgeruch ist sofort die dafür zuständige Einrichtung oder die Feuerwehr zu alarmieren.
- Es dürfen beim Verdacht auf ausströmendes Gas keine Flammen entzündet und keine elektrischen Schalter betätigt werden; das Rauchen ist unbedingt zu unterlassen.
- Nach Möglichkeit sollten die betreffenden Räume gelüftet werden.

Auch im Haushalt müssen bestimmte Regeln eingehalten werden. Brennbares Material (Kaminholz) darf z. B. nicht neben der Feuerstätte gelagert werden, bei brennbaren Flüssigkeiten muss man auf die Lagertemperatur achten.

Ist ein Feuer erst einmal ausgebrochen, wird es oft mit Wasser gelöscht. Durch das Wasser wird die herrschende Temperatur herabgesetzt und die Luftzufuhr vermindert (Abb.1). Ist kein Wasser zur Hand, kann man sich bei kleineren Bränden auch mit einer Decke behelfen. Das Abdecken des Brandherdes unterbindet die Luftzufuhr (Abb. 3, S. 121). Eine Reihe von Bränden darf aber niemals mit Wasser gelöscht werden:

1. Brände von Flüssigkeiten, die nicht mit Wasser mischbar sind und eine geringere Dichte als Wasser aufweisen (Benzin, Petroleum, Dieselöl)

Diese Flüssigkeiten schwimmen auf dem Wasser und würden nur weiter verteilt werden. Dadurch kämen sie noch besser mit dem Sauerstoff der Luft in Kontakt, die Flammen würden sich verstärken.

Für die Bekämpfung von solchen Bränden muss ein Schaumfeuerlöscher oder Trockenfeuerlöscher zur Unterbindung der Sauerstoffzufuhr genutzt werden.

2. Brände an elektrischen Leitungen

Löschwasser enthält gelöste Salze und ist dadurch ein relativ guter Leiter für den elektrischen Strom. Hier muss zuerst die elektrische Anlage abgeschaltet werden. Zum Löschen dieser

1 Ein ausgebrochenes Feuer im Gebäude wird mit Wasser gelöscht.

Brände werden ebenfalls Trockenlöscher verwendet (Abb. 2).

3. Brände von Leichtmetallen wie Aluminium und Magnesium

Bei diesen Metallen handelt es sich um besonders unedle Metalle, die nicht nur mit dem freien Sauerstoff der Luft, sondern auch mit chemisch gebundenem Sauerstoff reagieren. Bei der Reaktion unedler Metalle mit Wasser bilden sich explosive Gasgemische.

Nachdem man den Brandherd lokalisiert und die brennbaren Materialien aus seiner Nähe entfernt hat, wird der Brandherd mit trockenem(!) Sand abgedeckt und dadurch die Sauerstoffzufuhr unterbunden.

2 Durch spezielle Löschanlagen wird bei Elektrobränden die Zufuhr von Sauerstoff verhindert.

ANWENDUNGEN

Brennbare Kochgefäße

Nicht immer müssen Gefäße, in denen Wasser erhitzt wird, aus Metall gefertigt sein. Zur Not kann man auch ein Gefäß aus Leder oder Papier nutzen (s. Abb. S. 119), das Gefäß brennt nicht, solange sich in ihm Wasser befindet.
Erkläre, warum Gefäße aus brennbaren Materialien nicht in Flammen aufgehen, solange immer ausreichend Wasser in ihnen enthalten ist!

1. Nimmt man an, dass das Gefäß aus Papier besteht, ist es wichtig, die Entzündungstemperatur dieses Stoffes zu kennen. Sie liegt bei 250 °C.
   Auch über Eigenschaften des Wassers muss man sich informieren, denn mit Wasser brennt das Gefäß nicht, ohne jedoch sehr schnell. Durch Wärmezufuhr beginnt Wasser bei 100 °C zu sieden und geht in den gasförmigen Zustand über.

2. Damit etwas anfangen kann zu brennen, muss ein brennbarer Stoff vorhanden sein, eine ausreichende Luftzufuhr bestehen und die Entzündungstemperatur des brennbaren Stoffs überschritten werden. Solange Wasser im Papiergefäß enthalten ist, wird also mindestens eine Bedingung nicht erfüllt.

3. Ein brennbarer Stoff und Luft sind offensichtlich vorhanden, denn das Kochgeschirr würde ohne enthaltenes Wasser entflammen. Demzufolge ist die dritte Bedingung, eine höhere Temperatur als die Entzündungstemperatur des Stoffes, nicht erfüllt. Die Wärme des Feuers wird vom Wasser aufgenommen und vom Kochgefäß weggeleitet. Diese Wärme bringt das Wasser zuerst zum Sieden und dann dazu, dass es in den gasförmigen Zustand übergehen kann.
   Die Siedetemperatur des Wassers beträgt 100 °C. Solange das Wasser siedet, ändert sich die Temperatur von 100 °C nicht. Die Temperatur reicht für das Entzünden des Gefäßes nicht aus, denn für Papier liegt die Entzündungstemperatur bei 250 °C. Erst wenn sich in dem Gefäß kein Wasser mehr befindet, steigt die Temperatur über 100 °C an. Nach kurzer Zeit wird die Entzündungstemperatur des außergewöhnlichen Kochgeschirrs überschritten und es beginnt zu verbrennen.

S Springendes Feuer

Eine Kerze wird entzündet. Nach einer Weile bläst man die Flamme aus und versucht sofort, die Kerze wieder zu entzünden. Dazu nähert man sich dem Docht mit dem brennenden Streichholz langsam von oben.
Man wird beobachten, dass die Flamme nach unten an den Docht „springt".
Wie ist es möglich, dass das Feuer den Zwischenraum überwindet? Erkläre!

Drei Bedingungen sind erforderlich, um ein Feuer zu entzünden: ein brennbarer Stoff, eine Temperatur oberhalb der Entzündungstemperatur und Sauerstoffzufuhr. Die Entzündungstemperatur ist durch die Wärme des brennenden Streichholzes überschritten. Der Sauerstoff ist in der Luft enthalten, aber welcher Stoff brennt zwischen Kerzendocht und Streichholzflamme?
Offensichtlich befindet sich in dem Zwischenraum ein brennbares Gas. Wenn die Kerze entzündet ist, schmilzt sie nicht nur. In der Nähe des Dochtes geht Kerzenwachs in den gasförmigen Zustand über. Die Flamme selbst ist also nichts anderes als brennendes Gas.
Die brennbaren Gase sind noch vorhanden, wenn die Kerze sofort nach dem Ausblasen wieder entzündet wird. Über diese „Brücke" gelangt die Flamme zum Docht.

AUFGABEN

1. Sage voraus, was in folgenden Situationen passieren wird! Begründe deine Voraussage!
   a) Gesteinswolle wird in die Brennerflamme gehalten. Wird sie entflammen?
   b) Ein großes Becherglas wird über brennende Holzwolle gestülpt. Brennt das Feuer weiter?
   c) Erwärmtes Heizöl wird mit einem brennenden Streichholz berührt. Was passiert?
   d) Auf eine kleine Schale mit brennendem Papier wird ein Strahl aus einer Wasserflasche gerichtet. Brennt das Papier weiter?
   e) Sägespäne werden in einem Reagenzglas mit Gasableitungsrohr kräftig erhitzt. An die Düse wird ein brennendes Hölzchen gebracht. Welche Erscheinung ist zu erwarten?

2. Weshalb werden bei Waldbränden häufig Schneisen in den Wald geschlagen und ein Streifen Waldboden umgepflügt? Erkläre!

3. Jährlich gibt es beim Grillen durch unsachgemäßen Umgang z. T. tragische Unfälle. Besonders häufig liegt die Ursache für solche Unfälle darin, dass versucht wird, die Grillkohle mit Benzin anzuzünden.
   Erkläre, was passiert!

4. Hält man ein Metallröhrchen in eine Kerzenflamme, kann man an seinem Ende ebenfalls eine Flamme entzünden.
   Erkläre diese Erscheinung!

5. Benzinbrände dürfen nicht mit Wasser gelöscht werden.
   Beschreibe eine Möglichkeit, wie man Benzinbrände löschen kann!
   Welche Sicherheitsvorkehrungen sind zu treffen?

6. Wird ein Gebäude bei Brandalarm verlassen, sind Fenster und Türen zu schließen (nicht abzuschließen). Erkläre diese Anweisung!

7. Nenne jeweils drei brennbare und drei nicht brennbare Stoffe.
   Gib die Ursache für die Brennbarkeit eines Stoffes an!

8. Eine Feuerversicherung für ein Steinhaus kostet weniger als die Versicherung eines Holzhauses gleicher Größe.
   Kannst du diese unterschiedliche Einstufung erklären!

9. Lange Zeit nahm man an, dass es einen „Feuerstoff" gäbe. Heute sind die Vorgänge, die bei Verbrennungen ablaufen, geklärt. Erläutere, was Flammen eigentlich sind!

10. Eine Voraussetzung für die Entstehung von Bränden sind brennbare Stoffe.
    Finde Beispiele, wie man diese Kenntnis bei vorbeugenden Brandschutzmaßnahmen im Haushalt, in Betrieben und in Chemieräumen berücksichtigt!

11. Übertrage die Tabelle in dein Heft und fülle sie aus!

Brandherd/Brandursache	Maßnahmen zur Brandbekämpfung	Begründung der Maßnahmen
schwelender Brand der Tischdecke im Wohnzimmer durch Zigarettenasche		
Brand einer Benzinpfütze in der Nähe von Garagen		
Brennen von Kleidung an einer Person		
Brand an der Elektroanlage eines Hauses		
Metallbrand im Chemieraum der Schule		

Experimente mit Kerzen und Flammen

1. Betrachte die folgenden Skizzen! Welche Beobachtungen wirst du nach einiger Zeit jeweils machen? Begründe!

2. Finde heraus, was in der Kerze verbrennt!
S Führe folgende Experimente durch:
   a) Entzünde eine Kerze! Warte etwa 2 Minuten und blase dann die Flamme aus! Führe sogleich ein brennendes Streichholz in die Nähe des Dochtes!
   b) Entzünde die Kerze erneut! Halte ein Glasrohr ($d = 6 – 8$ mm) über die brennende Kerze, sodass sich der untere Glasrand nahe am Docht befindet! Blase die Kerzenflamme aus und halte eine Streichholzflamme an den oberen Glasrand in den Wachsdampf!

   Beschreibe deine Beobachtungen!
   Erkläre jeweils die beobachtete Erscheinung!

3. Ein Reagenzglas, das Holzspäne enthält, wird
L erhitzt! Dabei kommt das Feuer nicht direkt an das Holz heran, deshalb verschwelt es.
   a) Wie verhält sich das Holz beim Verschwelen? Notiere deine Beobachtung!
   b) Was würde passieren, wenn man ein brennendes Streichholz an die Öffnung des Reagenzglases halten würde?

   Stelle eine begründete Vermutung auf und vergleiche mit dem Experiment!

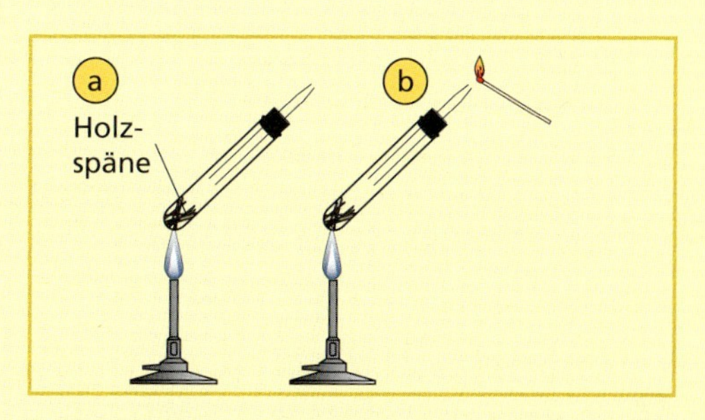

4. Erwärme eine kleine Menge Kerzenwachs in
S einem Porzellantiegel! (Vorsicht!) Versuche mehrmals das Wachs zu entzünden! Beschreibe und erkläre deine Beobachtungen!

5. Erhitze eine kleine Menge Kerzenwachs in ei-
S nem Tiegel bis eine Flamme entsteht!
   a) Verschließe den Tiegel mit einem Deckel! Nimm nach ein paar Sekunden den Deckel mit der Tiegelzange wieder ab!
   b) Entferne den Brenner! Wiederhole das Öffnen und Schließen des Porzellantiegels mehrere Male!

   Was kannst du beobachten? Erkläre!

6. S Ermittle, ob Materialien gleich gut entflammbar sind! Entzünde dazu eine Kerze! Halte mit der Tiegelzange nacheinander für kurze Zeit einen Holzspan, Papier und ein Kohlestückchen in die Kerzenflamme! Notiere deine Beobachtungen!
Leite entsprechend der Aufgabenstellung eine Schlussfolgerung aus den Beobachtungen ab! Finde eine Erklärung!

7. S Entzünde zwei schmale, dicht nebeneinanderstehende Kerzen und lasse beide eine kurze Weile brennen! Blase eine der Kerzen mit einem Glasrohr aus! Wiederhole das Experiment mehrmals! Notiere deine Beobachtungen!

Gib eine Erklärung für das Beobachtungsergebnis! Leite eine Schlussfolgerung über den Umgang mit brennbaren Stoffen ab!

8. S Baue die Versuchsapparatur nach der Abbildung zusammen! Zünde eine Kerze an! Halte die Öffnung des Glasrohres genau über die Kerzenflamme und gib mit der Tropfpipette die Salzsäure in den Kolben! Notiere deine Beobachtungen und erkläre sie!

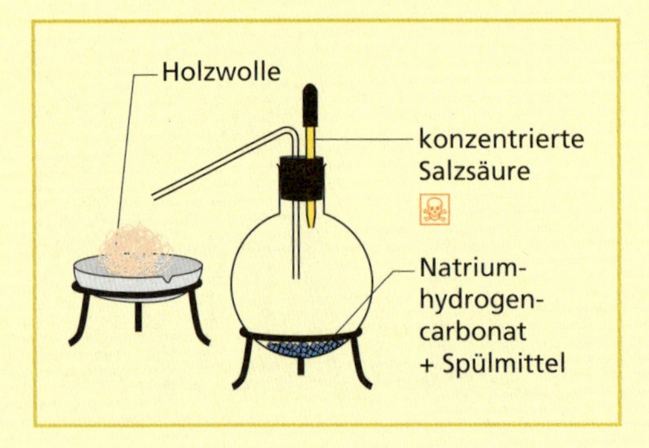

9. S Demonstriere deinen Mitschülern Möglichkeiten zum Löschen von Bränden!
Leite die Experimente aus den drei Bedingungen ab, die zur Entstehung von Bränden erforderlich sind!
Entwickle dazu einen Plan für die notwendigen Demonstrationsexperimente und führe sie entsprechend deines Planes vor!
Dir stehen folgende Geräte und Chemikalien zur Verfügung:

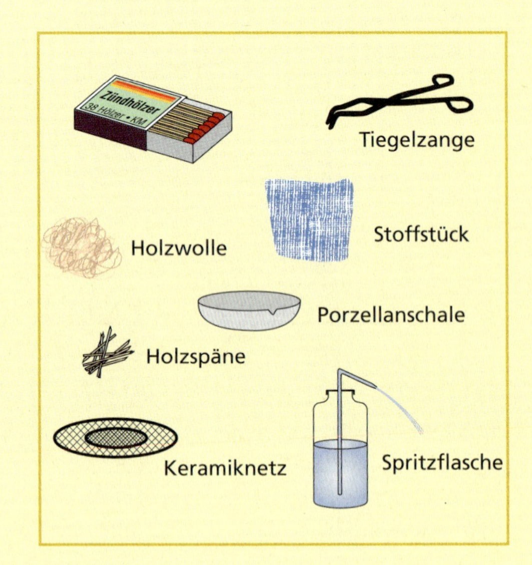

10. S Entzünde eine Kerze und lass sie einige Zeit brennen!
Stelle eine zweite Kerze, die nicht angezündet wurde, daneben!
Blase die Kerze aus und versuche jetzt, **bei beiden** Kerzen den Docht in einem Abstand von 2 cm wieder zu entzünden!
Beschreibe und erkläre deine Beobachtung!

11. S Führe in ein Becherglas vorsichtig ein brennendes Streichholz mit einer Tiegelzange ein! Gib deine Beobachtung an!
Rühre jetzt ein Gemisch aus einem Päckchen Backpulver, Weinessig oder Zitronensaft und Wasser im Becherglas an, führe wieder ein brennendes Streichholz ein!
Notiere auch diese Beobachtung!
Vergleiche beide Beobachtungen und leite eine mögliche Schlussfolgerung ab!

4.3 Vom Metalloxid zum metallischen Werkstoff

Eisengewinnung im Wandel der Zeiten

Schon in keltischer, römischer und germanischer Zeit wurde Eisen in geringen Mengen mithilfe einfacher Schmelzöfen gewonnen. Bis zur ersten Hälfte des 16. Jahrhunderts dominierte das Schmelzen in Rennöfen. Das erzeugte Roheisen war noch mit Schlacke versetzt und musste durch mehrfaches Schmieden langwierig bearbeitet werden. Seit dem 18. Jh. erfolgt die Roheisengewinnung im Hochofen.

Wie wird im Hochofen aus Eisenerz Roheisen gewonnen? Wie ist ein Hochofen aufgebaut?

Eisen und Eisenerz

Eisen spielte in der Geschichte der Menschheit schon lange eine große Rolle. In China und Indien erzeugte man schon vor 4 000 Jahren Eisen. Waffen aus Eisen ermöglichten es dem spanischen Eroberer CORTEZ das Reich der Azteken zu unterwerfen, um an die sagenhaften Goldschätze zu gelangen. Eine ganze Kultur wurde vernichtet, weil Waffen aus Eisen denen der Azteken überlegen waren.

Welche Kenntnisse und Erfahrungen sind nötig, um Eisen aus Eisenerz (Abb.) herzustellen?

Stähle mit verschiedenen Eigenschaften

Viele Gegenstände im Haushalt, viele Werkzeuge oder Konstruktionsteile, von denen wir behaupten, dass sie aus Eisen bestehen, sind nicht aus Eisen, sondern aus Stahl. Unterschiedliche Stahlsorten sind durch verschiedene Eigenschaften gekennzeichnet.

Welche Beziehungen bestehen zwischen dem Stoff „Eisen“ und dem Stoff „Stahl“?

Welche chemischen Reaktionen sind zur Herstellung von Eisen, welche zur Gewinnung von Stahl erforderlich?

GRUNDLAGEN

Die Redoxreaktion

Obwohl einige der Metalle in der Erdrinde recht häufig sind, wurde ein großer Teil von ihnen erst in den letzten drei Jahrhunderten entdeckt. Vorher kannte man diese Metalle nicht, weil die meisten von ihnen auf der Erde nur in Form ihrer Verbindungen zu finden sind (Abb. 1).

Weil besonders unedle Metalle mit dem Sauerstoff der Luft reagieren, müssen die Metalle aus ihren Erzen, die meist Metalloxide enthalten, hergestellt werden.

Bei der Metallherstellung aus den Metalloxiden geht es darum, mit einer chemischen Reaktion dem Metalloxid den Sauerstoff zu entziehen.

Metalloxid ⟶ Metall + Sauerstoff

Durch **Umkehrung der Oxidation** kann aus dem Metalloxid das Metall zurückgewonnen werden. Diese Reaktion heißt **Reduktion** (Abb. 2).

Die Reduktion ist eine chemische Reaktion, bei der z. B. einem Metalloxid der Sauerstoff entzogen wird. Das Metalloxid wird zum Metall zurückgeführt (reducere – zurückführen). Diese Umkehrung der Reaktion gilt nicht nur für die stoffliche Seite. Für die Reduktion von Metalloxiden ist eine ständige **Energiezufuhr** notwendig. Die Reduktion läuft nur bei erhöhter Temperatur als notwendige Reaktionsbedingung ab. Die Reaktion ist **endotherm** (Abb. 3).

M **Die Reduktion ist eine chemische Reaktion, bei der einem Oxid Sauerstoff entzogen wird. Die Reaktion ist endotherm.**

Einige Metalloxide können durch Wärmezufuhr zersetzt werden. Im Labor wird auf diese Art und Weise Quecksilber hergestellt. Bei der Reaktion wird rotes Quecksilberoxid thermisch gespalten. Dabei bilden sich das silberglänzende Quecksilber und das farblose Gas Sauerstoff.

Quecksilberoxid ⟶ Quecksilber + Sauerstoff
$2\,HgO \longrightarrow 2\,Hg + O_2$

1 Elementares Eisen kommt in Meteoriten vor. Sonst ist Eisen chemisch gebunden.

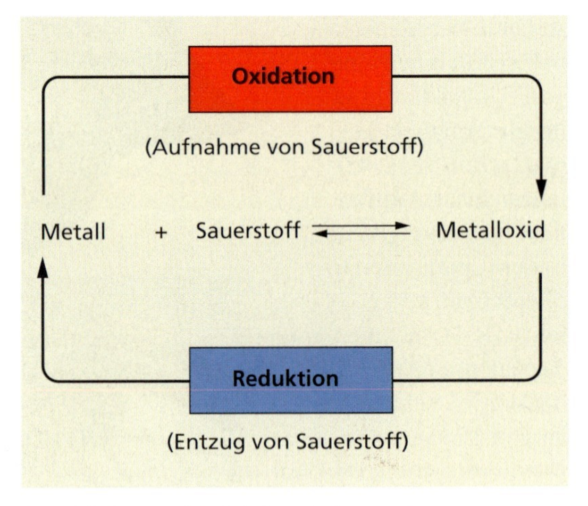

2 Oxidation und Reduktion sind entgegengesetzt verlaufende chemische Prozesse.

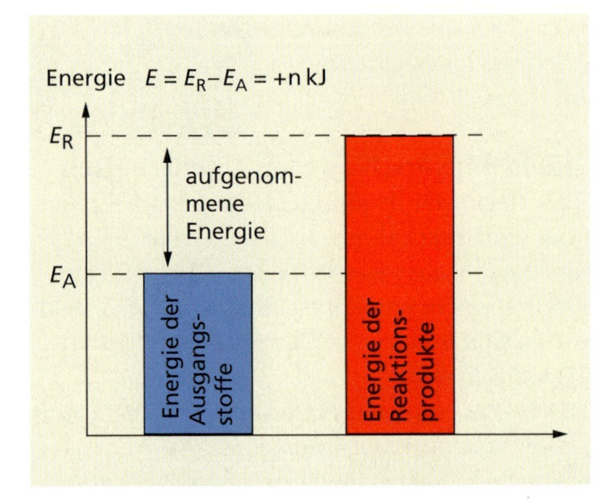

3 Der Energieinhalt der Reaktionsprodukte ist bei endothermen Reaktionen größer als der der Ausgangsstoffe.

Man könnte auf den Gedanken kommen, den Prozess der Korrosion umzukehren, indem man den verrosteten Gegenstand kräftig erhitzt und den Sauerstoff abspaltet. Jedoch nur wenige Metalloxide geben den Sauerstoff so leicht ab wie Quecksilberoxid. Um z. B. dem Eisenoxid den Sauerstoff zu entreißen, benötigt man einen Stoff, der Sauerstoff noch leichter und schneller aufnimmt als Eisen. Man braucht ein **Reduktionsmittel.**

M **Ein Reduktionsmittel ist ein Stoff, der während einer chemischen Reaktion anderen Stoffen Sauerstoff entzieht.**

Das **Reduktionsmittel** verbindet sich dabei mit dem Sauerstoff, es **wird oxidiert.** Stoffe, denen der Sauerstoff entzogen werden kann, sind **Oxidationsmittel**. Sie **werden reduziert.**

M **Ein Oxidationsmittel ist ein Stoff, der während einer chemischen Reaktion Sauerstoff an andere Stoffe abgibt.**

Die chemischen Reaktionen **Oxidation** und **Reduktion** sind nicht voneinander zu trennen, beide laufen **gleichzeitig** ab.
Dem einen Stoff wird Sauerstoff entrissen, er gibt ihn ab – Reduktion. Gleichzeitig nimmt der andere Stoff Sauerstoff auf – Oxidation. Dabei verläuft die Teilreaktion Oxidation exotherm und die Teilreaktion Reduktion endotherm. Die Gesamtreaktion kann in Abhängigkeit von den Teilreaktionen sowohl exotherm als auch endotherm sein. Die Teilreaktionen Oxidation und Reduktion bedingen einander und stellen **eine untrennbare Einheit** dar.

M **Eine chemische Reaktion, bei der Oxidation und Reduktion gleichzeitig ablaufen, nennt man Redoxreaktion.**

Metalle reagieren unterschiedlich gut mit Sauerstoff. Das kann man zur Herstellung von Eisen nutzen. Da Aluminium viel besser mit Sauerstoff reagiert als Eisen, kann es auch als Reduktionsmittel für die Reduktion von Eisenoxid eingesetzt werden.

1 Schweißen einer Schiene mit dem Thermitverfahren

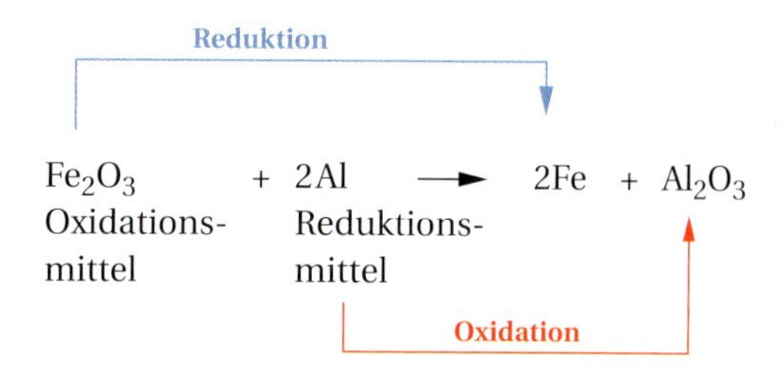

Diese Reaktion wird genutzt, um kleinere Mengen Eisen herzustellen, z. B. beim Gleisbau für Eisen- und Straßenbahn (aluminothermisches Schweißen oder Thermitverfahren – Abb. 1, 2). Es ist jedoch viel zu teuer, um große Mengen Eisen auf diese Art herzustellen, denn die Produktion von Aluminium ist technisch noch aufwändiger als die Herstellung von Eisen.

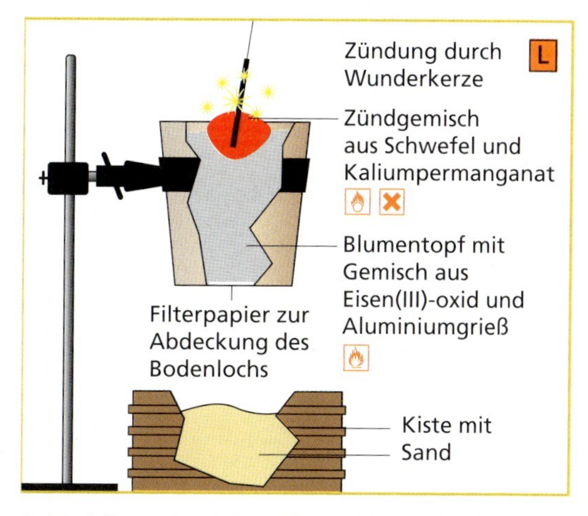

2 Modellexperiment zum aluminothermischen Schweißen

Technische Gewinnung von Roheisen und Stahl

Die EKO Stahl GmbH in Eisenhüttenstadt ist ein bedeutender Industriestandort in Brandenburg. Schon 1950 erfolgte im ersten Hochofen die Roheisenproduktion. 1965 nahm ein Kaltwalzwerk, 1984 ein Konverterstahlwerk und in den 90er Jahren ein Warmwalzwerk die Produktion auf.

Die wesentlichsten Ausgangsstoffe für die **technische Roheisengewinnung im Hochofen** sind die Eisenoxide in **Eisenerzen**. Andere Eisenerze (s. Tab.) müssen vor der Verhüttung noch chemisch vorbehandelt werden.

Weitere wichtige Ausgangsstoffe sind der Kohlenstoff aus dem **Koks**, **Zuschläge** und der Sauerstoff der **Luft**.

Der Hochofen (Abb. 1) wird von oben mit den festen Stoffen so beschickt, dass Schichten von Eisenerz und Koks wechseln. Sie sinken nach unten. Die vorgewärmte Luft wird von unten eingeblasen. Sie steigt nach oben. Durch diesen **stofflichen Gegenstrom** erfolgt eine gründliche Durchmischung. Damit im Zusammenhang steht auch ein **thermischer Gegenstrom.** Die kalte Luft im unteren Bereich wird an den heißen Reaktionsprodukten aufgeheizt. Im oberen Bereich wärmt das heiße Gichtgas die festen Ausgangsstoffe vor.

Im Hochofen laufen viele verschiedene chemische Reaktionen ab. Wesentlich für den technischen Prozess ist die Reaktion des Kohlenstoffs mit dem Sauerstoff der Luft, die im unteren Teil des Hochofens erfolgt. Diese Reaktion ist exotherm und **liefert die notwendige Energie** für den Hochofenprozess.

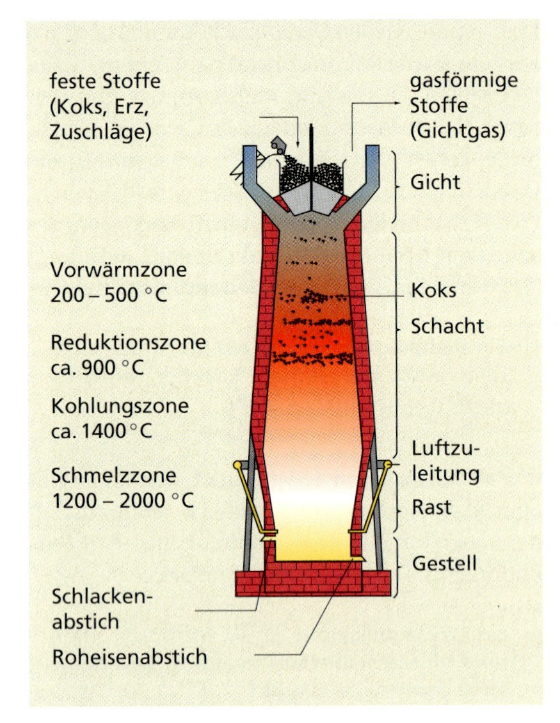

1 Schnitt durch einen Hochofen

$$C + O_2 \longrightarrow CO_2 \qquad \text{exotherm}$$

Eisenerze und ihre Zusammensetzung

Name des Erzes	Formel des Erzes	Eisengehalt	Vorkommen
Magneteisenstein Magnetit	Fe_3O_4	ca. 60–70 %	Russland, Schweden, Norwegen
Roteisenstein Hämatit	Fe_2O_3	ca. 45–60 %	Russland, Thüringen, Harz, USA, Brasilien
Brauneisenstein Limonit	$Fe_2O_3 \cdot n\ H_2O$	ca. 25–40 %	Russland, Frankreich, Thüringen, Lothringen, Salzgitter, Peine
Spateisenstein Siderit	$FeCO_3$	ca. 30–40 %	Russland, Österreich
Schwefelkies (Eisenkies) Pyrit	FeS_2	ca. 40 %	Polen, Spanien, Schweden, USA, Deutschland

Ein Apparat von den Ausmaßen des Hochofens kann nicht von außen erwärmt werden. Die erforderlichen Temperaturen müssen im Apparat selbst durch exotherme chemische Reaktionen erzeugt werden, wodurch die endothermen chemischen Reaktionen und Wärme verbrauchenden physikalischen Prozesse (Schmelzen des Eisens und der Schlacke) ermöglicht werden **(Kopplung von endothermer und exothermer Reaktionen).**

Damit die Reduktion der Eisenoxide erfolgen kann, ist ein **Reduktionsmittel** erforderlich. Der Kohlenstoff aus dem Koks wirkt zum Teil reduzierend. Das wesentlichste Reduktionsmittel ist jedoch **Kohlenstoffmonooxid (CO)**. Das Gas **entsteht im Hochofen** durch die Reaktion von Kohlenstoffdioxid und Kohlenstoff.

Das Kohlenstoffmonooxid ist bei der Reaktion sowohl Produkt einer Oxidation als auch einer Reduktion.

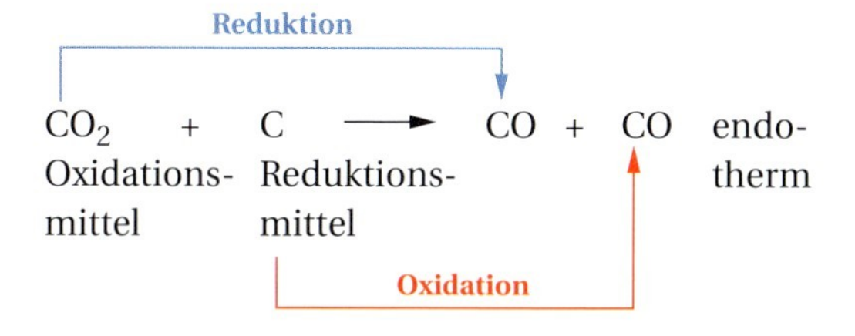

Die **Hauptreaktion** im Hochofen ist die Reaktion der Eisenoxide mit dem Reduktionsmittel Koh-

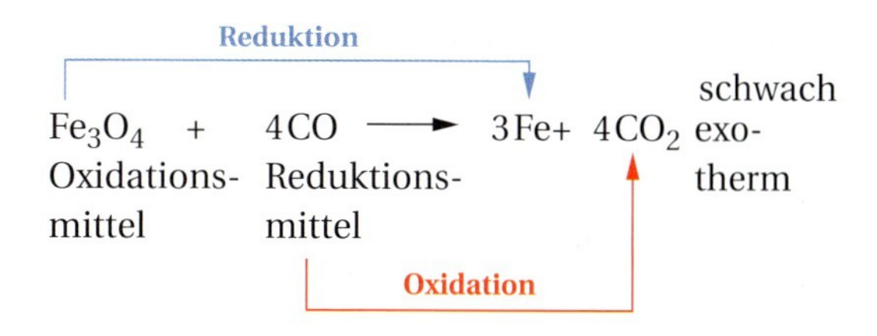

lenstoffmonooxid. Dabei entsteht **Roheisen.** Das entstandene Roheisen ist flüssig und wird im unteren Teil des Hochofens abgestochen.

Etwas oberhalb des Roheisenabstichs erfolgt der Abstich der Schlacke. Diese hat sich aus den restlichen Bestandteilen des Erzes und den Zuschlägen gebildet. Da Schlacke eine geringere Dichte als Roheisen hat, schwimmt sie auf dem flüssigen Eisen.

Der Abstich der Reaktionsprodukte erfolgt in regelmäßigen Abständen. Der Abstich erfolgt diskontinuierlich.

Trotzdem arbeitet der Hochofen ohne Unterbrechungen. Ist er in Gang gesetzt, laufen die Reaktionen im Inneren ständig ab, bis zu 20 Jahren. Dies bezeichnet man als **kontinuierliche Arbeitsweise.**

Die gasförmigen Produkte des Hochofenprozesses enweichen über die Gicht am oberen Ende des Hochofens (Abb. 1). Bei dem Gichtgas handelt es sich um ein Stoffgemisch aus Stickstoff, Kohlenstoffdioxid, Kohlenstoffmonooxid und Wasserstoff.

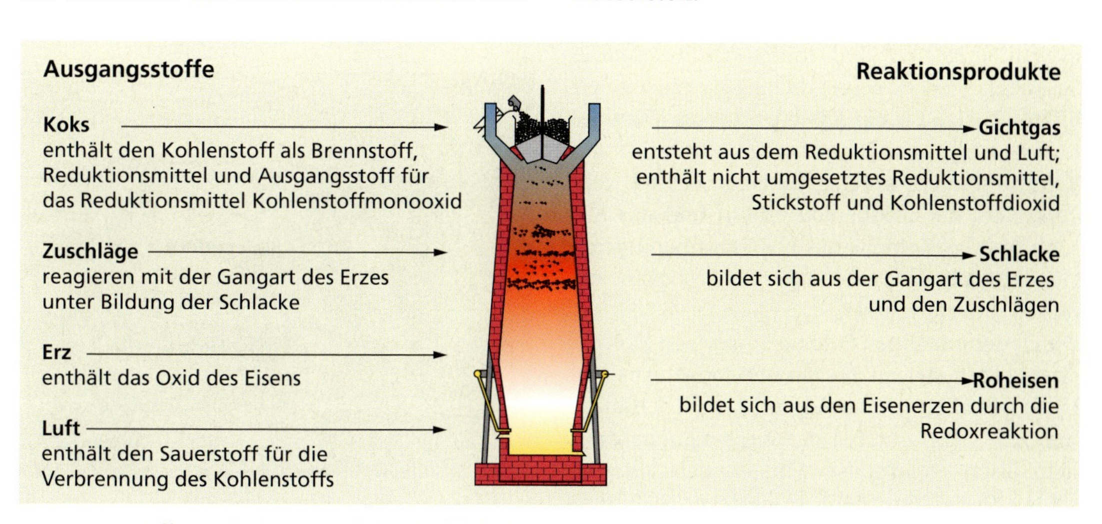

1 Ausgangsstoffe und Reaktionsprodukte des Hochofenprozesses

Eisen- und Stahlgewinnung in der Geschichte

Es ist nicht genau bekannt, seit wann Menschen Eisenerz verarbeiten und Gegenstände aus Eisen herstellen konnten. Es lassen sich jedoch einige Daten angeben, zu denen erwiesenermaßen die Menschen Eisen nutzen.

3000 v. Chr.:	Aus Eisenmeteoriten wurde in Ägypten Schmuck gehämmert.
2200 v. Chr.:	Beigaben von Eisengegenständen in einem Fürstengrab in der Türkei
1500 v. Chr.:	Die Hethiter entwickelten in Kleinasien die Eisentechnologie.
ab 1200 v. Chr.:	Kenntnisse aus der Eisenverarbeitung verbreiten sich.

Lange wurde das Eisen als ein sehr kostbares Metall eingeschätzt. Das kam daher, weil Eisen in elementarer Form nur als Meteoriteneisen zu finden war. Seine Gewinnung war schwieriger als die von Kupfer und Bronze.

Menschen, die die Kunst der Metallerzeugung und Metallverarbeitung beherrschten, genossen bereits im Altertum bei ihren Mitbürgern hohes Ansehen. Als Meister in der Gewinnung und Verarbeitung von Eisen galten auch die Kelten. Es ist sicher belegt, dass sie einen hervorragenden Stahl herzustellen und diesen auch entsprechend zu härten vermochten. WIELAND der Schmied, er beherrschte die Eisenbearbeitung wie kaum ein Zweiter, soll dem Volk der Kelten angehört haben. Er ist Hauptgestalt der vermutlich ältesten germanischen Heldensage, dem Völundlied.

Vom Roheisen zum Stahl

Das Roheisen besteht zu 90 % aus Eisen und enthält bis zu 4 % Kohlenstoff, sowie Phosphor, Schwefel, Mangan und Silicium.

Entsprechend seiner Zusammensetzung wird zwischen grauem und weißem Roheisen unterschieden.

Die Begleitelemente beeinflussen die Eigenschaften des Roheisens unterschiedlich. Durch den Gehalt an Kohlenstoff wird die Festigkeit erhöht, die Härte gesteigert, die Schmelztemperatur erniedrigt und die Dehnbarkeit vermindert. Schwefel macht Roheisen dickflüssig, es ist im erhitzten Zustand leicht brüchig. Phosphorhaltiges Roheisen ist in der Schmelze dünnflüssig, in der Kälte besonders brüchig und hart. Durch Silicium wird die Gießbarkeit erhöht und das Abscheiden des Kohlenstoffs als Grafit begünstigt. Der Mangangehalt beeinflusst die Festigkeit, Zähigkeit und Härtbarkeit.

Durch den niedrigen Schmelzpunkt von 1200 °C lässt sich Roheisen als **Gusseisen** verarbeiten. Dieses ist aber sehr spröde und nicht schmiedbar. Erst wenn ein Teil der Beimengungen aus dem Eisen entfernt ist, wird es elastisch und schmiedbar. Beim **Stahl** muss daher insbesondere der Kohlenstoffgehalt unter 1,6 % liegen.

Die Verminderung des Gehalts an Begleitelementen wird als **Frischen** bezeichnet. Auf das flüssige Roheisen wird mit Druck Luft oder Sauerstoff geblasen. Die unerwünschten Beimengungen des Roheisens werden oxidiert.

Die **Stahlherstellung** erfolgt im Konverter (auch Thomas- oder Bessemerbirne genannt) oder im Siemens-Martin-Ofen bzw. Elektroofen (Abb. 1).

Im Elektroofen ist es möglich, durch Zusätze Legierungen bestimmter Zusammensetzung zu gewinnen und dadurch hochwertige Spezialstähle herzustellen.

1 Die Stahlherstellung im Elektroofen dient der Herstellung von Qualitätsstählen.

ANWENDUNGEN

L Ein überraschendes Ergebnis

Kohlenstoffdioxid ist ein Löschmittel. Im Experiment soll überprüft werden, ob man mit Kohlenstoffdioxid auch einen brennenden Magnesiumspan löschen kann. Dieser Test zeigt ein verblüffendes Ergebnis. Der Span brennt mit einer grellen Lichterscheinung weiter. An der Tiegelzange schlägt sich ein weißes Pulver nieder und im Kolben sind schwarze Flocken zu erkennen.
Wie ist es zu erklären, dass die Flamme nicht erlischt, obwohl sich im Behälter kein freier Sauerstoff befindet? Welche Reaktion läuft ab?

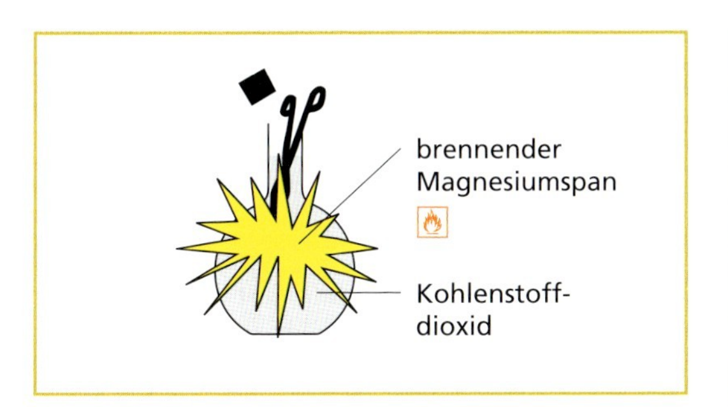

Die Reaktion des Magnesiums wurde im Kolben nicht unterbrochen. Es waren weiterhin eine grelle Lichterscheinung und die Bildung eines weißen Pulvers zu beobachten.
Bei dem Reaktionsprodukt muss es sich um Magnesiumoxid handeln.
Damit sich aus dem Magnesium Magnesiumoxid bilden kann, muss es mit Sauerstoff reagieren.
Im Behälter befand sich aber nur chemisch gebundener Sauerstoff im Kohlenstoffdioxid. Das Magnesium muss demnach dem Kohlenstoffdioxid den Sauerstoff entzogen haben. Das erklärt auch die schwarzen Flocken im Kolben. Sie bestehen aus Kohlenstoff, der durch die Reduktion des Kohlenstoffdioxids entstanden ist.
Bei der Reaktion im Kolben handelt es sich also um eine Redoxreaktion, da Oxidation und Reduktion gleichzeitig ablaufen.
Die Reaktionsgleichung lautet:

$$2\,Mg + CO_2 \longrightarrow 2\,MgO + C$$

Die erstaunliche Flamme

Eine Bunsenbrennerflamme weist unterschiedliche Zonen auf. Man kann den Flammenmantel und den Flammenkegel unterscheiden.
Ihre Wirkung kann man mit einem Kupferdraht leicht untersuchen. Wird der Draht in den Flammenmantel gehalten, stellt man eine Schwarzfärbung des Kupfers fest. Hält man diesen Draht nun in den oberen Teil des Flammenkegels, erscheint wiederum die typische rote Färbung des Kupfers.
Gib an, welche Reaktionen abgelaufen sind!
Stelle die Reaktionsgleichungen auf!
Was kannst du über die Wirkung der Bunsenbrennerflamme in der jeweiligen Zone ableiten?

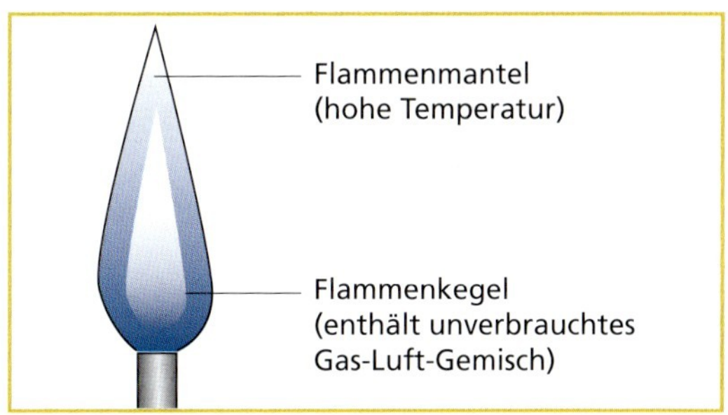

Im Flammenmantel färbt sich das Kupfer schwarz. Es ist eine Oxidation abgelaufen. Der schwarze Überzug besteht aus Kupfer(II)-oxid.

$$2Cu + O_2 \longrightarrow 2CuO$$

Der Flammenmantel stellt demzufolge eine **Oxidationszone** dar.
Wird der oxidierte Draht in den Flammenkegel gehalten, so wandelt sich das entstandene Kupfer(II)-oxid wieder in Kupfer um. Es wird reduziert.
Das unverbrannte Gasgemisch wirkt als Reduktionsmittel. Es besteht überwiegend aus Methan. Bei der Reaktion entstehen neben dem Kupfer noch Wasser und Kohlenstoffdioxid.

$$4CuO + CH_4 \longrightarrow 4Cu + 2H_2O + CO_2$$

Bei dem Flammenkegel handelt es sich um die **Reduktionszone** der Brennerflamme.

AUFGABEN

1. In der Natur kommen die meisten Metalle nur in Form ihrer Verbindungen, meist Oxide, vor. Für die Herstellung von Geräten sind aber die Metalle selbst nötig. Man gewinnt sie aus den Erzen.
   Muss bei der Herstellung von Metallen aus den in den Erzen enthaltenen Oxiden Energie zugeführt werden oder wird Energie abgegeben? Begründe deine Aussage!

2. Handelt es sich bei den folgenden Sätzen jeweils um eine wahre oder falsche Aussage? Begründe deine Antworten!
   - Oxidationen sind exotherme Reaktionen.
   - Bei der Reaktion der Metalle mit Sauerstoff muss während des gesamten Prozesses Energie in Form von Wärme zugeführt werden.
   - Bei der Verhüttung von Erzen handelt es sich um eine Oxidation.
   - Die Reaktion von Eisen mit Sauerstoff richtet wirtschaftlichen Schaden an.
   - Aluminium und Eisen gehören zu den unedlen Metallen.

3. Aus der Abbildung unten werden die Durchführung und die zu beobachtenden Erscheinungen bei der Reaktion von Kupfer mit Wasserstoff ersichtlich.
   a) Welche Funktion erfüllt der Wasserstoff bei dieser Reaktion?
   b) Stelle die Reaktionsgleichung auf und kennzeichne Oxidation und Reduktion!

4. S Vermischt man in einem Experiment Rostpulver und Aktivkohle miteinander und erhitzt es, so kann man Eisen gewinnen.
   a) Führe das Experiment durch!
   b) Notiere und interpretiere die Reaktionsgleichung!

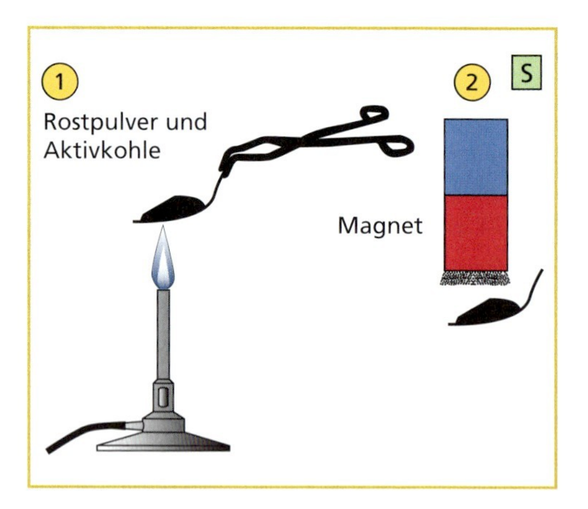

5. Bei Roteisenstein, Magneteisenstein und Brauneisenstein handelt es sich um Eisenerze, die Eisenoxide enthalten. Wie kann aus ihnen Roheisen hergestellt werden?
   a) Schildere den Aufbau des Hochofens, gib die Ausgangsstoffe und Reaktionsprodukte des Hochofenprozesses an und stelle die Wortgleichung für die Umwandlung von Eisenoxid in Eisen auf!
   b) Notiere die Reaktionsgleichungen für die Hauptreaktionen im Hochofen! Interpretiere sie!
   c) Gib chemisch-technische Prinzipien des Hochofenverfahrens an!

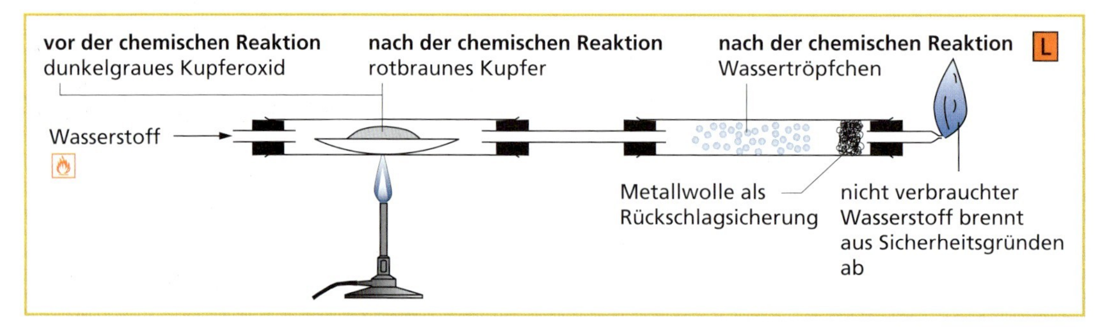

1 Reaktion von Kupferoxid mit Wasserstoff

6. Unterwasserfackeln enthalten Magnesiumpulver. Sind diese Fackeln einmal entzündet, können sie durch das Wasser nicht mehr gelöscht werden!
   Erkläre diese Erscheinung! Stelle die Reaktionsgleichung für die chemische Reaktion auf!

7. Vergleiche Roheisen und Stahl! Gib an, wie diese Materialien hergestellt werden, welche Eigenschaften sie aufweisen und worin die Ursachen für diese Eigenschaften liegen!
   Leite aus diesem Vergleich eine Schlussfolgerung für die Verwendung dieser beiden Werkstoffe ab!

8. Erläutere den Begriff Redoxreaktion an einem selbst gewählten Beispiel! Lege fest, welche Ausgangsstoffe Oxidationsmittel bzw. Reduktionsmittel sind und begründe!

9. Die Gewinnung von Eisen war für die Entwicklung der Menschheit von solcher Bedeutung, dass ein geschichtlicher Zeitabschnitt nach diesem Metall benannt wurde – die Eisenzeit.
   Über welche Eigenschaften verfügt das Eisen, dass es eine solche Bedeutung erlangen konnte?

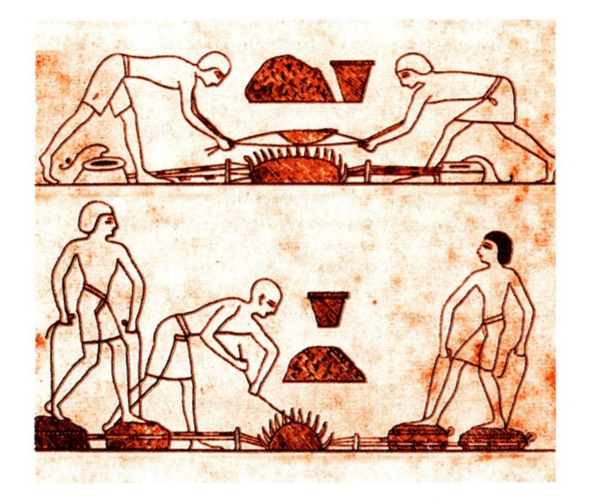

10. Wissenschaftler sind sich heute ziemlich einig, dass die Menschen als erstes Metall nicht Eisen, sondern eher Gold verwendet haben. Worauf gründet sich diese Ansicht?

11. Informiere dich im Internet über die Geschichte der Eisen- und Stahlherstellung! Bereite einen Kurzvortrag vor!

12. Techniker gliedern den Hochofen in Zonen. Sie unterscheiden dabei die Vorwärmzone, die Schmelzzone, die Kohlungszone und die Reduktionszone.
    Gib an, in welchen Hochofenabschnitten diese Zonen liegen und welche Vorgänge in ihnen stattfinden! Nutze dazu auch das Internet (z. B. www.schuelerlexikon.de) oder geeignete Nachschlagewerke !

13. Entscheide, welche der folgenden Stoffe Oxidationsmittel oder Reduktionsmittel einer Redoxreaktion sein können!
    Kohlenstoffdioxid, Zink, Kohlenstoff, Wasser, Wasserstoff, Kohlenstoffmonooxid, Eisen, Aluminium, Silber(I)-oxid, Kupfer(II)-oxid

14. Stelle Informationen über die Eisen- und Stahlherstellung im Land Brandenburg in einer Wandzeitung zusammen!

15. Die Reaktion von Magnesium und Kupfer mit Sauerstoff wird experimentell untersucht. Folgendes kann beobachtet werden:

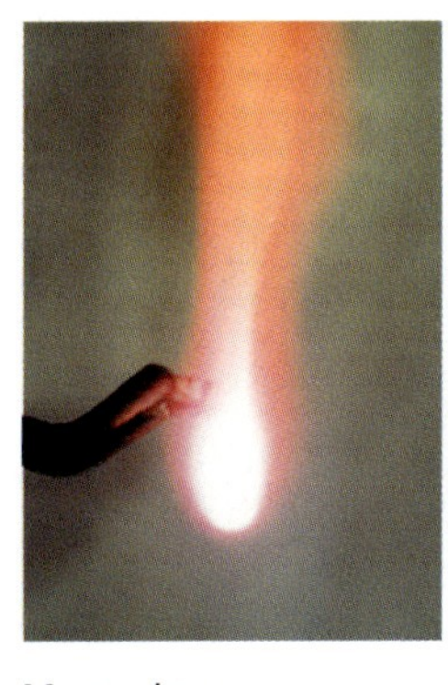

Magnesium

Kupfer

a) Beschreibe die Beobachtungen!
b) Stelle die Wortgleichung auf!
c) Leite eine Schlussfolgerung hinsichtlich der Reaktionsfähigkeit der beiden Metalle gegenüber Sauerstoff ab!

Das Wichtigste im Überblick

Chemische Reaktion

Stoffe können miteinander reagieren. Bei einer chemischen Reaktion erfolgt eine Stoffumwandlung und eine Energieumwandlung. Aus Teilchen der Ausgangsstoffe bilden sich Teilchen der Reaktionsprodukte.

Ausgangsstoff(e) mit einer nur für sie charakteristischen Eigenschaftenkombination.

Richtung der Reaktion

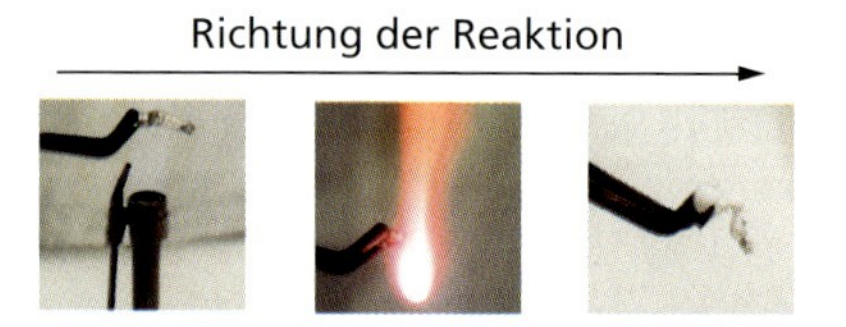

Reaktionsprodukt(e) mit einer nur für sie charakteristischen Eigenschaftenkombination.

Exotherm
Bei exothermen Reaktionen ist der Energiegehalt der Reaktionsprodukte kleiner als der der Ausgangsstoffe.

Energie $E = E_R - E_A = -\,n\,kJ$

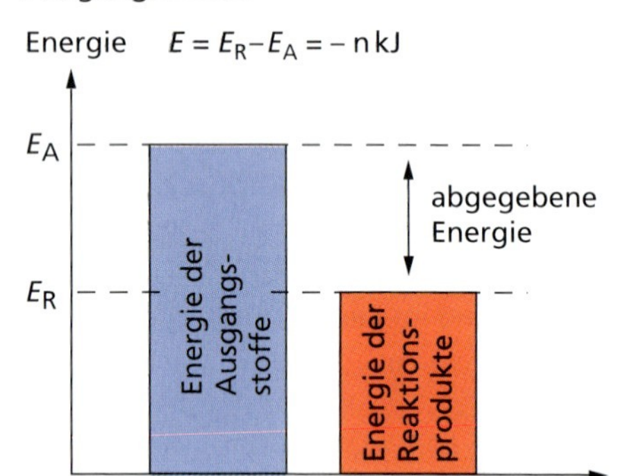

Endotherm
Bei endothermen Reaktionen ist der Energiegehalt der Reaktionsprodukte größer als der der Ausgangsstoffe.

Energie $E = E_R - E_A = +\,n\,kJ$

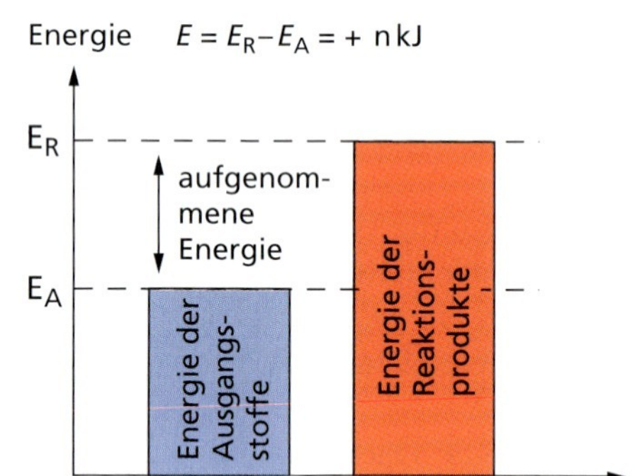

Bei Verbrennungen laufen **Oxidationen** ab, d. h. die Stoffe reagieren mit Sauerstoff.

Auch Metalle reagieren mit Sauerstoff. Dabei bilden sich **Metalloxide.** Aus ihrer Formel ist zu erkennen, in welchem Atomzahlenverhältnis sich die Elemente verbunden haben. Davon leitet sich der Name des Stoffes ab. Die **Wertigkeit** der Metalle in den jeweiligen Verbindungen wird durch römische Zahlen angegeben.

Beispiele: FeO: Eisen(II)-oxid; Fe_2O_3: Eisen(III)-oxid

Durch Anwendung von Redoxreaktionen wird im **Hochofen** aus oxidischen Eisenerzen (z. B. Magneteisenstein, Roteisenstein) Roheisen hergestellt.

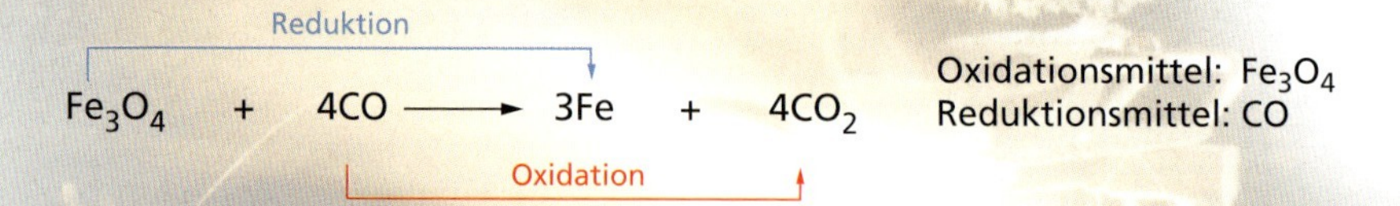

Oxidationsmittel: Fe_3O_4
Reduktionsmittel: CO

Die Redoxreaktion ist eine chemische Reaktion, bei der Oxidation und Reduktion gleichzeitig ablaufen.
Oxidation: Teilreaktion, bei der eine Sauerstoffaufnahme erfolgt (exotherme Teilreaktion).
Reduktion: Teilreaktion, bei der eine Sauerstoffabgabe erfolgt (endotherme Teilreaktion).

5 Säuren – Basen – Salze

5.1 Salze und deren wässrige Lösungen

Organismen brauchen Salze

Blut und Schweiß schmecken salzig. Offensichtlich spielen Salze auch in unserem Körper eine bedeutende Rolle. Bei einem Schock, beispielsweise nach einem Verkehrsunfall, erhalten die Patienten über einen Tropf eine physiologische Kochsalzlösung.
Auch Pflanzen benötigen Salze. Führt man sie ihnen z. B. durch angemessene Düngung zu, wachsen Pflanzen besser, die Erträge sind höher.
Warum haben Salze eine so große Bedeutung für Lebewesen?

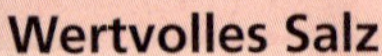

Wertvolles Salz

Kochsalz gewinnt man aus Meerwasser, mineralhaltigen Quellen (Sole) oder bergmännisch aus unterirdischen Lagerstätten (Abb.). Um Salzlager wurde schon in urgeschichtlicher Zeit gekämpft. Später war Salz wertvoller als Gold. Man transportierte es über große Strecken, so genannte Salzstraßen. Salz wurde damals hauptsächlich als Speisewürze, Konservierungsmittel (zum Pökeln) und zum Gerben von Tierfellen verwendet. In den letzten 200 Jahren hat der Einsatz der Salze noch erheblich zugenommen.
Wozu wird heute Salz in großtechnischem Maße gewonnen?

Salziges Meerwasser

Meerwasser schmeckt salzig, aber auch etwas bitter, weil in ihm unterschiedliche Stoffe gelöst sind, u. a. Kochsalz.
Der bittere Geschmack kommt durch Magnesiumverbindungen zustande. Zusammen ergeben Kochsalz und ähnlich gebaute Stoffe eine Masse von rund 31 g pro Liter Meerwasser.
Alle diese Verbindungen fasst man zur Gruppe der Salze zusammen.
Wodurch sind Salze gekennzeichnet? Wie sind sie gebaut und welche Eigenschaften weisen sie auf?

GRUNDLAGEN

Salze – mehr als nur ein Kochsalz

Kochsalz = Natriumchlorid

Eine der wichtigsten Speisewürzen ist Kochsalz. Chemisch handelt es sich dabei um **Natriumchlorid (NaCl).** Das Salz kommt unter verschiedenen Namen in den Handel. Diese Namen lassen auf die Herkunft bzw. die Aufbereitung schließen. So bezeichnet man es beispielsweise als Meersalz, Steinsalz oder Siedesalz.
Für uns unvorstellbar große Mengen Natriumchlorid befinden sich gelöst im Wasser der Ozeane und Meere. Die Ostsee besitzt mit 1,5 % einen geringen Salzgehalt, das Tote Meer mit 22 % einen sehr hohen. Der Durchschnittswert aller Meere und Ozeane liegt bei 3,5 %.
Weitere Riesenmengen befinden sich in unterirdischen Lagerstätten, die hier in Europa vor allem während der Zechsteinzeit vor etwa 225 Millionen Jahren entstanden sind. In dieser Zeit wurden durch Bewegungen von Erdplatten Teile des relativ flachen Zechsteinmeeres abgetrennt. In dem trockenen und warmen Klima verdunstete das Wasser und die gelösten Salze setzten sich in Schichten ab. Mit der Zeit wurden sie durch Ablagerungen überdeckt.
Aus diesen beiden Quellen wird das Natriumchlorid mit verschiedenen Methoden gewonnen. In warmen Küstenländern leitet man Meerwasser in flache Becken und lässt das Wasser unter der Sonneneinwirkung verdunsten. Das Salz bleibt zurück (Abb. 2).

2 Salzgewinnung aus dem Meerwasser

In einigen arabischen Erdölländern gewinnt man Trinkwasser aus Meerwasser durch Verdampfen und anschließende Kondensation. Dabei wird das Salz ebenfalls gewonnen. Für dieses sehr energieaufwändige Verfahren werden brennbare Reste der Erdölaufbereitung eingesetzt.
Aus den unterirdischen **Salzlagerstätten** (Abb. 1) kann das Kochsalz entweder bergmännisch gefördert werden (Abb. 3) **(Steinsalz)** oder es wird unter der Erde gelöst, als Sole an die Oberfläche gepumpt und dort über Gradierwerke geleitet oder eingedampft **(Siedesalz)**.
Das Leben auf der Erde ist in den Urozeanen entstanden. Diese enthielten bereits gelöste Stoffe, darunter Kochsalz. So ist es nicht verwunderlich, dass viele Organismen auch nach dem Übergang zum Landleben für ihren Stoffwechsel und andere physiologische Vorgänge Natriumchlorid benötigen. Das menschliche Blut enthält 0,9% Natriumchlorid. Weil über Schweiß und Harn Kochsalz ausgeschieden wird, muss es mit der Nahrungszufuhr ständig ersetzt werden.

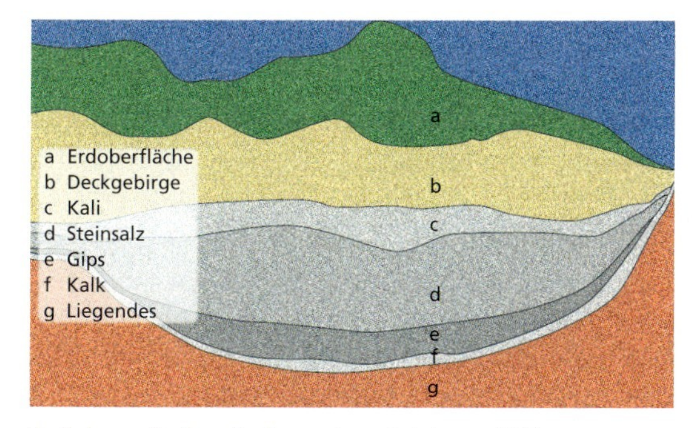

1 Schematischer Aufbau einer Salzlagerstätte

3 Abbau von Steinsalz

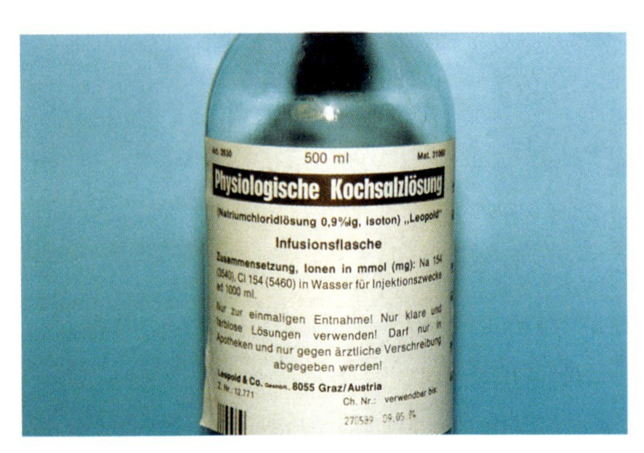

1 Bei Schockzuständen hilft die Zufuhr einer physiologischen Kochsalzlösung den Kreislauf zu stabilisieren.

2 Erscheinungsbild einer Rübenpflanze, die an Kaliummangel leidet.

Allerdings ist bei unseren Essgewohnheiten die tägliche Zufuhr größer als der Bedarf.

Bei Schockzuständen und hohem Blutverlust kann die Zufuhr einer 0,9 %igen Kochsalzlösung den Zustand des Betroffenen stabilisieren (Abb. 1).

Nicht nur in der **Medizin** spielt Natriumchlorid eine bedeutende Rolle. Als man das Gefriertrocknen oder das Tiefkühlen noch nicht kannte, wurden Lebensmittel eingesalzen und so mit Kochsalz haltbar gemacht. Das Salz entzieht pflanzlichen, tierischen und menschlichen Geweben Wasser. Darauf beruht seine **konservierende Wirkung.** Früher stellte man so Pökelfleisch, Salzgurken, Salzgemüse, eingesalzenen Fisch u. a. her. Heute haben eigentlich nur noch die Salzheringe und die Salzgurken Bedeutung.

Wesentlich ist auch der Einsatz von Natriumchlorid als **Tausalz** im Winterdienst. Allerdings ist das Salzstreuen nicht unproblematisch, da durch die wasseranziehende Wirkung von Kochsalz Schäden an Pflanzen entstehen können.

Eine bedeutende Menge von Natriumchlorid nutzt man in der **Industrie**, u. a. zur Herstellung von Natriumhydroxid (bedeutsam für die Zellstofferzeugung aus Holz) und Chlor (ein Desinfektionsmittel), von Chlorwasserstoffsäure und zur Erzeugung des Plastwerkstoffes PVC. Natriumchlorid stellt auch einen Ausgangsstoff für die Produktion von Natriumcarbonat (Soda = Na_2CO_3) dar, welches in der Glas-, Textil- und Waschmittelindustrie benötigt und in verschiedenen Arten von Feuerlöschern eingesetzt wird.

Kaliumsalze

Meereswasser enthält neben dem Natriumchlorid viele andere Salze.

Als sich die Salzlagerstätten bildeten, wurden die Salze in der Reihenfolge ihrer Löslichkeit abgeschieden. Zuerst setzten sich schwer lösliche Stoffe ab und als letzte Schicht kristallisierte **Kaliumchlorid (KCl)** aus. Daher findet man Kaliumchlorid häufig oberhalb des Steinsalzes.

Bei der Suche nach Lagerstätten des begehrten Speisesalzes fand man daher oft ein ungenießbares, bitteres Salz. Da man es für wertlos hielt, wurde es auf die Abraumhalde geschüttet. Später erkannte man, dass die Kaliumsalze in dem „Abraum“ wichtige pflanzliche Nährstoffe darstellen und als **Düngemittel** eingesetzt werden können. Die Pflanze benötigt das enthaltene Kalium zum Aufbau vieler Stoffe, die den Stoffwechsel und den Wasserhaushalt regeln (Abb. 2).

Der heute handelsübliche Kalidünger besteht hauptsächlich aus Kaliumchlorid, in einigen Sorten ist auch **Kaliumsulfat (K_2SO_4)** enthalten.

Im Übrigen werden im Handel häufig Mehrfachdünger angeboten, die Kaliumsalze, Phosphate und Nitrate enthalten.

Calciumsulfat

Calciumsulfat ($CaSO_4$) wird als Anhydrit oder Gips gefördert. Diese beiden Sorten unterscheiden sich nur dadurch, ob der Stoff Calciumsulfat rein auftritt oder ob er Kristallwasser enthält. Cal-

ciumsulfat bildet einen wichtigen **Rohstoff für die Bauindustrie.** Gips findet bei der Herstellung von Modellen, Stuck und bei der Fertigung von Wandelementen und Ausbauplatten Verwendung (Abb.1). Im Haushalt verschmiert man mit Gips kleinere Löcher in der Wand oder bessert defekte Stellen aus.
Auch in der chemischen Industrie hat Calciumsulfat Bedeutung, denn es kann als ein möglicher Ausgangsstoff für die Schwefelsäureproduktion genutzt werden.
Anders als man vermuten könnte, besteht die **Wandtafelkreide,** die meist im Unterricht Verwendung findet, nicht aus Naturkreide (Calciumcarbonat), sondern aus Calciumsulfat.

Calciumsalze

Besonders **Calciumcarbonat ($CaCO_3$)** spielt im Kreislauf der Natur eine große Rolle. Es ist in mächtigen Lagerstätten zu finden. Als **Kreide, Marmor oder Kalkstein** wird der Stoff abgebaut. Es handelt sich um einen Baustoff aus der Natur. Sowohl an der Entstehung von Tropfsteinhöhlen als auch an der Ausbildung der Gehäuse von Weichtieren oder der Panzer von Krebstieren ist Calciumcarbonat beteiligt.
Einige Korallen scheiden ein kalkhaltiges Stützskelett ab. Da sie in Kolonien zusammenleben, entstehen in langen Zeiträumen ausgedehnte und farbenprächtige Korallenriffe und Atolle (Abb. 2). Die Riffe bilden einen sehr artenreichen, aber auch sensiblen Lebensraum. Insbesondere durch die Einwirkung von saurem Regen wird das komplexe Ökosystem gestört.
Unsere **Bauindustrie** könnte ebenfalls nicht ohne Calciumcarbonat auskommen.
Am Aufbau menschlicher Knochen ist Calciumcarbonat beteiligt. Dabei spielt aber noch ein anderes Calciumsalz eine Rolle, das **Calciumphosphat**. Beide Salze bilden auch die Grundsubstanz unserer Zähne.
Nicht zuletzt werden Calciumsalze als Zusatzstoffe für Lebensmittel genutzt. Beispielsweise dient das **Calciumsalz der Ascorbinsäure** (E 302) dazu, die Lebensmittel mit dem Vitamin C anzureichern.

1 Gipsformen

Salze – eine Stoffgruppe

Schon diese wenigen Beispiele zeigen, dass Kochsalz nicht das einzige Salz ist. Alle die genannten Stoffe und viele andere mehr werden zur **Stoffgruppe der Salze** zusammengefasst.
Immer handelt es sich um kristalline Stoffe. Obwohl die Salze sehr verschieden und vielfältig sind, werden sie durch **gemeinsame Eigenschaften** und einen prinzipiell **gleichen Aufbau** gekennzeichnet.

2 Riffe aus Korallen sind sehr anfällig gegen Umweltveränderungen.

Stoffgruppen erkennt man an ihren Eigenschaften

Eine wesentliche Eigenschaft der Salze ist ihre Löslichkeit in Wasser.

Ein Liter Meerwasser enthält durchschnittlich 27,2 g **Natriumchlorid (NaCl)**, 3,8 g **Magnesiumchlorid ($MgCl_2$)**, 1,6 g **Natriumsulfat (Na_2SO_4)**, 1,3 g **Calciumsulfat ($CaSO_4$)**, 0,9 g **Kaliumsulfat (K_2SO_4)** und 0,2 g andere Salze. Das widerspiegelt sich auch in der unterschiedlichen Mächtigkeit der verschiedenen Salzschichten der Salzlagerstätten, die sich durch Eindunstung von Teilen des Zechsteinmeeres gebildet haben (s. S. 139).

Eine Ursache für die unterschiedlichen Massenanteile der Salze (s. S. 30) im natürlich vorkommenden Wasser bildet die unterschiedliche Löslichkeit der Salze (s. S. 69/70). Es gibt praktisch kein Salz, das völlig unlöslich in Wasser ist. In einem bestimmten Volumen des Lösemittels (z. B. in Wasser) löst sich bei gleicher Temperatur stets die gleiche Masse eines bestimmten Salzes. Die maximale Masse, die sich löst, ist von Salz zu Salz sehr verschieden (s. Tab.).

Ebenso wie Kochsalz weisen auch die anderen Salze relativ hohe Schmelz- und Siedetemperaturen auf (s. Tab.). Dies ist kennzeichnend für die gesamte Gruppe der Salze.

Überprüft man die Leitfähigkeit unterschiedlicher Salze, wird man feststellen, dass trockene Salze den elektrischen Strom nicht leiten, im Gegensatz zu ihren Lösungen und Schmelzen (Abb. 1). Durch die gute Löslichkeit der Salze enthält Wasser in der Natur immer gelöste Salze. Weil diese Lösungen elektrisch leitfähig sind, darf man Geräte, die unter Spannung stehen, nicht mit nassen Händen berühren.

Gegen Druck sind Salze beständig, bei einer plötzlichen Krafteinwirkung werden die Kristalle jedoch zerstört.

M

Salze sind kristalline Stoffe mit relativ hohen Schmelz- und Siedetemperaturen. Sie sind hart, aber spröde. Trockene Salze leiten den elektrischen Strom nicht, jedoch ihre Schmelzen und Lösungen.

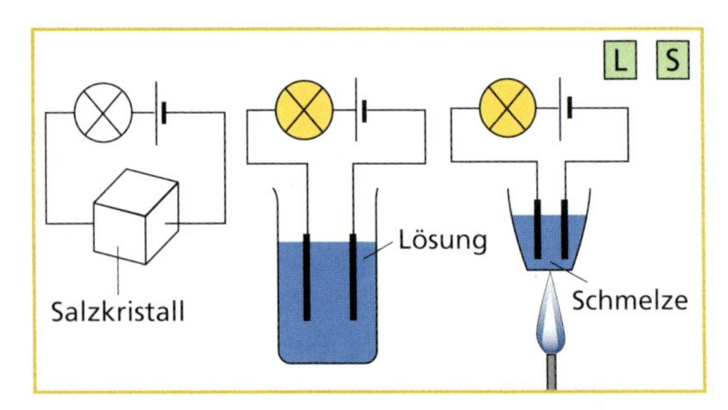

1 Trockene Kochsalzkristalle leiten den elektrischen Strom nicht, die Salzlösungen und die -schmelze sind jedoch elektrisch leitfähig.

Löslichkeit ausgewählter Salze in Wasser
In 100 ml Wasser lösliche Masse an Salz (Temperatur von 20 °C)

Salz	Formel	Masse
Kaliumiodid	KI	144,5 g
Kaliumbromid	KBr	65,6 g
Magnesiumchlorid	$MgCl_2$	54,3 g
Natriumchlorid (Steinsalz)	NaCl	35,9 g
Kaliumchlorid (Kali)	KCl	34,4 g
Natriumsulfat (Glaubersalz)	Na_2SO_4	19,1 g
Kaliumsulfat	K_2SO_4	11,2 g
Calciumsulfat (Gips)	$CaSO_4$	0,2 g
Calciumcarbonat (Kalkstein)	$CaCO_3$	0,0015 g

Ausgewählte Schmelz- und Siedetemperaturen

Salz	Schmelztemperatur (in °C)	Siedetemperatur (in °C)
Natriumchlorid	801	1465
Kaliumchlorid	770	1407
Kaliumsulfat	1074	1689
Natriumbromid	747	1390
Aluminiumbromid	97,4	257

Bau der Salze

Die gemeinsamen Eigenschaften der Salze haben ihre Ursache im Bau.
Das uns am besten bekannte Salz ist Natriumchlorid. Der Aufbau dieser Salzkristalle ist besonders gut untersucht. Obwohl Salze sehr verschieden sind (Abb. 2), ist das Bauprinzip aller Salze gleich. Daher kann man den Bau der Salze gut am Beispiel des Natriumchlorids verdeutlichen.
Aus der Formel NaCl ergibt sich, dass im Stoff Natriumchlorid die Elemente Natrium und Chlor enthalten sind. Bisher sind Atome als Bausteine der Elemente bekannt (s. S. 45). Dabei handelt es sich um neutrale Teilchen. Natriumchlorid ist aber nicht aus neutralen Teilchen zusammengesetzt. Darauf deutet schon die elektrische Leitfähigkeit der Schmelze und Lösungen hin. Natriumchlorid besteht aus **Ionen.** Sie weisen die gleiche Protonenzahl wie die entsprechenden Atome auf, unterscheiden sich aber in der Anzahl der Elektronen.

M **Ionen sind positiv oder negativ geladene Teilchen, die die gleiche Protonenzahl, aber eine andere Elektronenzahl als die entsprechenden Atome besitzen.**

Natriumchlorid besteht aus einfach positiv geladenen **Natrium-Ionen (Na^+)** und einfach negativ geladenen **Chlorid-Ionen (Cl^-).** Die Art und Anzahl der Ladung der Ionen hängt vom Bau der Atome des Elements ab.

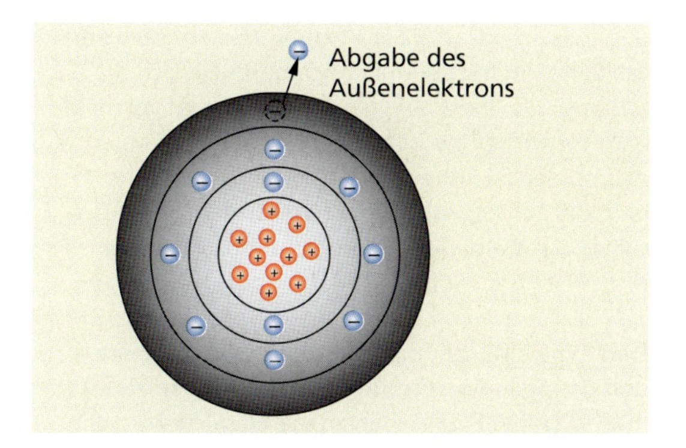

1 Das Natriumatom wird durch die Abgabe eines Elektrons zum Natrium-Ion.

2 Natriumchlorid, Kaliumchlorid und Magnesiumchlorid sind kristalline Stoffe.

Die Ionenbildung

Ionen entstehen aus Atomen, wenn diese während einer chemischen Reaktion Elektronen aufnehmen oder abgeben. Gibt ein Atom seine Außenelektronen ab, d. h. negative Ladungen aus der Atomhülle, so überwiegen die positiven Ladungen im Atomkern. Das entstehende Ion ist positiv geladen.

1 Natriumatom ⟶ 1 Natrium-Ion + 1 Elektron
Na ⟶ Na^+ + e^-

Das entstandene Natrium-Ion hat 11 Protonen im Atomkern, aber nur noch 10 Elektronen in der Atomhülle (Abb. 1). Damit ist es einfach positiv geladen.

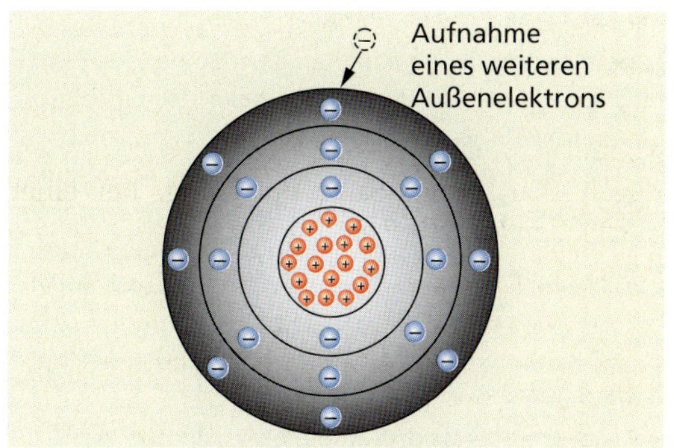

3 Das Chloratom wird durch die Aufnahme eines Elektrons zum Chlorid-Ion.

Das Periodensystem der Elemente – „Spickzettel der Chemiker"

Durch das Kern-Hülle-Modell lässt sich die unterschiedliche elektrische Leitfähigkeit der Metalle und anderer Stoffe nicht erklären. Es ist ebenfalls schwierig, die Ausbildung von Ionen mit unterschiedlichen Ladungen zu verdeutlichen. Dazu sind genauere Vorstellungen über die Verteilung der Elektronen in der Atomhülle erforderlich.
Die Vorstellungen über den Bau der Atome wurden u. a. von dem dänischen Physiker NIELS BOHR (1885–1962) vervollkommnet.
Auf dieser Grundlage wurde das **Schalenmodell** entwickelt. Es wird davon ausgegangen, dass die Elektronen in der Atomhülle unterschiedlich viel Energie besitzen. Dementsprechend bewegen sie sich nicht frei und ungeordnet, sondern in bestimmten Aufenthaltsräumen **(Elektronenschalen)** mit unterschiedlichem Abstand um den Kern (Abb. 1).
Die kernnäheren Elektronen besitzen eine geringere Energie als die kernferneren. Bei den Elektronen in der kernfernsten Elektronenschale handelt es sich um die Außenelektronen.
Ein Atom kann maximal sieben Elektronenschalen besitzen. Diese werden durchnummeriert oder mit den Buchstaben K bis Q gekennzeichnet. Die **Anzahl der besetzten Elektronenschalen**, die ein Atom eines Elements aufweist, kann man aus dem Periodensystem ablesen. Sie entspricht der Periodennummer.

Die Anzahl der besetzten Elektronenschalen wird durch die Periodennummer widergespiegelt.

Man kann nicht nur Informationen über den Bau der Atome der Elemente, sondern auch einige Stoffeigenschaften aus der Stellung der Elemente im PSE ableiten, denn es besteht ein enger Zusammenhang zwischen dem Bau der Atome, den Eigenschaften der betreffenden Elemente und ihrer Stellung im PSE.
Dieser Zusammenhang gilt auch für die **Ausbildung der Ionen.** Da Atome immer den stabilen Zustand anstreben, kann man insbesondere für die Hauptgruppenelemente aus der Anzahl der Außenelektronen (im PSE aus der Hauptgruppennummer ablesbar) die Anzahl und die Art der Ladung eines Ions erkennen.
Atome mit **bis zu drei Außenelektronen** geben Elektronen ab. Dadurch erhalten ihre Ionen eine positive Ladung. **Die Anzahl der Ladung entspricht der Hauptgruppennummer.**

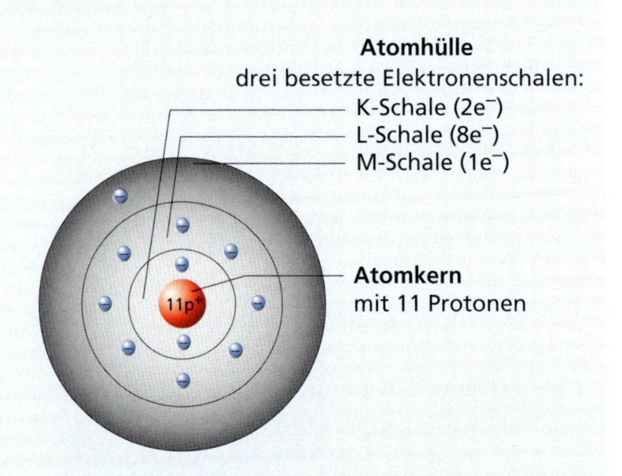

1 Schalenmodell eines Natriumatoms

Atome, die **fünf bis sieben Außenelektronen** besitzen, nehmen Elektronen auf. Dadurch erhalten ihre Ionen eine negative Ladung.
Die Anzahl der Ladung errechnet man aus der Differenz von acht minus der Hauptgruppennummer.
Das gilt nicht für Atome der Elemente der achten Hauptgruppe (Edelgase). Edelgase bilden im Allgemeinen keine Ionen.
Atome der Elemente der vierten Hauptgruppe müssten aufgrund ihrer vier Außenelektronen bei der Bildung von Ionen entweder vier Elektronen aufnehmen oder vier Elektronen abgeben. In Verbindungen liegen aber meist Atome vor.
Aus dem Periodensystem der Elemente lassen sich weitere Eigenschaften ablesen. Durch die Einordnung in Perioden und Gruppen entsprechend dem Atombau findet man beispielsweise die Metalle auf der linken Seite und die Nichtmetalle auf der rechten Seite. Im mittleren Bereich befinden sich die Halbmetalle. Innerhalb der Periode nimmt von links nach rechts der metallische Charakter der Elemente ab und der nichtmetallische Charakter zu. Innerhalb der Hauptgruppe nimmt der metallische Charakter mit steigender Ordnungszahl zu und der nichtmetallische Charakter ab.

Durch die Einordnung der Elemente in Perioden und Gruppen entsprechend dem Atombau kann man wichtige Eigenschaften der Elemente aus dem PSE ableiten.

Ausgewählte Ionen		
Element	**Name des Ions**	**chem. Zeichen des Ions**
Natrium	Natrium-Ion	Na^+
Magnesium	Magnesium-Ion	Mg^{2+}
Kalium	Kalium-Ion	K^+
Aluminium	Aluminium-Ion	Al^{3+}
Eisen	Eisen(II)-Ion	Fe^{2+}
Eisen	Eisen(III)-Ion	Fe^{3+}
Calcium	Calcium-Ion	Ca^{2+}
Brom	Bromid-Ion	Br^-
Iod	Iodid-Ion	I^-
Schwefel	Sulfid-Ion	S^{2-}

Nimmt ein Atom während einer chemischen Reaktion ein oder mehrere Elektronen auf, so überwiegen bei dem entstandenen Ion die negativen Ladungen in der Atomhülle. Das Ion ist negativ geladen.

1 Chloratom + 1 Elektron ⟶ 1 Chlorid-Ion
$Cl + e^- \longrightarrow Cl^-$

Das gebildete Chlorid-Ion hat 17 Protonen im Kern, aber 18 Elektronen in der Atomhülle. Damit ist es einfach negativ geladen (Abb. 3, S. 143).
Da die Atome der Elemente sehr unterschiedlich gebaut sind, können auch unterschiedliche Ionen gebildet werden (s. Tab.).

Ionenkristall und Kristallgitter

Dampft man eine Kochsalzlösung ein, treten die Ionen zu einem Kristall zusammen. Die Kristalle weisen eine typische Form auf (Abb. 1). Mithilfe von Röntgenuntersuchungen hat man ermittelt, dass die Ionen in einem **Kristallgitter** sehr regelmäßig angeordnet sind.
Im Kristallgitter ist ein negatives Chlorid-Ion stets von sechs positiven Natrium-Ionen umgeben. Betrachtet man ein Natrium-Ion, stellt man eine entsprechende Anordnung der Chlorid-Ionen um ein Natrium-Ion fest (Abb. 2).
Das Ionengitter ist eine Modellvorstellung. Es gibt die Abstände zwischen den Ionen ungenau wieder. In Wirklichkeit berühren sich die Ionen. Sie liegen stets in der dichtesten Kugelpackung vor, die möglich ist (Abb. 1, S. 146). Dabei ist die geometrische Form des Kristalls auch vom Größenverhältnis der Ionen zueinander abhängig. Chlorid-Ionen sind z. B. etwa doppelt so groß wie Natrium-Ionen. Aufgrund der Zusammensetzung aus Ionen ist Natriumchlorid (Kochsalz) den **Ionensubstanzen** zuzuordnen.
Auch bei den anderen Salzen sind immer negativ geladene Ionen von positiv geladenen Ionen umgeben und umgekehrt (s. Tab. S. 146).
Die Anordnung der Ionen im Kristall kann allerdings von denen im Natriumchlorid abweichen. Daraus ergeben sich jeweils charakteristische Kristallformen.

M **Salze sind Ionensubstanzen, deren Kristalle aus positiv geladenen und negativ geladenen Ionen aufgebaut sind.**

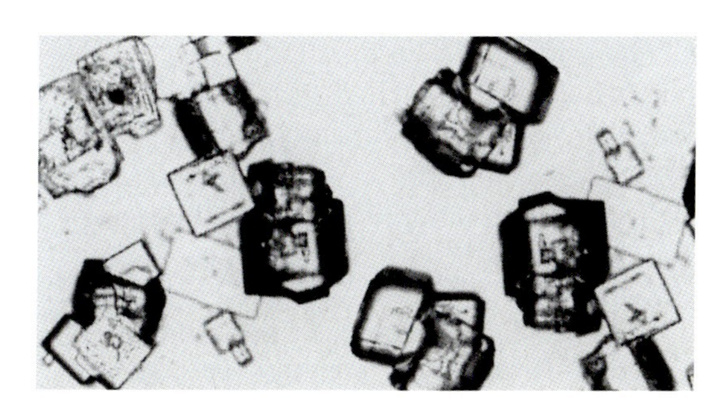

1 NaCl-Kristalle – die mikroskopische Aufnahme zeigt die regelmäßige Form.

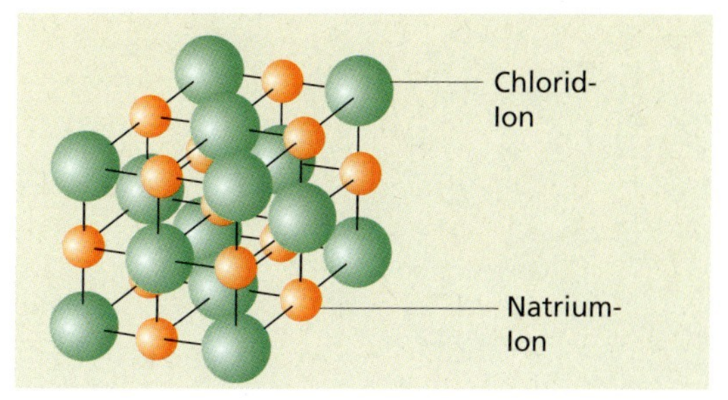

2 Aus dem Gittermodell des Natriumchlorids wird die Stellung der Ionen zueinander deutlich.

Einige wichtige Salze				
Name	**Formel der Baueinheit**	**Metall-Ionen**	**negativ geladenes Ion**	**Farbe**
Natriumchlorid	$NaCl$	Na^+	Cl^-	farblos (weiß)
Kaliumchlorid	KCl	K^+	Cl^-	farblos (weiß)
Calciumsulfat	$CaSO_4$	Ca^{2+}	SO_4^{2-}	farblos (weiß)
Natriumnitrat	$NaNO_3$	Na^+	NO_3^-	farblos (weiß)
Kaliumnitrat	KNO_3	K^+	NO_3^-	farblos (weiß)
Kupfer(II)-sulfat	$CuSO_4 \cdot 5H_2O$	Cu^{2+}	SO_4^{2-}	blau
Eisen(II)-sulfat	$FeSO_4 \cdot 7H_2O$	Fe^{2+}	SO_4^{2-}	hellgrün
Eisen(III)-chlorid	$FeCl_3$	Fe^{3+}	Cl^-	braun
Chrom(III)-chlorid	$CrCl_3$	Cr^{3+}	Cl^-	violett
Aluminiumchlorid	$AlCl_3$	Al^{3+}	Cl^-	farblos (weiß)

Ionenkristalle bestehen aus geladenen Teilchen. Trotzdem sind diese Kristalle neutrale Körper. Die Summe der Ladungen der enthaltenen Teilchen eines Stoffes ist gleich null. Das bedeutet, dass die Teilchen immer in einem bestimmten Verhältnis vorliegen. Dieses Verhältnis kann man der Formel entnehmen. Sie kennzeichnet die kleinste **Baueinheit** eines Salzes.

M

NaCl — **Stoff: Natriumchlorid**
Verhältnis $Na^+ : Cl^- = 1 : 1$
1 Baueinheit Natriumchlorid

Bei der Formel NaCl handelt es sich um eine Verhältnisformel.

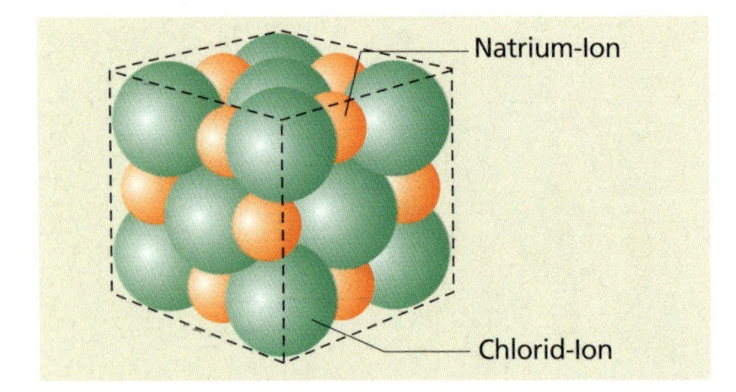

1 Beim Packungsmodell finden die Abstände zwischen den Ionen Berücksichtigung.

Das Zahlenverhältnis der Ionen beträgt nur dann 1:1, wenn die Ionen dieselbe Anzahl von Ladungen aufweisen. Die Ladung eines zweifach positiv geladenen Magnesium-Ions kann durch die Ladung von zwei einfach positiv geladenen Chlorid-Ionen ausgeglichen werden. Die Verhältnisformel für Magnesiumchlorid lautet $MgCl_2$.
Zwischen den entgegengesetzt geladenen Ionen wirken starke elektrostatische Anziehungskräfte. Diese Kräfte bedingen die hohen Schmelz- und Siedetemperaturen der Salze. Außerdem sind Salze durch sie mechanisch sehr stabil. Im Salzbergbau muss der Abbau von Salzen deshalb meist durch Sprengungen unterstützt werden.
Auch die Unterschiede der elektrischen Leitfähigkeit der Feststoffe bzw. der Lösungen und Schmelzen lassen sich durch die Struktur erklären. In der Lösung und in der Schmelze liegen die Ionen frei beweglich vor und ermöglichen den Ladungstransport. Im Feststoff befinden sich die Ionen an festen Gitterplätzen. Deshalb kann kein Ladungstransport stattfinden.

Die chemische Bindung, die auf elektrostatischer Anziehung zwischen entgegengesetzt geladenen Ionen beruht, nennt man Ionenbindung oder Ionenbeziehung.

Lösen und Kristallisieren – umkehrbare Vorgänge

Das Lösen von Salzen in einem Lösemittel (meist Wasser) und die Gewinnung von festen Salzen aus Salzlösungen sind Vorgänge, die sowohl in der Natur als auch in verschiedenen Bereichen der Industrie oder Landwirtschaft ständig vorkommen und im Labor gängige Arbeitstechniken sind.
Lösen und Kristallisieren sind umkehrbare Vorgänge. Feste, kristalline Stoffe werden durch Zugabe des Lösemittels in Salzlösungen umgewandelt. Dabei wird der Lösevorgang oft durch leichtes Erwärmen und Rühren beschleunigt. Beim Lösen lagern sich Wassermoleküle besonders an Ecken und Kanten des Salzkristalls an. Sie können auch in die äußeren Schichten des Gitters eindringen. Die Ionen werden von einer Wasserhülle umgeben und voneinander isoliert. Dadurch wird die Bindung zwischen den Ionen geschwächt und die Ionen in der Wasserhülle fortgeschwemmt.

Starkes Erwärmen lässt das Lösemittel verdampfen. Doch auch ohne merkliche Energiezufuhr verdunstet das Lösemittel selbst bei Temperaturen unter dem Siedepunkt. Die Salzkonzentration der Lösung erhöht sich.
Hat die Lösung ihren Sättigungsgrad überschritten, entstehen kaum sichtbare Mikrokristalle.
Beim Verdunsten oder Verdampfen von Wasser nähern sich die entgegengesetzt geladenen Ionen einander an und bilden diese Mikrokristalle. Sie sind schon aus einer großen Anzahl von Ionen regelmäßig aufgebaut. Aus den Mikrokristallen entstehen beim Einengen der Lösung größere, oft charakteristisch geformte Kristalle, da sich die Ionen aus der Lösung an Ecken und Kanten anlagern.
Je langsamer das Lösemittel verdunstet, desto regelmäßiger und größer werden die entstehenden Kristalle.

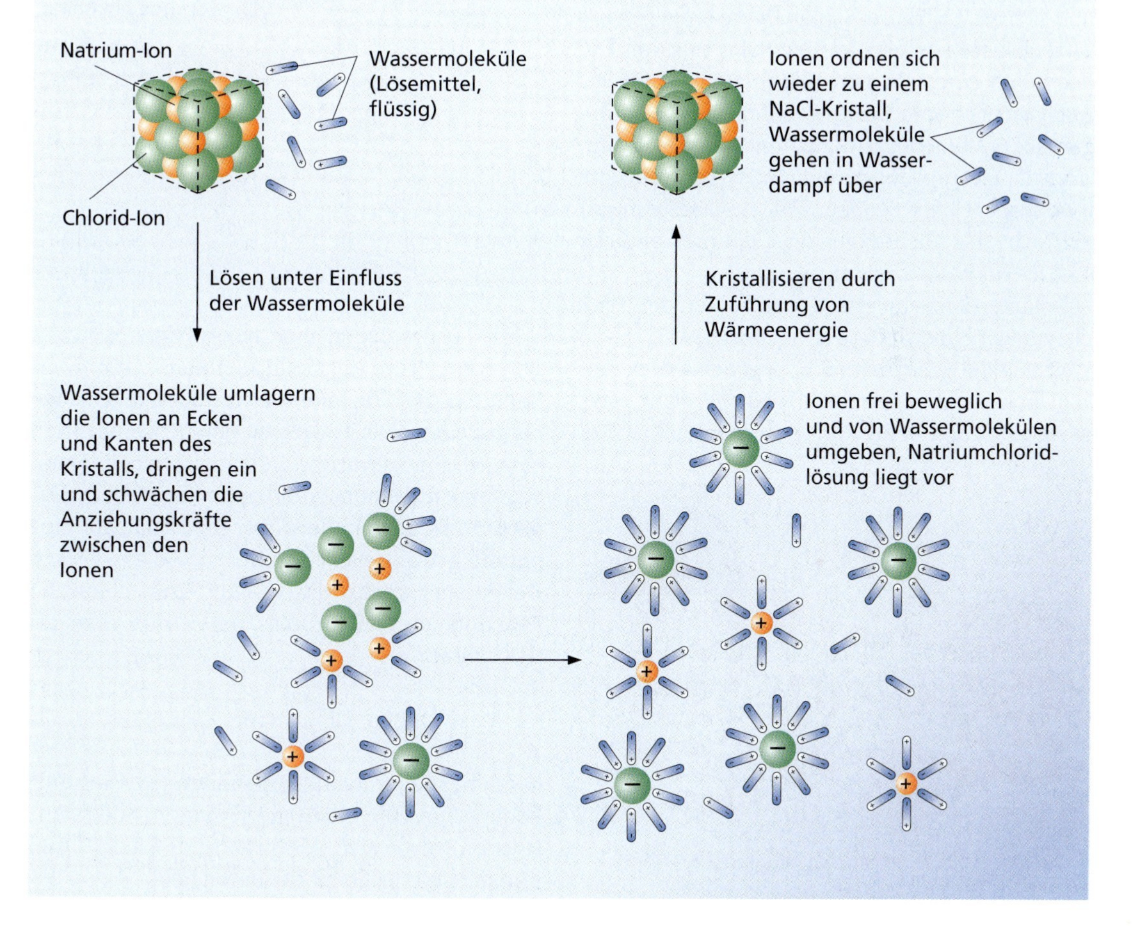

ANWENDUNGEN

Hart wie Beton?

Kompaktes Salz, wie es z. B. in unterirdischen Salzlagern vorkommt, kann man hinsichtlich seiner Druckfestigkeit mit Beton vergleichen.
Andererseits ist das Salz aber sehr spröde. Mit einem gezielten Hammerschlag kann man Stücke von einem Brocken abtrennen. Zu plastischen Verformungen, wie bei Metallen, kommt es bei Salzen nicht.
Erkläre, warum Salze hinsichtlich der Druckfestigkeit dem Beton gleichen, aber spröde wie Glas sind!

Salze sind aus entgegengesetzt geladenen Ionen aufgebaut. Kochsalz z. B. besteht aus positiv geladenen Natrium-Ionen und negativ geladenen Chlorid-Ionen. Entgegengesetzte Ladungen ziehen sich an. So lagern sich auch die entgegengesetzt geladenen Teilchen der Salze zusammen. Die Ionen sind sehr regelmäßig angeordnet. Es wechseln sich stets positive und negative Ladungen ab. So ist jedes Chlorid-Ion von sechs Natrium-Ionen umgeben und jedes Natrium-Ion von sechs Chlorid-Ionen. Da die Anziehungskräfte in alle Richtungen des Raumes wirken, sind sie in dieser Struktur sehr stark.
Die starken Anziehungskräfte zwischen den Teilchen bewirken die große Druckfestigkeit.
Weil sich die Schichten nicht gegeneinander verschieben lassen, können Salzkristalle nicht plastisch verformt werden. Kommt es durch plötzliche Krafteinwirkung doch zu einer Verschiebung der Schichten, geraten Teilchen mit gleichen Ladungen nebeneinander und stoßen sich ab. Dann zerbricht der Salzkristall, als würde er aus Glas bestehen (Abb. 1). Verformungen wie bei den Metallen sind daher nicht möglich.

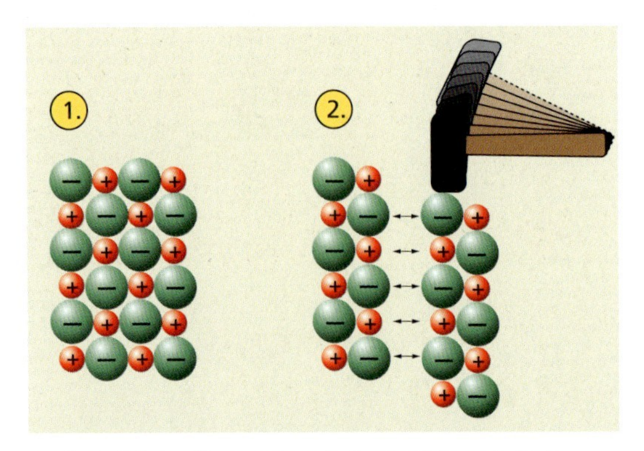

1 Ein Salzkristall zerspringt bei plötzlicher Krafteinwirkung.

S Gezüchtete Kristalle

Um Salzkristalle zu züchten, benötigt man eine gesättigte Salzlösung. Daraus bilden sich Kristalle.
Beschreibe das Verfahren! Erkläre, warum die Salzlösung unbedingt gesättigt sein muss!

Zuerst muss eine gesättigte Salzlösung, z. B. eine Kochsalzlösung, hergestellt werden:

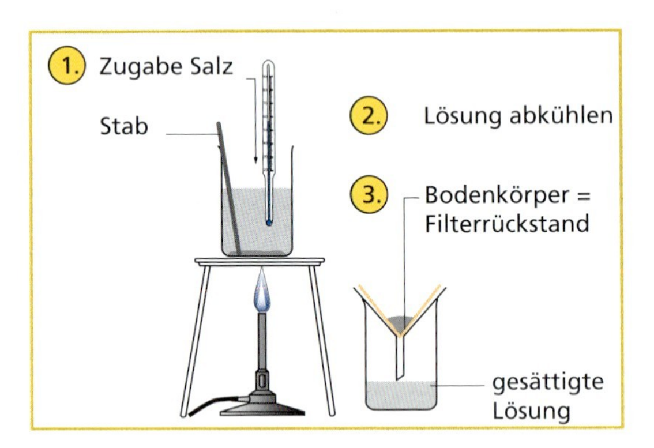

In die Lösung hängt man einen Faden, an dem sich dann kleine Salzkristalle bilden.
Nach ein paar Tagen entfernt man alle Kristalle bis auf einen. Der Faden mit dem Kristall wird in eine frische gesättigte Lösung gehängt. Diese lässt man mit einem Filterpapier abgedeckt an einem Ort stehen, an dem eine gleichmäßige Temperatur gewährleistet ist.
Der Kristall wächst. Dabei läuft eine chemische Reaktion ab. Den Prozess bezeichnet man als Kristallisation.

$$Na^+ + Cl^- \longrightarrow NaCl\downarrow$$

Bei der Erneuerung der Lösung muss es sich unbedingt um eine gesättigte Lösung handeln. Ansonsten würde sich der Salzkristall wieder lösen und die Ionen werden frei beweglich.

AUFGABEN

1. Überprüfe Städtenamen in Deutschland mithilfe einer Übersichtskarte! Finde Orte heraus, in denen die Salzgewinnung oder der Salztransport höchstwahrscheinlich eine wichtige Rolle gespielt haben!

2. Kochsalz stellt ein sehr wichtiges Salz dar. Entwickle ein Schema, das einen Überblick über seine Bedeutung und Nutzungsmöglichkeiten gibt!

3. Der Einsatz von Streusalz schädigt die Pflanzen im Bereich der Straßenränder.
   Erkläre, wie es zu diesen Schädigungen kommen kann!

4. Reines Wasser ist kaum elektrisch leitfähig. Eine Kochsalzlösung leitet den elektrischen Strom.
   Zeige die Ursachen für diese unterschiedlichen Eigenschaften auf!

5. Schnecken reagieren auf Kochsalz sehr empfindlich. Streut man Kochsalz auf dem Boden aus, bildet die Salzgrenze eine unüberwindliche Barriere für diese Weichtiere. Erkläre!

6. Folgende Salze werden in Wasser gelöst: Kaliumchlorid, Calciumchlorid, Eisen(II)-chlorid und Natriumiodid.
   Notiere die Gleichungen für das Lösen in Wasser! Interpretiere sie!
   Beschreibe, was jeweils passiert!

7. Salzkristalle lösen sich schneller im Wasser auf, wenn die Flüssigkeit umgerührt wird. Erkläre!

8. Beschreibe den Bau des Natriumchloridkristalls!

9. S Es soll untersucht werden, ob das Schütteln des Reaktionsgefäßes oder eine Temperaturerhöhung einen Einfluss auf das Lösen von Kochsalz in Wasser hat.
   Entwickle einen Plan, um den Einfluss dieser Bedingungen experimentell zu untersuchen!
   Führe die notwendigen Experimente entsprechend deines Planes durch!
   Fertige ein Protokoll an! Erkläre deine Beobachtungen!

10. Metalle sind plastisch verformbar, Salze nicht. Bei einer plötzlichen Krafteinwirkung zerspringen die Salzkristalle. Erkläre diese unterschiedlichen Eigenschaften mithilfe des jeweiligen Gitteraufbaus!

11. In so genannten Gradierwerken lässt man eine Salzlösung über Reisig laufen, um das Salz zu gewinnen. Beschreibe die Prozesse, die am Reisig ablaufen!

12. Welche Prozesse laufen ab, wenn man dem Kartoffelwasser Kochsalz hinzufügt?
    Beschreibe diese Vorgänge!

13. Erkläre, warum man mit feuchten Händen keine elektrischen Geräte berühren sollte!

14. Erkläre, wie Salzlagerstätten entstanden sind! Nutze dazu auch das Internet, z. B. www.schuelerlexikon.de!

15. Gib für folgende Teilchen an, ob es sich um ein Atom oder ein Ion handelt! Begründe deine Antwort jeweils!

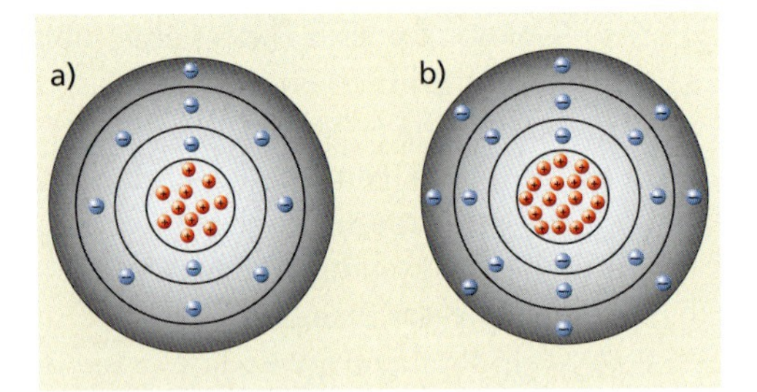

16. Übernimm die Tabelle und fülle sie aus!

Name des Ions	Art der Ladung	Anzahl der Ladung	Symbol
Natrium-Ion	positiv	1	Na^+
			Li^+
Chlorid-Ion			
			I^-
Calcium-Ion			
			Mg^{2+}
Fluorid-Ion			

17. Zeichne ein Modell eines Atoms und Ions desselben Elements!
Beschreibe den Prozess, der zur Bildung des Ions führt! Gib eine Wortgleichung an!

18. Nenne mindestens drei Salze und stelle Gemeinsamkeiten dieser Stoffe heraus!

19. In einer wässrigen Lösung sind folgende Salze gelöst: Kaliumchlorid, Natriumchlorid, Calciumsulfat. In welcher Reihenfolge fallen die Salze beim Eindampfen der Lösung aus? Begründe deine Antwort!

20. Notiere die Formeln von 6 Salzen! Gib an, welche Aussagen du aus diesen Formeln ableiten kannst!

21. Eine Kupfersulfatlösung wird eingedampft. Welche Beobachtungen sind zu erwarten? Stelle den Prozess in chemischer Zeichensprache dar!

22. Bei sich entwickelnden Pflanzen ist eine deutliche Massenzunahme zu erkennen. Welche Stoffe muss die Pflanze aufnehmen, um diesen Massenzuwachs zu erreichen? Woher stammen die Stoffe jeweils?

23. S Salze besitzen unterschiedliche Kristallformen. Stelle gesättigte Lösungen von Natriumchlorid und Kaliumaluminiumsulfat ($KAl(SO_4)_2$ = Kalialaun;) in destilliertem Wasser her und dunste jeweils einen Tropfen dieser Lösungen auf einem Objektträger ein! Betrachte die Kristallformen mit einer 100–200fachen Vergrößerung, wenn sich am Rand des Tropfens erste Kristalle zeigen!

24. Salze besitzen sowohl in der Natur als auch in der Technik große Bedeutung. Informiere dich in geeigneten Nachschlagewerken oder im Internet!
Ermittle mindestens 5 Prozesse, bei denen ein oder mehrere Salze eine entscheidende Rolle spielen!
Erläutere jeweils die Bedeutung des Salzes! Fertige eine Übersicht an!

25. S Weise nach, dass Wasserproben (Seewasser, Meerwasser, Leitungswasser) immer gelöste Salze enthalten.
Wie kannst du vorgehen? Führe bei dem Experiment ein Protokoll!

5.2 Saure Lösungen – Säuren

Der saure Regen und seine Folgen
Der Wald stellt einen der artenreichsten Lebensräume dar. Durch seine Wasser speichernde Wirkung beeinflusst er das Klima. Wegen seiner Bedeutung als Lebensraum wird jährlich die Gesundheit des Waldes untersucht. Viele Bäume des Waldes sind mehr oder weniger geschädigt. Neben Schädlingen und Trockenperioden scheint dabei insbesondere der saure Regen eine entscheidende Ursache für die Schädigungen zu sein.

Lebensnotwendig und lebensgefährlich zugleich
Zur Gruppe der Säuren gehören die unterschiedlichsten Stoffe. Zitronen enthalten Citronensäure – eine Säure, die als Säuerungsmittel genutzt wird. Die Salzsäure in unserem Magen wirkt bei der Eiweißverdauung mit und tötet mit der Nahrung aufgenommene Mikroorganismen ab. Ein kräftiger Schluck von der Salzsäure könnte jedoch zu schlimmen Verletzungen führen. Cola enthält neben Kohlensäure auch Phosphorsäure – eine Säure, die eigentlich gefährlich ist.
Warum können Säuren so unterschiedliche Wirkungen besonders auf den menschlichen Organismus haben?

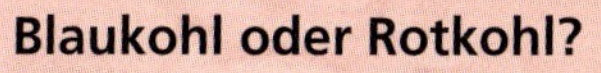

Was ist saurer Regen? Wie entsteht er?

Blaukohl oder Rotkohl?
Rotkohl stellt eine beliebte Gemüsesorte dar und passt zu einigen Fleischgerichten besonders gut. Wer den frischen Kohl zubereitet, wird feststellen, dass seine ursprüngliche Farbe gar nicht rot, sondern eher blauviolett ist. Erst beim Kochen, nach Zugabe von etwas Essig, ändert sich diese Tönung plötzlich – die blaue Farbe verschwindet und der Kohl wird rot.
Wie kommt diese Farbänderung zustande?

GRUNDLAGEN

Säuren in Natur und Technik

Säuren und saure Lösungen spielen in der Natur, in der Technik und im Alltag eine bedeutende Rolle. Für die Entwicklung der Pflanzen ist es wesentlich, ob der Boden sauer ist oder nicht. Beispielsweise können Sauerampfer und Sauerklee (Abb. 2) sehr gut auf saurem Boden wachsen. Rhododendren fangen sogar an zu kümmern und blühen nicht mehr, wenn man nicht für sauren Boden gesorgt hat.
Hingegen wächst das Leberblümchen auf diesem Boden überhaupt nicht. Auch Gerste (Abb. 2) braucht anderen Boden. Für den Gärtner und den Landwirt ist es also wichtig, über die Bodenqualität und die Ansprüche der Pflanzen informiert zu sein.
Viele Haushaltschemikalien enthalten saure Lösungen (Abb. 1) und müssen daher vorsichtig verwendet werden.
Kohlensäure hat nicht nur in erfrischenden Getränken eine Bedeutung. Im Kohlenstoffkreislauf spielt sie ebenfalls eine bedeutende Rolle, u. a. ist Kohlensäure an der Bildung von Tropfsteinhöhlen beteiligt (Abb. 3).
Technisch wichtig ist die **Schwefelsäure**. In Autobatterien ist sie an Ladungs- und Entladungsvorgängen beteiligt. Konzentrierte Schwefelsäure wird eingesetzt, um Gase zu trocknen. Durch diese Säure wird einem Gasgemisch der Wasserdampf entzogen.

1 Haushaltschemikalien wie Badreiniger können Säuren enthalten.

2 Der Waldsauerklee (links) wächst auf saurem Boden, Gerste (rechts) bevorzugt den neutralen Bereich.

Große Bedeutung haben auch die **Salpetersäure** und die **Phosphorsäure**. Sie stellen wichtige Zwischenprodukte bei der Produktion von Düngemitteln dar. Neben Kohlensäure ist auch Phosphorsäure in der Cola enthalten. Verbindungen, die daraus im Körper entstehen, beeinflussen den Aufbau der Knochen und der Zähne. Abgesehen vom hohen Zuckergehalt des Getränks, ist Cola deshalb in größeren Mengen genossen gesundheitlich nicht unbedenklich.
Salpetersäure verwendet man in der Elektrotechnik zum Ätzen von Leiterplatten.
Die **Salzsäure** (Chlorwasserstoffsäure), die jeder als Magensäure kennt, ist gleichfalls eine wichtige technische Säure. Im Labor kommt sie häufig als Ausgangsstoff zur Anwendung.

M **Säuren haben in Natur, Haushalt und Technik große Bedeutung.**

3 Die Gebilde in Tropfsteinhöhlen bestehen aus Salzen der Kohlensäure.

Eigenschaften von sauren Lösungen

Saure Lösungen können einen sehr hohen Säureanteil enthalten. Man bezeichnet sie dann als **konzentrierte Säuren.** Ist der Säureanteil geringer, handelt es sich um **verdünnte Säuren.** Durch Verdünnen mit Wasser kann man aus der konzentrierten Säure die verdünnte Säure herstellen. Dabei muss immer die Säurelösung zum Wasser gegeben werden! Konzentrierte Säuren sind stark wasseranziehend (hygroskopisch). Das trifft besonders auf konzentrierte Schwefelsäure zu. Die hygroskopische Wirkung wird ausgenutzt, wenn man konzentrierte Schwefelsäure als Trocknungsmittel für Gase einsetzt.

Säurelösungen sind ätzend. Aufgrund dieser Eigenschaft greifen sie Mikroorganismen an. Deshalb können Lebensmittel durch einige Säuren konserviert werden (Sauerkraut).

Der „Säureschutzmantel" unserer Haut funktioniert nach diesem Prinzip. Auch wenn es sich dabei nur um einen leicht sauren Charakter handelt, wird das Eindringen vieler Krankheitskeime über unsere Körperoberfläche verhindert.

Säuren und ihre Lösungen sind ätzende, häufig auch giftige Stoffe. Daher müssen beim Umgang mit sauren Lösungen besondere Sicherheitsregeln beachtet werden (s. Kasten). Die Regeln gelten auch, wenn im Haushalt saure Lösungen genutzt werden.

1 Überprüfen der Leitfähigkeit einer Säurelösung

Bei vielen chemischen Prozessen spielt die elektrische Leitfähigkeit der Stoffe eine Rolle. Wenn Schwefelsäure als Batteriesäure genutzt wird, ist die elektrische Leitfähigkeit der verdünnten Säure entscheidend. Sie kann experimentell mit einer sehr einfachen Versuchsanordnung untersucht werden. Testet man mehrere saure Lösungen, wird man feststellen, dass sie alle den elektrischen Strom leiten (Abb. 1).

M **Säuren und ihre Lösungen sind ätzende und häufig auch giftige Substanzen. Daher müssen beim Umgang mit ihnen besondere Sicherheitsregeln beachtet werden.**

Sicherheitsregeln für das Arbeiten mit Säuren und ihren Lösungen

T

Xi

C

Xn

1. Arbeitsschutzkleidung tragen! (Schutzbrille, Kittel)
2. Mit kleinsten Mengen arbeiten!
3. Nicht kosten!
4. Dämpfe nicht einatmen!
5. Vorsicht beim Um- und Abfüllen!
6. Verdünnungsregel: „Erst das Wasser, dann die Säure, sonst geschieht das Ungeheure."
7. Kurze, sichere Transportwege wählen!
8. Glasgefäße vorsichtig absetzen!
9. Erste Hilfe: Ausreichend Wasser zum Abspülen und Verdünnen!
10. Bei Verätzungen der Haut zum Arzt!

Säuren als Stoffklasse

Einige Säurelösungen sind gefährliche Substanzen. Es handelt sich um farblose Stoffe, die allerdings z. T. stechend riechen.
Nicht immer ist dieser Geruch sofort feststellbar. Es gibt trotzdem eine Möglichkeit herauszufinden, ob eine Lösung eine Säure enthält oder nicht. Einen Hinweis liefert uns der Rotkohl, dessen Farbe sich bei Zugabe von Essig verändert (s. S. 151). Tee wird bei Zugabe von Zitrone heller. Würde man den Test mit anderen Säuren vornehmen, könnte man ebenfalls eine derartige Farbänderung feststellen.
Offenbar enthalten der Rotkohl und der Tee Stoffe, die unter dem Einfluss der Säure die Farbe wechseln.
Solche Stoffe bezeichnet man als **Farbindikatoren**. Die Indikatoren sind als Lösung oder als Indikatorpapier erhältlich. Sie zeigen bei sauren Lösungen charakteristische Farbreaktionen (s. Tab., Abb. 1). Diese dienen als Anzeiger für saure Lösungen. Für schulische Experimente finden häufig die beiden Indikatoren Unitest und Lackmus Verwendung.

M Indikatoren können durch ihre charakteristische Farbreaktion dem Nachweis von sauren Lösungen dienen.

Indikatoren für Säuren	
handelsüblicher Indikator	**Farbe bei saurer Lösung**
Unitest (Universal)	rot
Lackmus (blau)	rot
Phenolphthalein	farblos
Bromthymolblau	gelb

Ein wesentliches Kennzeichen aller Säuren ist die elektrische Leitfähigkeit ihrer wässrigen Lösungen (s. Abb. 1, S. 153). Da destilliertes Wasser den Strom nicht leitet, muss wirklich die enthaltene Säure die Ursache für die elektrische Leitfähigkeit der Lösung darstellen.
Die Voraussetzung dafür, dass der elektrische Strom fließen kann, besteht im Vorhandensein frei beweglicher elektrischer Ladungsträger. **Säurelösungen** müssen demnach solche **Ladungsträger** enthalten. Bei den Ladungsträgern in Säurelösungen handelt es sich um frei bewegliche **Ionen**.

M Säurelösungen enthalten frei bewegliche Ionen. Dadurch sind sie elektrisch leitfähig.

Alle Säurelösungen enthalten **einfach positiv geladene Wasserstoff-Ionen (H^+)**. Diese bilden das wesentliche Merkmal saurer Lösungen. Die in Säurelösungen vorhandenen Wasserstoff-Ionen sind die Ursache für ihre gemeinsamen Eigenschaften. Sie bewirken den sauren Geschmack (Abb. 1, S. 155) und rufen bei Indikatoren Farbänderungen hervor.

M Mit Indikatoren wird in sauren Lösungen ein Überschuss an Wasserstoff-Ionen nachgewiesen.

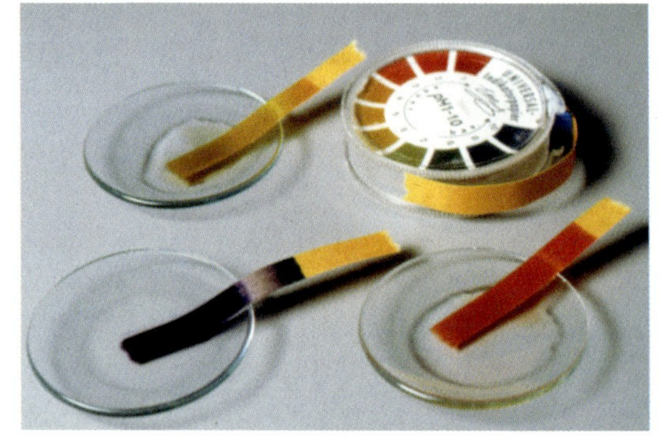

1 Mit Indikatorlösungen oder Indikatorpapieren kann festgestellt werden, ob eine Lösung sauer reagiert. Häufig wird Unitestindikator verwendet, der aus einem Gemisch mehrerer Indikatoren besteht. Mit ihm kann beispielsweise festgestellt werden, auf welchem Uhrglas sich die neutrale Flüssigkeit Wasser (grün) oder eine saure Lösung (rot) bzw. eine andere Lösung (blau) befindet.

Außerdem enthalten alle Säurelösungen **negativ geladene Ionen**, die **Säurerest-Ionen.** Sie unterscheiden sich und besitzen spezielle Namen und Formeln (s. Tab.).
Die Säuren selbst bestehen jedoch, anders als die Salze, nicht aus Ionen. Sie sind aus Molekülen aufgebaut. Die Ionen bilden sich erst, wenn Säuren mit Wasser in Berührung kommen. Das wird am Beispiel der Reaktion von **Chlorwasserstoff** (HCl) mit Wasser deutlich. Leitet man das Gas Chlorwasserstoff in Wasser ein, entsteht eine saure Lösung. Wird Unitest zugesetzt, verfärbt sich der Indikator rot. Aus Chlorwasserstoff hat sich die **Chlorwasserstoffsäure** gebildet. Der Alltagsname (Trivialname) für die Chlorwasserstoffsäure lautet **Salzsäure.** Wie alle anderen sauren Lösungen ist auch die Salzsäure elektrisch leitfähig, das Gas Chlorwasserstoff jedoch nicht. Der gasförmige Stoff besteht aus Molekülen. Die Wasserstoff-Ionen und die Chlorid-Ionen bilden sich erst beim Einleiten ist das Wasser. Den Prozess kann man durch eine Reaktionsgleichung beschreiben.

$$HCl \xrightarrow{H_2O} H^+ + Cl^-$$

Diesen Prozess der Bildung von Ionen beim Lösen in Wasser bezeichnet man als **Dissoziation.** Durch die Dissoziation ist auch die Zunahme der elektrischen Leitfähigkeit beim Verdünnen konzentrierter Schwefelsäure zu erklären.

$$H_2SO_4 \xrightarrow{H_2O} 2H^+ + SO_4^{2-}$$

1 Der leicht säuerliche Geschmack des Mineralwassers beruht auf den enthaltenen Wasserstoff-Ionen.

Die Dissoziation von Säuren nutzte SVANTE ARRHENIUS (1859–1927) zur Definition, die heute noch in ähnlicher Form Verwendung findet.

M **Säuren dissoziieren in wässriger Lösung in positiv geladene Wasserstoff-Ionen und negativ geladene Säurerest-Ionen.**

Nachweis von Chlorid- und Sulfat-Ionen

Enthält die Lösung Säurerest-Ionen, kann man sie nachweisen, häufig durch Fällungsreaktionen.

M **Fällungsreaktionen sind chemische Reaktionen, bei denen Ionen aus der Lösung zu schwer löslichen Verbindungen zusammentreten und als Niederschläge ausfallen.**

Namen und Formeln ausgewählter Säuren und ihrer Säurerest-Ionen

Säure		**Säurerest-Ionen**	
Name	**Formel**	**Name**	**Formel**
Salzsäure	HCl	Chlorid-Ion	Cl^-
Salpetersäure	HNO_3	Nitrat-Ion	NO_3^-
Kohlensäure	H_2CO_3	Carbonat-Ion	CO_3^{2-}
Schwefelsäure	H_2SO_4	Sulfat-Ion	SO_4^{2-}
schweflige Säure	H_2SO_3	Sulfit-Ion	SO_3^{2-}
Phosphorsäure	H_3PO_4	Phosphat-Ion	PO_4^{3-}

Die **Chlorid-Ionen** der Salzsäure werden mit den Silber-Ionen aus der **Silbernitratlösung ($AgNO_3$)** nachgewiesen (Abb. 1). Bei Zugabe des Nachweismittels fällt ein schwer löslicher weißer Niederschlag von Silberchlorid aus.

$$H^+ + Cl^- + Ag^+ + NO_3^- \rightarrow AgCl\downarrow + H^+ + NO_3^-$$

Sulfat-Ionen, die Säurerest-Ionen der Schwefelsäure weist man mit den Barium-Ionen einer **Bariumchloridlösung ($BaCl_2$)** nach (Abb. 1). Bei Zugabe des Nachweismittels fällt ein weißer Niederschlag von Bariumsulfat aus.

$$2H^+ + SO_4^{2-} + Ba^{2+} + 2Cl^- \rightarrow BaSO_4\downarrow + 2H^+ + 2Cl^-$$

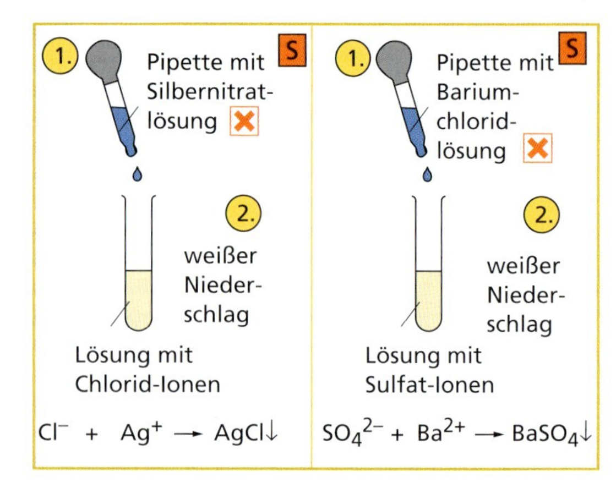

1 Nachweis der Chlorid-Ionen (links) und der Sulfat-Ionen (rechts)

Nachweis weiterer Säurerest-Ionen

Nitrat-Ionen

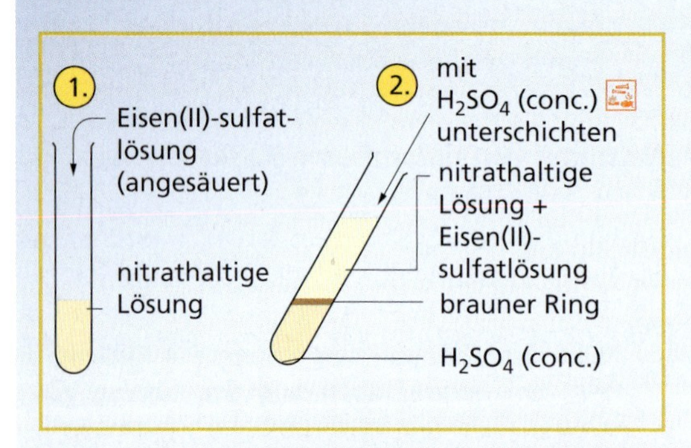

2 Nachweis mit Nachweismitteln

Phosphat-Ionen

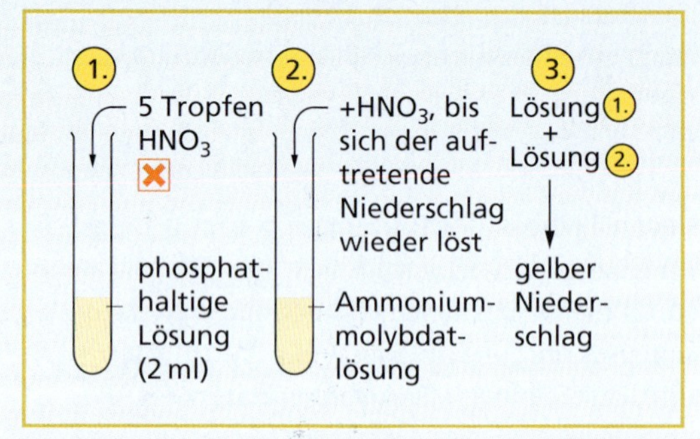

3 Nachweis mit Nachweismittel

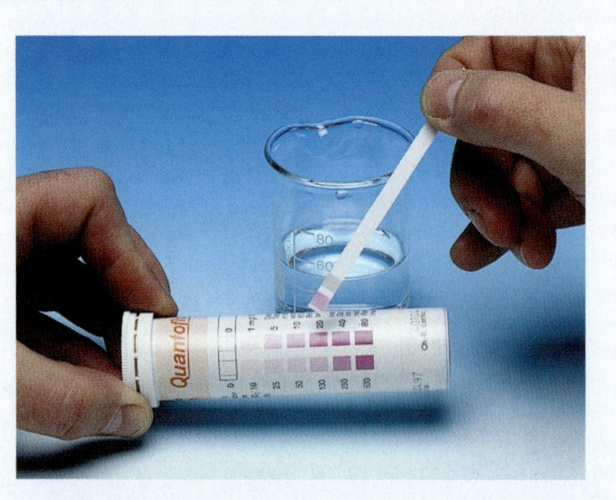

4 Nachweis mit Teststreifen

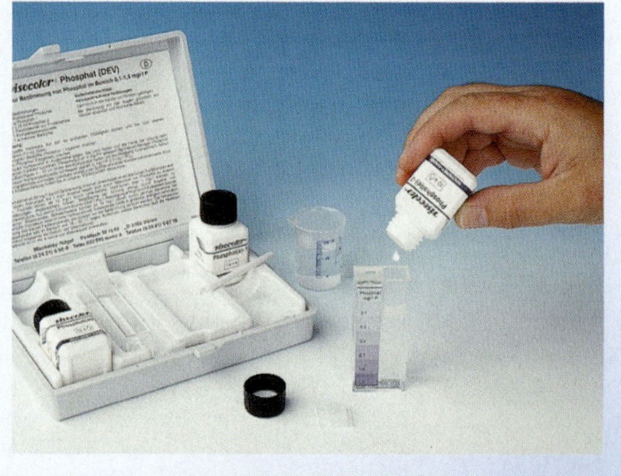

5 Nachweis mit Testlösung

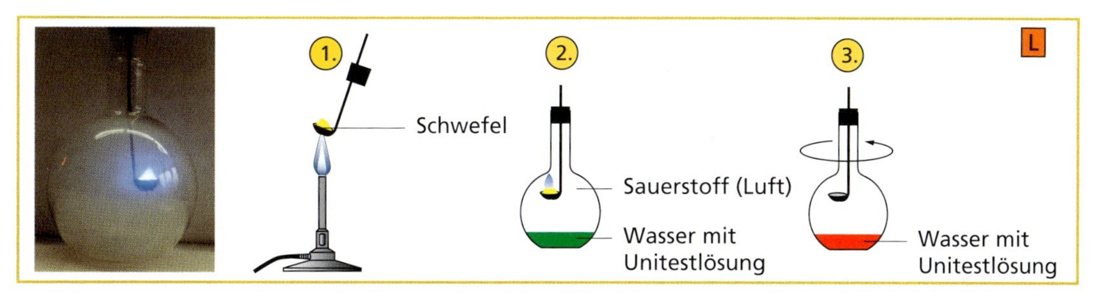

1 Bildung von Schwefeldioxid und schwefliger Säure

Bildung von sauren Lösungen

Saure Lösungen entstehen sehr leicht. So reagiert z. B. Schwefeldioxid mit Wasser. Schwefeldioxid entsteht bei der Verbrennung von Schwefel (Abb. 1) oder schwefelhaltigen Brennstoffen.

Schwefel	+	Sauerstoff	⟶	Schwefeldioxid
S	+	O_2	⟶	SO_2

Leitet man das entstandene Gas in Wasser, erfolgt eine Reaktion. Das Reaktionsprodukt leitet den elektrischen Strom. Enthält das Wasser einen Indikator, zeigt dieser eine saure Reaktion an. Es ist schweflige Säure entstanden (Abb. 1).

Schwefeldioxid	+	Wasser	⟶	schweflige Säure
SO_2	+	H_2O	⟶	H_2SO_3

Die schweflige Säure liegt in der Lösung in Ionen vor.

schweflige Säure	⟶	Wasserstoff-Ionen	+	Sulfit-Ionen
H_2SO_3	⟶	$2H^+$	+	SO_3^{2-}

Bei der Verbrennung von Kohlenstoff entsteht Kohlenstoffdioxid. Kohlenstoffdioxid reagiert insbesondere unter höherem Druck ebenfalls mit Wasser. Es entsteht die Kohlensäure.

Kohlenstoff	+	Sauerstoff	⟶	Kohlenstoffdioxid
C	+	O_2	⟶	CO_2

Kohlenstoffdioxid	+	Wasser	⟶	Kohlensäure
CO_2	+	H_2O	⟶	H_2CO_3

Die Kohlensäure liegt in Wasser in Ionen vor.

Kohlensäure	⟶	Wasserstoff-Ionen	+	Carbonat-Ionen
H_2CO_3	⟶	$2H^+$	+	CO_3^{2-}

In beiden Fällen reagieren Nichtmetalloxide mit Wasser zur Säurelösung. Für die Bildung von sauren Lösungen lässt sich eine allgemeine Wortgleichung ableiten.

M **Nichtmetalloxid + Wasser ⟶ Säurelösung**

Der gleiche Vorgang der Säurebildung läuft auch in der Natur ab. In den Abgasen von Autos und Industrieanlagen sind u. a. Kohlenstoffdioxid und Schwefeldioxid, aber auch Oxide des Stickstoffs enthalten. Diese Oxide verbinden sich mit dem Wasserdampf in der Luft und dem Regenwasser zu sauren Lösungen und bilden den **sauren Regen**. Der saure Regen wirkt auf die belebte und unbelebte Natur. Es treten Schäden an Nadel- und Laubbäumen auf, der Boden versauert. Vom sauren Regen werden u. a. auch Bauwerke angegriffen. Es entstehen erhebliche Schäden durch die Zersetzung von Marmor und Kalkstein. Um die Wirkungen des sauren Regens zu verringern, muss die Belastung der Luft mit Schadstoffen eingeschränkt werden. Dies wird z. B. durch geeignete Filter in Industrie- und Kohlekraftwerken sowie Katalysatoren in Kraftwagen realisiert.

ANWENDUNGEN

Von der Schwerkraft befreit?

Die Verdünnungsregel ist eine wichtige Regel, die beim Umgang mit Säuren zu beachten ist. Ein Spruch zum besseren Einprägen lautet: „Erst das Wasser, dann die Säure, sonst geschieht das Ungeheure!“.
Nenne weitere Sicherheitsregeln, die beim Verdünnen eingehalten werden müssen! Beschreibe, wie man beim Verdünnen von Säuren vorgehen muss!

Säuren und ihre Lösungen sind ätzend und daher Gefahrstoffe. Deshalb gelten Sicherheitsregeln beim Umgang mit diesen Stoffen. Man muss geeignete Schutzkleidung tragen. Insbesondere beim Verdünnen von Säuren sind eine Schutzbrille, die auch seitlich geschlossen ist, und Schutzhandschuhe erforderlich. Säuregefäße müssen immer sicher transportiert und vorsichtig abgestellt werden. Dämpfe darf man nicht einatmen. Die Mengen, mit denen man arbeitet, müssen so gering wie möglich sein, damit das Unfallrisiko vermindert wird.
Konzentrierte Säuren sind hygroskopisch (wasseranziehend). Deshalb muss beim Verdünnen eine bestimmte Vorgehensweise (Verdünnungsregel!) beachtet werden: Zuerst füllt man in ein Gefäß Wasser. Erst dann gibt man langsam und unter ständigem rühren die Säure in sehr geringen Portionen hinzu. Das ist notwendig, weil beim Verdünnen ein deutlicher Temperaturanstieg erfolgt (Abb. 1).

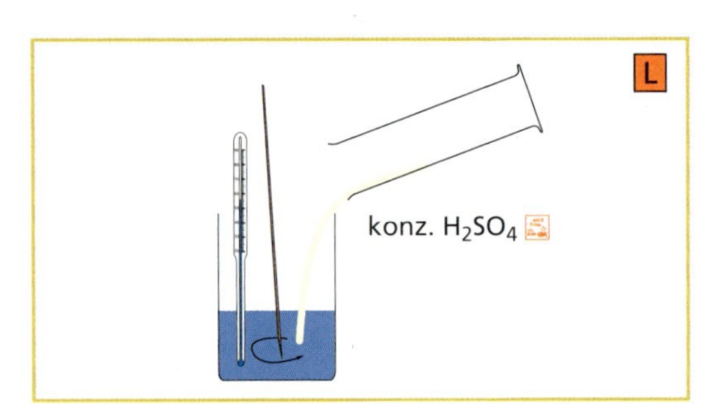

2 Beim Verdünnen der Schwefelsäure muss auf die Temperatur geachtet werden, um eine Überhitzung zu vermeiden.

Gibt man eine zu große Menge der konzentrierten Säure in das Wasser, steigt die Temperatur zu schnell. Durch die Überhitzung könnte Flüssigkeit aus dem Gefäß spritzen. Beachtet man die Verdünnungsregel nicht, würde sich die Spritzgefahr erhöhen.
Gelangen solche Spritzer auf die Haut, müssen sie sofort mit viel Wasser abgespült werden. Auf alle Fälle ist der Lehrer zu informieren. Bei Verätzungen muss so schnell wie möglich ein Arzt aufgesucht werden.

Schnelle Hilfe, aber bitte richtig!

Hat man Säurespritzer abbekommen, muss man diese so schnell wie möglich mit Wasser abwaschen. Auf diese Weise wird die Säure stark verdünnt und kann auf der Haut keinen Schaden mehr anrichten.
Sollten Säurespritzer in das Auge gelangt sein, muss auch hier sofort mit Wasser gespült werden, und zwar von innen nach außen.
Warum ist es unbedingt erforderlich, Säurespritzer im Auge von innen nach außen zu spülen?

Durch die Säure kann es zu Verätzungen des Auges kommen, deshalb muss die Säure sofort verdünnt werden.
Spült man von innen nach außen, läuft die verdünnte Säure aus dem Auge heraus und über die Gesichtshaut ab. Dort kann sie in der kurzen Zeit kaum Schaden anrichten.
Spült man anders herum, kann über den Tränen-Nasen-Kanal Säure in die Nase gelangen. Die Nasenschleimhaut ist viel empfindlicher als die Gesichtshaut. Hier kann es zu Verätzungen kommen. Darum ist es unbedingt erforderlich, von innen nach außen zu spülen.

Fischsterben in schwedischen Seen

Schweden ist ein Land mit vielen Naturschönheiten. Wie alle skandinavischen Länder steht es in dem Ruf, noch relativ naturnahe Gebiete zu besitzen. Gerade in diesem Zusammenhang erschien eine Meldung Anfang der 90er Jahre unwahrscheinlich, nach der einige Seen Schwedens

1 Fischsterben – ein zu saurer Charakter des Gewässers könnte die Ursache sein.

tot sind und es in ihnen fast keine Fische und Pflanzen mehr gibt.
Wie konnte es zu dieser Erscheinung kommen?

In der Luft gibt es keine Landesgrenzen. Schadstoffe, die in einem Land in die Luft geblasen werden, verdriften mit dem Wind und können in ganz anderen Regionen ihre Wirkung entfalten.
Auf diese Art und Weise gelangten Abgase aus Großbritannien und vom europäischen Festland in die Atmosphäre über den skandinavischen Ländern. Im Zusammenhang mit Niederschlägen bildete sich dort saurer Regen. Auch das Schwefeldioxid wandelte sich mit der Luftfeuchtigkeit zu schwefliger Säure um.

$$SO_2 + H_2O \longrightarrow 2H^+ + SO_3^{2-}$$

An der Ausbildung des sauren Regens sind noch Kohlenstoffdioxid und andere Stoffe beteiligt.
Da der saure Regen häufiger fiel, nahmen stehende Gewässer einen immer saureren Charakter an.
Ein stark saurer Charakter ist jedoch für die meisten Fischarten tödlich. Nicht nur die Säure selbst wirkt auf die Tiere. Im Bodenschlamm vollziehen sich chemische Prozesse, bei denen giftige Schwermetall-Ionen freigesetzt werden.
Durch diese Ionen werden die Fische zusätzlich geschädigt.

Erdbeeren mit Milch – nicht jedermanns Sache

Im Juni reifen bei uns die Erdbeeren. Diese Früchte kann man in sehr vielen Varianten zubereiten.
Man kann das Obst beispielsweise zuckern und anschließend mit Milch übergossen genießen. Dies ist jedoch nicht jedermanns Sache, da sich die Milch (besonders Frischmilch) häufig verändert, wenn sie mit den Erdbeeren vermischt wird.
Wie ist diese Veränderung zu erklären?
Milch ist ein Stoffgemisch. Unter anderem enthält dieses Stoffgemisch Eiweiße. 100 ml Kuhmilch beinhalten beispielsweise ungefähr 3,0 g Eiweiße (u. a. das so genannte Kasein). Diese Eiweiße werden durch Säuren zur Gerinnung gebracht. Man bezeichnet das als Denaturierung.
In den Erdbeeren sind in unterschiedlichen Mengen Fruchtsäuren gespeichert. Auch diese organischen Säuren reagieren mit dem Milcheiweiß, sodass die Milch in Abhängigkeit vom Säuregehalt gerinnen kann.

Ein ähnlicher Prozess läuft ab, wenn Frischmilch erst sauer und dann dick wird. Die Säure, die dann die Gerinnung bewirkt, entsteht durch die Tätigkeit von Milchsäurebakterien aus Milchzucker. Bei warmen Temperaturen haben die Mikroorganismen gute Lebensbedingungen.

S Saurer Regen im „Gewächshaus“

Entwickle ein Experiment, mit dem in der Schule die Wirkung von Stoffen auf Pflanzen untersucht werden kann!

Damit nur die ausgewählten Stoffe auf die Pflanzen einwirken, muss ein abgeschlossener Raum geschaffen werden, in dem Pflanzen Platz finden und in den Licht gelangen kann. Die Stoffe müssen ohne größere Umbauten und mit möglichst geringem Luftaustausch in den abgeschlossenen Raum eingebracht werden können.
Diese Bedingungen erfüllt ein größeres leeres Aquarium, das mit einer Glasscheibe abgedeckt werden kann, oder ein kleines „Zimmergewächshaus“. Zum Einbringen von Stoffen in das Behältnis befindet sich in einer Wand ein nicht zu großes Loch, das mit einem Gummistopfen verschließbar ist.
Ein Gas kann aus der Apparatur, in der es erzeugt wird, unmittelbar eingeleitet, eine Flüssigkeit (der saure Regen) mit einem Pflanzensprüher versprüht werden.
Verschiedene konkrete Untersuchungsmöglichkeiten bieten sich an:

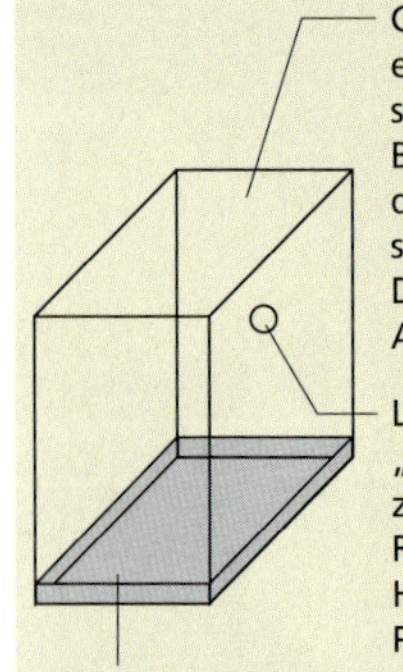

Entweder wird eine bestimmte Pflanze ausgewählt und untersucht, wie sie auf verschiedene Stoffe reagiert, oder ein bestimmter Stoff ausgesucht und seine Einflüsse auf das Wachstum verschiedener Pflanzen ermittelt.
Die erste Variante setzt mehrere Aquarien oder Zimmergewächshäuser und mehrere ungefähr gleich gut entwickelte Exemplare einer bestimmten Pflanzenart voraus.
Die zweite Variante lässt sich auch in einem einzigen – allerdings größeren Behältnis verwirklichen. Auch hier sollten die Pflanzen einen etwa gleich guten Entwicklungsstand haben.

Beispiel für eine Protokollanlage

Beobachtungen bei

Datum	Salatkeimpflanze	Rettichkeimpflanzen	Fuchsien	Geranien
25. 9.	einen Verbrennungslöffel mit brennendem Schwefel 5 Sekunden in das Zimmergewächshaus gehalten (Vorsicht! SO_2 nicht einatmen! Abzug!)			
27. 9.	bei einzelnen Keimlingen bräunliche Flecken	die Mehrzahl der Keimlinge vergilbt	keine sichtbaren Veränderungen	keine sichtbaren Veränderungen
30. 9.	einen Verbrennungslöffel mit brennendem Schwefel 5 Sekunden in das Zimmergewächshaus gehalten			

AUFGABEN

1. Gib Regeln beim Umgang mit Säuren bzw. sauren Lösungen an!

2. Nenne einige Säuren und gib an, wo sie vorkommen bzw. verwendet werden!

3. Nenne saure Lösungen mit Namen und Formeln! Notiere gemeinsame Eigenschaften !

4. Nahrungsmittel verderben nicht so leicht, wenn man sie sauer einlegt oder einsäuert. Erkläre, warum sich derartig behandelte Lebensmittel länger halten!

5. S Verquirle ein rohes Eiklar mit 150 ml physiologischer Kochsalzlösung! Gib zu dieser Eiweißlösung verdünnte Salzsäure ✕ !
Notiere deine Beobachtung!
Stelle einen Zusammenhang zu den Funktionen der Salzsäure im Magensaft her!

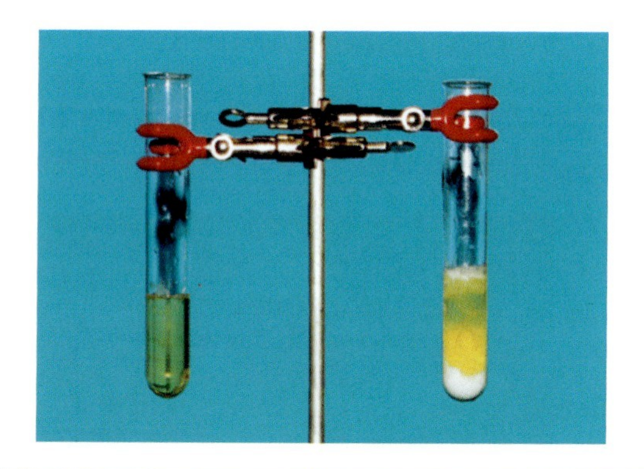

6. Erkläre, warum man konzentrierte Schwefelsäure zur Trocknung von Gasen einsetzen kann!

7. Mäßig verdünnte Schwefelsäure ist ein guter elektrischer Leiter. Erkläre diese Eigenschaft!

8. Destilliertes Wasser ist ein sehr schlechter elektrischer Leiter, da keine frei beweglichen Ladungsträger vorhanden sind. Gibt man etwas Säure in das Wasser, wird der Strom jedoch geleitet.
Wie ist diese Veränderung zu erklären?

9. S Der Säuregehalt des Regenwassers hat Einfluss auf die Lebensbedingungen von Pflanzen und Tieren.
Ermittle experimentell, ob der Regen in eurer Region sauer ist! Verwende ein pH-Meter!

10. Alle Indikatoren zeigen bei Anwesenheit von Säuren eine charakteristische Färbung.
   a) Gib für mindestens 3 Indikatoren die Färbung an, die bei Zugabe zu einer sauren Lösung eintritt!
   b) Nenne die Ursache für die Indikatorfärbung !

11. Ein Salatdressing enthält Speiseessig.
Welche Beobachtung ist bei der Zugabe von Unitestlösung zu erwarten? Begründe!

12. Übertrage die Tabelle (s. unten) in dein Heft und ergänze sie!

Name der Säure	Formel der Säure	Name des Säurerest-Ions	Formel des Säurerest-Ions
		Chlorid-Ion	
Kohlensäure			
			SO_4^{2-}
	HNO_3		
		Phosphat-Ion	
Schwefelsäure			
schweflige Säure			

13. S

Viele Menschen genießen schwarzen Tee mit Zitrone. Bei Zugabe des Zitronensafts ändert der Tee seine Farbe. Überprüfe diese Aussage experimentell! Formuliere eine Vermutung über die Ursache der Farbänderung!

14. S Der Lehrer übergibt dir drei Reagenzgläser. In einem befindet sich destilliertes Wasser, in einem verdünnte Salzsäure ✕ und in einem verdünnte Schwefelsäure ✕.
    a) Ermittle experimentell, in welchen Reagenzgläsern sich Säuren befinden!
    b) Beschreibe, wie die beiden Säuren unterschieden werden können! Führe den Versuch durch!

15. Übertrage folgenden Lückentext in dein Heft und ergänze ihn!
    Säuren sind sehr wichtige Stoffe. Sie spielen auch im täglichen Leben eine Rolle. In unserem Magen befindet sich z. B. … . In vielen Getränken ist ebenfalls Säure enthalten. Dabei handelt es sich um … .
    Säuren können sehr schädlich auf Lebewesen wirken. Ein Beispiel dafür ist der saure Regen. Er entsteht, wenn … aus den Abgasen von Industrie und Auto mit dem … reagieren.

16. In Industriegebieten und ihrer Umgebung kann man häufig einen hohen Schädigungsgrad bei Bäumen und an Gebäuden feststellen. Erkläre die Erscheinung!

17. Beschreibe die Arbeitsschritte zur Herstellung von schwefliger Säure im Experiment! Erläutere, welche Auswirkungen die Vorgänge der Säurebildung in Natur und Technik haben!

18. Mit Indikatoren kann man testen, ob Regenwasser sauer ist oder nicht. Man erwartet eigentlich, dass Regen neutral ist.
    Jedoch weist auch Regenwasser, welches nicht mit Schadstoffen verunreinigt ist, einen leicht sauren Charakter auf. Erkläre!

5.3 Basische Lösungen – Basen

Ätzende Reinigungsmittel

In Haushalten werden verschiedene Reinigungsmittel eingesetzt. Nicht alle sind flüssig. Rohrreiniger gibt es in Form körniger Substanzen. Diese tragen häufig Gefahrenstoffkennzeichnungen. Daraus geht hervor, dass die Stoffe ätzend sind.

Was für Stoffe sind in diesen Reinigungsmitteln enthalten?
Worauf beruht die ätzende Wirkung?
Welche Reaktionen laufen im Wasserrohr ab?

Verursacht schwere Verätzungen. Darf nicht in die Hände von Kindern gelangen. Bei Berührung mit den Augen gründlich mit Wasser abspülen und Arzt konsultieren. Bei der Arbeit geeignete Schutzhandschuhe und Schutzbrille/Gesichtsschutz tragen.
Bei Berührung mit der Haut mit Wasser abwaschen. Verschmutzte Kleider sofort ausziehen. Flasche fest verschlossen halten. Niemals Wasser hinzugießen. Nach versehentlichem Einnehmen sofort große Mengen Wasser trinken, sofort Arzt aufsuchen und Packung mitnehmen.
Verschüttetes Produkt sofort zusammenkehren und mit viel Wasser im Spülbecken wegspülen. Keinesfalls in den Papierkorb oder Abfalleimer werfen. Gegenstände, die mit Rohrreiniger in Berührung gekommen sind, gründlich spülen.

Ätzend!

Basen liebende Pflanzen

Einige Pflanzen benötigen für das optimale Wachstum eine ganz bestimmte Bodenreaktion. Der Sauerampfer (links) braucht z. B. sauren Boden, sonst kann er nicht gedeihen.
Orchideen, wie der Ragwurz (rechts), sind niemals dort zu finden, wo Sauerampfer wächst.
Welche Bodenreaktion zeichnet den Standort solch seltener Pflanzen wie Ragwurz aus?
Wie kann man diese Bodenreaktion ermitteln?

Verblüffende Färbung mit Kalk

Kalk gibt es in Baumärkten zu kaufen. Dabei handelt es sich um so genannten Löschkalk. Will man Kalkmörtel herstellen, muss man ihn mit Sand und Wasser mischen.
Dies sollte sehr vorsichtig geschehen. Das ist notwendig, weil die Mischung nicht neutral ist. Die Tatsache kann man beweisen, indem man sie mit Unitestindikator überprüft. Unitest färbt sich blau.

Wodurch wird die blaue Färbung des Unitestindikators hervorgerufen?

GRUNDLAGEN

Reagieren Metalloxide wie Nichtmetalloxide?

Neben Nichtmetalloxiden besitzen auch Metalloxide eine große Bedeutung. Beispielsweise kommt die Bauindustrie ohne Calciumoxid nicht aus. Der handelsübliche Name für diesen Stoff ist nämlich Branntkalk. Branntkalk bildet einen wichtigen Ausgangsstoff für die Herstellung von Mörtel.

Beim Umgang mit Calciumoxid müssen besondere Sicherheitsvorschriften beachtet werden. Übergießt man Calciumoxid mit Wasser, erfolgt eine starke Wärmeentwicklung. Die entstandene trübe, weiße Flüssigkeit ist ätzend. Ist bei der Reaktion von Calciumoxid mit Wasser auch eine Säure entstanden? Erfolgen ähnliche Vorgänge, wie beispielsweise bei der Reaktion von Nichtmetalloxiden mit Wasser?

Der Test mit Indikatorpapier zeigt an, ob eine saure Lösung entstanden ist (Abb. 1). Aus der Färbung kann man erkennen, dass sich keine saure Lösung gebildet hat, denn Unitestpapier färbt sich **blau**. Bei der Reaktion mit Wasser ist Calciumhydroxid $Ca(OH)_2$ entstanden.

Calciumoxid	+ Wasser	→	Calciumhydroxid
CaO	+ H_2O	→	$Ca(OH)_2$

Das Reaktionsprodukt ist ein Gefahrstoff. Es gelten daher ähnliche Regeln wie beim Umgang mit

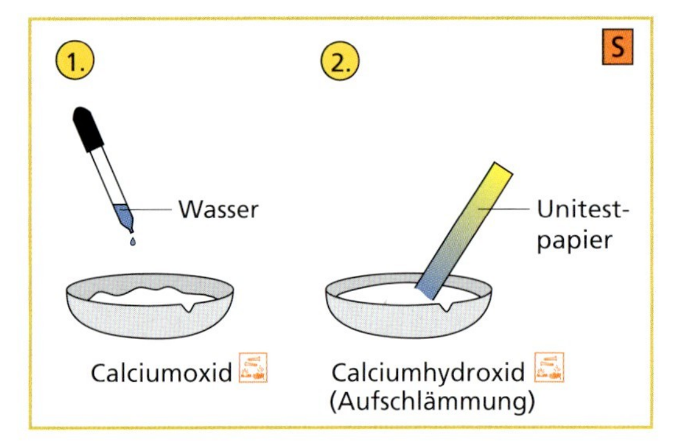

1 Das Reaktionsprodukt von Calciumoxid und Wasser zeigt keine saure Reaktion.

2 Magnesiumoxid reagiert mit Wasser zu einer basischen Lösung.

Säuren (s. S. 153). Ähnlich wie Calciumoxid reagieren auch andere Metalloxide. Verbrennt man einen Magnesiumspan, bildet sich Magnesiumoxid. Versetzt man das entstandene Magnesiumoxid mit Wasser, färbt diese Lösung den Unitestindikator ebenfalls blau (Abb. 2).

Magnesiumoxid reagiert mit Wasser zu **Magnesiumhydroxid ($Mg(OH)_2$)**.

Magnesiumoxid	+ Wasser	→	Magnesiumhydroxid
MgO	+ H_2O	→	$Mg(OH)_2$

Eine entsprechende Lösung bildet sich, wenn ein anderes Metalloxid mit Wasser in Berührung kommt:

Bariumoxid	+ Wasser	→	Bariumhydroxid
BaO	+ H_2O	→	$Ba(OH)_2$

Es bilden sich Lösungen der **Metallhydroxide**, wenn Metalloxide mit Wasser reagieren. Auch diese Lösungen sind ätzend und demzufolge Gefahrstoffe.

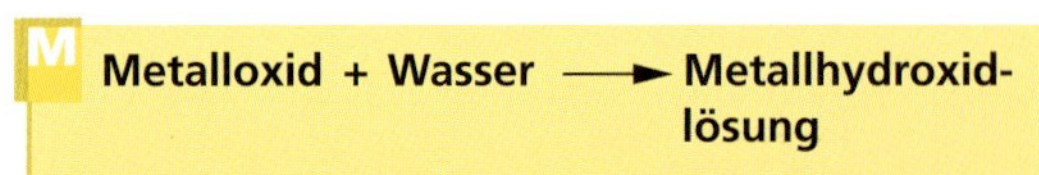

Metallhydroxide und ihre Lösungen sind ätzend. Es gelten dieselben Sicherheitsbestimmungen wie bei Säuren.

Metallhydroxide sind Basen

Unitestindikatorlösung und andere Indikatoren färben sich in charakteristischer Weise, wenn sie zu einer Metallhydroxidlösung getropft werden (s. Tab.). Diese Färbung weist auf eine **basische Reaktion** hin. Stoffe, deren Lösungen eine basische Reaktion zeigen, gehören zu den **Basen**.

M Metallhydroxidlösungen zeigen eine basische Reaktion.

Die Lösungen der Metallhydroxide leiten den elektrischen Strom (Abb. 1). Sie enthalten frei bewegliche Ionen. Die Ursache für die basische Reaktion der Metallhydroxidlösungen bilden die **Hydroxid-Ionen (OH^-)**. Sie sind ein wesentlicher Bestandteil aller Metallhydroxide. Die Hydroxid-Ionen sind einfach negativ geladene Ionen. Sie bewirken die charakteristischen Eigenschaften der Metallhydroxide.
Außerdem befinden sich in der Lösung noch positiv geladene **Metall-Ionen** (s. Tab. unten).

M Metallhydroxide sind Stoffe, deren wässrige Lösungen positiv geladene Metall-Ionen und negativ geladene Hydroxid-Ionen enthalten.

Anders als bei Säurelösungen entstehen die Ionen in den Metallhydroxidlösungen nicht erst bei der Reaktion mit Wasser. Metallhydroxide sind aus Ionen aufgebaut. Diese werden beim Lösen in Wasser freigesetzt.

Charakteristische Indikatorfärbung bei basischen Reaktionen (Anwesenheit von OH^- Ionen)		
Indikatoren	**Farbe der Lösung ohne Metallhydroxidlösung**	**Farbe der Lösung mit Metallhydroxidlösung**
Phenolphthalein	farblos	rot
Lackmus	violett	blau
Unitest	grün	blau

Beispiel: $NaOH \xrightarrow{H_2O} Na^+ + OH^-$

Es gibt jedoch auch Stoffe, die erst bei der Reaktion mit Wasser Hydroxid-Ionen bilden. Beide Gruppen von Stoffen sind Basen.

M Basen sind Stoffe, die in wässriger Lösung Hydroxid-Ionen bilden oder freisetzen.

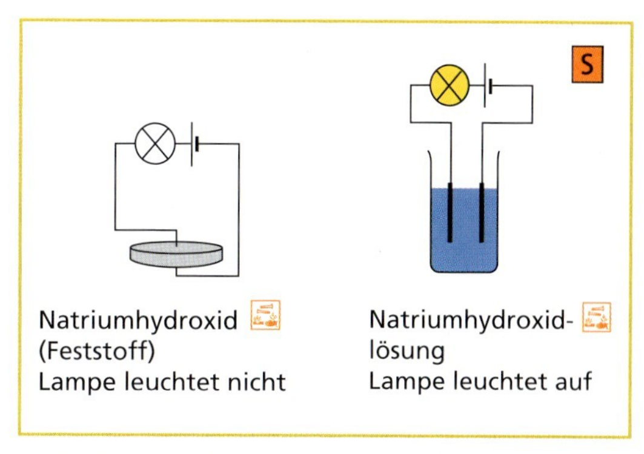

1 Die frei beweglichen Hydroxid-Ionen und Metall-Ionen in der Lösung bedingen die elektrische Leitfähigkeit.

Namen und Formeln ausgewählter Metallhydroxide und ihrer Ionen in wässriger Lösung					
Metallhydroxid		**enthaltene Ionen in wässriger Lösung**			
Name	Formel	Name	Formel	Name	Formel
Natriumhydroxid	$NaOH$	Natrium-Ion	Na^+	Hydroxid-Ion	OH^-
Kaliumhydroxid	KOH	Kalium-Ion	K^+	Hydroxid-Ion	OH^-
Calciumhydroxid	$Ca(OH)_2$	Calcium-Ion	Ca^{2+}	Hydroxid-Ion	OH^-
Magnesiumhydroxid	$Mg(OH)_2$	Magnesium-Ion	Mg^{2+}	Hydroxid-Ion	OH^-
Bariumhydroxid	$Ba(OH)_2$	Barium-Ion	Ba^{2+}	Hydroxid-Ion	OH^-

Reaktionen von Metallen mit Wasser

Viele unedle Metalle reagieren mit Wasser. Das wird erkennbar, wenn man Natrium in ein Schälchen mit Wasser gibt, das mit Unitestlösung versetzt ist.

Das Natriumstückchen beginnt zu schmelzen und scheint auf dem Wasser zu tanzen. Ein zischendes Geräusch ist wahrzunehmen. Manchmal entzündet sich das Gas um das Stückchen Natrium mit einem mehr oder weniger starken Knall und verbrennt mit blauer Flamme. Unitest verändert seine Färbung von Grün nach Blau. Nach kurzer Zeit hat sich das Natriumstückchen vollständig umgesetzt (Abb. 2).

Die **Blaufärbung der Unitestlösung** weist darauf hin, dass eine **basische Lösung** entstanden ist. Die Lösung enthält Hydroxid-Ionen. Bei dieser Reaktion hat sich aus Natrium und Wasser eine **Natriumhydroxidlösung (NaOH)** gebildet. Außerdem wird ein brennbares Gas erzeugt. Die Beobachtung lässt auf Wasserstoff schließen.

Natrium + Wasser ⟶ Natriumhydroxidlösung + Wasserstoff

$2\,Na + 2\,H_2O \longrightarrow 2\,Na^+ + 2\,OH^- + H_2$

Dampft man die Lösung vorsichtig ein, erhält man eine feste, weiße, kristalline Substanz. Dieser Stoff ist stark ätzend und beginnt unter Aufnahme der Luftfeuchtigkeit bald zu zerfließen (Abb. 1).

Zu den unedlen Metallen gehört auch Calcium. Bringt man ein Stückchen metallisches Calcium in Wasser, entsteht unter Wärmeabgabe eine trübe weißliche Lösung. Das Aufsteigen von Gasblasen kann beobachtet werden. Die Knallgasprobe ist positiv. Es handelt sich um Wasserstoff (Abb. 3). Die trübe Lösung färbt Unitest blau. Eine basische Lösung ist entstanden.

2 Auch die Phenolphthaleinlösung verändert ihre Farbe. Das weist auf das Vorhandensein von Hydroxid-Ionen hin.

Calcium + Wasser ⟶ Calciumhydroxidlösung + Wasserstoff

$Ca + 2\,H_2O \longrightarrow Ca^{2+} + 2\,OH^- + H_2$

Metallhydroxidlösungen entstehen demnach, wenn unedle Metalle mit Wasser reagieren.

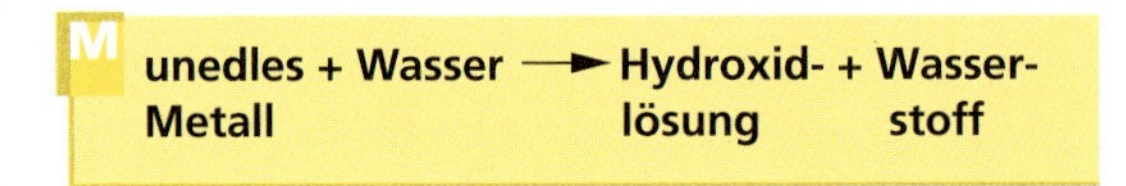

1 Festes Natriumhydroxid ist wasseranziehend. Es reagiert auch mit der Luftfeuchtigkeit.

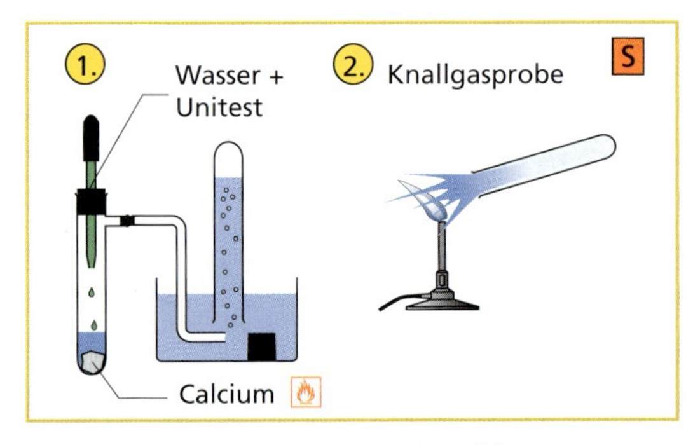

3 Calcium reagiert mit Wasser unter Bildung von Wasserstoff.

Metallhydroxide und ihre Lösungen im Alltag

Säuren kennt jeder aus dem Alltag. Aber auch Basen spielen im täglichen Leben eine große Rolle. Aus Branntkalk und Wasser entsteht **Calciumhydroxid ($Ca(OH)_2$)** – eine wesentliche Komponente des Mörtels. Möglicherweise war die Methode schon den Germanen bekannt, denn bei Ausgrabungen fanden die Archäologen Brennöfen, die auf die Herstellung von Branntkalk hindeuten.

Kalkwasser (Calciumhydroxidlösung) wird aber auch in der Lebensmittelindustrie verwendet. Es wird zur Gewinnung von Zucker benötigt und dient zum Ausfällen der Phosphate aus der Rübenzuckerlösung (Abb. 1).

Rohre im Haushalt sind häufig durch Haare, Fettrückstände und ähnliche Dinge verstopft. Konzentrierte **Natronlauge ($NaOH$)** zersetzt diese Substanzen. Es entstehen wasserlösliche Verbindungen. Der Abfluss wird wieder frei. Allerdings sollte man diese Reiniger nur dann einsetzen, wenn es keine andere Lösung gibt, da sie sehr umweltbelastend sind. Weiterhin werden große Mengen der Natronlauge zur Seifenherstellung genutzt. Bei der Produktion von Zellstoff wird Natriumhydroxidlösung gebraucht, um das Holz chemisch aufzubereiten.

In der Lebensmittelindustrie findet Natronlauge ebenfalls Verwendung. Eine bestimmte Sorte von Gebäck, zu denen die Laugenbrezeln gehören, wird vor dem Backprozess kurz in eine stark verdünnte Natronlauge getaucht. Die schöne braune Färbung des Laugengebäcks wird durch diese Behandlung hervorgerufen.

Kalilauge (KOH) bildet mit Fett wasserlösliche Verbindungen. Deshalb setzt man sie, wie die Natronlauge, Industriereinigern zu, die z. B. bei der Reinigung von Flaschen Verwendung finden.

Bei einem wirklich alltäglichen Vorgang sind basische Lösungen nicht wegzudenken – bei der Verdauung. Im Magen herrscht zwar ein saures Milieu. Von der Bauchspeicheldrüse wird aber ein Stoffgemisch abgegeben, das eine basische Reaktion zeigt. Die enthaltenen Ionen heben die Salzsäure in ihrer Wirkung auf. Dadurch kann es nicht zu einer Schädigung der nachfolgenden Verdauungsorgane kommen.

1 In einer Zuckerfabrik wird eine klare Lösung des Calciumhydroxids (Kalkwasser) eingesetzt.

Wie schon dieser Überblick zeigt, sind in der Chemie, im Alltag bzw. in der Technik für die gleichen Substanzen oft unterschiedliche Namen üblich. Dabei werden basische Lösungen oft als Laugen bezeichnet.

Fach- und Alltagsnamen verschiedener Basen

Formel	fester Stoff	Lösung
$NaOH$	Natriumhydroxid Ätznatron	Natriumhydroxidlösung Natronlauge
KOH	Kaliumhydroxid Ätzkali	Kaliumhydroxidlösung Kalilauge
$Ca(OH)_2$	Calciumhydroxid Kalkhydrat Löschkalk	Calciumhydroxidlösung Kalkmilch (trübe Lösung) Kalkwasser (klare Lösung)
$Ba(OH)_2$	Bariumhydroxid	Bariumhydroxidlösung Barytwasser

ANWENDUNGEN

Rohrreiniger – wirksam, aber nicht ungefährlich

Lassen sich Verstopfungen in sanitären Anlagen nicht mit einfachen Mitteln (Saugglocke) beseitigen, hilft die Chemie weiter. Vor Gebrauch solcher chemischer Reinigungsmittel muss man sich jedoch genau über die Anwendungshinweise informieren, denn in ihnen sind zumeist Natriumhydroxidplättchen enthalten.
Erkläre, wie der Rohrreiniger wirkt!

Natriumhydroxid liegt in fester Form vor. In Wasser wird der Stoff gelöst. Dabei werden die Ionen frei beweglich.

$$NaOH \xrightarrow{H_2O} Na^+ + OH^-$$

Diese Lösungsreaktion ist exotherm. Die entstehende heiße, konzentrierte Natronlauge ist stark ätzend und greift organisches Material wie Haare und Fett an. Das kann man mit einem Experiment demonstrieren (Abb. 1). Durch die Natronlauge wird die Verstopfung „aufgelöst", denn die sich bildenden Verbindungen sind wasserlöslich bzw. verteilen sich leicht darin und können nach einer Weile fortgespült werden.
Eventuell enthaltener Aluminiumgrieß reagiert mit dem Natriumhydroxid und anderen Stoffen. Dabei gebildete gasförmige Reaktionsprodukte lockern die Verunreinigungen auf und verstärken so die Wirkung.

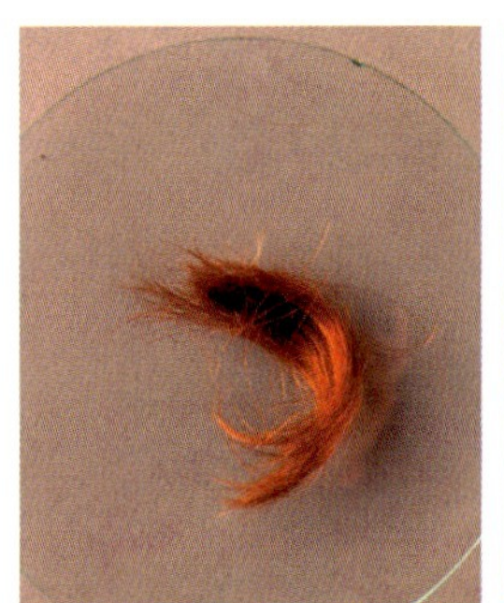
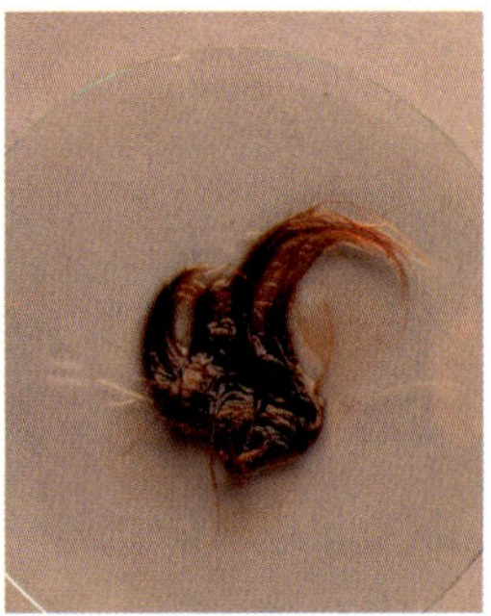

1 Konzentrierte Natronlauge zersetzt organische Verunreinigungen, z. B. Haare.

L Schiffe versenken

Aus Papier wird ein Schiffchen gefaltet. In dieses Schiffchen legt man ein Stückchen Natrium und setzt das Papierboot in eine Schale mit Wasser. (Vorsicht, Schutzbrille!)
Sage die zu erwartenden Beobachtungen voraus!

Durch das Wasser wird das Papier feucht. Das Natrium kommt mit Wasser in Berührung. Natrium ist ein sehr unedles Metall und reagiert heftig mit Wasser. Es ist zu erwarten, dass folgende chemische Reaktion abläuft:

$$2Na + 2H_2O \longrightarrow 2Na^+ + 2OH^- + H_2 \quad \text{(exotherm)}$$

Durch die abgegebene Wärme erhitzen sich die Stoffe bis über die Entzündungstemperatur von Papier. Das Papier wird in Brand gesetzt. Als Nebenprodukt der Reaktion von Natrium und Wasser entsteht Wasserstoff.
Durch die hohe Temperatur wird dieser Wasserstoff ebenfalls zu brennen beginnen. In Abhängigkeit von der Menge des Wasserstoffs und des Wasserstoff-Sauerstoff-Verhältnisses wird ein mehr oder weniger lauter Knall zu vernehmen sein.
Durch ein Experiment können diese Voraussagen bestätigt werden.

Voraussagen chemischer Erscheinungen

Beim Voraussagen wird auf der Grundlage von Gesetzen und Modellen eine Folgerung in Bezug auf eine Erscheinung in der Natur abgeleitet und zusammenhängend dargestellt.
Dabei muss von den Wirkungsbedingungen der Gesetze ausgegangen werden.
Beim Voraussagen sollte man deshalb wie folgt vorgehen:

1. Beschreibe die für das Wirken von Gesetzen und Anwenden von Modellen wesentlichen Seiten in der Erscheinung! Lasse unwesentliche Seiten unberücksichtigt!
2. Nenne Gesetze und Modelle, die der Erscheinung zugrunde liegen, weil deren Wirkungsbedingungen vorliegen!
3. Leite Folgerungen für die Erscheinung ab!

AUFGABEN

1. Erläutere an einem selbst gewählten Beispiel den Begriff „Metallhydroxid“!

2. Nenne mindestens drei Hydroxide mit Namen und Formeln! Gib jeweils ihre Verwendung an!

3. Stelle die Reaktionsgleichungen für die Vorgänge beim Auflösen auf!
   a) Kaliumhydroxid in Wasser,
   b) Bariumhydroxid in Wasser

4. S Verbrenne einen Magnesiumspan und schlämme das Reaktionsprodukt mit Wasser auf! Überprüfe den Überstand mit einem Indikator! Was stellst du fest? Fertige zu diesem Experiment ein Protokoll an!

5. Natrium darf nicht mit bloßen Händen angefasst werden. Dazu benutzt man immer eine Pinzette. Begründe!

6. Vergleiche die elektrische Leitfähigkeit von trockenem Natriumhydroxid, Natronlauge und der Schmelze von Natriumhydroxid! Benenne die Ursache für die unterschiedlichen Erscheinungen!

7. Festes Natriumhydroxid muss in geschlossenen Behältnissen aufbewahrt werden. Begründe!

8. Entwickle ein Experiment, mit dessen Hilfe du unterscheiden kannst, in welchem von drei Gefäßen sich
   a) verdünnte Salzsäure,
   b) Natriumhydroxidlösung,
   c) destilliertes Wasser
   befinden!

9. Stelle die Gleichungen für die Reaktion von Kaliumhydroxid, Natriumhydroxid, Bariumhydroxid und von Calciumhydroxid mit Wasser auf!

10. S Versuche folgende Hydroxide in Wasser zu lösen: NaOH, $Ca(OH)_2$ und KOH!
    a) Was stellst du fest?
    b) Vergleiche die Stellung der entsprechenden Metalle im PSE und formuliere einen Zusammenhang!

11. Untersuche verschiedene Lösungen aus dem Haushalt mithilfe von Indikatoren! Führe ein Protokoll!

12. Calciumhydroxidlösung wird im Labor für Nachweisreaktionen benötigt. Gib Möglichkeiten an, wie dieses Nachweismittel hergestellt werden kann. Stelle für jede Möglichkeit die Reaktionsgleichung auf!

13. Basische Lösungen färben Unitest blau. Worauf beruht diese charakteristische Färbung!

14. Interpretiere die Formeln: $Al(OH)_3$, $Sr(OH)_2$!

15. Beim Mischen von Kalkmörtel müssen besondere Sicherheitsvorschriften beachtet werden. Begründe!

16. **S** Stelle dir selbst einen Indikator her, indem du ein Rotkohlblatt fein zerschneidest, in Wasser ohne andere Zusätze kurz aufkochst und anschließend die Flüssigkeit – deinen Indikator – und das Rotkohlblatt voneinander trennst!
    a) Überprüfe die Farbänderung bei Zugabe verdünnter Natriumhydroxidlösung!
    b) Schabe von einer einfachen Handwaschseife einige Späne ab, löse sie in wenig Wasser auf und prüfe die Lösung mit wenigen Tropfen deines Indikators! Beschreibe die Beobachtungen! Welche Schlussfolgerung kannst du ableiten?

17. Beim Löschen von Branntkalk (CaO) ist das Tragen einer Schutzbrille und von Handschuhen vorgeschrieben. Begründe, warum diese Vorschrift sinnvoll ist!

18. Erläutere die Abbildung (unten)! Welche Reaktionen laufen ab? Stelle jeweils die Reaktionsgleichungen auf!

19. **S** Vor dir liegt ein pulverförmiger weißer Stoff. Ermittle, ob dieser in Wasser eine basische Lösung bildet! Stelle einen Plan auf! Welche Maßnahmen hinsichtlich des Arbeitsschutzes sind zu treffen?

20. **S** Verbrenne Buchenholzspäne! Vermische die Asche mit Wasser! (Vorsicht!) Filtriere die Lösung und teste sie mit einem Indikator!
    a) Erkläre die beobachtete Erscheinung!
    b) Ist diese Lösung als Reinigungsmittel für Objektträger (Biologieunterricht) geeignet? Begründe!

21. Im Handel erhältliche Rohrreiniger tragen besondere Gefahrenkennzeichnungen (s. Abb. S. 163).
    a) Welche Maßnahmen zur Verhütung von Unfällen sind zu treffen?
    b) Begründe die Arbeitsschutzmaßnahmen!

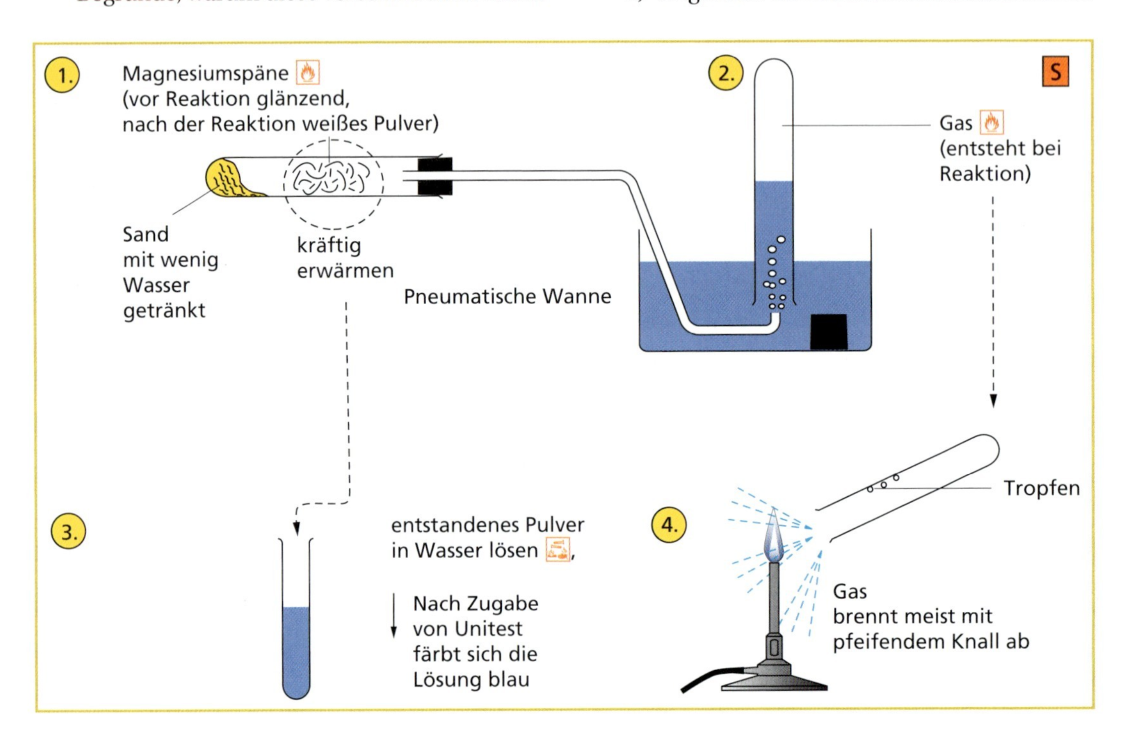

5.4 Reaktionen von Säuren und Basen

Chemie im Klärwerk

Wir entnehmen dem Kreislauf des Wassers täglich eine bestimmte Wassermenge und führen das genutzte Wasser zurück. Unser Abwasser muss gereinigt werden, bevor wir es in den Kreislauf zurückleiten können. Damit ist nicht nur die Beseitigung von Schmutzteilchen gemeint. Das Wasser muss auch wieder neutral sein, um die Umwelt nicht zu belasten und die Organismen nicht zu schädigen.
Wie ist es möglich, eine neutrale Lösung zu erreichen, obwohl Abwasser viele saure und basische Stoffe enthält?

Test von Lösungen

Lösungen, die in der Lebensmittelindustrie, in der Pharmazie, im Acker- oder Gartenboden, in der Technik oder im Haushalt vorliegen, sind selten völlig neutral. Oft müssen sie sogar von der neutralen Reaktion abweichen, um wirksam zu sein. Allerdings benötigt man genaue Werte.
Wie kann man diese basische oder saure Reaktion mit einfachen Mitteln messen?

Wichtige Salze

Salze bzw. salzartige Stoffe sind wesentliche Bestandteile der oberen Schichten unserer Erdrinde.
Sie sind in unvorstellbar großer Menge im Meerwasser gelöst und stellen lebenswichtige Bestandteile der Organismen dar. Die meisten Salze kommen natürlich vor. Manchmal braucht man jedoch besondere oder hochreine Substanzen.
Kann man Salze auch mit einfachen Mitteln im Labor oder im Unterrichtsexperiment aus anderen leicht zugänglichen Stoffen synthetisch herstellen?

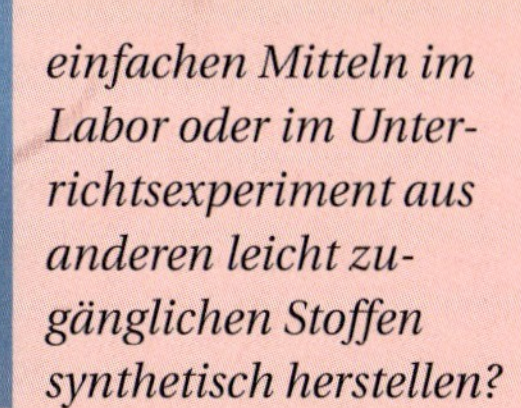

GRUNDLAGEN

Der pH-Wert – ein wichtiger Messwert

Für den Hobbyaquarianer ist es wichtig zu wissen, ob und wie sauer das Wasser im Becken ist. Stimmt das Milieu nicht, gehen die Fische ein.
Auch für den Landwirt ist es entscheidend, welche Reaktion der Boden zeigt. Pflanzen haben ganz bestimmte Ansprüche an ihren Standort (Abb. 2). Soll Gerste angebaut werden, darf der Boden für diese Pflanzen nicht zu sauer sein. Eventuell wird es sonst nötig, durch geeignete Düngung auszugleichen. Beachtet der Landwirt die Bodenreaktion nicht, kann es zu Missernten kommen. Ob eine Lösung neutral, schwach oder stark sauer bzw. schwach oder stark basisch ist, gibt man durch den **pH-Wert** an (Abb. 1).
Chemisch reines Wasser (destilliertes Wasser) ist **neutral**. Es besitzt den **pH-Wert 7**.
Je mehr Wasserstoff-Ionen sich in einem konstanten Volumen einer sauren Lösung befinden, desto niedriger ist ihr pH-Wert, das bedeutet, umso stärker sauer ist die Lösung. **Saure Lösungen** weisen einen **pH-Wert unter 7** auf. Je weniger Wasserstoff-Ionen sich in einer Lösung befinden, desto größer wird der pH-Wert.
Ist der **pH-Wert größer als 7**, lassen sich mit Indikatoren Hydroxid-Ionen nachweisen. Die Lösung ist **basisch**. Je mehr Hydroxid-Ionen in einem bestimmten Volumen einer Lösung enthalten sind, desto stärker basisch ist diese Lösung.
Mit den unterschiedlichen Indikatoren kann man den pH-Wert ohne großen Aufwand bestimmen (Abb. 2). Genauer ist dies mit einem pH-Meter möglich.

2 Das Leberblümchen benötigt einen Boden, der eine basische Reaktion zeigt.

M

Der pH-Wert ist eine Maßzahl zur Charakterisierung einer sauren, basischen oder neutralen Reaktion von Lösungen.

pH-Wert < 7:	**saure Lösung**
pH-Wert = 7:	**neutrale Lösung**
pH-Wert > 7:	**basische Lösung**

Kulturpflanzen wie Kartoffeln gedeihen gut bei einem pH-Wert von 5,9 bis 6,5. Bei Weizen und anderem Getreide sollte der Boden einen pH-Wert von 6,0 bis 7,5 aufweisen. Nicht nur für die Landwirtschaft spielt die Bestimmung der Bodenreaktion und des pH-Wertes eine Rolle. Auch im Wald oder in anderen Ökosystemen ist der pH-Wert ein wichtiger Umweltfaktor.

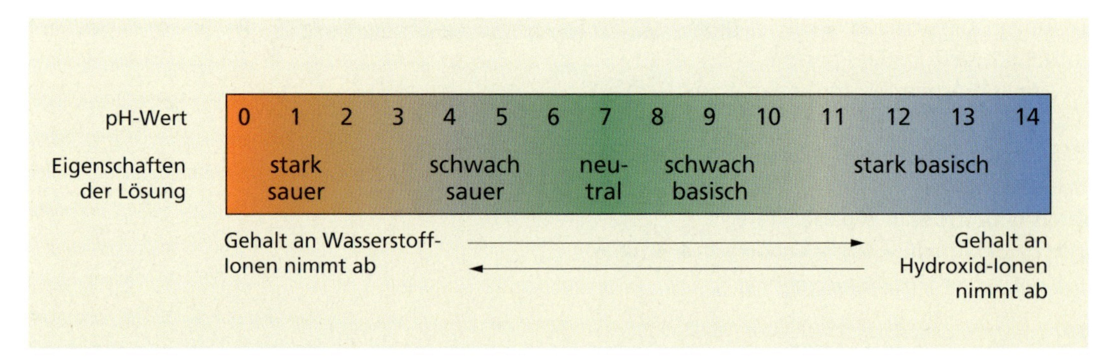

1 Die pH-Wert-Skala zeigt die Färbung der Unitestindikatorlösung im basischen, sauren und neutralen Bereich.

Aus Blau und Rot wird Grün?!

2 Im richtigen Verhältnis wird eine Säurelösung durch eine Hydroxidlösung neutralisiert.

Abwässer aus Haushalten enthalten basische Lösungen (Seifenlösungen, Abflussreiniger) oder saure Lösungen (einige Sanitärreiniger). Im Klärwerk wird daher der pH-Wert der Abwässer überprüft. Das ist wichtig, denn die Organismen aus der biologischen Reinigungsstufe ertragen nur geringe Schwankungen. Darum werden zu sauren Abwässern basische Stoffe zugefügt und zu basischen Abwässern Säuren, aber sowohl Säurelösungen als auch Laugen sind ätzend!

Was passiert, zeigt das Experiment. Gibt man tröpfchenweise verdünnte, mit Unitest versetzte Natriumhydroxidlösung zu verdünnter Chlorwasserstoffsäure (Abb. 2), kann man nach einer Weile an der Stelle, wo die Natriumhydroxidlösung auf die Salzsäure trifft, eine kurzzeitige Farbschwankung erkennen. Arbeitet man geduldig und mit Fingerspitzengefühl weiter, erreicht man den Punkt, an dem sich die Lösung im Gefäß grün färbt – eine neutrale Lösung ist entstanden. Diese Reaktion bezeichnet man als **Neutralisationsreaktion (Protolyse)**.

Gibt man nun einige Tropfen der Lösung auf einen Objektträger und dampft sie ein, lassen sich winzige Kristalle erkennen.

Unter dem Mikroskop werden sie besonders gut sichtbar. An der Form der Kristalle wird deutlich, dass Kochsalz vorliegt. Bei der Reaktion ist außerdem Wasser entstanden.

Das bei der Neutralisation gebildete Wasser hat einen pH-Wert von 7. Die vorliegenden Natrium- und Chlorid-Ionen beeinflussen den pH-Wert nicht. Die chemische Reaktion zwischen der Chlorwasserstoffsäure und der Natriumhydroxidlösung lässt sich durch eine Reaktionsgleichung beschreiben (Abb. 1).

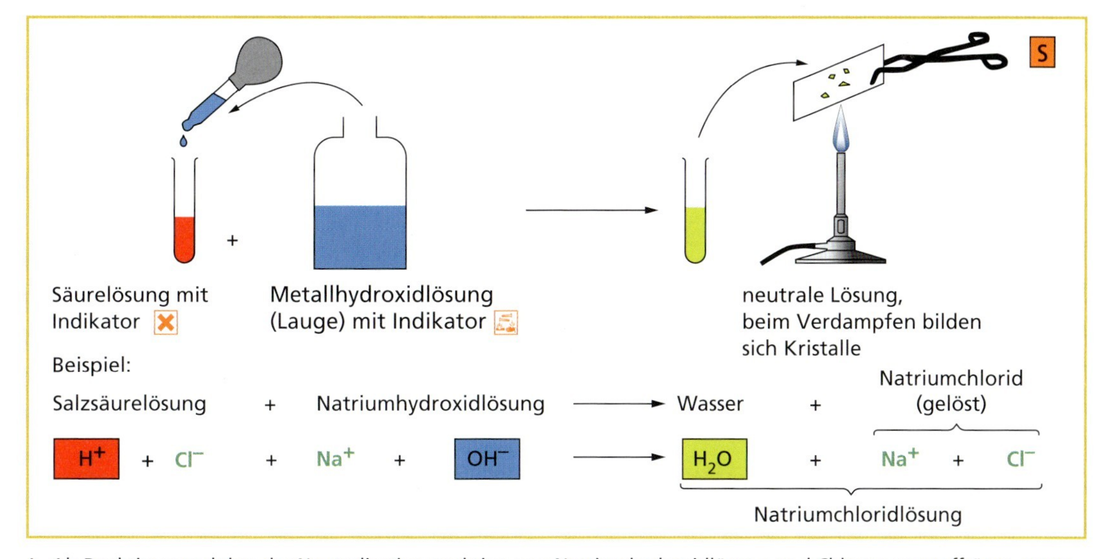

1 Als Reaktionsprodukte der Neutralisationsreaktion von Natriumhydroxidlösung und Chlorwasserstoffsäure entstehen Wassermoleküle und im Wasser gelöstes Kochsalz.

$2H^+$	+ SO_4^{2-}	+	Mg^{2+}	+	$2OH^-$	⟶	$2H_2O$	+	$Mg^{2+} + SO_4^{2-}$
$2H^+$	+ SO_3^{2-}	+	$2Na^+$	+	$2OH^-$	⟶	$2H_2O$	+	$2Na^+ + SO_3^{2-}$
Säurelösung		+	Metallhydroxidlösung (Base)			⟶	Wasser	+	Salzlösung

1 Neutralisationsreaktionen laufen zwischen allen Säuren und Basen ab. Es bilden sich Salze.

Vergleicht man die Teilchen der Ausgangsstoffe und die der Reaktionsprodukte, so erkennt man, dass sich die Natrium-Ionen (Metall-Ionen) und die Chlorid-Ionen (Säurerest-Ionen) nicht verändert haben. Wasserstoff-Ionen und Hydroxid-Ionen treten jedoch zu Wassermolekülen zusammen. Darin besteht das Wesen der Neutralisationsreaktion.

M Die Neutralisationsreaktion ist eine Reaktion, bei der Wasserstoff-Ionen und Hydroxid-Ionen zu Wassermolekülen zusammentreten.

Die Neutralisationsreaktion findet zwischen sauren und basischen Lösungen statt. Welche Menge benötigt wird, um beispielsweise eine Säure mit einer Base zu neutralisieren, hängt vom Gehalt der Wasserstoff-Ionen und vom Gehalt der Hydroxid-Ionen in der Lösung ab, also davon, welche Konzentrationen die Lösungen aufweisen.
Am Neutralpunkt haben alle Wasserstoff-Ionen der Säure mit den Hydroxid-Ionen der Base zu Wasser reagiert.
Es verbleiben die jeweiligen negativ geladenen Säurerest-Ionen und die positiv geladenen Metall-Ionen aus der Hydroxidlösung. Sie bilden **Salzlösungen** (Abb. 1). Gehören die Ionen zu einem **Salz**, welches schwer löslich ist, treten sie zu Kristallen zusammen. Handelt es sich um einen gut wasserlöslichen Stoff, bleiben die Ionen des Salzes noch frei beweglich.

**M Bei Neutralisationsreaktionen entstehen Salze bzw. Salzlösungen.
Salze sind aus positiv geladenen Metall-Ionen und negativ geladenen Säurerest-Ionen zusammengesetzt.**

Vergleich Säuren – Basen – Salze				
Stoffgruppe	**Ionen in wässriger Lösung**	**pH-Wert der Lösung**	**Beispiel**	**Bedeutung**
Säuren	positiv geladene Wasserstoff-Ionen (H^+) negativ geladene Säurerest-Ionen	< 7 (saure Reaktion)	Salzsäure (HCl) Schwefelsäure (H_2SO_4)	Magensäure Batteriesäure
Basen	positiv geladene Metall-Ionen negativ geladene Hydroxid-Ionen (OH^-)	> 7 (basische Reaktion)	Natriumhydroxid ($NaOH$)	Bestandteil von Sanitärreinigern
Salze	positiv geladene Metall-Ionen negativ geladene Säurerest-Ionen	= 7 (Beispiel NaCl)	Natriumchlorid) ($NaCl$) (Kaliumchlorid) (KCl)	Speisesalz, wichtiger Ausgangsstoff Düngemittel

Weitere Salzbildungsreaktionen

Salze bzw. ihre Lösungen entstehen nicht nur bei Neutralisationsreaktionen. Oft haben die Salzbildungsreaktionen große Bedeutung im Labor, in der Technik oder in der Natur. Nicht immer geht es darum, das Salz herzustellen.

Reaktion von Säurelösungen mit Metallen

Bei der Reaktion im kippschen Gasentwicker beispielsweise liegt der Schwerpunkt nicht auf der Salzbildung, sondern man nutzt diese Reaktion, um rasch kleinere Mengen Wasserstoffgas für chemische Experimente zu erzeugen. Dazu bringt man verdünnte Chlorwasserstoffsäure mit Zink zur Reaktion (Abb. 1).

$$Zn + 2H^+ + 2Cl^- \longrightarrow Zn^{2+} + 2Cl^- + H_2\uparrow$$

Dampft man einige Tropfen der entstandenen Lösung ein, erkennt man unter dem Mikroskop Kristalle, die jedoch eine andere Form als Natriumchloridkristalle aufweisen. Im Zinkchloridkristall liegen die Zink-Ionen und die Chlorid-Ionen im Atomzahlenverhältnis von 1 : 2 vor (Formel für die Baueinheit: $ZnCl_2$).

$$Zn^{2+} + 2Cl^- \longrightarrow ZnCl_2$$

Auch verdünnte Schwefelsäure reagiert in ähnlicher Art und Weise mit Zinkspänen. Beim Eindampfen der Lösung lassen sich wiederum typische Kristallformen feststellen.

$$Zn + 2H^+ + SO_4^{2-} \longrightarrow Zn^{2+} + SO_4^{2-} + H_2\uparrow$$
$$Zn^{2+} + SO_4^{2-} \longrightarrow ZnSO_4$$

Die verdünnten Säurelösungen reagieren mit Magnesium ähnlich, nicht jedoch mit Kupfer und anderen edlen Metallen.
Die allgemeine Wortgleichung für diese Salzbildungsreaktion lautet:

unedles Metall + verdünnte Säure ⟶ Salzlösung + Wasserstoff

Die Reaktion, bei der unedle Metalle von Säuren zersetzt werden, hat nicht nur positive und erwünschte Auswirkungen.

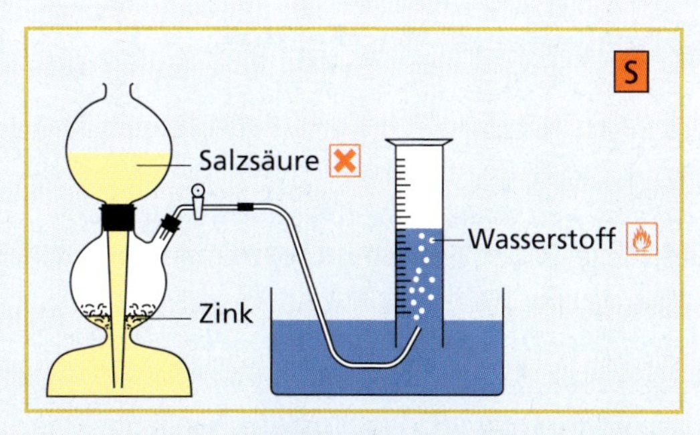

1 Den kippschen Gasentwickler entwickelte der im 19. Jahrhundert lebende niederländische Chemiker Kipp.

Kommen solche Metalle, die oft bei der Konstruktion von Fahrzeugen, Haushaltsgeräten oder irgendwelchen anderen Maschinen und Gebrauchsgegenständen eingesetzt werden, mit Säuren oder säurehaltigen Stoffen in Berührung, so wird früher oder später die Oberfläche des betreffenden Metalls angegriffen und zerstört.
Bei längerer Einwirkung kann sogar Lochfraß an den Teilen auftreten, d. h., das Metallteil wird unbrauchbar. Es ist korrodiert.

Reaktion von Säurelösungen mit Metalloxiden

Auch bei der Reaktion von Säurelösungen mit Metalloxiden entstehen Salze. Außerdem bildet sich Wasser. Deshalb ist diese Reaktion mit der Neutralisationsreaktion vergleichbar. Man nutzt sie in der Landwirtschaft, um sauren Boden zu neutralisieren, denn Ackerkulturen vertragen meist keine saure Bodenreaktion. Düngt man mit calciumoxidhaltigen Düngemitteln, werden Wasserstoff-Ionen (z. B. aus dem sauren Regen) neutralisiert.

$$CaO + 2H^+ + SO_4^{2-} \longrightarrow Ca^{2+} + SO_4^{2-} + H_2O$$

Metalloxid + verdünnte Säure ⟶ Salzlösung + Wasser

Diese Methode hat noch einen weiteren Vorteil. Durch die Calcium-Ionen wird außerdem die Krümelstruktur des Bodens verbessert.
Dadurch wird der Boden besser durchlüftet. Die Pflanzen können mehr Wurzeln ausbilden und ihre Nährstoffaufnahme steigt.

ANWENDUNGEN

S Analyse eines Waschmittels

Für den richtigen Einsatz von Waschmitteln (s. Abb.) sind die Inhaltsstoffe entscheidend. Viele Gewebe vertragen beispielsweise keine hohen pH-Werte. Einige Waschmittel enthalten Natriumsulfat, um die Streufähigkeit zu verbessern.
Beschreibe das Vorgehen, wenn bei einer Waschmittelprobe der pH-Wert und das Vorhandensein von Sulfat-Ionen überprüft werden sollen!

Eine Probe des Waschmittels stellt die Analysensubstanz dar. Eine Spatelspitze dieser Substanz wird in Wasser gelöst. Dabei darf man nicht zu stark schütteln, um Schaumbildung weitgehend zu vermeiden. Ein Tropfen der Lösung wird auf einen Streifen Unitestpapier gebracht. Wird ein hoher pH-Wert angezeigt, kann das Waschmittel nicht für das Waschen von Wolle oder Seide (Eiweißfasern) eingesetzt werden.
Der Rest der Lösung wird, falls erforderlich, vom Unlöslichen dekantiert und mit verdünnter Chlorwasserstoffsäure ✕ angesäuert.
Für den Test auf Sulfat-Ionen wird Bariumchloridlösung ✕ zugesetzt. Eine weiße, feinkristalline Fällung bedeutet, dass der Nachweis auf Sulfat-Ionen positiv ist.
Haben die Untersuchungen einen pH-Wert von ungefähr 11 ergeben und war der Nachweis der Sulfat-Ionen positiv, liegt wahrscheinlich ein Vollwaschmittel mit Sodaanteil vor.

Vollwaschmittel enthalten häufig einen Zusatz von Soda (Natriumcarbonat), welches stark basisch reagiert. Als so genanntes „Stellmittel" (es erhöht die Rieselfähigkeit) wird vielen Waschmitteln Natriumsulfat zugesetzt. Dieser Stoff bildet die Ursache für den positiven Sulfatnachweis. Feinwaschmittel, die speziell zum Waschen von Wolle und Seide entwickelt wurden, besitzen einen pH-Wert von ungefähr 7 und enthalten kein Soda.

Schutz für Mikroorganismen

Abwässer aus Haushalten, Industrie und Laboren reagieren häufig nicht neutral. Damit die biologische Abwasseraufbereitung funktioniert, ist aber neutrales Abwasser erforderlich. Auch in unsere Gewässer darf nur neutrales, aufbereitetes Abwasser eingeleitet werden.
Erkläre, wie das Abwasser vor der biologischen Reinigungsstufe behandelt werden muss!
Welche Konsequenzen ergeben sich für die Arbeit mit Säuren und Basen im Labor?

Abwässer aus Haushalten können durch die Überdosierung von Vollwaschmitteln und Sanitärreinigern basisch reagieren. Die Mikroorganismen, die in der biologischen Reinigungsstufe organische Verunreinigungen abbauen, benötigen ein neutrales Milieu. Deshalb werden Abwässer vor dem Einleiten in die Aufbereitungsanlage auf ihren pH-Wert geprüft. Ist er weitaus größer als 7, muss mit einer Säure neutralisiert werden. Die erforderliche Menge kann aus einer Probe berechnet werden. Die Wasserstoff-Ionen des Zusatzes verbinden sich mit den Hydroxid-Ionen aus der Lösung zu Wassermolekülen.
Umgekehrt müsste man ein saures Abwasser mit einer basischen Lösung behandeln.
Bei Experimenten im Labor fallen häufig Reste von sauren und basischen Lösungen an. Um die Abwässer nicht unnötig zu belasten, ist es günstig, diese Abfälle zu neutralisieren. Das erfolgt bei sauren Lösungen meistens mit Natronlauge und bei basischen Lösungen mit verdünnter Salzsäure. Während der Neutralisation wird der erreichte pH-Wert durch Tüpfeln auf Indikatorpapier überprüft.

Hilfe für die Landwirtschaft?

Für die Landwirtschaft, aber auch für die Forstwirtschaft ist ein sinkender pH-Wert schlecht (z. B. durch sauren Regen), weil sich die Bodenstruktur verschlechtert. Außerdem können Pflanzen diesen Überschuss an Wasserstoff-Ionen häufig nicht vertragen und deshalb gar nicht oder nur schlecht wachsen. Um den pH-Wert zu erhöhen, ist es möglich, so genannten Hüttenkalk auszubringen. Dieses Gemisch enthält neben Magnesium- und Molybdänverbindungen auch einen Anteil an Calciumoxid (Abb. 1).
Ist das Ausbringen von Calciumoxid wirklich sinnvoll, oder stellt es gar eine zusätzliche Belastung für den Boden dar? Erläutere!

Der pH-Wert des Bodens hängt von den enthaltenen Wasserstoff-Ionen ab. Diese Wasserstoff-Ionen werden u.a. bei Ionenaustauschvorgängen durch die Pflanzen in den Boden abgegeben. Weiterhin entstehen beim Abbau organischen Materials als Zwischenstufe Huminsäuren – ebenfalls Lieferanten von Wasserstoff-Ionen. Ein Teil kann aber auch mit dem Regen in den Boden gelangt sein, wenn sich Schwefeldioxid und Stickstoffoxide aus Abgasen mit dem Regenwasser zu sauren Lösungen verbinden, z. B.

$$SO_2 + H_2O \longrightarrow H_2SO_3 \text{ oder}$$
$$2SO_2 + O_2 + 2H_2O \longrightarrow 2H_2SO_4$$

Der Säuregehalt im Boden steigt. Sinkt der pH-Wert im Boden zu stark ab, werden Nährsalz-Ionen aus den Bodenteilchen freigesetzt und ausgewaschen, sodass sie den Pflanzen nicht mehr zur Verfügung stehen. Außerdem erfolgt eine Freisetzung von Aluminium-Ionen, die ein starkes Zellgift darstellen. Deshalb achtet man in der Landwirtschaft schon sehr lange darauf, dass der pH-Wert des Bodens nicht unter 5 abfällt. Zur Regulierung des pH-Wertes ist der Einsatz von Calciumoxid möglich. Calciumoxid reagiert mit Wasser zu Calciumhydroxid ($Ca(OH)_2$).
Im Boden kommt es zu einer Reaktion zwischen den sauren Lösungen und der Base, z.B. reagiert Calciumhydroxid mit schwefliger Säure.

1 Hüttenkalk wird auf abgeerntete Felder aufgebracht.

$$2H^+ + SO_3^{2-} + Ca^{2+} + 2OH^- \longrightarrow Ca^{2+} + SO_3^{2-} + 2H_2O$$

Das Calciumoxid reagiert auch direkt mit Säuren,

$$2H^+ + SO_3^{2-} + CaO \longrightarrow Ca^{2+} + SO_3^{2-} + H_2O$$

Die beschriebenen chemischen Vorgänge bewirken eine sehr schnelle Änderung des pH-Wertes und können deshalb nicht überall und nicht innerhalb einer Vegetationsperiode zum Einsatz kommen.
Mit dem Einsatz von Calciumcarbonat kann man ebenfalls den pH-Wert beeinflussen. Die Wirkung erfolgt jedoch nicht so schnell, dafür aber schonender (Abb. 2).

2 Wälder werden mit Calciumcarbonat behandelt.

AUFGABEN

1. Definiere den pH-Wert!

2. Erläutere, wie man den pH-Wert experimentell bestimmt!

3. Gib Bereiche an, in denen die genaue Kenntnis des pH-Wertes wichtig ist, und begründe jeweils die Bedeutung!

4. Eine Flüssigkeit besitzt einen pH-Wert = 5. Wie reagiert die Lösung mit Unitest? Worauf ist die Beobachtung zurückzuführen?

5. Erläutere das Wesen der Neutralisationsreaktion! Gib eine Reaktionsgleichung an!

6. Erläutere, warum im Klärwerk das zu reinigende Abwasser nach entsprechender Analyse mit sauren oder basischen Lösungen behandelt wird!

7. Weizen benötigt für ein optimales Wachstum einen Boden mit dem pH-Wert von 6,0 bis 7,5. Bei einer Bestimmung des pH-Wertes wurde festgestellt, dass sein Wert aber nur bei 5,7 liegt. Welche Empfehlung würdest du für die Behandlung des Bodens geben?

8. **S** Gib zu einer verdünnten Baselösung einen Tropfen Universalindikatorlösung hinzu und versetze sie unter Schütteln tropfenweise mit verdünnter Säurelösung, bis die Farbe nach gelbgrün umschlägt! Welcher pH-Wert liegt nun vor? Was kann man daraus ableiten?

9. **S** Eine Calciumhydroxidaufschlämmung wird mit einem Indiktor versetzt. Dann gibt man tropfenweise verdünnte Chlorwasserstoffsäure hinzu, bis etwa der pH-Wert 7 erreicht ist.
   a) Gib die Wortgleichung und die chemische Gleichung für die vermutete Reaktion an!
   b) Überprüfe deine Vermutung experimentell!

10. Reines Kaliumchlorid in fester Form soll durch Neutralisation erzeugt werden. Erläutere, wie du vorgehen musst! Fertige dazu Skizzen an! Welche Reaktionen und Prozesse laufen ab? Gib jeweils die Wortgleichung und Reaktionsgleichung an!

11. Übertrage die folgende Tabelle in dein Heft und fülle sie aus! Kennzeichne gleiche Ionenarten mit gleichen Farbstiften!

	positive Ionen	negative Ionen
Säuren		
Hydroxide		
Salze		

12. Bei Neutralisationen entstehen Salzlösungen. Dampft man die Lösungen ein, kristallisiert das jeweilige Salz aus.
   a) Gib Namen und Formeln der Ausgangsstoffe für folgende Reaktionsprodukte an: Kaliumchlorid, Natriumbromid, Magnesiumchlorid, Calciumnitrat, Kaliumnitrat!
   b) Notiere die Formeln der Salze! Gib an, welche Aussagen du aus diesen Formeln ableiten kannst!

13. Salpetersäure kann Natriumhydroxidlösung, Kaliumhydroxidlösung oder Calciumhydroxidlösung neutralisieren. Welche Ionen liegen bei diesen Reaktionen jeweils vor und nach der Neutralisationsreaktion in der betreffenden Lösung vor?

5.5 Praktikum: Säuren–Basen – Salze

Ein Praktikum ist eine besondere Form des Lernens. Die experimentelle Arbeit kann in wesentliche Abschnitte gegliedert werden.

Vorbereitung des Experiments

Welche experimentelle Aufgabe ist zu lösen? Welche Geräte und welche Chemikalien werden benötigt? Welche R- und S-Sätze gelten für die reagierenden Stoffe? Mit welchen Maßnahmen können Gefahren bei der experimentellen Arbeit abgewendet werden?

Durchführung des Experiments

Damit ein Experiment zu verwertbaren Ergebnissen führt, ist es erforderlich, sich genau an die Planung oder Anleitung zu halten, ruhig zu arbeiten, keine Ablenkung zu dulden und auch andere nicht abzulenken. Alle **Beobachtungen** müssen genau registriert werden.
Welche chemische Reaktion findet bei dem Experiment statt? Welche wichtigen Beobachtungen sind zu machen? Wie kann ich die chemische Reaktion beenden? Wo und wie kann ich nach dem Experiment Geräte und Chemikalien sicher abstellen? Was ist bei der Entsorgung der Chemikalien zu beachten?

Auswertung des Experiments

Zur Auswertung eines Experiments trägt ein gut geführtes Protokoll wesentlich bei, wenn in ihm alle Beobachtungen eindeutig formuliert sind. Zu dieser Etappe gehört auch das Säubern aller Geräte und Aufräumen des Arbeitsplatzes.
Welche Antworten gibt das Experiment auf die in der Aufgabe enthaltenen Fragestellungen? Wie ist die eigene Arbeit einzuschätzen? Sind Vorbereitungen für die nächste Praktikumsstunde erforderlich?

Praktikum

Eigenschaften von Säuren, Hydroxiden und Salzen

Der pH-Wert von Lösungen

S Experiment 1
Du erhältst vier Reagenzgläser mit farblosen Lösungen. In einem Reagenzglas befindet sich verdünnte Salzsäure, in einem Natriumhydroxidlösung, in einem Natriumchloridlösung und in einem Reagenzglas destilliertes Wasser.

Aufgabe:
Ermittle, in welchem Reagenzglas sich welche Lösung befindet! Entwickle einen Plan!

Vorbereitung und Durchführung
Notiere Geräte und Chemikalien und fordere sie an! Führe das Experiment nach deinem Plan durch und korrigiere dich gegebenenfalls!

Beobachtung und Auswertung:
Notiere deine Beobachtungen und leite daraus ab, in welchem Reagenzglas welche Lösung enthalten war!

S Experiment 2
Im Haushalt finden unterschiedliche Stoffe Verwendung. Bei manchen muss man spezielle Sicherheitsregeln beachten, die auf der Verpackung angegeben sind. Das trifft besonders dann zu, wenn es sich nicht um neutrale Lösungen handelt.

Aufgabe:
Ermittle den pH-Wert verschiedener Stoffe, die im Haushalt Verwendung finden!

Vorbereitung:
Geräte: Reagenzglasständer, Reagenzgläser, Pipette, Spatel, Schutzbrille

1 Essig ist keine neutrale Lösung.

Chemikalien: Zitronensaft, WC-Reiniger, Rohrreiniger, Haushaltsessig, Cola, Mineralwasser, Seifenlösung, Kochsalzlösung, Unitestindikator

Durchführung:
Teste die jeweiligen Lösungen mit Unitestindikator! Vergleiche mit der pH-Wert-Skala!

Beobachtung und Auswertung:
Notiere deine Beobachtungen und die ermittelten pH-Werte in einer Tabelle! Leite Schlussfolgerungen für den Umgang mit den jeweiligen Stoffen ab!

S Experiment 3
Der saure Regen wird immer wieder als eine Ursache für die Schädigung von Bäumen genannt.

Aufgabe:
Überprüfe den pH-Wert des Regenwassers!

Vorbereitung:
Geräte: Bechergläser, Reagenzglasständer, Reagenzgläser, Pipette
Chemikalien: Regenwasserproben, CZENSNY-Indikator

Durchführung:
Fange Regenwasser zu verschiedenen Zeiten und bei unterschiedlichen Windrichtungen auf!
Versetze je 5 ml der Probe mit 4 Tropfen Indikatorlösung! Lies den pH-Wert an der Vergleichsskala ab!

Beobachtung und Auswertung:
Notiere deine Beobachtungen! Gib mögliche Ursachen für die ermittelten pH-Werte an!
Stelle mindestens eine Reaktionsgleichung auf! Lassen sich Unterschiede zwischen den pH-Werten der verschiedenen Proben feststellen? Erkläre voneinander abweichende Messwerte!

Die elektrische Leitfähigkeit

S Experiment 1
Stoffe besitzen eine sehr unterschiedliche elektrische Leitfähigkeit.
Von Säure-, Hydroxid- und Salzlösungen, die im Chemieunterricht verwendet werden, ist bekannt, dass sie den Strom leiten.

Aufgabe:
Untersuche, ob auch Lösungen, die man im Haushalt nutzt, elektrisch leitfähig sind!

Vorbereitung:
Geräte: Reagenzglasständer, Reagenzgläser, Pipette, Spatel, Schutzbrille, Geräte nach Abb. 1
Chemikalien: Zitronensaft, WC-Reiniger, Rohrreiniger, Haushaltsessig, Cola, Mineralwasser, Seifenlösung, Kochsalzlösung, Zuckerlösung

Durchführung:
Führe die Leitfähigkeitsmessung durch! Nutze dazu die Experimentieranordnung Abb. 1!

Beobachtung und Auswertung:
Notiere deine Beobachtungen! Gib die Ursachen für die beobachteten Erscheinungen an!

S Experiment 2
Trockene Salzkristalle sind nicht elektrisch leitfähig, ihre Lösungen leiten jedoch den elektrischen Strom.

Aufgabe:
Sage voraus, ob die Schmelze von Kaliumnitrat elektrisch leitfähig ist oder nicht! Begründe deine Vermutung! Überprüfe deine Vermutung experimentell!

Vorbereitung:
Geräte: Reagenzglasständer, Reagenzgläser, Pipette, Spatel, Geräte nach Abb. 2
Chemikalien: Kaliumnitrat

Durchführung:
Führe das Experiment nach Abb. 2 durch!

Beobachtung und Auswertung:
Beschreibe deine Beobachtungen und gib an, ob deine Vermutung bestätigt oder widerlegt wurde!

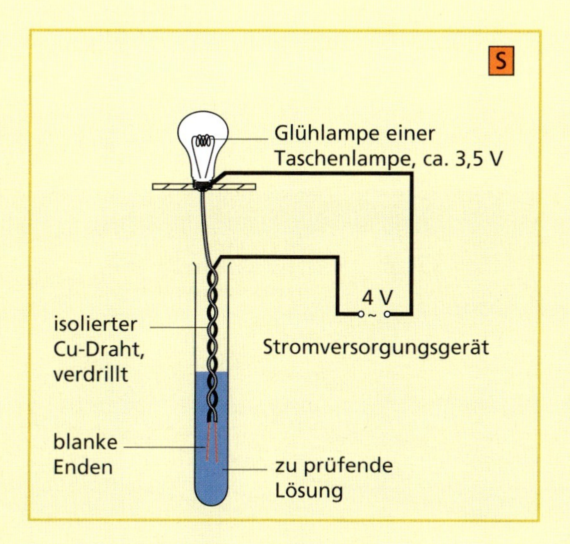

1 Leitfähigkeitsmessungen bei Lösungen

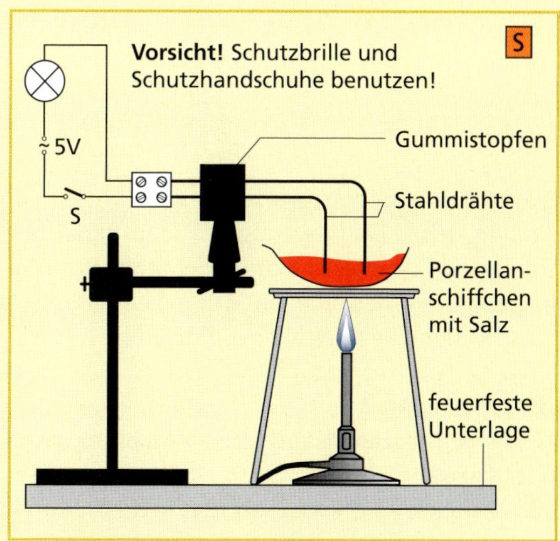

2 Leitfähigkeitsprüfung von Salzschmelzen

Die Neutralisationsreaktion

S Experiment 1

Saure und basische Lösungen spielen in der Natur und in der Technik eine große Rolle. Dabei muss häufig ein bestimmter pH-Wert eingehalten werden. Durch ein genau eingestelltes Verhältnis von sauren und basischen Lösungen ist dies möglich. Auch neutrale Lösungen kann man herstellen, indem man eine saure Lösung mit einer basischen Lösung versetzt. Dabei läuft eine chemische Reaktion ab.

Aufgabe:
Beweise mithilfe eines Experimentes, dass die Neutralisationsreaktion eine chemische Reaktion ist!

Vorbereitung:
Geräte: Petrischale, Tiegelzange, Pipette, Objektträger, Mikroskop, Brenner
Chemikalien: Natriumhydroxidlösung, verdünnte Salzsäure, Unitestindikatorlösung

Durchführung:
Gib einige Tropfen der Indikatorlösung zur Natriumhydroxidlösung und zur Salzsäurelösung! Versetze nun die Natriumhydroxidlösung tropfenweise mit der Salzsäurelösung, bis der Farbumschlag nach Grün erfolgt!
Gib zwei Tropfen der entstandenen neutralen Lösung auf einen Objektträger und dampfe vorsichtig ein! Betrachte die Kristalle unter dem Mikroskop (Abb. 1)!

Beobachtung und Auswertung:
Notiere deine Beobachtungen! Gehe dabei besonders auf die Eigenschaften der Stoffe vor und nach der Neutralisation ein! Werte die Ergebnisse entsprechend der Aufgabenstellung aus!

S Experiment 2

Abwasser aus den Haushalten enthalten saure oder basische Lösungen, z. B. wenn Rohr- oder WC-Reiniger eingesetzt wurden. Viele Organismen in den Gewässern benötigen aber pH-Werte um 7. Sie ertragen nur geringe Schwankungen.

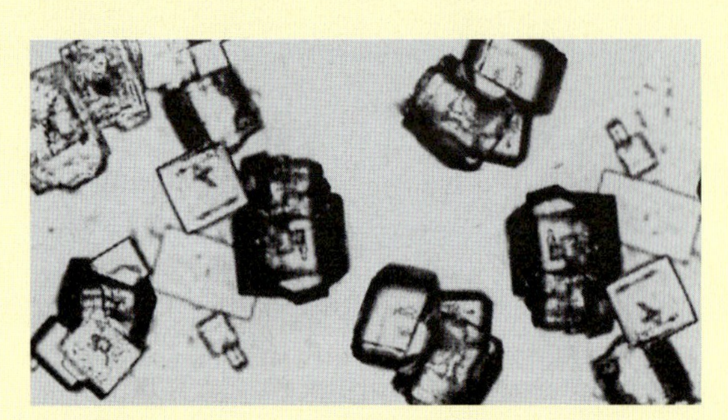

1 NaCl-Kristalle – mikroskopische Aufnahme

Aufgabe:
Zeige mithilfe eines Experiments, wie man saure bzw. basische Lösungen aus dem Abwasser neutralisieren könnte!

Vorbereitung und Durchführung: Beschreibe und skizziere eine mögliche Versuchsanordnung! Begründe die Wahl der Chemikalien aus ökologischer Sicht! Fordere Geräte und Chemikalien beim Lehrer an und führe das Experiment durch!

Beobachtung und Auswertung:
Notiere deine Beobachtungen!

a) Gib Ausgangsstoffe und Reaktionsprodukte an und stelle die Wortgleichungen für die abgelaufenen Reaktionen auf!
b) Worin besteht das Wesen der Reaktionen?
c) Erkundige dich in einem Klärwerk, ob bzw. wie dort der pH-Wert des Abwassers überprüft wird! Ermittle, welche Maßnahmen ergriffen werden, damit das Abwasser wieder in die Gewässer geleitet werden kann, ohne dort das biologische Gleichgewicht zu stören!

2 Wie wird der pH-Wert überprüft?

Bodenuntersuchungen

Für das Wachstum von Pflanzen ist die Bodenreaktion entscheidend. Viele Pflanzen benötigen einen ganz bestimmten pH-Wert. Der pH-Wert wird von Verrottungsprozessen im Boden, von den Pflanzen selbst, vom Regen und auch vom Kalkgehalt des Bodens beeinflusst.
Um keine Missernten zu riskieren, müssen der pH-Wert des Bodens und der Kalkgehalt ermittelt werden:

S Experiment

Aufgabe:
Untersuche den Kalkgehalt und den pH-Wert unterschiedlicher Bodenproben!

Untersuchung des Kalkgehaltes
Vorbereitung:
Geräte: Uhrglasschälchen, Pipette, Spatel
Chemikalien: luftgetrocknete Bodenproben, verdünnte Salzsäure ✕

Durchführung:
Versetze die Bodenproben jeweils mit einer Säurelösung!

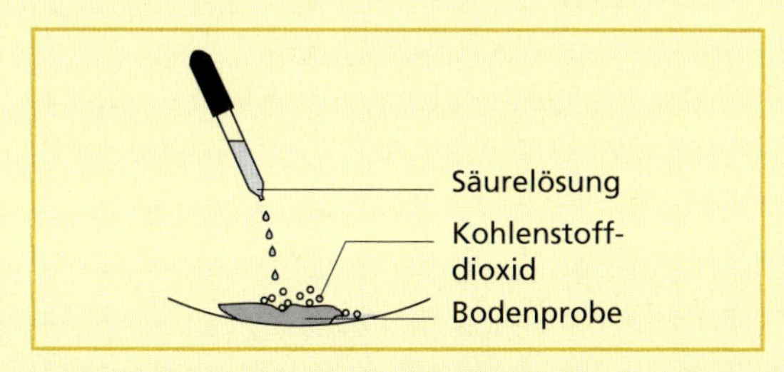

Beobachtung und Auswertung:
Ist im Boden Kalk enthalten, kann man eine Gasbildung beobachten.

Kalkgehalt des Bodens	Aufbrausen
unter 1 %	fehlt
bis 2 %	schwach
bis 4 %	stark, aber kurz
ab 5 %	stark

1 Entnahme einer Bodenprobe

Notiere deine Beobachtungen! Schätze den Kalkgehalt der jeweiligen Bodenprobe ein!

Bestimmung des pH-Wertes
Vorbereitung:
Geräte: Spatel, Trichter, Filterpapier, Bechergläser, Pipette
Chemikalien: luftgetrocknete Bodenproben, Kaliumchloridlösung, CZENSNY-Indikator, Glasstab

Durchführung:
Verrühre 20 g der jeweiligen Bodenprobe in 50 ml Kaliumchloridlösung!
Filtriere die Aufschlämmung! Versetze dann je 5 ml des Filtrates mit 4 Tropfen CZENSNY-Indikatorlösung!

Beobachtung und Auswertung:
Vergleiche mit der Farbskala! Notiere den pH-Wert der jeweiligen Bodenprobe!

Leite aus den Beobachtungsergebnissen Zusammenhänge zwischen Kalkgehalt und pH-Wert der Bodenproben ab!

Salzbildungsarten

S Experiment 1
Neben der Neutralisationsreaktion gibt es weitere Salzbildungsarten.
So entstehen Salzlösungen, wenn Metalle mit verdünnten Säurelösungen reagieren. Außerdem bildet sich Wasserstoff.
Im Labor nutzt man diese Reaktionen zur Wasserstoffherstellung. Das gebildete Salz stellt dann ein Nebenprodukt dar. Nicht alle Metalle reagieren gleich gut mit Säuren.

Aufgabe:
Zur Wasserstoffherstellung setzt man meistens Zink und verdünnte Salzsäure ein. Welches Metall könnte noch verwendet werden? Nutze zur Beantwortung dieser Frage Beobachtungsergebnisse aus einem Experiment!

Vorbereitung:
Geräte: Uhrglasschälchen, Pipette, Objektträger, Mikroskop, Tiegelzange, Brenner
Chemikalien: verdünnte Salzsäure [X], verschiedene Metallproben (z.B. Eisen, Zink, Kupfer, Silber, Magnesium)

Durchführung:
Gib einige Tropfen der Säurelösung zur jeweiligen Metallprobe!

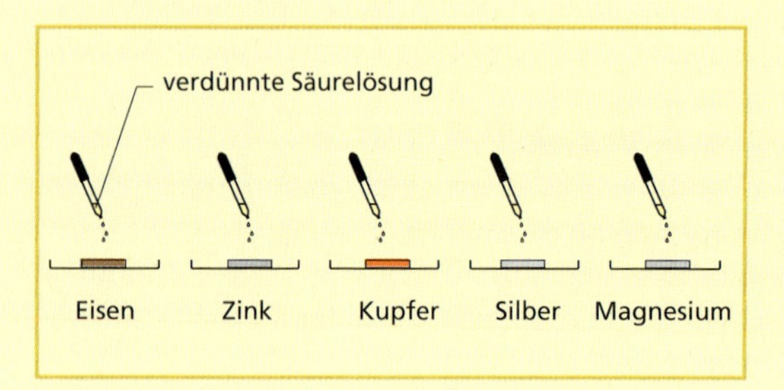

Dampfe anschließend vorsichtig einen Tropfen der Lösung ein und betrachte den Objektträger unter dem Mikroskop!

Beobachtung und Auswertung:
Notiere deine Beobachtungen!

a) Stelle für die ablaufenden Reaktionen die Reaktionsgleichungen auf!
b) Leite eine Schlussfolgerung über die Reaktionsfähigkeit der Metalle mit Säurelösungen ab! Gib an, welches Metall zur Wasserstoffdarstellung genutzt werden kann!
c) In Industriegebieten rosten Metallteile, die der Witterung ausgesetzt sind, schneller als in unbelasteten Gebieten. Erkläre!

[S] Experiment 2
Nicht nur Metallhydroxide, sondern auch die Oxide von Metallen reagieren mit sauren Lösungen zu Salzlösungen und Wasser. Diese Reaktion nutzt man aus, wenn man einen Lötkolben mit Lötwasser (enthält eine saure Lösung) reinigt. Nach mehrmaligem Gebrauch überzieht sich die Lötkolbenspitze mit einer Kupferoxidschicht (Abb. 1). Die Lötkolbenspitze taucht man in die saure Lösung. Die Oxidschicht wird entfernt.

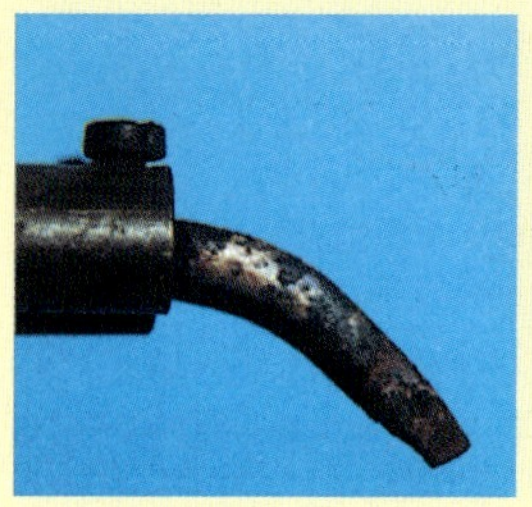

1 Das Kupfer einer Lötkolbenspitze oxidiert an der Oberfläche.

Aufgabe:
Demonstriere mithilfe eines geeigneten Modellexperiments die Prozesse, die bei der Oxidation der Lötkolbenspitze und beim Säubern des Lötkolbens ablaufen!
Entwirf eine Experimentieranleitung und lasse sie von deinem Lehrer prüfen!

Vorbereitung und Durchführung:
Fordere die notwendigen Geräte und Chemikalien an und arbeite nach der bestätigten Experimentieranordnung!

Beobachtung und Auswertung:
Notiere deine Beobachtungen!
Stelle für die beiden Reaktionen die Wortgleichungen auf!
Interpretiere die Beobachtungen entsprechend der Aufgabenstellung!

[S] Experiment 3
Aufgabe:
Überprüfe experimentell, ob der Nachweis von Halogenid-Ionen mit Silbernitrat auch bei einem Stoffgemisch mehrerer unterschiedlicher Halogenide geeignet ist! Erstelle einen Experimentierplan und lasse ihn vom Lehrer bestätigen! Führe das Experiment durch und protokolliere es!

Das Wichtigste im Überblick

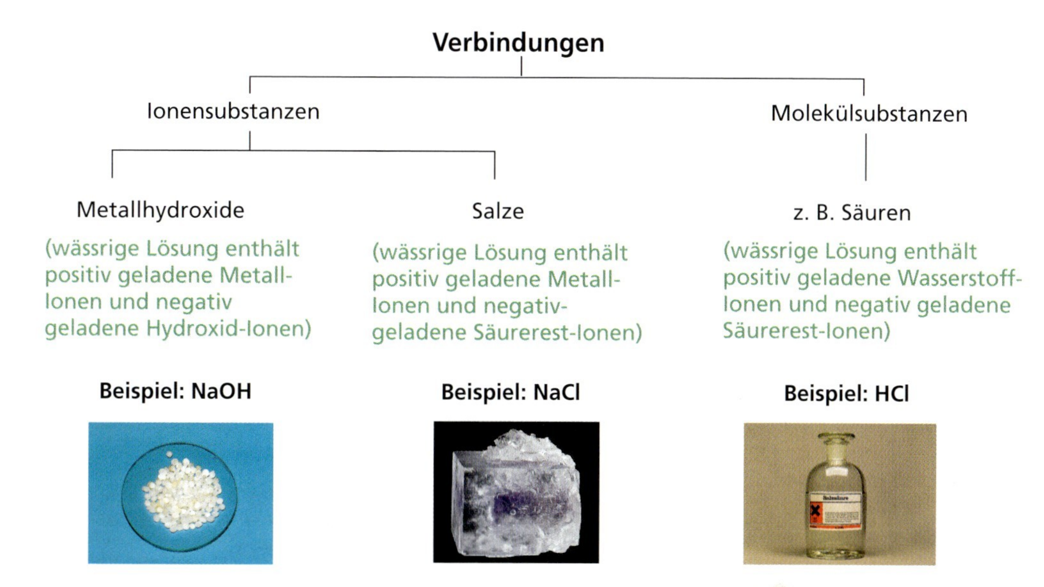

Salze

Salze sind Stoffe, die aus positiv geladenen Metall-Ionen und negativ geladenen Säurerest-Ionen zusammengesetzt sind.

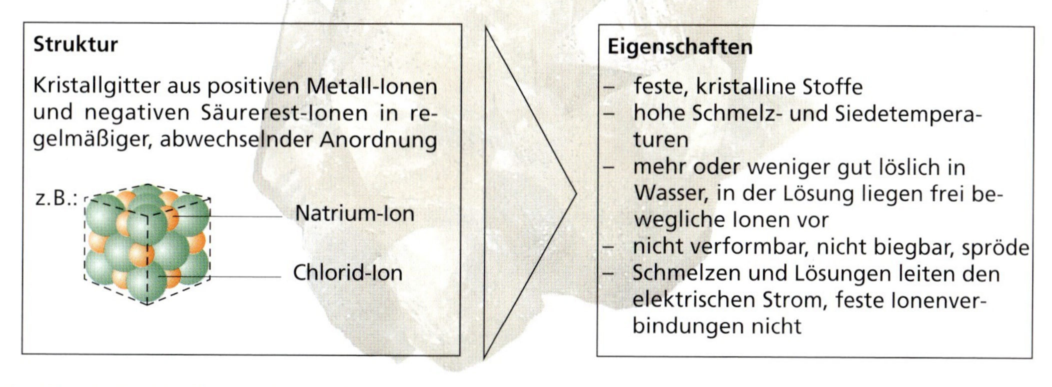

Die chemische Bindung, die auf der elektrostatischen Anziehung zwischen entgegengesetzt geladenen Ionen beruht, nennt man Ionenbindung.

Lösen und Kristallisieren von Salzen sind umkehrbare Vorgänge.

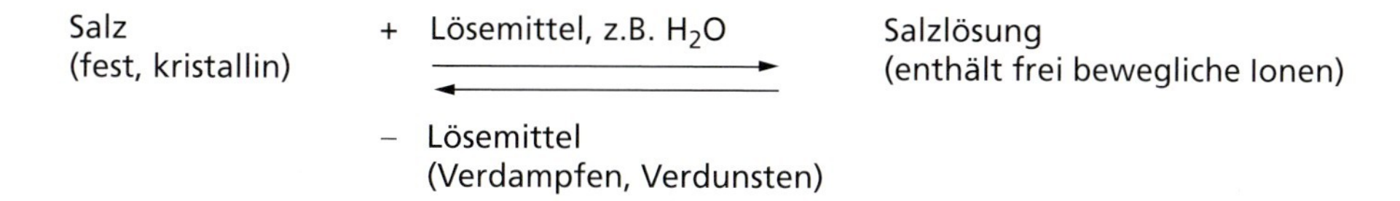

Der pH-Wert

Der pH-Wert ist eine Maßzahl zur Charakterisierung einer sauren, basischen oder neutralen Reaktion von Lösungen.

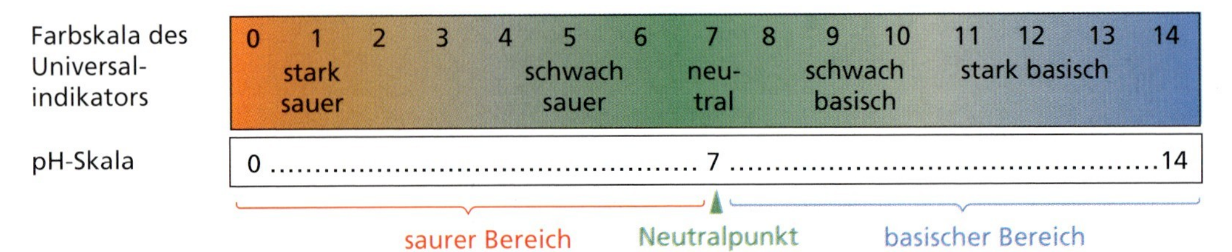

Die Neutralisationsreaktion

Die Neutralisationsreaktion ist eine Reaktion, bei der Wasserstoff-Ionen und Hydroxid-Ionen zu Wassermolekülen zusammentreten.

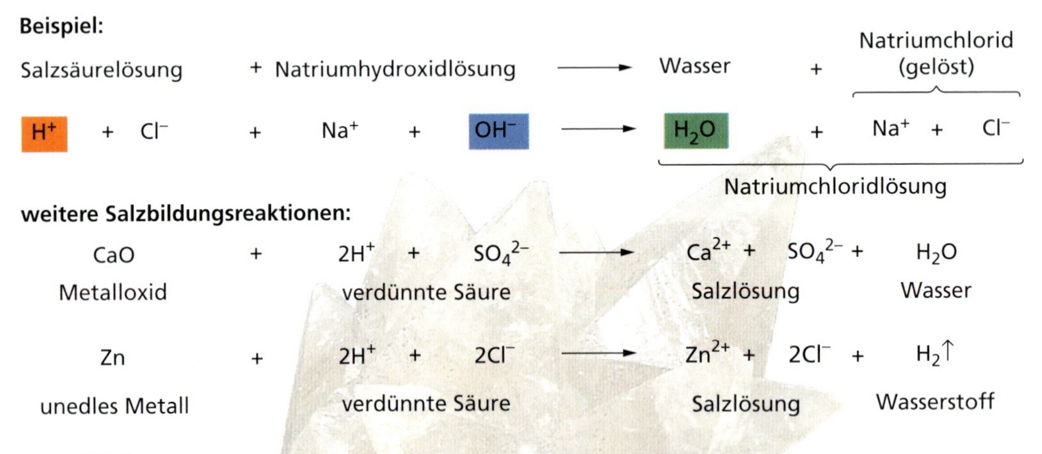

Ionenbildung

Ionen bilden sich z. B. bei der Reaktion von Natrium mit Chlor durch Abgabe oder Aufnahme von Elektronen.

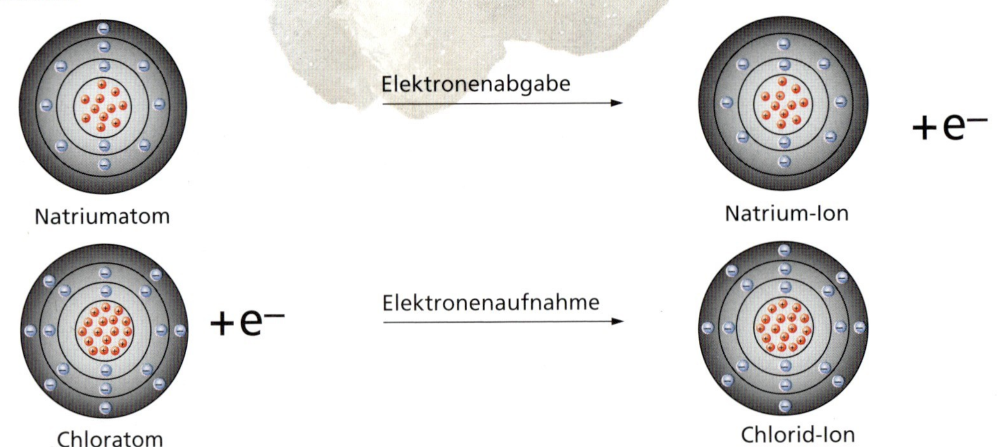

6 Kohlenstoff und seine anorganischen Verbindungen

Kohlenstoff und seine anorganischen Verbindungen

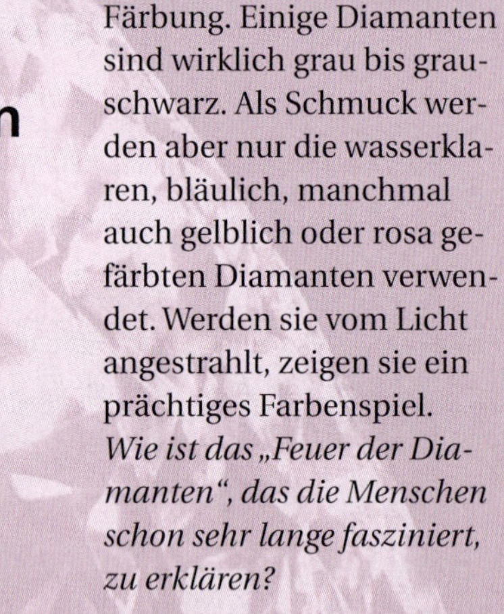

Funkelnde Steine

Diamanten sind begehrte und sehr teure Schmucksteine. Da Diamanten aus Kohlenstoff bestehen, erwartet man eigentlich eine schwarze Färbung. Einige Diamanten sind wirklich grau bis grauschwarz. Als Schmuck werden aber nur die wasserklaren, bläulich, manchmal auch gelblich oder rosa gefärbten Diamanten verwendet. Werden sie vom Licht angestrahlt, zeigen sie ein prächtiges Farbenspiel.
Wie ist das „Feuer der Diamanten“, das die Menschen schon sehr lange fasziniert, zu erklären?

Kohlenstoff hat viele „Gesichter“

Steinkohle (Abb.) enthält über 90% Kohlenstoff. In vielen anderen natürlich vorkommenden Stoffen ist Kohlenstoff chemisch gebunden. Diese Tatsache wird immer dann sichtbar, wenn solche Stoffe einer großen Hitze ausgesetzt waren, z. B. Holzkohlereste nach dem Verlöschen von Holzfeuer oder Fleisch, wenn es zu lange auf dem Grill lag.
Warum gibt es so viele Kohlenstoffverbindungen?

Zeitzeugen der Vergangenheit

Die Kreidefelsen, z. B. auf der Insel Rügen, sind aus den Gehäusen und Schalen verschiedener Lebewesen entstanden. Als Fossilien kann man ihre Überreste noch heute in der Rügener Kreide finden (Abb.). Auch die Gehäuse der Schnecken und die Schalen der Muscheln sind ähnlich aufgebaut wie vor vielen Millionen Jahren.
Welche chemische Verbindung bildet den Baustoff für die Muschelschalen?

GRUNDLAGEN

Das besondere Element Kohlenstoff

Kohlenstoff ist in vielen chemischen Verbindungen enthalten und kommt in der Natur auch in reiner Form vor. Daher war er den Menschen schon sehr lange bekannt.
Dass es sich beim Kohlenstoff um ein Element handelt, wurde jedoch erst Ende des 18. Jahrhunderts nachgewiesen.
Heute helfen uns die Kenntnisse über dieses Element und den Bau seiner Atome, seine Erscheinungsformen und die Vielfalt der Kohlenstoffverbindungen zu verstehen.

Bau der Kohlenstoffatome

Kohlenstoff steht im Periodensystem der Elemente in der 2. Periode und in der IV. Hauptgruppe (Abb.1). Aus dieser Anordnung im Periodensystem kann man u. a. ableiten, dass sich in der äußersten besetzten Elektronenschale 4 Elektronen aufhalten (Abb. 2). Atome mit dieser **Elektronenanordnung in der Atomhülle** sind nicht stabil. Der stabile Zustand wäre erreicht, wenn das Atom die Anordnung der Elektronen in der Atomhülle wie bei einem Edelgasatom aufweisen würde. Edelgasatome zeichnen sich dadurch aus, dass sie acht bzw. im Falle von Helium zwei Außenelektronen besitzen. Diesen Zustand beschreibt man durch die **Oktettregel.**

M **Die Oktettregel besagt, dass Atome dann stabil sind, wenn sie acht Außenelektronen (in der ersten Periode zwei Außenelektronen) aufweisen.**

Um diesen stabilen Zustand zu erreichen, fehlen den Kohlenstoffatomen je vier Außenelektronen. Diese gewinnen die Atome durch die Ausbildung **gemeinsamer Elektronenpaare** mit anderen Atomen. Jedes Kohlenstoffatom kann vier gemeinsame Elektronenpaare mit anderen Kohlenstoffatomen oder Atomen anderer Elemente ausbilden. Das jeweilige gemeinsame Elektronenpaar „bindet" die Atome aneinander (bindendes Elektronenpaar). Das negativ geladene Elektronenpaar befindet sich hauptsächlich zwischen den Atomkernen der beiden Atome und wird durch ihre positiven Ladungen angezogen. Das bezeichnet man als **Atombindung.**

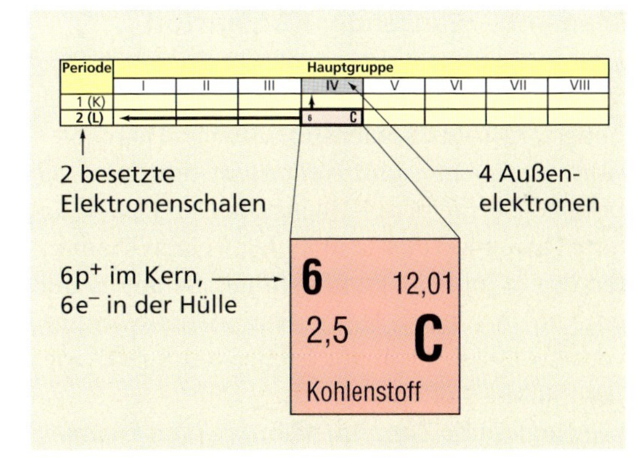

1 Stellung des Elements Kohlenstoff im Periodensystem der Elemente

M **Die Atombindung ist eine Art der chemischen Bindung, bei der der Zusammenhalt von Atomen durch gemeinsame Elektronenpaare bewirkt wird.**

Bedingt durch die Atombindung, entstehen Moleküle. Diese setzen sich entweder aus Atomen eines Elements zusammen (Wasserstoff) oder bestehen aus Atomen mehrerer Elemente (Kohlenstoffdioxid).
Es können sich jedoch auch Riesenmoleküle, wie beim Kohlenstoff, bilden.

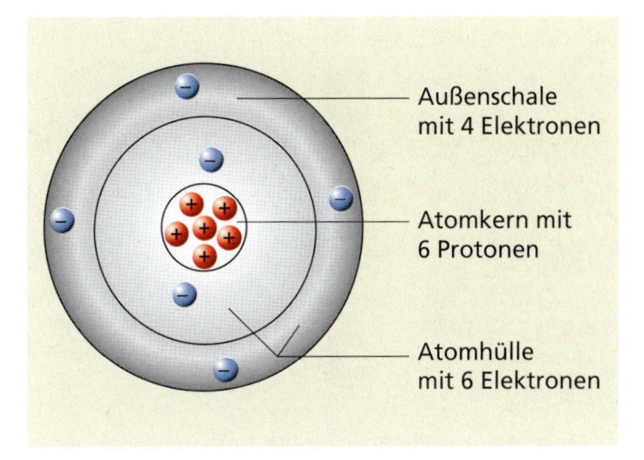

2 Modell eines Kohlenstoffatoms

Diamant – glänzender Kohlenstoff

Der Diamant ist eine **Modifikation** (Erscheinungsform) des Kohlenstoffs. Reine Diamanten sind durchsichtig und stark Licht brechend. Sie bestehen aus reinem Kohlenstoff. Den Beweis lieferte HUMPHRY DAVY 1813. Er legte einen Diamanten in ein mit Sauerstoff gefülltes Behältnis und erhitzte ihn stark. Unter Flammenentwicklung verschwand der Diamant. Im Reaktionsgefäß wies DAVY Kohlenstoffdioxid nach.
Die elementare Zusammensetzung von Diamanten erklärt aber nicht die besondere Härte. Weil der Stoff das härteste natürliche Mineral auf der Erde ist, kann man Diamanten nur mit Diamantpulver schleifen. Ihrer Härte wegen werden sie als Achslager für Geräte, die sehr genau arbeiten, als Bohrköpfe und zum Glasschneiden genutzt.
Die Härte ergibt sich aus der Bindung und der Anordung der Kohlenstoffatome im Kristall. Ein Kohlenstoffatom geht jeweils mit vier anderen Kohlenstoffatomen eine Atombindung ein. Dadurch bilden die Kohlenstoffatome einen Tetraeder. Ein Tetraeder ist eine Pyramide, bei der alle Flächen gleichseitige Dreiecke sind. Alle Kohlenstoffatome sind im Tetraeder regelmäßig angeordnet und weisen untereinander gleiche Abstände auf (Abb. 1).
Dies hat eine regelmäßige und stabile Gitterbildung zur Folge (Abb. 2, S. 10). Durch diese Bindungsverhältnisse wird auch der hohe Schmelzpunkt (über 3 550 °C) erklärlich. Weil keine freien Elektronen im Gitter vorhanden sind, sind Diamanten nicht elektrisch leitfähig.

Grafit – „metallischer Kohlenstoff"

Kohlenstoff gilt als Nichtmetall. Trotzdem existiert eine Modifikation, die einige Eigenschaften eines Metalls aufweist – das Grafit (s. S. 191, Abb. 2).
Grafit bildet sich, wenn Kohlenstoffverbindungen zersetzt werden. Auch im Ruß, der bei unvollständiger Verbrennung von Kohlenstoffverbindungen entsteht, können winzige Kristalle dieser Kohlenstoffmodifikation enthalten sein.
Anders als der Diamant leitet Grafit den elektrischen Strom und kann deshalb für die Herstellung von Elektroden und Schleifkontakten eingesetzt werden.
Es handelt sich beim Grafit um ein fettig glänzendes, weiches Material, das u.a. Schmiermitteln zugesetzt wird. Da sich Grafit leicht in Blättchen spalten lässt und bei Berührung winzige Schichten abgerieben werden, findet es im Gemisch mit Ton Verwendung als Bleistiftminen. Obwohl es so weich ist, weist es eine hohe Schmelztemperatur auf (3 730 °C). Außerdem leitet Grafit, ähnlich wie Metalle, gut die Wärme. Dadurch und durch seine hohe Schmelztemperatur eignet sich Grafit als Material für Schmelztiegel.
Diese Eigenschaften unterscheiden sich stark von denen des Diamants, obwohl beide Stoffe Modifikationen des Kohlenstoffs sind. Die Ursache für die Verschiedenheit liegt in der Anordnung der Kohlenstoffatome im Kristall. Im Grafit hat jedes Kohlenstoffatom mit jeweils nur drei anderen Kohlenstoffatomen ein gemeinsames Elektronenpaar ausgebildet. Diese Atome haben gleich große Abstände zueinander. An jedem

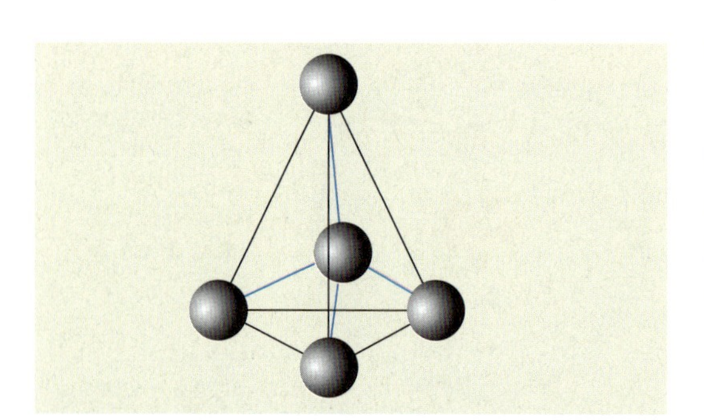

1 Struktureinheit im Diamant hat Tetraederform. Die Abstände der Atome sind gleich.

2 Die Kohlenstoffatome bilden im Diamanten ein stabiles, regelmäßiges Gitter.

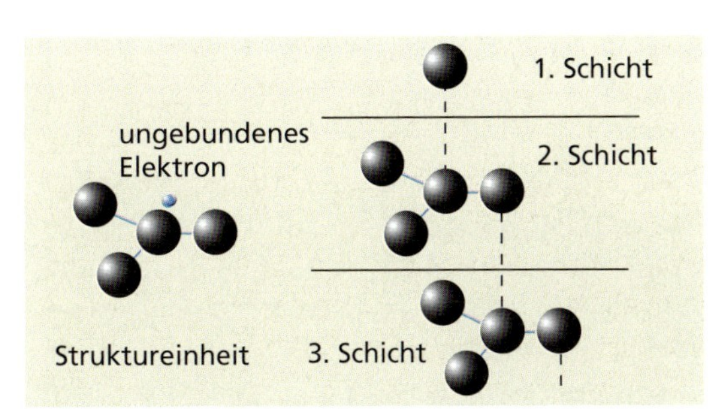

1 Die Struktureinheiten des Grafits sind zwischen den Schichten nur locker verbunden.

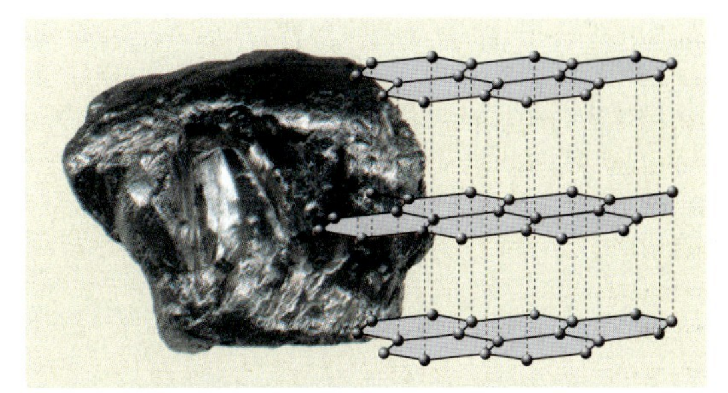

2 Im Grafit sind die Kohlenstoffatome schichtweise in Sechserringen angeordnet.

Kohlenstoffatom verbleibt ein freies Elektron (Abb. 1).
Dadurch entstehen Schichten, in denen die Atome in Sechserringen angeordnet sind. Diese Anordnung entspricht einem bienenwabenartigen Muster (Abb. 2). Über die frei beweglichen Außenelektronen sind die Schichten nur locker miteinander verbunden. Diese schwächere Bindung wird bei Berührung überwunden und die Schichten gegeneinander verschoben. Die freien Elektronen können Ladungen transportieren, daher ist Grafit elektrisch leitfähig.
Durch die Anordnung der Atome und die daraus resultierenden Eigenschaften bezeichnet man Grafit auch als die „metallische Modifikation" des Kohlenstoffs.

Fullerene

Es existiert neben Grafit und Diamant noch eine dritte Modifikation des Kohlenstoffs. Die **Fullerene** wurden erst 1985 entdeckt.
Dabei handelt es sich nicht um unbegrenzt große Riesenmoleküle wie beim Grafit und Diamant, sondern um eine begrenzte Anzahl von Kohlenstoffatomen (u. a. 60, 70 oder auch 240), die in charakteristischer Anordnung miteinander verbunden sind. Es gibt unterschiedliche Strukturen der Fullerene.
Die bekannteste und auch eine der stabilsten stellt eine fußballartige Struktur mit dem Namen „Buckminsterfulleren" dar. Dieser „Fußball" wird aus 12 Fünfecken und zwanzig Sechsecken gebildet (Abb. 3). Das Fulleren wurde u. a. synthetisiert, indem Grafit mithilfe von Laserstrahlen verdampft wurde. Auf eine vom Diamant und Grafit völlig verschiedene Struktur weist schon die Färbung dieser Modifikation hin. So ergibt das C_{60}-Fulleren in Benzen eine rote Lösung.
Das Besondere an den Fullerenen besteht darin, dass sie eine käfigartige Struktur aufweisen und Fremdatome anlagern. Dadurch könnten sie eventuell Verwendung in der Medizin finden, um gezielt Stoffe im Körper zu transportieren.

Eine zweite mögliche Nutzung ergibt sich durch den Einschluss von Fremdatomen. Schleust man eine definierte Anzahl an Kaliumatomen in die Struktur, erweist sich das Material schon bei −255 °C als supraleitfähig. Bisher entdeckte Materialien (bestimmte Keramiken werden schon bei −190 °C supraleitfähig) fanden für die Stromleitung bisher keinen Einsatz, da sie sich als viel zu spröde erwiesen. Fullerene sind dreidimensional und haben elastische Eigenschaften. Allerdings hat man noch keine Möglichkeit gefunden, die extreme Reaktionsfähigkeit der veränderten Fullerene zu beherrschen.

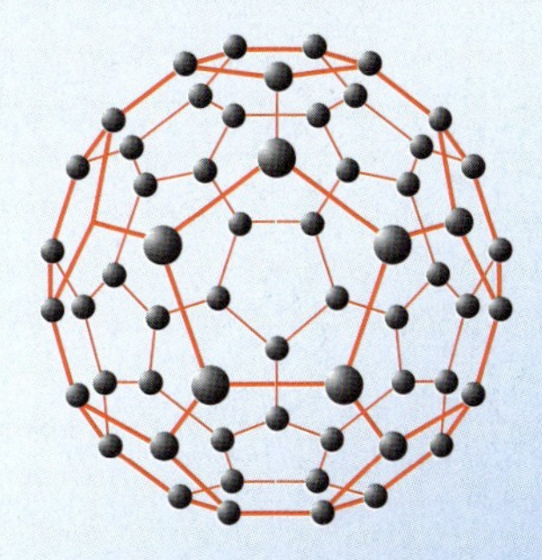

3 Strukturmodell des Buckminsterfullerens

Kohlenstoff ist nicht gleich Kohle

Kohle besteht hauptsächlich aus Kohlenstoff, jedoch auch Sauerstoff, Wasserstoff, Schwefel und Stickstoff sind nachweisbar. Außerdem ist Wasser enthalten. Diese Anteile bestimmen die Qualität der Kohle.

Die Kohlearten sind aus Pflanzen, z. B. baumartigen Farnen und Blütenpflanzen in verschiedenen Erdzeitaltern, über lange Zeiträume entstanden (Abb. 1). Das pflanzliche Material geriet durch Überlagerung mit sandigen und körnigen Schichten unter Luftabschluss. Unter hohem Druck und erhöhten Temperaturen lief ein komplizierter chemischer Prozess ab, in dessen Ergebnis sich verschiedene Kohlearten bildeten. Im Laufe der Zeit erhöhte sich der Kohlenstoffanteil durch die Reaktionen (s. Tab.). Man nennt diesen Vorgang **Inkohlung**.

Je nach Dauer des Inkohlungsprozesses bildeten sich Torf, Braunkohle, Steinkohle, Anthrazit.

Braunkohle lagert meist in geringer Tiefe und wird deshalb im Tagebau gewonnen. Zuerst müssen durch Abraumförderbrücken die Deckgebirgsschichten beseitigt und die Entwässerung vorgenommen werden. Der Tagebau führt zu weitreichenden Umweltveränderungen. Die nach beendetem Abbau durchzuführenden Rekultivierungsmaßnahmen sind außerordentlich kostenaufwändig (s. S. 11).

Braunkohle wird wegen ihres hohen Wassergehaltes und den damit verbundenen hohen Transportkosten meist am Ort der Förderung verarbeitet.

Steinkohle wird überwiegend im Tiefbau – 1000 Meter und mehr – abgebaut. Die geförderte Kohle wird oft zunächst auf Halde gelagert und erst später genutzt oder weiter verarbeitet.

Kohlenstoffanteil verschiedener Stoffe

Stoff	Alter in Mio. Jahren	Kohlenstoffgehalt in %
Holz*	0	48–52
Torf*	0,05	45–65
Braunkohle*	1–45	65–75
Steinkohle	100	75–94
Anthrazit	200	95–98

(*trocken)

1 Wälder vergangener Erdzeitalter bildeten die Grundlage für die Entstehung von Kohlelagerstätten.

Kohle ist heute sowohl Energieträger als auch chemischer Rohstoff. Als **Energieträger** wird sie zum Heizen eingesetzt. In den Kraftwerken wird aus Kohle Elektroenergie erzeugt (Abb. 2).

Braunkohle wird fast ausschließlich in nahen Kraftwerken zur Stromerzeugung verwendet. Auch Steinkohle wird als Energieträger eingesetzt. Es gibt daneben aber eine Reihe von Verfahren, sie als **Rohstoff** zu nutzen. Bei der **Verkokung** wird Steinkohle unter Luftabschluss auf über 1000 °C erhitzt. Dabei entweichen flüchtige Bestandteile, die anschließend kondensiert werden. Man erhält Teer, Benzin und Kokereigas. Zurück bleibt fester Koks, der zu Heizzwecken, größtenteils aber als Reduktionsmittel zur Gewinnung von Metallen – z. B. Eisen im Hochofen – benötigt wird.

2 Steinkohlenkraftwerk mit Abgasreinigung

Oxide des Kohlenstoffs

Kohlenstoffdioxid

Kohlenstoffdioxid (CO_2) ist ein Reaktionsprodukt der Verbrennung von Kohlenstoff und Kohlenstoffverbindungen. Es tritt damit z.B. aus jedem Schornstein und jedem Auspuff aus.

$$C + O_2 \longrightarrow CO_2$$

Auch Tiere und Menschen geben über die Lunge Kohlenstoffdioxid als Reaktionsprodukt der biologischen Oxidation ab. Zu ungefähr 0,034 % ist Kohlenstoffdioxid in der Luft enthalten. Verschiedene Getränke enthalten Kohlenstoffdioxid als einen Zusatz, der den Geschmack fördert.
Kohlenstoffdioxid ist farb- und geruchlos. Das stellt man fest, wenn man eine Flasche Mineralwasser öffnet. Das entweichende Gas ist nämlich Kohlenstoffdioxid. Es löst sich in Wasser, die Löslichkeit ist aber von Druck und Temperatur abhängig. Öffnet man die Flasche, lässt der Druck nach und das gelöste Kohlenstoffdioxid steigt als Gas auf. Kohlenstoffdioxid ist nicht giftig, aber es hat erstickende Wirkung. Das Gas ist nicht brennbar und unterhält die Verbrennung nicht (Abb. 1), sondern erstickt die Flamme. Diese Eigenschaft wird ausgenutzt, wenn man Kohlenstoffdioxidlöscher zur Brandbekämpfung einsetzt. Die Dichte des Gases ist mit $1{,}98\ g \cdot l^{-1}$ um fast die Hälfte größer als die von Luft (Dichte $1{,}29\ g \cdot l^{-1}$).

Kohlenstoffdioxid

Molekülbau

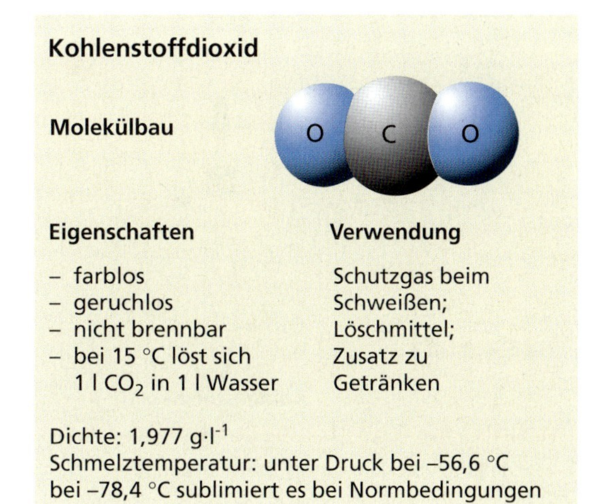

Eigenschaften	**Verwendung**
– farblos – geruchlos – nicht brennbar – bei 15 °C löst sich 1 l CO_2 in 1 l Wasser	Schutzgas beim Schweißen; Löschmittel; Zusatz zu Getränken

Dichte: $1{,}977\ g \cdot l^{-1}$
Schmelztemperatur: unter Druck bei –56,6 °C
bei –78,4 °C sublimiert es bei Normbedingungen

Da Kohlenstoffdioxid ein farbloses und geruchloses Gas ist, lässt es sich auf den ersten Blick nicht einfach von Luft unterscheiden. Man kann den Stoff aber nachweisen.
Als **Nachweis für Kohlenstoffdioxid** dient eine chemische Reaktion des Stoffes mit Calciumhydroxidlösung (Kalkwasser) oder Bariumhydroxidlösung (Barytwasser). Leitet man das Gas in eine dieser Lösungen ein, trübt sie sich. Bald setzt sich ein weißer Niederschlag aus schwer löslichem Carbonat ab (Abb. 2).

Calciumhydroxid + Kohlenstoffdioxid ⟶ Calciumcarbonat + Wasser

$$Ca(OH)_2 + CO_2 \longrightarrow CaCO_3\downarrow + H_2O$$

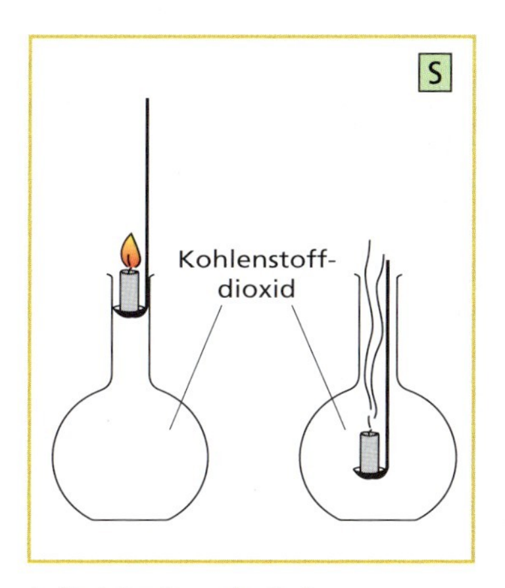

1 Test der Brennbarkeit

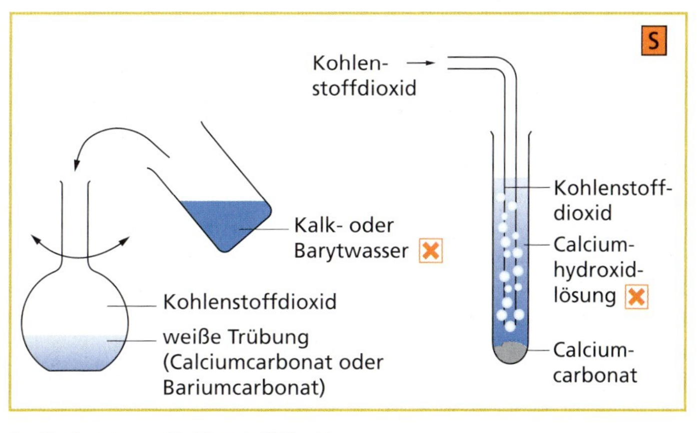

2 Nachweis von Kohlenstoffdioxid

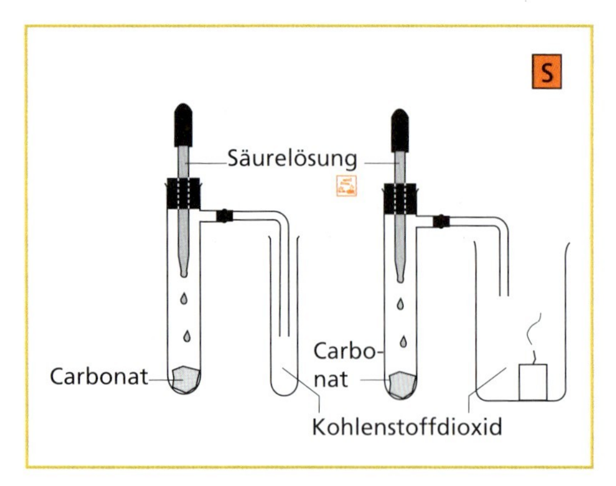

1 Herstellung von Kohlenstoffdioxid im Labor

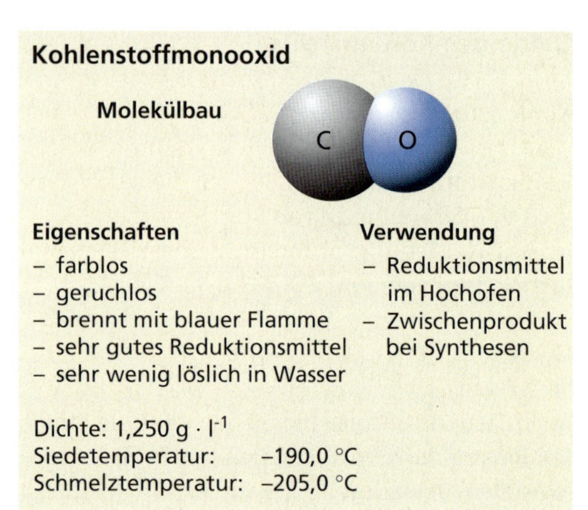

Im Labor wird für einige Reaktionen Kohlenstoffdioxid benötigt. Man kann es durch die Reaktion von verdünnter Säure und Calciumcarbonat herstellen (Abb. 1).

Kohlenstoffdioxid ist ein farb- und geruchloses Gas und nicht brennbar. Es unerhält die Verbrennung nicht, sondern wirkt erstickend.
Kohlenstoffdioxid wird mithilfe von Kalk- oder Barytwasser nachgewiesen.

Kohlenstoffmonooxid

Überall dort, wo Kohlenstoff **bei ungenügender Sauerstoffzufuhr** verbrennt, entsteht das Gas **Kohlenstoffmonooxid (CO)**:

$$2C + O_2 \longrightarrow 2CO$$

Auch bei ausreichender Sauerstoffzufuhr kann bei der Verbrennung von Kohle zunächst Kohlenstoffmonooxid entstehen, das anschließend zu Kohlenstoffdioxid verbrennt.
Diese Vorgänge spielen sich in jedem Kohleofen und jedem Verbrennungsmotor ab. Auch bei der Verbrennung von Erdgas kann Kohlenstoffmonooxid entstehen, wenn die Luftzufuhr nicht ausreichend ist. Deshalb müssen insbesondere Heizungsanlagen regelmäßig gewartet werden, denn das farblose und geruchlose Gas Kohlenstoffmonooxid ist giftig.

Die Giftigkeit des Kohlenstoffmonooxids beruht auf seiner chemischen Reaktion mit dem roten Blutfarbstoff Hämoglobin. Kohlenstoffmonooxid wird schneller als Sauerstoff an Hämoglobin gebunden. Die roten Blutkörperchen können dann keinen Sauerstoff mehr transportieren. Infolge der mangelnden Sauerstoffversorgung erstickt der Mensch.
In erheblichen Mengen entsteht Kohlenstoffmonooxid bei der Verbrennung von Benzin im Motor der Kraftfahrzeuge, wodurch das Auto zu einer bedeutenden Schadstoffquelle wird.
Durch den Einbau eines Abgaskatalysators kann der Ausstoß von Kohlenstoffmonooxid gemindert werden. Ein Edelmetall (z. B. Platin), das in feiner Verteilung auf einem Keramikkörper aufgebracht ist, bewirkt die katalytische Oxidation des Kohlenstoffmonooxides zu Kohlenstoffdioxid.

$$2CO + O_2 \xrightarrow{\text{Platin}} 2CO_2$$

In der Technik ist Kohlenstoffmonooxid jedoch nicht immer unerwünscht. Der Stoff ist brennbar und verbindet sich leicht mit Sauerstoff. Dadurch kann Kohlenstoffmonooxid andere Oxide reduzieren und wird deshalb z. B. im Hochofen als Reduktionsmittel eingesetzt.

Kohlenstoffmonooxid ist ein farb- und geruchloses Gas. Es ist brennbar und giftig.

Kohlensäure

Kohlensäure bildet sich überall dort, wo Wasser und Kohlenstoffdioxid zusammentreffen, u.a. in den Gewässern und im Wasser der Mineralwasserquellen. Das lässt sich leicht nachweisen. Fängt man Regenwasser auf und überprüft seinen pH-Wert, stellt man eine leicht saure Reaktion fest. Das Ergebnis erhält man auch, wenn die Luft nicht mit Abgasen belastet ist. Kohlenstoffdioxid löst sich zwar in Wasser, der pH-Wert unter 7 zeigt jedoch, dass hier kein rein physikalischer Vorgang vorliegt. Ein Teil des Kohlenstoffdioxids reagiert mit dem Wasser. Dabei entsteht die **Kohlensäure (H_2CO_3)**. Diese Reaktion wird durch niedrige Temperatur und hohen Druck begünstigt.

$$CO_2 + H_2O \longrightarrow H_2CO_3$$

In wässriger Lösung liegen Ionen vor. Es lassen sich **Wasserstoff-Ionen** nachweisen. Darauf beruht auch die saure Reaktion der Lösung. Außerdem enthält die Lösung **Carbonat-Ionen** (Säurerest-Ionen der Kohlensäure).

$$CO_2 + H_2O \longrightarrow 2H^+ + CO_3^{2-}$$

Bei Zimmertemperatur ist die Säure jedoch nicht beständig. Das kann man besonders beim Öffnen von Mineralwasserflaschen und Flaschen mit anderen kohlensäurehaltigen Getränken bemerken. Durch den abfallenden Druck zerfällt die Kohlensäure. Es ist eine Gasentwicklung zu beobachten.

$$H_2CO_3 \longrightarrow CO_2 + H_2O$$

Der Zerfall wird durch steigende Temperaturen gefördert. Deshalb kann es im Sommer passieren, dass fehlerhafte Mineralwasserflaschen platzen.
Die Säurewirkung der Kohlensäure ist gering. Daher kann die Kohlensäure auch bedenkenlos getrunken werden und wird vielen Getränken zur Geschmacksverbesserung zugesetzt (Cola, Fanta und Sprite). Auch Bier, Sekt und Schaumwein enthalten diese Säure.
Trotz der schwachen Säurewirkung ist die Kohlensäure an der chemischen Verwitterung beteiligt.

Carbonate – Salze der Kohlensäure

Wie jede andere Säure auch weist die Kohlensäure die typischen Eigenschaften einer Säure auf: ihre Lösungen zeigten aufgrund der enthaltenen Wasserstoff-Ionen eine saure Reaktion und sie bildet mit basischen Lösungen, Metalloxiden und unedlen Metallen Salze. Dabei entstehen **Carbonate**.

M **Carbonate sind Salze der Kohlensäure. Sie sind aus positiv geladenen Metall-Ionen und dem zweifach negativ geladenen Carbonat-Ion (CO_3^{2-}) zusammengesetzt. Carbonate gehören zu den Ionenverbindungen.**

Reagiert die Kohlensäure z. B. mit Calciumhydroxid entsteht **Calciumcarbonat ($CaCO_3$)**.

$$H_2CO_3 + Ca(OH)_2 \longrightarrow CaCO_3 + 2H_2O$$

Im Alltag bezeichnet man Calciumcarbonat meist als Kalk.

Dieser Stoff kommt in der Natur recht oft vor und wird häufig als Baustoff genutzt. **Calcit oder Kalkspat** ist reines Calciumcarbonat, das durchsichtige, farblose Kristalle bildet (Abb. 1).
Marmor stellt sehr reines, kristallisiertes Calciumcarbonat dar, das unter hohem Druck stand. Grünliche, schwarze oder rötliche Verunreinigungen geben ihm sein charakteristisches Aussehen.

1 Calcitkristalle bestehen aus reinem Calciumcarbonat, das typische Kristalle bildet.

Kalkstein dagegen ist durch Ton, Sand und Eisenoxide stärker verunreinigtes Calciumcarbonat. **Kreide** hat sich in der Kreidezeit aus den Schalen von Kleinstlebewesen, die im Meer lebten, gebildet und schließt daher oft zahlreiche Reste von Lebewesen ein. Im Laufe langer Zeiträume entstanden Ablagerungen, die von Sedimenten bedeckt wurden. Durch tektonische Bewegungen gelangten diese Schichten schließlich an die Oberfläche. Die Kreidefelsen auf Rügen sind auf diese Art entstanden.
Andere Carbonate spielen ebenfalls eine sehr bedeutende Rolle. **Natriumcarbonat (Na_2CO_3)** ist beispielsweise als Soda bekannt. Er dient bei der Glasherstellung als Flussmittel, denn er setzt die Schmelztemperatur der Ausgangsstoffe herab.
Kaliumcarbonat (K_2CO_3) ist unter der Bezeichnung Pottasche bekannt. Das Carbonat wird zum Backen, aber auch als Ausgangsstoff für die Schmierseifenproduktion genutzt.

Eigenschaften der Carbonate

Carbonate sind durch einige gemeinsame Eigenschaften gekennzeichnet. **Gegenüber sauren Lösungen sind sie unbeständig.** Sie werden zersetzt. Dabei wird Kohlenstoffdioxid frei.

$$CaCO_3 + 2HCl \longrightarrow CaCl_2 + H_2O + CO_2$$

Die Reaktion der Carbonate mit einer Säurelösung nutzen wir aus, wenn im Labor Kohlenstoffdioxid aus Marmorstückchen und verdünnter Salzsäure hergestellt wird (s. Abb. 1, S. 194).
Auch gegenüber Hitze sind Carbonate unbeständig. Sie werden **thermisch zersetzt**. Wirtschaftlich bedeutsam ist die thermische Zersetzung von Calciumcarbonat.

$$CaCO_3 \xrightarrow{\text{thermische Energie}} CaO + CO_2 ; Q = +178{,}4\ KJ \cdot mol^{-1}$$

Die Freisetzung von Kohlenstoffdioxid kann zum **indirekten Nachweis von Carbonaten** eingesetzt werden. Leitet man das gebildete Gas in Calciumhydroxidlösung oder Bariumhydroxidlösung ein, entsteht ein weißer Niederschlag aus Calciumcarbonat oder Bariumcarbonat, wenn es sich bei dem Gas um Kohlenstoffdioxid handelt (Abb. 1).

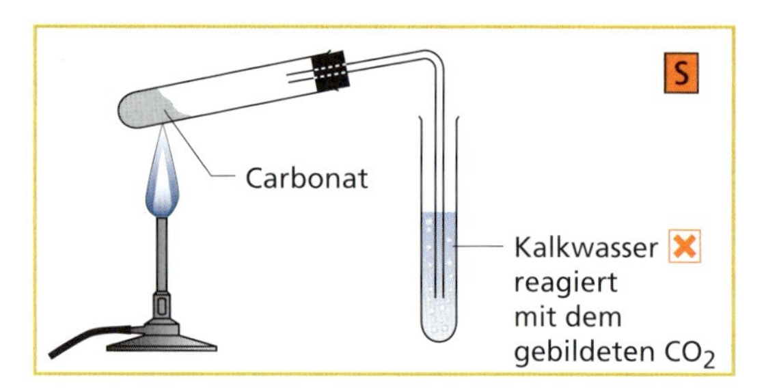

1 Das bei der thermischen Zersetzung gebildete Kohlenstoffdioxid wird zum indirekten Nachweis der Carbonate genutzt.

$$CO_2 + Ca(OH)_2 \longrightarrow CaCO_3\downarrow + H_2O$$

Zu den **unterschiedlichen Eigenschaften** der Carbonate gehört die Löslichkeit in Wasser (s. Tab.). Bariumcarbonat und Calciumcarbonat sind schwer wasserlöslich. Daher fallen die Verbindungen bei der Nachweisreaktion auch als Niederschlag aus der Lösung aus.
Im Gegensatz dazu sind Natriumcarbonat und Kaliumcarbonat sehr gut wasserlöslich. In der Lösung liegen die frei beweglichen Ionen vor.

M **Carbonate werden durch saure Lösungen und durch Hitze zersetzt. Ihr Nachweis erfolgt indirekt über das gebildete Kohlenstoffdioxid.**

Löslichkeit einiger Carbonate in Wasser

Carbonat	Löslichkeit in g je 100 ml Wasser bei 20 °C
Na_2CO_3	21,58
K_2CO_3	111,5
$BaCO_3$	0,002
$CaCO_3$	0,0015
$MgCO_3$	0,18
$ZnCO_3$	0,02
$PbCO_3$	0,00017

Calciumcarbonat als Baustoff – ein technisch bedingter Kreislauf

Schaut man sich um, entdeckt man überall eine rege Bautätigkeit. Kaum ein Bauwerk wäre ohne Zement- oder Kalkmörtel denkbar. Ausgangsstoff für die Herstellung des Mörtels stellt der in der Natur abgebaute **Kalkstein ($CaCO_3$)** dar.
Aus dem Kalkstein wird **Branntkalk (CaO)** hergestellt. Dabei nutzt man die Tatsache aus, dass Carbonate thermisch zersetzt werden können. Durch die Hitzeeinwirkung wird Kohlenstoffdioxid abgespalten. Als zweites Reaktionsprodukt entsteht das entsprechende Metalloxid.

$$CaCO_3 \longrightarrow CaO + CO_2\uparrow;\ Q = +178{,}4\,kJ \cdot mol^{-1}$$

Das Brennen erfolgt u. a. in einem Drehrohrofen (Abb. 1). Wird beim Brennen Ton hinzugefügt und anschließend Gips zugemischt, entsteht Zement. Um Branntkalk auch zum Bauen einsetzen zu können, wird er „gelöscht". Dabei reagiert der Branntkalk mit Wasser zu **Löschkalk – $Ca(OH)_2$**.

$$CaO + H_2O \longrightarrow Ca(OH)_2;\ Q = -62{,}8\,kJ \cdot mol^{-1}$$

Die Reaktion ist so stark exotherm, dass es zum „Aufkochen" und damit zum Verspritzen des Gemisches kommen kann. Durch die enthaltene basische Lösung können Verätzungen bewirkt werden.
Aus Löschkalk, Sand und Wasser wird der Mörtel gemischt. Der verarbeitete **Kalkmörtel muss abbinden**, damit das Gemisch fest und haltbar wird. Auch bei diesem Vorgang handelt es sich um chemische Reaktionen. Hauptsächlich reagiert der im Mörtel enthaltene Löschkalk mit dem Kohlenstoffdioxid der Luft zu Calciumcarbonat.

$$Ca(OH)_2 + CO_2 \longrightarrow CaCO_3 + H_2O;\ Q = -113\,kJ \cdot mol^{-1}$$

Kalkmörtel wird auch als Luftmörtel bezeichnet, da er zum Abbinden das Kohlenstoffdioxid der Luft benötigt. Im Gegensatz zum Kalkmörtel bindet Zementmörtel auch unter Wasser ab.
Im Falle der Verwendung von Zement bilden sich beim Abbinden kleine Silikatkristalle. Dadurch wird das Produkt stark verfestigt. Wird dem Zement nicht Sand, sondern Kies zugesetzt, erhält man Beton. Der größeren Belastbarkeit wegen verbindet man oft Stahlstäbe und Stahlgeflecht mit dem Beton zu Stahlbeton.

1 Im Drehrohrofen wird Branntkalk hergestellt.

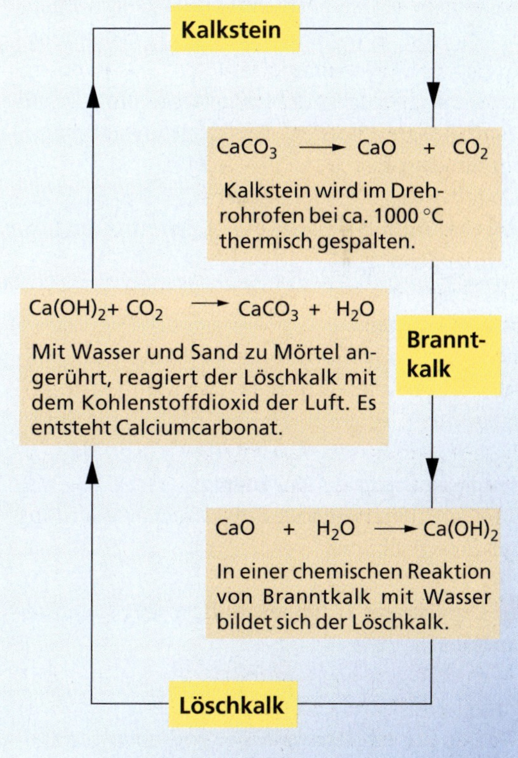

2 Der technische Kalkkreislauf

Vom Kalkstein zum Mörtel

S Experiment 1: Darstellung von Calciumcarbonat

Aufgabe:
Stelle Calciumcarbonat her! Leite dazu Kohlenstoffdioxid in verdünnte Calciumhydroxidlösung!

Vorbereitung:
Vorüberlegung: Salze kann man herstellen, indem man die Säurelösung mit einer entsprechenden Metallhydroxidlösung zur Reaktion bringt. Beantworte die Frage, warum es zur Herstellung von Calciumcarbonat reicht, Kohlenstoffdioxid und nicht Kohlensäure in Calciumhydroxidlösung einzuleiten!
Geräte: Stativmaterial, Reagenzglas mit seitlichem Ansatz, Stopfen, Gasableitungsrohr, Verbindungsmuffe
Chemikalien: Marmorstückchen oder Backpulver; verdünnte Salzsäure ☒, verdünnte Calciumhydroxidlösung ☒

Durchführung:
Stelle Kohlenstoffdioxid her und leite das gebildete Gas in die verdünnte Calciumhydroxidlösung ein!

Beobachtung und Auswertung:
Schildere deine Beobachtung! Welche Bedeutung hat diese Reaktion?

S Experiment 2: Eigenschaften von Calciumcarbonat

Aufgabe:
Untersuche experimentell das Verhalten von Calciumcarbonat beim Erhitzen und bei Zugabe von Säurelösungen!
Stelle einen Plan zur Durchführung des Experiments auf und lasse ihn vom Lehrer bestätigen!

Vorbereitung:
Notiere notwendige Geräte und Chemikalien und fordere sie vom Lehrer an!

Durchführung:
Arbeite nach dem bestätigten Plan!

Beobachtung und Auswertung:
Führe ein Protokoll und werte entsprechend der Aufgabenstellung aus!
Ermittle, bei welchen Prozessen in Haushalt und Technik das festgestellte Reaktionsverhalten von Calciumcarbonat von Bedeutung ist! Nutze dazu auch das Internet!

S Experiment 3: Carbonatnachweis in verschiedenen Materialien

Aufgabe:
Teste, ob folgende Materialien Carbonate enthalten: Marmorstückchen, leeres Schneckenhaus, Wandtafelkreide, Putzstück, Pottasche, Eierschale!

Vorbereitung:
Vorüberlegung: Carbonate werden indirekt über Kohlenstoffdioxid nachgewiesen. Beschreibe, wie dieser Nachweis erfolgt!
Geräte: Glasstab, Uhrglasschälchen, Pipette
Chemikalien und Materialien: Stoffproben laut Aufgabenstellung, verdünnte Salzsäure ☒, verdünnte Calciumhydroxidlösung ☒

Durchführung:
Versetze jede Stoffprobe mit einigen Tropfen verdünnter Säure und halte gleichzeitig einen Glasstab mit etwas Calciumhydroxidlösung über die Stoffprobe!

Beobachtung und Auswertung:
Notiere die Beobachtungen und werte jeweils aus! Lege dazu eine Tabelle an!
Stelle die Wortgleichungen für den positiv verlaufenden Nachweis auf! Ermittle, um welches Carbonat es sich jeweils handelt!

S Experiment 4: Mörtel als Baustoff

Die Nutzung des Baustoffes Calciumcarbonat beruht auf einem technisch bedingten Kreislauf, bei dem Calciumcarbonat Ausgangsstoff und Endprodukt ist.

Aufgabe:
Beschäftige dich mit diesem technisch bedingten Kalkkreislauf und führe dazu das Modellexperiment durch!

Vorbereitung:
Geräte: Tiegelzange, Porzellanschale, Brenner, Schutzbrille, Pipette, Becherglas
Chemikalien und Materialien: Sand, Marmorstückchen, Unitestlösung, Calciumoxid, Wasser,

Durchführung:
a) Glühe ein Marmorstückchen durch, indem du es in die heißeste Zone der Flamme hältst!
b) Lege das durchgeglühte Marmorstückchen in ein Becherglas und gib etwas Wasser hinzu! Prüfe die Mischung mit Unitestlösung!
c) Verrühre etwas Calciumoxid mit Wasser! Mische dann drei Teile Sand dazu und füge eventuell noch etwas Wasser hinzu, sodass ein dicker Brei entsteht!
d) Kontrolliere den Brei nach zwei Tagen!

Beobachtung und Auswertung:
Notiere die Beobachtungen und werte aus!
a) Überlege, welche Reaktion beim Ausglühen abläuft! Stelle eine entsprechende Wortgleichung auf! Wie bezeichnet man das starke Erhitzen des Kalksteins in der Technik?
b) Gib eine Erklärung für die Farbänderung des Unitestindikators! Stelle eine Wortgleichung für den abgelaufenen Prozess auf! Ermittle wiederum die Bezeichnung des Prozesses in der Technik!
c) Notiere, welches Reaktionsprodukt sich beim Verrühren des Calciumoxids mit Wasser bildet! Wie bezeichnet man das Stoffgemisch, welches bei Zugabe von Sand und Wasser entsteht?

1 Bauwerke in Gebieten mit hoher Abgasbelastung sind besonders gefährdet.

d) Erläutere, warum man vom „Aushärten" der Masse spricht und was dabei chemisch passiert! Gib die Wortgleichung an!

S Experiment 5: Kalkmörtel und saurer Regen

Aufgabe:
Stelle Kalkmörtel her und untersuche experimentell, welchen Einfluss saure Lösungen auf den Mörtel haben!

Vorbereitung:
Geräte: Spatel, Porzellantiegel, leere Streichholzschachtel, Schutzbrille

Durchführung:
a) Stelle Kalkmörtel her, indem du ein Teil Löschkalk und drei Teile Sand so mit Wasser verrührst, dass ein dicker Brei entsteht! Fülle die Masse in eine Streichholzschachtel und lasse sie zwei Tage lang aushärten!
b) Tropfe auf die ausgehärtete Mörtelprobe einige Tropfen verdünnte Säurelösung!

Beobachtung und Auswertung:
a) Notiere die Beobachtungen und werte aus!
b) Schlussfolgere, was beim Aushärten der Mörtelmasse für ein Reaktionsprodukt entstanden ist! Stelle eine Wortgleichung auf!
c) Erläutere, warum saurer Regen Bauwerke schädigt (Abb. 1)!

Kohlenstoffkreislauf und Treibhauseffekt

Kohlenstoff und seine Verbindungen sind in der Natur in viele Kreisläufe eingebunden (Abb. 1). Bei den Verbindungen, die den größten Anteil im Kohlenstoffkreislauf ausmachen, handelt es sich um **Kohlenstoffdioxid und die Calciumsalze der Kohlensäure,** aber auch der in organischen Verbindungen gebundene Kohlenstoff darf nicht vernachlässigt werden.
Carbonate sind im Kohlenstoffkreislauf von Bedeutung. Große Mengen des Elements Kohlenstoff sind in Carbonaten chemisch gebunden. Sie bilden riesige Lagerstätten.
Am Aufbau von Riffen sind Carbonate ebenfalls beteiligt. Durch andere Vorgänge entstehen u. a. Tropfsteinhöhlen. Das Regenwasser nimmt Kohlenstoffdioxid aus der Luft und dem Boden auf. Durch die gebildete **Kohlensäure** wird Calciumcarbonat aus dem Boden und dem Gestein gelöst. Ist die Lösung kalkgesättigt, bilden sich wieder Calciumcarbonat, Kohlenstoffdioxid und Wasser.
Wichtig ist auch der technisch bedingte Carbonatkreislauf, der beim Kalkstein beginnt und beim Abbinden des Mörtels endet.
Eine besondere Bedeutung kommt dem **Kohlenstoffdioxid** zu. Der größte Teil liegt gelöst im Wasser der Ozeane vor. Es erfolgt ein ständiger Austausch mit der Atmosphäre. Der Kohlenstoffdioxidanteil der Luft unterliegt leichten Schwankungen und ist u.a. von den Stoffwechselprozessen der Lebewesen abhängig. Während der Fotosynthese entnehmen die grünen Pflanzen der Luft Kohlenstoffdioxid. Bei der Atmung (biologische Oxidation) und Gärung sowie beim Abbau toter organischer Substanz (Fäulnis und Verwesung) wird Kohlenstoffdioxid wieder abgegeben.
Durch die Bildung von Kohle- und Erdöllagerstätten wurde diesem Kreislauf eine bedeutende Menge an Kohlenstoff entzogen und so der Kohlenstoffdioxidanteil in der Atmosphäre herabgesetzt. Bei der Verbrennung fossiler Energieträger kehren wir den Prozess um. Dies hat mit großer Wahrscheinlichkeit Einfluss auf das Klima unse-

1 Kohlenstoffdioxid und Kalk (Calciumcarbonat) sind wesentliche Verbindungen im Kohlenstoffkreislauf.

rer Erde. Das entstehende Kohlenstoffdioxid ist eines der Treibhausgase.
Der **natürliche Treibhauseffekt** (s. S. 85) stellt zwar eine wesentliche Voraussetzung für das heutige Leben auf der Erde dar. Durch seine künstliche Verstärkung ist das Klima gefährdet. Wissenschaftler gehen davon aus, dass der verstärkte **künstliche Treibhauseffekt** weitreichende Folgen hat. Wahrscheinlich wird es zur Erhöhung der mittleren Temperatur auf der Erde kommen. Durch diese Erhöhung könnte der Meeresspiegel ansteigen, da die Polkappen und z. T. auch Gletscher abschmelzen. Möglicherweise verschieben sich die Klimazonen. Gebiete, die heute fruchtbar sind, werden zu Wüsten. Diese Entwicklung hätte erhebliche Auswirkungen auf die Ernährung der Weltbevölkerung.
Bisher kann man die Auswirkungen nur mithilfe von Computerprogrammen abschätzen. Daher sind nicht alle Folgen im Einzelnen absehbar. Einige Messungen deuten darauf hin, dass schon heute Veränderungen erfolgen. Daher müssen die Prozesse aufgehalten und eine verstärkte Abgabe der Treibhausgase vermieden werden. Daraus ergeben sich Probleme.
Der Energiebedarf in der Welt ist in den letzten Jahren ständig gestiegen. Der größte Teil der Energie wird heute noch durch die Verbrennung der fossilen Bodenschätze freigesetzt (Abb. 1). In Anbetracht der Auswirkungen muss die energiebedingte Emission von Kohlenstoffdioxid verringert werden.
Ein Weg zur Verringerung des Kohlenstoffdioxidausstoßes ist die **effektive Nutzung der Energie.** In diesem Rahmen sind Wärmeschutzmaßnahmen an bestehenden Gebäuden bzw. der Bau von Niedrigenergiehäusern sinnvoll. Durch die eingesetzten Stoffe bei der Wandkonstruktion wird die benötigte Heizungswärme gering gehalten und rationell genutzt (Abb. 2).
Weiterhin kann man durch die **Energieeinsparung,** die durch die Rekonstruktion oder Umrüstung veralteter Anlagen erreicht wird, ebenfalls die Umweltbelastung verringern.
Im Verkehr bieten sich durch den Einsatz Kraftstoff sparender Motoren Einsparungsmöglichkeiten. Solche Überlegungen sollten auch in privaten Haushalten eine Rolle spielen, wenn der Kauf neuer elektrischer Geräte oder des neuen Autos ansteht.
Alle diese Maßnahmen reichen jedoch nicht aus. Die **verstärkte Nutzung alternativer Energien** ist in Zukunft unumgänglich, wenn der Ausstoß an Kohlenstoffdioxid reduziert werden soll. Beispielsweise wird durch die Nutzung von Wasser-, Wind- und Solarenergie kein Kohlenstoffdioxid freigesetzt. Die Nutzung solcher alternativer Energien ist zurzeit noch nicht unproblematisch, da die Verfahren z. T. mit höheren Kosten als die Energiegewinnung aus fossilen Brennstoffen verbunden sind. Der Einsatz von Kernenergie ist ebenfalls sehr konfliktbelastet, weil langfristige Folgen und sicherheitstechnische Aspekte unterschiedlich bewertet werden.

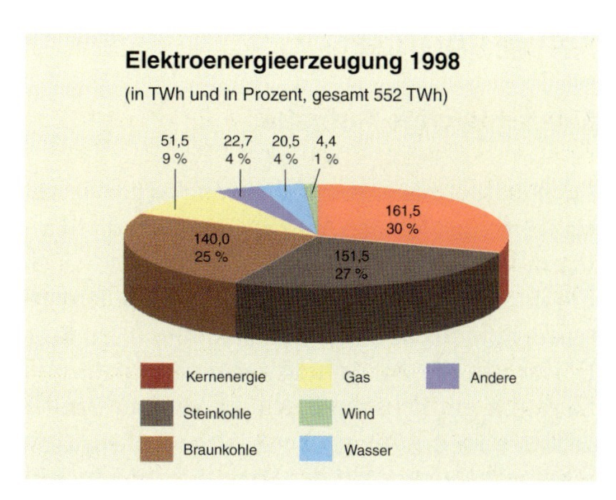

1 Ein großer Teil der Elektroenergie wird durch die Verbrennung fossiler Energieträger gewonnen.

2 Eine gute Wärmedämmung senkt den Energiebedarf und damit den Ausstoß an Kohlenstoffdioxid.

ANWENDUNGEN

Eine schwierige Aufgabe

Im Jahre 1908 bekam ein Cutter (engl. = der, der etwas zerschneidet) den Auftrag, einen Rohdiamanten in kleinere Teile zu spalten. Es handelte sich um den bisher größten gefundenen Rohdiamanten, der immerhin 3106 Karat (1 Karat = 0,2 g) wog. Er war von diesem Auftrag gar nicht erbaut und hätte ihn am liebsten abgelehnt. Immer wieder gab er seinen Auftraggebern zu bedenken, dass dieses Prachtstück bei der Spaltung auch in Stücke von geringem Wert zerbrechen könne.
Ja, wenn es sich bei dem Auftrag um die Spaltung eines großen Grafitstückes handeln würde, wäre er schnell bei der Sache und er würde es in die schönsten Platten zerlegen können. Aber bei einem Diamanten, da sehe die Sache ganz anders aus.
Er hat die Arbeit schließlich doch ausgeführt, ihm gelang die Spaltung in 105 Teilstücke von hohem Wert. Die zwei größten – einer mit 530 Karat und einer mit 317 Karat – sind in das englische Königszepter bzw. die englische Königskrone eingearbeitet worden.
Wie ist die Aussage des Cutters, dass die Spaltung des Rohdiamanten zu wertlosen Teilstücken führen könne, zu erklären? Wäre nicht zu erwarten, dass ein Diamant aufgrund seiner Tetraederstruktur in regelmäßig gestaltete und damit sehr wertvolle Teilstücke zerbricht?
Wieso kann er bei der Spaltung eines vergleichbaren Grafitstückes für den Erfolg garantieren?

Im Diamanten ist jeweils ein Kohlenstoffatom mit vier anderen durch gleich starke Atombindungen miteinander verbunden. Dadurch ist der Diamant sehr hart. Bei seiner Spaltung müssen starke Kräfte einwirken, damit sich die festen Bindungen zwischen den Kohlenstoffatomen lösen.
Nun sind aber im Tetraeder des Diamanten alle Bindungen gleich stark. Deshalb kann nicht vorausgesagt werden, welche der Bindungen sich löst. Das Spalten eines Diamanten ist zu einem erheblichen Teil vom Zufall abhängig.
Nur wenn beim Spalten eines Diamanten solche Bruchstücke entstehen, die zu einem Schmuckstück verarbeitet werden können, weil sie eine bestimmte Größe haben, war die Arbeit erfolgreich. Zerfällt ein Diamant in viele kleine und kleinste Stücke, können diese nur noch als sogenannte Splitter verarbeitet werden, die weniger wertvoll sind.
Anders liegen die Verhältnisse beim Grafit. Im Kristall sind Schichten ausgebildet. Von den vier Bindungen des Kohlenstoffatoms ist die Bindung zwischen den beiden Kohlenstoffatomen in übereinander liegenden Ebenen sehr locker. Zwischen ihnen ist der Abstand größer als zwischen den Atomen in einer Ebene (s. unten). Wenn auf ein Grafitstück eine Kraft einwirkt, ist es diese lockere Bindung, die zuerst zerstört wird. Die Schichtung des Grafits erleichtert also die Spaltung.
Beim Spalten eines solchen Körpers muss der Cutter „nur" herausfinden, wie der Körper gewachsen ist, d.h., wie die Schichten verlaufen, und entsprechend ansetzen. Ein Cutter mit Berufserfahrung kann das. Es entstehen Platten.

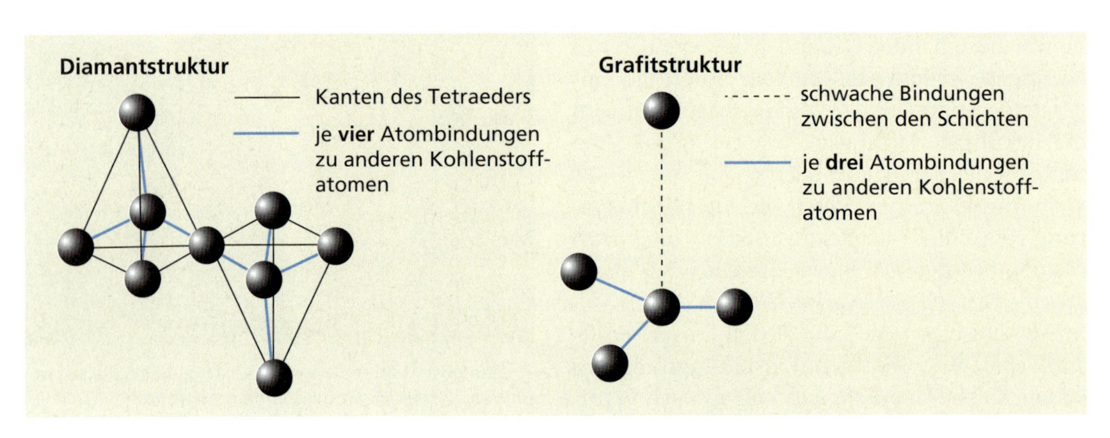

Der Bleistift, der kein Bleistift ist

Ein Bleistift ist in jeder Federtasche zu finden. Wenn man ihn benutzt, macht man sich kaum Gedanken darüber, warum man den Bleistift zum Schreiben oder Zeichnen verwenden kann.
Warum heißt der Stift Bleistift?
Ist etwa das Metall Blei enthalten?

Als Stift zum Schreiben wurde früher ein Griffel verwendet, der aus einer silberglänzenden Blei-Zinn-Legierung bestand. Mit Bezug auf diese Legierung wurde der Name Bleistift eingeführt. 1564 wurde in England ein Mineral entdeckt, das ebenfalls gut zum Schreiben geeignet war. Man vermutete ein Bleimineral, weil es wie ein Metall glänzte. Es wurde fortan zur Herstellung von Bleistiften genutzt. Etwa 200 Jahre später wurde durch den schwedischen Chemiker SCHEELE nachgewiesen, dass es sich bei dem 1564 gefundenen Mineral um Grafit handelte.
In der Bleistiftmine ist also Grafit enthalten. Grafit ist sehr weich (Härte nach MOHS 1). Beim Grafit ist ein Kohlenstoffatom nur mit drei benachbarten Kohlenstoffatomen über Atombindungen verbunden. Diese liegen in einer Ebene. Die Schichten liegen übereinander und sind gegeneinander verschiebbar. Diese Eigenschaft wird bei der Verwendung als Bleistiftmine genutzt. Mehrere dieser Schichten werden beim Schreiben abgerieben und erscheinen aufgrund der grauschwarzen Farbe des Grafits als Schrift auf dem Papier.
Im Bleistift ist also nicht das Metall Blei, sondern das Nichtmetall Kohlenstoff enthalten.

Eine unbeständige Säure

Die Aufschrift auf Mineralwasserflaschen gibt darüber Auskunft, dass Kohlensäure enthalten ist (Abb. 1). Öffnet man die Flasche, so kann man ein Zischen hören und aufsteigende Gasblasen beobachten. Eine Untersuchung zeigt, dass es sich um Kohlenstoffdioxid handelt.
Ist die Aufschrift auf der Flasche falsch? Wie lässt sich erklären, dass Kohlenstoffdioxid und nicht etwa gasförmige Kohlensäure entweicht?

Auch wenn es auf den ersten Blick so scheint, die beiden Aussagen „Im Wasser ist Kohlensäure enthalten" und „Kohlenstoffdioxid entweicht" stehen in keinem Widerspruch: Säuren bilden sich bei der Reaktion von Nichtmetalloxiden mit Wasser. Die Kohlensäure bildet sich bei der Reaktion von Kohlenstoffdioxid und Wasser.

$$CO_2 + H_2O \longrightarrow H_2CO_3$$

In der Flasche muss also Kohlensäure enthalten sein, zumindest solange die Flasche geschlossen ist. Die Reaktion wird nämlich vom Druck und von der Temperatur beeinflusst. Öffnet man die Flasche, setzt der umgekehrte Vorgang ein. Ein großer Teil der Kohlensäure zerfällt wieder, da sie eine unbeständige Säure ist.

$$H_2CO_3 \longrightarrow CO_2 + H_2O$$

Ein Teil des Kohlenstoffdioxids lag allerdings auch physikalisch gelöst in Wasser vor und steigt jetzt ebenfalls auf.

Der Kerzentrick

Ein scheinbar leerer Standzylinder wird über einer brennenden Kerze „ausgegossen". Für den Betrachter sieht es aus, als ob durch diese Bewegung nichts verändert wird. Trotzdem erlischt die Flamme

Wie ist dieser „Zaubertrick" zu erklären?

In dem Standzylinder muss ein farbloses Gas gewesen sein, welches erstickend auf die Flamme wirkt. Weiterhin muss das enthaltene Gas eine größere Dichte als Luft aufweisen. Nur dann fällt es beim „Ausgießen" auch nach unten. Außerdem darf das Gas nicht giftig sein. Diese Bedingungen werden durch Kohlenstoffdioxid erfüllt. In dem Standzylinder könnte sich also Kohlenstoffdioxid befunden haben. Durch die Bewegung des Ausgießens fällt das Gas auf die Flamme und erstickt sie.

S Unsichtbares Gas beim Ausatmen

Kohlenstoffdioxid spielt bei vielen Stoffwechselprozessen eine Rolle. Vom Menschen und von Tieren wird dieser Stoff beim Ausatmen abgegeben. Das weiß eigentlich jeder. Nur kann man dieses Gas nicht sehen.

Plane ein Experiment, mit dem du beweisen kannst, dass die Aussage wirklich stimmt!

Mit Barytwasser ✖ oder Kalkwasser ✖ kann man Kohlenstoffdioxid nachweisen. Wenn das Gas mit diesen Flüssigkeiten in Berührung kommt, trübt sich die Lösung und ein weißer Niederschlag fällt aus. Die einfachste Möglichkeit, die ausgeatmete Luft in das Nachweismittel einzuleiten, besteht darin, in etwas Lösung über einen Verbindungs-

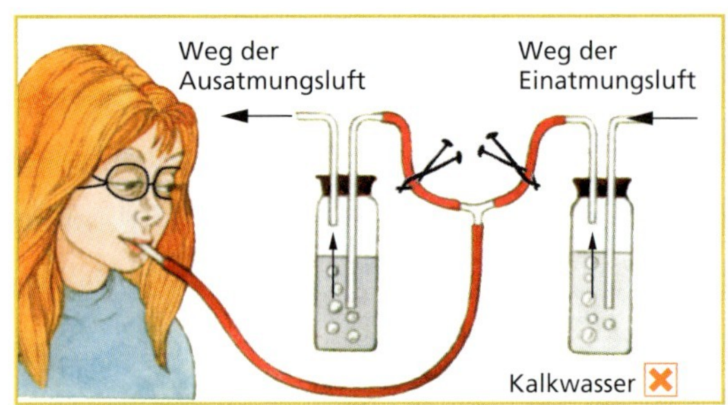

schlauch hineinzublasen (Abb.). Bildet sich in der Lösung eine Trübung, ist das Kohlenstoffdioxid in der ausgeatmeten Luft nachgewiesen.

Hartes Wasser

An einem anderen Ort als zu Hause benötigt man manchmal viel mehr Seife zum Waschen, oder gewinnt auch umgekehrt den Eindruck, die Seife von den Händen gar nicht mehr abspülen zu können. Die Ursache für dieses Phänomen liegt in der unterschiedlichen Härte des Wassers.

Erläutere, wie dieses Phänomen zustande kommt!

Da Wasser für viele Stoffe ein ausgezeichnetes Lösemittel ist, stellt natürlich vorkommendes Wasser eine Lösung dar. Von besonderer Bedeutung sind dabei die Magnesium-, Calcium- und z.T. auch die Eisensalze. Sie verursachen die Härte des Wassers.

Hartes Wasser enthält viele dieser genannten Salze, weiches dagegen nur wenige. Ein Teil der Ionen stammt aus Salzen der Kohlensäure. Besonders Calciumcarbonat spielt eine Rolle. Die auf den Salzen der Kohlensäure beruhende Wasserhärte wird als **temporäre Härte** bezeichnet. Verdunstet das Wasser, setzt sich das Salz ab und wird beispielsweise als so genannte Kalkflecken auf Badarmaturen sichtbar.

Die **permanente Härte** geht auf Sulfat-Ionen zurück. Hier bildet Calciumsulfat ($CaSO_4$) einen Teil der Salze.

Die Calcium-Ionen reagieren mit den Anionen der Seife zu unlöslicher Kalkseife. Diese Seifen-Ionen besitzen dann keine Waschaktivität mehr. Deshalb verbraucht man bei hartem Wasser mehr Seife und bei weichem Wasser weniger.

AUFGABEN

1. Kohlenstoff gehört zu den Elementen. Ist diese Aussage richtig? Begründe deine Antwort!

2. Vergleiche den Bau der Atome der Elemente miteinander, die in der IV. Hauptgruppe des Periodensystems stehen!

3. Grafit und Diamant sind reiner Kohlenstoff. Grafit wird zur Herstellung von Bleistiftminen verwendet, Diamanten nutzt man zum Schleifen oder zum Schneiden von Glas. Begründe die unterschiedlichen Verwendungsmöglichkeiten mithilfe der Struktur und der Eigenschaften der Modifikationen!

4. In einer Taschenlampenbatterie ist ein Grafitstab eingebaut.
   a) Warum kann Grafit verwendet werden? Stelle einen Zusammenhang zwischen Bau und Verwendung her!
   b) Untersuche eine solche Batterie und prüfe ihre Funktion!

5. Der Zirkon ist ein Schmuckstein mit diamantartigem Glanz. Es ist jedoch kein Diamant. Entwickle ein Experiment, mit dessen Hilfe du entscheiden könntest, ob sich in einem Ring ein Diamant, ein Zirkon oder etwa ein Glasstein befindet.

6. Kennzeichne die Stellung des Elements Kohlenstoff im Periodensystem! Leite Angaben über den Bau des Kohlenstoffatoms ab!

7. Welcher Satz ist richtig?
   a) Weil das Kohlenstoffatom vier Außenelektronen hat, steht der Kohlenstoff im Periodensystem in der IV. Hauptgruppe!
   b) Weil Kohlenstoff im PSE in der IV. Hauptgruppe steht, hat das Kohlenstoffatom vier Außenelektronen!
   c) Aus der Stellung des Kohlenstoffs in der IV. Hauptgruppe des PSE kann ich ablesen, dass seine Atome vier Außenelektronen haben!

8. Nenne Stoffe, in denen das Element Kohlenstoff enthalten ist! Gib jeweils die praktische Bedeutung der Stoffe an!

9. Grafit leitet den elektrischen Strom, Diamant jedoch nicht. Wie sind diese unterschiedlichen Eigenschaften zu erklären?

10. Vergleiche die Eigenschaften der beiden Modifikationen des Kohlenstoffs!
    Welche Modifikation würdest du als Ausgangsmaterial für Schmelztiegel vorschlagen? Begründe deine Entscheidung!

11. Grafit wird auch als „metallische" Modifikation von Kohlenstoff bezeichnet.
    Gib eine Erklärung für diese Bezeichnung! Stelle einen Zusammenhang zum Bau des Grafits her und leite mögliche Verwendungen ab!

12. Erkläre, warum Diamanten als Lagermaterial für Präzisionsinstrumente geeignet sind!

13. Entspricht der folgende Satz der Wahrheit? „Beim Schreiben und Zeichnen mit einem Bleistift werden Bindungen gelöst." Begründe deine Antwort!

14. Grafit und Diamant stellen Modifikationen des Kohlenstoffs dar.
    Ist es möglich, Grafit in Diamant umzuwandeln oder aus Diamant Grafit herzustellen? Informiere dich über die Richtigkeit deiner Vermutung mithilfe des Internet!

15. Schon sehr lange werden Diamanten zu Schmucksteinen verarbeitet. Die Menschen sind von ihrem feurigen Glanz fasziniert. Betrachtet man jedoch einen Rohdiamanten, sieht er recht unscheinbar aus.
    Wie wird das prächtige Farbenspiel dieser Schmucksteine erreicht?
    Nutze zur Beantwortung dieser Frage das Internet!

16. Kohlenstoffatome können sich zu Makromolekülen zusammenlagern.
    Erläutere, warum das möglich ist!

17. Grafit und Diamant verbrennen in reinem Sauerstoff vollständig. Dabei entsteht Kohlenstoffdioxid. Andere Reaktionsprodukte lassen sich nicht nachweisen.
    a) Welche Schlussfolgerungen kannst du aus diesen Versuchsergebnissen über den Bau der beiden Stoffe ableiten?
    b) Stelle die Reaktionsgleichung für die Verbrennung von Grafit und Diamant auf!

18. Beschreibe eine Möglichkeit, mit der man nachweisen kann, dass viele Naturstoffe das Element Kohlenstoff enthalten!

19. Rohdiamanten sind sehr wertvoll und werden u. a. in der Schmuckindustrie verarbeitet. Informiere dich in geeigneten Nachschlagewerken oder im Internet, wie sie entstanden sind und wo es Lagerstätten gibt!

20. Kohlenstoff ist nicht gleich Kohle. Führe Fakten an, die die Richtigkeit der Aussage bestätigen oder widerlegen!

21. Ermittle Verwendungsmöglichkeiten von fossilen Kohlearten und stelle sie in einer Tabelle zusammen!

22. Informiere dich über Pro und Kontra des Einsatzes von Kohle als Energieträger!

23. Stelle in einer Wandzeitung Informationen zu Fullerenen zusammen!
    Nutze geeignete Medien!

24. Stelle in einer Tabelle die Eigenschaften und Verwendungsmöglichkeiten der beiden Oxide des Kohlenstoffs zusammen!

25. Erkläre, warum die Abgase eines Autos mit geregeltem Katalysator weniger gefährlich sind als die eines Fahrzeuges ohne diesen!

26. Notiere in einer Tabelle Namen und Formeln aller dir bekannten Kohlenstoffverbindungen! Ergänze die Tabelle mithilfe von Formelsammlungen!

27. Das Kohlenstoffmonooxid enthält neben einem Kohlenstoffatom ein Sauerstoffatom im Molekül, das Kohlenstoffdioxidmolekül ein Kohlenstoffatom und zwei Sauerstoffatome. Können außer diesen beiden Oxiden weitere Oxide des Kohlenstoffs existieren?
    Begründe deine Antwort!

28. Kohlenstoffdioxid ist nicht brennbar, Kohlenstoffmonooxid brennt sehr gut. Finde eine Erklärung für diese Tatsachen!

29. Führen Straßen durch lange Tunnel, sieht man in regelmäßigen Abständen Warnschilder mit dem Hinweis, bei Stau den Motor abzustellen. Auch in Garagen darf der Motor bei geschlossener Tür nicht laufen. Erkläre die Notwendigkeit der Einhaltung entsprechender Hinweise und Vorschriften!

30. Zum Nachweis von Kohlenstoffdioxid wird das Gas in eine Barium- oder Calciumhydroxidlösung eingeleitet.
Stelle die Reaktionsgleichung für diesen Nachweis auf!

31. Ermittle, bei welchen natürlichen Prozessen Kohlenstoffdioxid abgegeben bzw. benötigt wird!

32. Feuerlöscher, so genannte Trockenlöscher, enthalten oft Kohlenstoffdioxid.
Nenne Gründe, warum die Nutzung von Kohlenstoffdioxid für das Löschen von Bränden sinnvoll ist!

33. Die Abbildung zeigt den Schnitt durch einen Nassfeuerlöscher.
Schlägt man kräftig auf den Stopfen, zerspringt das dünnwandige Reagenzglas. Der Inhalt schäumt auf und die Flüssigkeit spritzt aus dem Glasrohr heraus.
Erkläre diese Vorgänge!

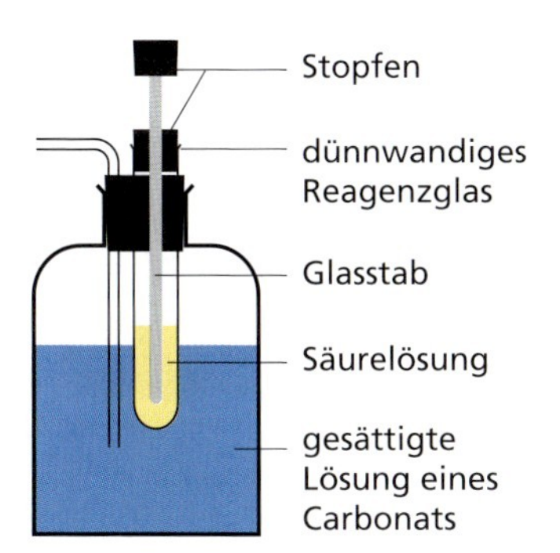

34. Bei hartem Wasser setzt sich in Heizkesseln und Wasserkochern schnell Kesselstein (Calciumcarbonat) ab.
Dieser Kesselstein leitet die Wärme schlecht und verursacht deshalb einen höheren Energieverbrauch. Wie lassen sich die Ablagerungen beseitigen?
Entwickle eine mögliche Wortgleichung!

35. In der letzten Zeit weisen Präsidenten von Inselstaaten auf die Folgen hin, die ihren Ländern durch einen Anstieg des Meeresspiegels drohen. So fürchten z. B. die Bewohner der Pazifikinsel Nauru, dass ihnen „das Wasser bald bis zum Hals stehen wird“.
Vor allem die Industrienationen werden für diese Situation verantwortlich gemacht!
a) Erläutere den Zusammenhang!
b) Welche Konsequenzen ergeben sich daraus für die Energiepolitik der Industrieländer?

36. Das folgende Schema kennzeichnet einen technisch bedingten Kreislauf. Informiere dich über die Prozesse und erläutere sie!

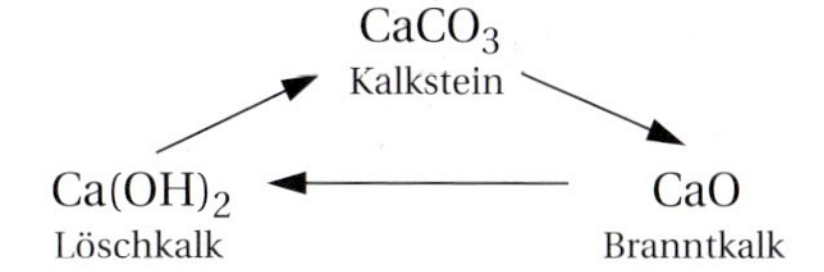

37. Durch die Nutzung alternativer Energien kann der Ausstoß an Kohlenstoffdioxid verringert werden.
Nenne Beispiele für alternative Energien und führe Vor- und Nachteile an!
Erläutere Möglichkeiten zur Senkung der Kohlenstoffdioxidabgabe in die Atmosphäre!

38. Vor der Reinigung von Klärgruben (besonders in bäuerlichen Betrieben) muss geprüft werden, ob sich in der Klärgrube Kohlenstoffdioxid angesammelt hat. Ein Büschel Stroh wird angezündet und in die Klärgrube geworfen oder eine Laterne mit offener Flamme heruntergelassen.
Warum darf in der Grube nur dann gearbeitet werden, wenn das Strohbündel weiter brennt? Warum muss vor der weiteren Arbeit die Grube bei Wind gründlich gelüftet werden, wenn das brennende Strohbüschel erlischt?

39. Informiere dich beim zuständigen Wasserwerk des Heimatortes über die Härte des örtlichen Trinkwassers!
Leite Schlussfolgerungen für die Dosierung von Waschmitteln ab!

Das Wichtigste im Überblick

Kohlenstoff

Kohlenstoff kommt in unterschiedlichen Modifikationen (Erscheinungsformen) vor. Die wichtigsten Modifikationen sind Grafit und Diamant.

Modifikation	Grafit	Diamant
Anordnung der Atome im Kristallgitter		
Eigenschaften	– schwarz, undurchsichtig – Oberfläche fettig glänzend – sehr weich, leicht spaltbar – elektrisch leitfähig	– durchsichtig, meist farblos – stark lichtbrechend – sehr hart – nicht elektrisch leitfähig
Verwendung	– Schmiermittel – im Gemisch mit Ton Nutzung als Bleistiftminen – Schleifkontakte und Elektroden	– Glasschneider, Bohrköpfe, – Lager von Präzisionsgeräten – Schmuckstein

Verbindungen des Kohlenstoffs

Oxid	Kohlenstoffmonooxid (CO)	Kohlenstoffdioxid (CO_2)
Bau	– Moleküle aus einem Kohlenstoff- und einem Sauerstoffatom C O	– Moleküle aus einem Kohlenstoff- und zwei Sauerstoffatomen O C O
Eigenschaften	– farbloses, geruchloses Gas – brennbar, brennt mit blauer Flamme – giftig – leichter als Luft	– farbloses, geruchloses Gas – nicht brennbar – wirkt erstickend – schwerer als Luft
Verwendung	– Reduktionsmittel im Hochofen – Zwischenprodukt in der chemischen Industrie	– Löschmittel – Schutzgas

Weitere wichtige Verbindungen des Kohlenstoffs:
- Kohlensäure (H_2CO_3)
- Carbonate (Salze der Kohlensäure) z. B. Calciumcarbonat ($CaCO_3$)

Kohlenstoff und seine Verbindungen sind in viele Kreisläufe eingebunden.
Kohlenstoffdioxid hat als Treibhausgas eine besondere Bedeutung für unser Klima.

7

Organische Kohlenstoffverbindungen – Kohlenwasserstoffe

7.1 Kohle, Erdöl und Erdgas

Energieträger und Rohstoffe

Durch Verbrennungsvorgänge von Kohle, Erdöl und Erdgas werden in Heizkraftwerken Wärme und elektrische Energie gewonnen (Abb.).
Kohle, Erdöl und -gas dienen aber auch als Rohstoffe für die Herstellung vieler Produkte, z.B. Farbstoffe, Schmiermittel, Kunststoffe, Anstrich- und Klebemittel.
Welche Forderungen müssen an den Verbrauch der natürlichen Rohstoffe gestellt und welche Maßnahmen zum Schutz der Umwelt ergriffen werden?
Warum kann Erdöl als Ausgangsstoff für viele Produkte dienen?

Fossile Energieträger

Neben der Kohle sind Erdöl und Erdgas wichtige Energielieferanten und Rohstoffquellen.
In Deutschland gewinnt man fast ein Fünftel der Energie aus Erdgas. Noch ist es nicht möglich, auf diese fossilen Energiequellen zu verzichten. Unerschöpflich sind sie jedoch nicht. Deshalb muss verstärkt nach alternativen Energiequellen gesucht werden.
Woher stammt die Energie, die wir bei der Verbrennung von Erdöl, Erdgas oder Kohle nutzen?
Wie sind Erdöl und Erdgas entstanden?
Was sind Erdöl und Erdgas aus chemischer Sicht?

Vom Erdöl zum Kraftstoff

Erdöl wird verarbeitet und kann danach vielfältigen Verwendungsmöglichkeiten zugeführt werden. Beispielsweise ist es Rohstoff für die Herstellung von Kunststoffen und u.a. Ausgangsstoff zur Herstellung von verschiedenen Vergaserkraftstoffen. Die Treibstoffe werden immer weiter optimiert, damit sie den Anforderungen gerecht werden. So wird heute beispielsweise eine hohe Octanzahl bei Kraftstoffen angestrebt.
Mit welchen Verfahren können Kraftstoffe aus Erdöl hergestellt werden?

GRUNDLAGEN

Organische Kohlenstoffverbindungen

Die Oxide des Kohlenstoffs sowie die Kohlensäure und ihre Salze sind nicht die einzigen Kohlenstoffverbindungen. Viele Verbindungen des Kohlenstoffs entstehen dadurch, dass sich Kohlenstoffatome miteinander zu Ketten oder Ringen vereinigen und dass neben Kohlenstoff die Elemente Wasserstoff, Sauerstoff und Stickstoff, aber auch Schwefel und die Halogene an der Bildung beteiligt sind.
Deshalb existieren Millionen verschiedener wichtiger Stoffe, wie Fette, Eiweiße und Kohlenhydrate, Vitamine und Hormone, Arzneimittel, Farbstoffe, Kosmetika und Aromastoffe.
Weil viele dieser Stoffe zuerst in Pflanzen und Tieren gefunden worden sind, also in lebenden Organismen, nannte man sie **organische Verbindungen.** Der Bereich der Chemie, der sich mit ihnen beschäftigt, wird als **organische Chemie** bezeichnet.
Nur die **Oxide des Kohlenstoffs**, die **Carbide** und die **Kohlensäure und deren Salze** werden in der **anorganischen Chemie** behandelt.
Alle anderen Kohlenstoffverbindungen gehören zu den organischen Stoffen.

M **Die organische Chemie ist die Chemie der Kohlenstoffverbindungen.**

Auch in der organischen Chemie gilt das Gesetz von der Erhaltung der Masse. Es gelten die Gesetzmäßigkeiten der chemischen Bindungen und der chemischen Reaktionen. Eigentlich ist es gar nicht gerechtfertigt, diese Zweiteilung der Chemie vorzunehmen. Das wurde u. a. durch Experimente von FRIEDRICH WÖHLER (Abb. 1) bewiesen. Er synthetisierte schon 1824 einen organischen Stoff im Labor. Die Synthese eines zweiten Stoffes gelang ihm 1828. Dabei handelte es sich um Harnstoff, eine organische Verbindung, von der der Mensch täglich ca. 30 g mit dem Harn ausscheidet. WÖHLER stellte diesen Stoff durch chemische Reaktionen aus anorganischen Stoffen außerhalb von Lebewesen her.

1 FRIEDRICH WÖHLER
1800 – 1882

Trotzdem wird die Zweiteilung der Chemie aus der geschichtlichen Entwicklung heraus und aus Gründen der Zweckmäßigkeit beibehalten.
Einige typische Merkmale und Reaktionen sind allerdings für organische Stoffe kennzeichnend. Beim Erhitzen verkohlen viele dieser Stoffe. Beim Verbrennen oder bei der Reaktion mit einem Oxidationsmittel entsteht Kohlenstoffdioxid (Abb. 2). Damit wird das enthaltene **Element Kohlenstoff nachgewiesen.**
Sind in den Molekülen der organischen Verbindungen Kohlenstoffatome ausschließlich mit Wasserstoffatomen verbunden, spricht man von **Kohlenwasserstoffen**.

M **Kohlenwasserstoffe sind organische Stoffe, deren Moleküle nur aus Atomen der Elemente Kohlenstoff und Wasserstoff bestehen.**

Kohlenwasserstoffe sind die wichtigsten Bestandteile von **Erdöl und Erdgas**. Diese werden als **fossile Energieträger** bezeichnet, zu denen auch die **Kohle** gehört.

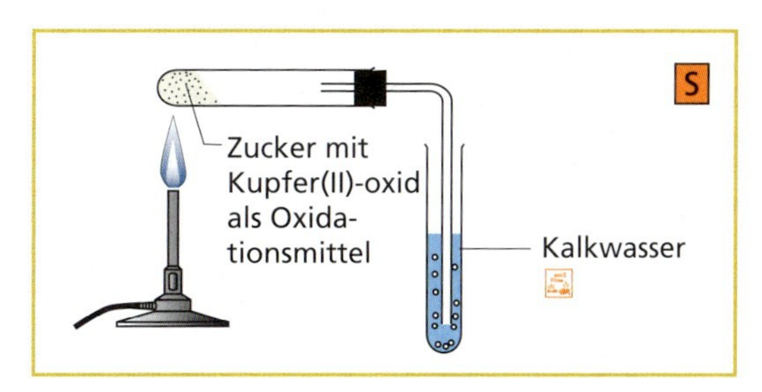

2 Nachweis von Kohlenstoffdioxid als Oxidationsprodukt einer organischen Verbindung

Entstehung fossiler Energieträger

Kohle, Erdöl und Erdgas besitzen für die Industrie und Wirtschaft als Energie- und Rohstoffquelle eine große Bedeutung.
Erdgase sind immer Gemische von Gasen. Die wichtigsten Bestandteile sind Kohlenwasserstoffe. Daneben sind Stickstoff und Schwefelwasserstoff enthalten. Meist ist Erdgas im Zusammenhang mit der Bildung von Erdöl entstanden. Auch Erdöl ist ein Gemisch verschiedener Kohlenwasserstoffe.
Erdöl und Erdgas sind aus organischem Material entstanden. Kleinste Meeresbewohner (Mikroorganismen, Bakterien und Algen) sanken zu Boden und wurden dort mit Sedimenten bedeckt. Anaerobe Bakterien zersetzten dieses organische Material unter Luftabschluss. Im Laufe von mehr als 100 Millionen Jahren bildeten sich unter dem Einfluss von hohem Druck und hohen Temperaturen Erdöl und Erdgas (Abb. 1).
Kohle entstand ebenfalls aus organischem Material. Riesige Wälder des Karbons und des Tertiärs bildeten die Grundlage für die heutigen Kohlelagerstätten.
Die damaligen Pflanzen nahmen genau wie die heutigen Kohlenstoffdioxid und Wasser auf und bildeten daraus Glucose und Sauerstoff. Dabei wurde die Energie des Sonnenlichts in chemische Energie umgewandelt und gespeichert. Viele der Baumriesen versanken im Moor und wurden mit Sedimenten bedeckt.
Unter Luftabschluss und unter hohem Druck vollzogen sich komplizierte chemische Reaktionen, in deren Ergebnis Sauerstoff und Wasserstoff in Form von Wasser abgespalten wurden.
Dadurch erhöhte sich der Kohlenstoffanteil. Man spricht von **Inkohlung.**
Diese Prozesse liefen in sehr langen Zeiträumen ab (s. Tab. S. 192). Entsprechend dem Kohlenstoffanteil unterscheidet man Braunkohle, Steinkohle und Anthrazit (s. Tab).

Zusammensetzung verschiedener Brennstoffe

Trockensubstanz	% C	% O	% H	Heizwert in kJ/kg
Pflanze	45	48	7	13000
Torf	55–65	30–40	5,5–6	16000
Braunkohle	65–75	20–30	5–6	20000
Steinkohle	75–94	5–18	4–4,5	32000
Anthrazit	95–98	1–3	1–3	35000

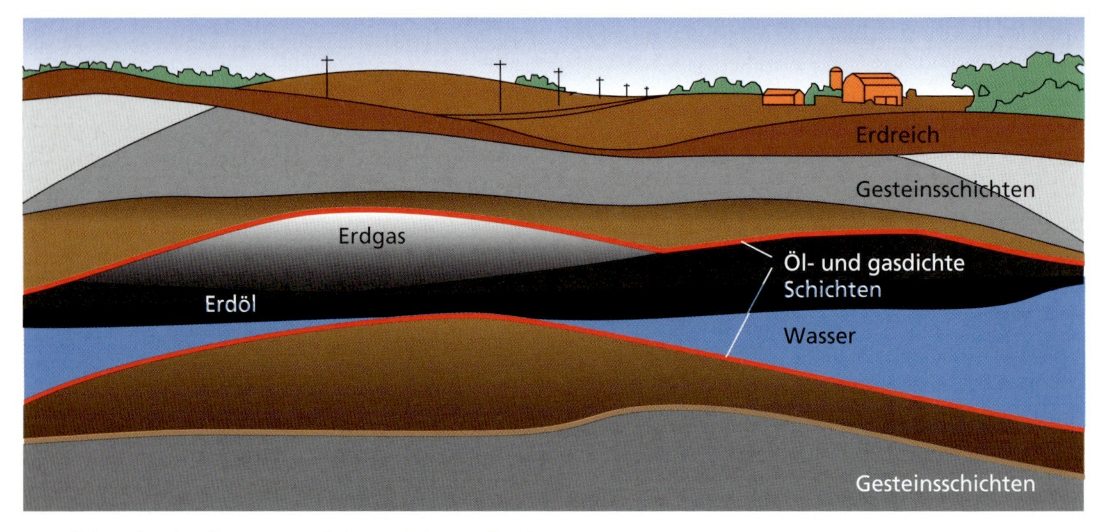

1 Erdöl- und Erdgaslagerstätten (schematischer Aufbau)

Vorkommen und Förderung von Erdgas, Erdöl und Kohle

Die Vorkommen der natürlichen Ressourcen an Erdgas, Erdöl und Kohle sind begrenzt.
Behält man die heutige Menge der Erdgasförderung bei, reicht das Gas noch für 60–70 Jahre. Reichstes Erdgasgebiet der Welt sind die Staaten der GUS mit 40% der gewinnbaren Reserven. Deutschland verfügt lediglich über 0,2% der Weltreserven.
140 Mrd. t Erdöl gelten heute als sicher gewinnbar. Bei Beibehaltung der Weltjahresförderung von ca. 3,5 Mrd. t reicht diese Menge Erdöl noch ein knappes halbes Jahrhundert. Zwei Drittel der Vorräte lagern im Nahen Osten. Deutschlands Erdölvorräte betragen 0,05 % der Weltressourcen.
Zur Förderung wird das **Rohöl** an die Oberfläche gepumpt. Häufig wird dabei auch **Erdgas** freigegeben. Andere Erdgase sind unter Druck in porösem Gestein enthalten. Oft reicht der Lagerstättendruck aus, um das Gas durch unterirdische Pipelines bis zum Verbraucher zu transportieren. Vor dem Transport wird das Erdgas getrocknet und vom Schwefelwasserstoff befreit. Erdgas kann in unterirdischen Hohlräumen (Kavernen) oder in Stahltanks gelagert werden. In der Bundesrepublik Deutschland existieren 31 riesige Untergrundspeicher mit ca. 11,5 Mrd. m^3 Gas. Zurzeit stammen etwa 50 % der Erdgasbezüge aus russischen, 27 % aus norwegischen und 23 % aus deutschen Quellen. Bei Sayda in Sachsen erfolgt die Übernahme von Erdgas aus Russland und der Anschluss an das osteuropäische Erdgastransportsystem.
Auch **Erdöl** wird vor dem Transport von Wasser, Sand und Bohrschlamm befreit. Die wichtigsten Transportmittel für Erdöl sind ebenfalls Pipelines (Abb. 1) und außerdem Großtanker. Deutschland bezieht sein Erdöl aus Russland, Norwegen, Großbritannien und Lybien. Nicht einmal 30 % der deutschen Rohölimporte kommen aus den so genannten OPEC-Ländern. Die Aufbereitung des Erdöls erfolgt u. a. in der PCK Raffinerie GmbH Schwedt/Oder (Abb. 2). Der Betrieb verarbeitet jährlich 10,5 Mio. t Rohöl. Das sind 9,3 % der gesamten deutschen Verarbeitungskapazität.

1 Erdgas und Erdöl werden durch Pipelines transportiert.

Mehr als ein Drittel der sicheren **Kohlevorkommen** lagern in den USA, ein Fünftel in den GUS-Staaten. Die deutschen Kohlevorräte betragen 5,6 % der gesicherten Weltvorräte und reichen noch 200 Jahre. Im Norden Sachsens und im Südosten Brandenburgs befindet sich das **Lausitzer Braunkohlerevier** (s. S. 11). Weitere Vorkommen sind das Rheinische, das Mitteldeutsche und das Helmstedter Revier. Steinkohle gibt es im Ruhrgebiet und im Saargebiet.
Steinkohle wird überwiegend im Tiefbau, 1000 Meter und mehr, abgebaut. **Braunkohle** lagert meist in geringer Tiefe und wird deshalb im Tagebau gewonnen (s. auch S. 192).

2 Erdölraffinerie in Schwedt

Aufbereitung des Erdöls durch Destillation

Während Erdgas nach der Reinigung sofort dem Verbraucher (Industrie, Haushalte, Kraftwerke) zugeführt wird, muss Erdöl zunächst in seine Bestandteile zerlegt werden.

Liegen nach einem Trennvorgang mehrere flüssige Bestandteile gleichzeitig vor, nennt man die anfallenden Substanzen **Fraktionen** (Abb. 1) und das Verfahren zu ihrer Trennung **fraktionierte Destillation** (s. auch Destillation S. 32). Diese wird in einer Fraktionierkolonne in Raffinerien durchgeführt.

Die Erdölfraktionen bestehen aus Stoffgemischen. Sie haben deshalb keine bestimmte Siedetemperatur, sondern einen Siedebereich.

Für die Aufbereitung wird das Rohöl durch Erhitzen auf ca. 300 °C verdampft. Die entstehenden Dämpfe werden in die Fraktionierkolonne (bzw. Destillationskolonne) geleitet. Dort kondensieren die Kohlenwasserstoffe in verschiedenen Höhen (Etagen), aus denen sie flüssig abgezogen werden.

Wollte man die Bestandteile mit den höchsten Siedetemperaturen trennen, käme es leicht zu ihrer chemischen Zersetzung.

Da die Siedetemperatur eines Stoffes druckabhängig ist und bei niedrigerem Druck eine Erniedrigung der Siedetemperatur eintritt, führt man im Anschluss an die Destillation bei Normaldruck eine **Vakuumdestillation** durch. Hier lassen sich die hochsiedenden Anteile ohne chemische Zersetzung trennen.

Der größte Teil der Destillationsprodukte des Erdöls wird zu Kraftstoffen verarbeitet. Leicht- und Schwerbenzin dienen als **Vergaserkraftstoff** (Benzin). Petroleum und Gasöl werden zu **Dieselkraftstoff** verarbeitet.

Höhersiedende Fraktionen werden in der Industrie als **Heizöle** eingesetzt.

Außerdem fallen Ausgangsstoffe für die chemische Industrie an.

M **Erdöl ist ein Gemisch verschiedener Kohlenwasserstoffe. Die Trennung erfolgt durch fraktionierte Destillation.**

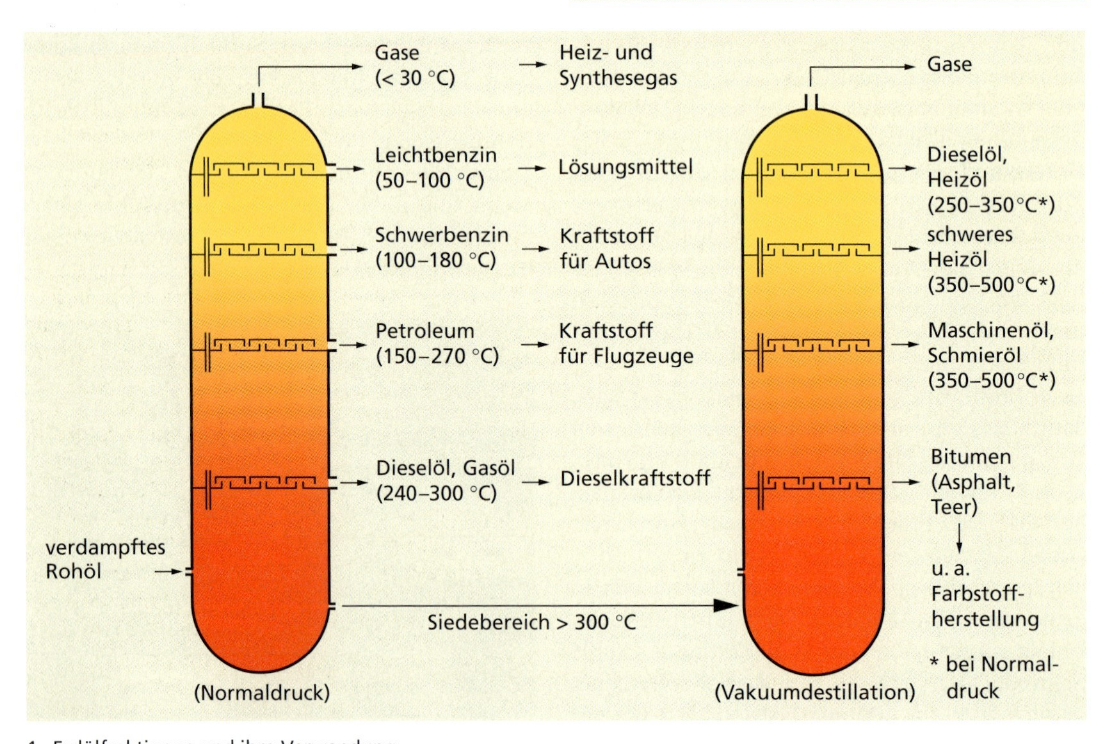

1 Erdölfraktionen und ihre Verwendung

ANWENDUNG

Energieträger gesucht

In einigen Ländern begannen die Menschen bereits im Altertum, in Europa etwa um 1600, sich Kohle, Erdöl und Erdgas als Energiequellen zu erschließen. Eines Tages werden diese **fossilen Energieträger** mit Sicherheit erschöpft sein, und das umso rascher,

- je schneller die Weltbevölkerung wächst und
- je mehr Energie pro Einwohner verbraucht wird.

In Millionen von Jahren entstanden, werden die fossilen Brennstoffvorräte der Welt dann von wenigen Generationen buchstäblich verheizt worden sein. Alternativen sind nötig.
Welche Anforderungen an Energieträger sollten beachtet werden?
Welche Probleme können im Zusammenhang mit diesen Anforderungen auftreten?

	Anforderung	Probleme
1.	Die Energieträger müssen **langfristig** zur Verfügung stehen.	Was soll in 50 – 60 Jahren geschehen, wenn es kein Erdöl mehr gibt?
2.	Die Energieträger müssen **sicher** zur Verfügung stehen.	Konflikte im Nahen Osten, die politischen Veränderungen in der ehemaligen Sowjetunion können die Versorgung gefährden.
3.	Die Energieträger sollten **stabile Preise** haben.	Der Golfkrieg, die Auflösung der Sowjetunion, billige Steinkohlenimporte führten und führen zu Preisschwankungen.
4.	Die mit der **Gewinnung** verbundenen **ökologischen** Probleme müssen finanzierbar sein.	Die „Narben" in der Landschaft durch Braunkohlentagebaue, vor allem in den neuen Bundesländern, auch in Brandenburg, werden nur langsam verschwinden.
5.	Der **Transport** der Energieträger muss gefahrlos verlaufen.	Ölpest an den Küsten durch Tankerhavarien, Verseuchung ganzer Landstriche durch defekte Erdölleitungen
6.	Die **Atmosphäre** muss die gasförmig entstehenden Stoffe ohne Schaden aufnehmen können.	CO_2 (entsteht bei der Verbrennung) und CH_4 (wird bei der Förderung frei) führen zur Erwärmung (Treibhauseffekt), Rauchgase zu Waldschäden. In den neuen Bundesländern waren 1994 40 % aller Baumarten schwach und 23 % deutlich geschädigt.
7.	Es sollte **mehr Energie,** aber weniger oder gar **kein Kohlenstoffdioxid** erzeugt werden.	Auch der Einsatz von Wasser-, Gezeiten-, Sonnen-, Wind und Kernenergie, von Erd- und Meereswärme ist nicht unproblematisch. – Alle erneuerbaren Energien haben den Nachteil, dass sie nicht sehr konzentriert auftreten. – Alle erneuerbaren Energien (mit Ausnahme der Wasserkraft) unterliegen in der Preisbildung noch den klassischen Energieträgern. – Kernenergie, die kein CO_2 freisetzt, ist nicht ungefährlich und sehr umstritten.
8.	Alle Energien sollen mit möglichst hohem **Nutzungsgrad** eingesetzt werden.	Stromverbrauch elektrischer Geräte, Treibstoffverbrauch von Fahrzeugen, Plasteinsatz bei Verpackungen lassen sich senken.
9.	Erdgas, Erdöl, Braun- und Steinkohle werden bei der „Energieerzeugung" verbraucht. Es sollten mehr **nachwachsende Rohstoffe** erzeugt und genutzt werden.	In Deutschland können die nachwachsenden Rohstoffe (Holz, Fasern, ... Biomasse) aufgrund der hohen Industrialisierung, der hohen Bevölkerungsdichte und des geringen Flächenpotentials nur einen kleinen Beitrag zum Energieverbrauch liefern.

AUFGABEN

1. Informiere dich im Atlas oder im Internet über
   a) Erdgas- und Erdölvorkommen in der Welt!
   b) Kohlevorkommen in Deutschland!

2. Handelt es sich bei folgenden Formeln um organische oder anorganische Verbindungen? Begründe!
   $H_2C_2O_4$, H_2CO_3, C_8H_{18}, $CO(NH_2)_2$, $MgCO_3$, CH_3COOH, C_6H_5OH

3. Wie verstand man früher und wie versteht man heute den Begriff „Organische Chemie"?

4. Fünf Trennverfahren werden angeboten:
   a) Destillation
   b) Eindampfen
   c) Filtrieren
   d) fraktionierte Destillation
   e) Dekantieren

   Welches der Verfahren a–e würdest du einsetzen, um
   I) Erdöl von Sand und Erdreich abzutrennen?
   II) Wasser aus einer wässrigen Zuckerlösung zu gewinnen?
   III) Feste Verunreinigungen aus Oderwasser zu entfernen?
   IV) Salz aus Salzlösung zu gewinnen?
   V) Benzin aus Erdöl zu gewinnen?
   VI) Apfelmost aus Äpfeln herzustellen?

   Jedes Trennverfahren (a–e) kann einmal, mehrmals oder überhaupt nicht verwendet werden.

5. In den folgenden Text haben sich fünf Fehler eingeschlichen. Suche sie heraus! Formuliere die Sätze richtig!
   Kraftstoffe werden aus natürlich vorkommenden Gemischen wie Kohle, Erdöl oder Erzen gewonnen.
   Nimmt man Erdöl, erfolgt die Gewinnung in einer Fraktionierkolonne, in die mit dem verdampften Öl Luft eingeblasen wird. Dabei werden die unterschiedlichen Schmelztemperaturen ausgenutzt.
   Führt man den Vorgang bei erhöhtem Druck durch, lässt sich Energie sparen, weil dann bei höherer Temperatur gearbeitet werden kann.

6. Welche der drei Aussagen ist richtig?
   Benzin ist ein technisches Produkt, das
   a) aus Kohle und auch aus Erdöl gewonnen werden kann,
   b) aus einem Gemisch verschiedener Kohlenwasserstoffe besteht,
   c) in großem Umfang im Tagebau gefördert wird.

7. Weder Erdöl noch Erdgas haben eine einheitliche chemische Formel. Begründe diesen Sachverhalt!

8. Nenne jeweils drei Energieumwandlungen
   a) in der Natur,
   b) in der Technik,
   c) im täglichen Leben!

9. Beim Verbrennen fossiler Energieträger (Kohle, Erdöl, Erdgas) nutzt man die Reaktion von Kohlenstoff mit Sauerstoff.
   a) Stelle für diese Reaktion die Reaktionsgleichung auf!
   b) Erkläre, warum diese grundlegende Reaktion bei allen drei Brennstoffen auftritt, obwohl es sich um unterschiedliche Bodenschätze handelt!

10. Häufig findet man am gleichen Standort sowohl Erdgas als auch Erdöl.
    Wie ist diese Tatsache deiner Meinung nach zu erklären?

11. Erläutere am Beispiel der Zerlegung des Erdöls das Prinzip der fraktionierten Destillation!

12. Gib an, welche Fraktionen aus dem Erdöl abgetrennt werden und welche Verwendung sie jeweils finden!

7.2 Gesättigte Kohlenwasserstoffe und Halogenalkane

Ungeheure Vielfalt

Die Gruppe der anorganischen Stoffe enthält etwa hunderttausend chemische Verbindungen, die sich aus allen Elementen zusammensetzen. Im Gegensatz dazu gibt es viele Millionen organischer Stoffe. Sie bestehen zum großen Teil nur aus wenigen Elementen (Kohlenstoff, Wasserstoff, Sauerstoff, Stickstoff, Phoshor, Schwefel, Halogene).

Wie kann eine Stoffgruppe, die sich aus nur wenigen Elementen zusammensetzt, so viele Verbindungen enthalten? Wie sind diese Stoffe aufgebaut?

Energiequelle Gas

Haushalte, die mit „Gas" kochen und heizen, verbrauchen meistens Erdgas und damit eigentlich Methan. Bei seiner Verbrennung wird Wärme abgegeben. Natürlich entstehen dabei Reaktionsprodukte.

Welche Reaktionsprodukte bilden sich? Sind die Reaktionsprodukte eigentlich schädlich? Wie lassen sie sich nachweisen?

Moderne Kühlschränke – FCKW-frei

Der Kühlschrank gehört in den meisten Haushalten zur Grundausstattung. Auch bei hohen Raumtemperaturen hält er verderbliche Nahrungsmittel frisch. Um niedrige Temperaturen zu gewährleisten, ist ein Kühlmittel erforderlich. In älteren Kühlschränken wurde dafür Frigen – ein FCKW – eingesetzt. Heute ist der Einsatz dieses Stoffes in Deutschland verboten.

Was sind FCKW? Warum sind ihr Einsatz und ihre Produktion heute verboten?

GRUNDLAGEN

Methan

Erdgas besteht zu einem großen Teil aus **Methan**. Dabei handelt es sich um den einfachsten **Kohlenwasserstoff**.
Die Moleküle von Methan enthalten ein Atom Kohlenstoff und vier Atome Wasserstoff (Abb. 1). Im Methanmolekül sind die Wasserstoffatome durch je ein gemeinsames Elektronenpaar mit dem Kohlenstoffatom verbunden (Atombindung). Die vier gemeinsamen Elektronenpaare, die die Bindungen zwischen dem Kohlenstoff- und den vier Wasserstoffatomen bewirken, stoßen sich ab. Kohlenstoffatom und Wasserstoffatome sind dadurch nicht in einer Ebene gelagert, sondern räumlich ausgerichtet (s. Kasten).
Methan ist ein farbloses und geruchloses Gas, das schwer wasserlöslich ist. In organischen Lösemitteln lässt es sich jedoch sehr gut lösen. Methan ist leichter als Luft ($0{,}72\ g \cdot l^{-1}$). Es ist brennbar und verbrennt mit blauer Flamme. Die Reaktionsgleichung für die vollständige Verbrennung von Methan lautet:

$$CH_4 + 2O_2 \longrightarrow CO_2 + 2H_2O; \quad Q = -n\,kJ$$

Methan bildet mit Sauerstoff und Luft explosive Gemische. Diese Eigenschaft hat immer wieder zu Grubenunglücken geführt, wenn sich in den Steinkohlenschächten Grubengas angesammelt hatte. Methan entsteht auch in den Mägen von Kühen. Wie bei allen Wiederkäuern produzieren bestimmte Bakterien im Pansen nicht unerhebliche Mengen dieses Gases. Schätzungsweise entströmen den Mägen von Hausrindern jährlich 80 bis 110 Mio. Tonnen Methan. Als Treibhausgas wirkt es dreimal stärker als Kohlenstoffdioxid. Zu 20 % ist Methan am künstlich verstärkten Treibhauseffekt beteiligt.
Wird Methan (Erdgas) als Brennstoff eingesetzt, nutzt man die Reaktion mit Sauerstoff aus, bei der Energie in Form von Wärme abgegeben wird. Diese kann im Haushalt zum Heizen oder Kochen genutzt werden. Die Verbrennungswärme dient auch der Strom- und Fernwärmeerzeugung.

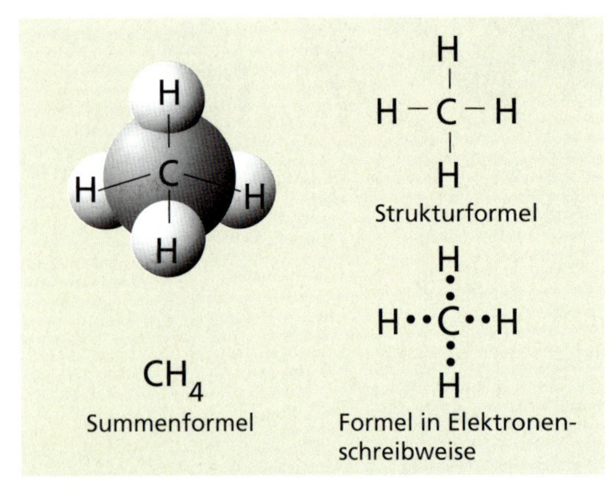

1 Modell und Formeln des Methanmoleküls

Das Tetraedermodell des Methanmoleküls

Sucht man auf dem Mantel einer Kugel vier Punkte, die am weitesten voneinander entfernt sind, liegen diese in den Ecken eines **Tetraeders**. Verbindet man diese vier Punkte, erhält man Abbildung a. Verbindet man jetzt den Kugelmittelpunkt (Kohlenstoffatom) mit diesen vier Eckpunkten (vier Wasserstoffatomen), erhält man die Richtung der Bindungen zwischen Kohlenstoff- und Wasserstoffatomen (Abb. b). Das Methanmolekül ist also räumlich gebaut. Wir sprechen vom Tetraedermodell (c).
Hält man das dreidimensionale Modell des Methanmoleküls in den Strahlengang einer Lichtquelle, erhält man auf der Projektionswand das zweidimensionale Bild des Modells (d), aus dem sich die Strukturformel ableiten lässt (e).

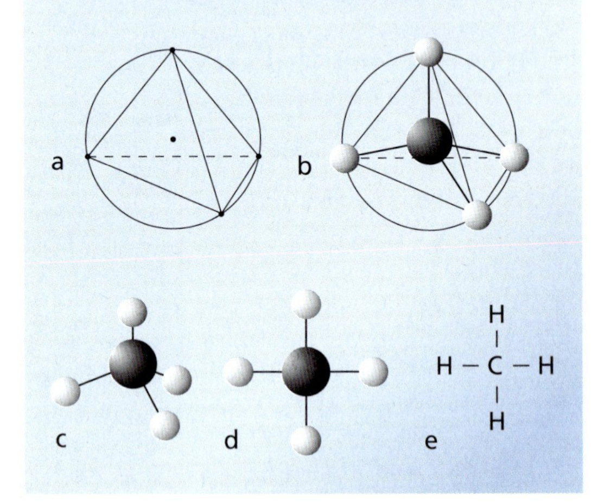

Verwandte des Methans: Alkane

Sind mehrere Kohlenstoffatome jeweils durch ein gemeinsames Elektronenpaar kettenförmig miteinander verknüpft und alle restlichen Bindungsmöglichkeiten mit Wasserstoffatomen „abgesättigt", erhält man **gesättigte Kohlenwasserstoffe.**

> **M** **Sind in einem Molekül zwei Kohlenstoffatome durch ein gemeinsames Elektronenpaar verbunden, nennt man dies Einfachbindung. Liegen im Molekül nur Einfachbindungen vor, bezeichnet man den Stoff als gesättigte Verbindung.**

Stoffe, die ähnlich wie Methan gebaut sind, bezeichnet man als **Alkane.** Dazu gehören u. a. Ethan, Propan und Butan (s. Tab.).

> **M** **Alkane sind kettenförmige Kohlenwasserstoffe, die in den Molekülen nur Einfachbindungen aufweisen.**

Die Anzahl der Kohlenstoffatome im Molekül wird durch einen Wortstamm angegeben (s. S. 238).

Die **Namen der Alkane** setzen sich aus diesen Wortstämmen und der Endung -an zusammen.

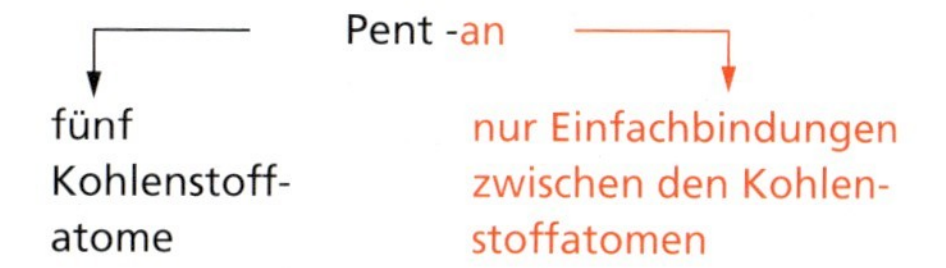

Die aufeinanderfolgenden Alkane (s. Tab.) unterscheiden sich stets durch ein Kohlenstoffatom und zwei Wasserstoffatome ($-CH_2-$).

Homologe Reihe der Alkane

Name	Strukturformel des Alkans	verkürzte Strukturformel	Summenformel	Schmelztemperatur	Siedetemperatur
Methan	H I H – C – H I H	CH_4	CH_4	–182 °C	–161 °C
Ethan	H H I I H – C – C – H I I H H	CH_3-CH_3	C_2H_6	–183 °C	–89 °C
Propan	H H H I I I H – C – C – C – H I I I H H H	$CH_3-CH_2-CH_3$	C_3H_8	–187 °C	–42 °C
Butan	H H H H I I I I H – C – C – C – C – H I I I I H H H H	$CH_3-CH_2-CH_2-CH_3$	C_4H_{10}	–138 °C	–0,5 °C
Pentan	H H H H H I I I I I H – C – C – C – C – C – H I I I I I H H H H H	$CH_3-CH_2-CH_2-CH_2-CH_3$	C_5H_{12}	–130 °C	+36 °C
Hexan	H H H H H H I I I I I I H – C – C – C – C – C – C – H I I I I I I H H H H H H	$CH_3-CH_2-CH_2-CH_2-CH_2-CH_3$	C_6H_{14}	–94 °C	+69 °C

Struktur – Eigenschaften – Verwendung

Die gemeinsamen Strukturmerkmale der Alkane bewirken **Übereinstimmungen** in bestimmten Eigenschaften. So sind Alkane brennbar. Die vollständige Verbrennung des Propans verläuft nach der Gleichung:

$$C_3H_8 + 5O_2 \longrightarrow 3CO_2 + 4H_2O; Q = -n\,kJ$$

Die Brennbarkeit ist eine wichtige chemische Eigenschaft der Alkane. Die frei werdende Energie wird u. a. in Verbrennungsmotoren und zum Heizen genutzt. Bei Sauerstoffmangel verbrennen Alkane unvollständig. Es entstehen das giftige Kohlenstoffmonooxid, Wasser und/oder reiner Kohlenstoff (Ruß) (Abb. 1).

$$C_6H_{14} + 8O_2 \longrightarrow 3CO_2 + 3CO + 7H_2O; Q = -n\,kJ$$

Diese Reaktion könnte ablaufen, wenn Vergaserkraftstoff verbrennt und der Luftfilter defekt ist.
Alkane mischen sich nicht mit Wasser (Abb. 2) und leiten den elektrischen Strom nicht.
Der $-CH_2-$Unterschied von Glied zu Glied bewirkt aber auch **Unterschiede.** Die ersten vier Alkane sind bei Normbedingungen (101,3 kPa und 273 K) gasförmig und lassen sich unter Druck verflüssigen (Flüssiggas). Pentan ist das erste bei Zimmertemperatur flüssige Alkan. Mit zunehmender Kettenlänge wird die Beschaffenheit ölig, und ab $C_{17}H_{36}$ sind die Alkane bei Zimmertemperatur fest. Schmelz- und Siedetemperaturen steigen mit der Kettenlänge (s. Tab. S. 219).
Alkane sind zwar schlecht mit Wasser mischbar, lösen aber organische Stoffe gut. Daher wird beispielsweise Hexan als Lösemittel eingesetzt.
Aufgrund der Konsistenz dient Heptadecan u. a. zur Herstellung von Kerzen.
Die gute Brennbarkeit der Alkane wird ausgenutzt. Viele dienen als **Energieträger** (Flüssiggas, Heizgas). Ein erheblicher Teil der industriell hergestellten Kohlenwasserstoffe wird als **Kraftstoff** verwendet. Autobenzin enthält überwiegend Verbindungen, deren Moleküle fünf bis zehn Kohlenstoffatome aufweisen. Im Verbrennungsmotor wird ein komprimiertes Benzin-Luft-Gemisch gezündet. Die entstehenden heißen Verbrennungsgase nehmen einen größeren Raum ein als das Ausgangsgemisch, wodurch der Kolben des Motors bewegt wird.

Eigenschaften der Alkane	
Übereinstimmungen (ähnlicher Molekülbau)	**Unterschiede (unterschiedliche Kettenlänge)**
– in den chemischen Reaktionen – brennbar – wasserunlöslich – gute Lösemittel für Öle – leiten elektrischen Strom nicht	– molare Masse – Dichte – Schmelztemperatur – Siedetemperatur – Aggregatzustand

1 Verbrennung von Hexan – je größer die Kettenlänge der Alkane ist, desto stärker rußt die Flamme.

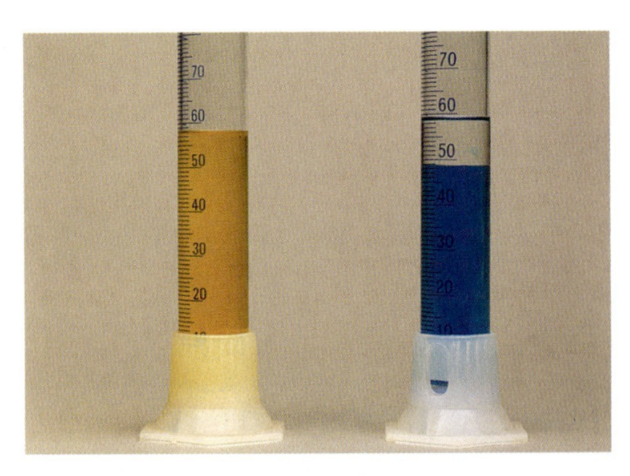

2 Hexan löst sich nicht in Wasser (blau angefärbt), aber gut in Öl.

Ringförmige gesättigte Kohlenwasserstoffe

Die Moleküle der bisher besprochenen Kohlenwasserstoffe bestehen aus Kohlenstoffketten.
Diese Ketten können sich an den Enden zu einem Ring zusammenschließen.
Besteht der Ring nur aus Kohlenstoffatomen, die durch Einfachbindungen miteinander verknüpft sind und deren gebundene Wasserstoffatome der höchstmöglichen Anzahl entsprechen, so heißen die Stoffe **Cycloalkane.**
Der wichtigste Stoff aus dieser Gruppe ist **Cyclohexan.** Dabei handelt es sich um eine farblose, brennbare Flüssigkeit, die in Wasser unlöslich, jedoch mit Ethanol mischbar ist. Cyclohexan wird als Lösemittel verwendet, ist aber in erster Linie Ausgangsstoff für Polyamide. Polyamide werden zu Chemiefasern (z. B. Nylon) verarbeitet. Es lassen sich daraus auch Rohre, Zahnräder, Dichtungen und Teile für die optische, feinmechanische und elektrotechnische Industrie herstellen.

Strukturformel

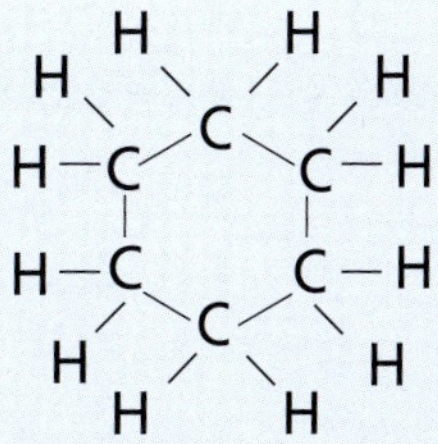

verkürzte Strukturformel

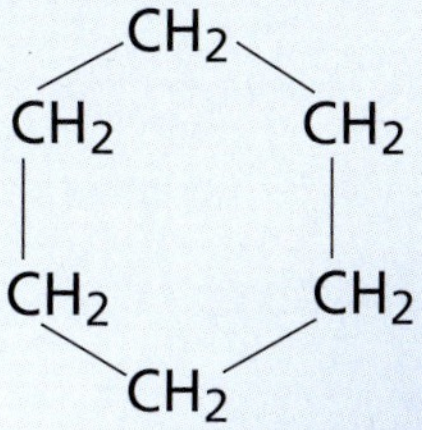

Summenformel

C_6H_{12}

1 Formeln des Cyclohexans

Substitution – eine typische Reaktion der Alkane

Wasserstoffatome von Kohlenwasserstoffmolekülen können durch andere Atome, z. B. Halogenatome, ersetzt werden. Diese Reaktion ist eine typische chemische Eigenschaft der Alkane. Man spricht von einer **Substitutionsreaktion** oder **Substitution.**

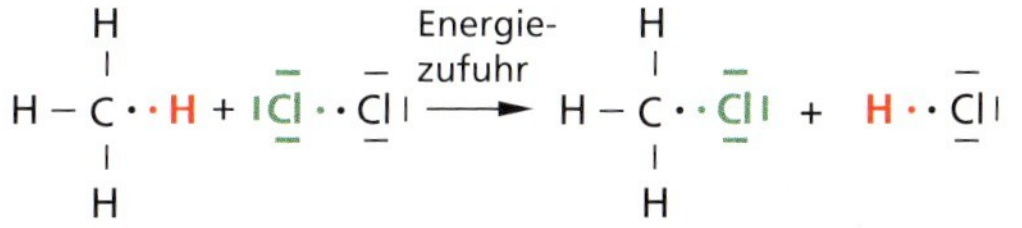

$$CH_4 + Cl_2 \xrightarrow{\text{Energiezufuhr}} CH_3Cl + HCl$$

Methan	Chlor	Monochlormethan	Chlorwasserstoff

M **Die Substitution ist eine chemische Reaktion, bei der Atome oder Atomgruppen durch andere Atome oder Atomgruppen ersetzt werden.**

Bei der Substitution entsteht ein **Derivat** der Ausgangsverbindung, das dann kein Kohlenwasserstoff mehr ist. Werden Halogenatome in die Moleküle eingebaut, entstehen **Halogenalkane.**

Benennung der Halogenalkane

Da sich bei längerkettigen Halogenalkanen die Substituenten an verschiedenen Kohlenstoffatomen befinden können, muss dies bei der Benennung berücksichtigt werden:

$CH_2Cl-CHCl-CH_3$	$CH_2Cl-CH_2-CH_2Cl$
1,2 -Dichlorpropan	1,3 -Dichlorpropan

Die Benennung dieser Verbindungen (Beispiel links) erfolgt so:

1,2 – bestimmt die **Stellung** der Halogenatome
1,2 – **Di** – bestimmt die **Anzahl** der Halogenatome
1,2 – Di**chlor** – bestimmt die **Art** der Halogenatome
1,2 – Dichlor**propan** – nennt den zugrunde liegenden **Kohlenwasserstoff**

Halogenalkane			
Summenformel	**systematischer Name**	**gewöhnlicher Name**	**Verwendung**
CH_3Cl	Monochlormethan	Methylchlorid	Kältetechnik
$CHCl_3$	Trichlormethan	Chloroform	Lösemittel, früher Narkosemittel
CCl_4	Tetrachlormethan	Tetra	Lösemittel
C_2H_5Cl	Monochlorethan	Chlorethyl	Kältespray für örtliche Betäubung („Vereisung")
CF_2Cl_2	Difluordichlormethan	Freon-12	Kältetechnik, Treibgas
$C_2F_3Cl_3$	Trifluortrichlorethan	Frigen	Kältetechnik
CF_3Br	Trifluorbrommethan	Halon	Feuerlöschmittel

Verwendung von Halogenalkanen

Chlorkohlenwasserstoffe (CKW) bzw. Fluorchlorkohlenwasserstoffe (FCKW) oder Halone (enthalten Bromatome im Molekül) wurden und werden z. T. noch aufgrund ihrer Eigenschaften als Lösemittel, Kältemittel, Treibgase und als Insektizide eingesetzt. DDT ist z. B. ein Insektizid. Obwohl DDT sehr wirksam ist, ist sein Einsatz schon seit Jahren in vielen Ländern, auch in Deutschland verboten. Seit langem dienen CKW zur Entfettung von Metalloberflächen in der Industrie (z. B. Trichlorethan, Tetrachlormethan). Die meisten dieser Lösemittel sind giftig.
Difluordichlormethan, (CF_2Cl_2) hingegen ist ungiftig.

Argumente für und gegen den Einsatz von Insektiziden	
Pro	**Kontra**
Ernteverluste durch Insekten	Anreicherung der Insektizide in der Nahrungskette.
Übertragung von Malaria u. a. durch Insekten	Insektizide schädigen auch nützliche Tiere
Bei einigen Schädlingen keine Alternativen zum Einsatz bekannt	Schädlinge erwerben Resistenz gegen die Mittel

Difluordichlormethan und andere FCKW wurden in großen Mengen in Kühlschränken als Kältemittel, in Spraydosen als Treibgas und zum Aufschäumen verschiedener Plastearten verwendet. Lange Zeit hielt man die ungiftigen und reaktionsträgen FCKW und Halone für unschädlich. Seit einigen Jahren weiß man, dass sie an der Zerstörung der für das Leben auf der Erde unverzichtbaren Ozonschicht beteiligt sind (Abb. 1).
Seitdem bemüht man sich, den Einsatz einzuschränken und andere unschädliche Stoffe zu verwenden.
In Deutschland wurde mit der FCKW- und Halon-Verbotsordnung vom 1.8.1991 der schrittweise Ausstieg aus der Verwendung dieser Stoffe in Industrie und Haushalt geregelt.

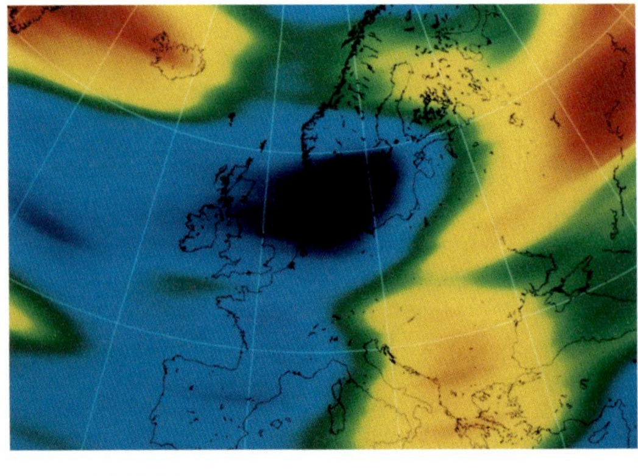

1 Ozonloch über Europa

ANWENDUNG

Was ist in der Flasche?

An einer Chemikalienflasche, die im Chemikalienschrank im Fach der Alkane und ihrer Halogenderivate steht, ist das Etikett beschädigt. Man kann nur entziffern C_7H

Welche Stoffe könnten in der Flasche sein?

1. das Alkan mit sieben Kohlenstoffatomen

Strukturformel:

```
    H   H   H   H   H   H   H
    |   |   |   |   |   |   |
H – C – C – C – C – C – C – C – H
    |   |   |   |   |   |   |
    H   H   H   H   H   H   H
```

verkürzte Strukturformel:

$CH_3-CH_2-CH_2-CH_2-CH_2-CH_2-CH_3$

Summenformel: Heptan C_7H_{16}

2. Monochlorheptan

Strukturformel:

```
    H   H   H   H   H   H   H
    |   |   |   |   |   |   |
H – C – C – C – C – C – C – C – Cl
    |   |   |   |   |   |   |
    H   H   H   H   H   H   H
```

verkürzte Strukturformel:

$CH_3-CH_2-CH_2-CH_2-CH_2-CH_2-CH_2Cl$

Summenformel: $C_7H_{15}Cl$

3. Monobromheptan

Strukturformel:

```
    H   H   H   H   H   H   H
    |   |   |   |   |   |   |
H – C – C – C – C – C – C – C – Br
    |   |   |   |   |   |   |
    H   H   H   H   H   H   H
```

verkürzte Strukturformel:

$CH_3-CH_2-CH_2-CH_2-CH_2-CH_2-CH_2Br$

Summenformel: $C_7H_{15}Br$

4.) 1,2 – Dichlorheptan
5). 1,2 – Dibromheptan u. v. a.

Das liebe Rindvieh

Methan wirkt als Treibhausgas. In der bodennahen Atmosphäre begünstigt es außerdem die Entstehung des gesundheitsschädlichen Ozons.
Wo kommt Methan vor, wo wird es gebildet?

Methan ist der Hauptbestandteil des Erdgases. Außerdem kommt es als Grubengas, das in Steinkohlenflözen eingeschlossen ist, und im Sumpfgas vor. Methan entsteht bei der Verkokung von Stein- oder Braunkohle sowie bei der Erdölverarbeitung. Das Methan im Sumpfgas entsteht durch Gärung von Cellulose unter Sauerstoffabschluss (anaerob) im Bodenschlamm von Seen und Sümpfen. Diese Gärung läuft dort ab, wo Pflanzen absterben bzw. organisches Material unter Sauerstoffabschluss zersetzt wird. Das geschieht nicht nur in Sümpfen, sondern auch in den Mägen von Kühen.

Gleich und doch nicht gleich

Manchmal findet man für Stoffe mit derselben Summenformel verschiedene Siedetemperaturen (z. B. für C_4H_{10} –0,5° C und –12 °C).
Wie sind die zwei Siedetemperaturen zu erklären?

Offensichtlich handelt es sich um zwei verschiedene Stoffe. Da die Summenformel gleich ist, müssen sie die gleiche Anzahl von Atomen im Molekül besitzen. Die Atome sind allerdings verschieden angeordnet. Aus der anderen Struktur ergeben sich andere Eigenschaften. Stoffe mit gleicher Summenformel, aber unterschiedlicher Struktur bezeichnet man als Isomere.

AUFGABEN

1. Stelle alle Aussagen über das Element Kohlenstoff zusammen, die aus dem PSE abgeleitet werden können!

2. Von den folgenden sechs Formeln sind drei richtig und drei falsch. Ordne!
CH_3Cl_2, CO_2, CCl_3, CH_2Cl_2, CH_4, CH_3O

3. Erläutere das Zustandekommen der vier Atombindungen im Methan!

4. Es gibt eine unüberschaubar große Zahl organischer Stoffe. Ihre Anzahl ist größer als die aller anderen Stoffe zusammengenommen. Wie ist diese ungeheure Vielfalt an Kohlenstoffverbindungen zu erklären?

5. Immer wieder wird von Unfällen berichtet, die durch Grubengas ausgelöst wurden. Erkläre, wie es zu solchen Unfällen kommt!

Zeitungsartikel Nordkurier vom 6.4.98

Explosion durch Grubengas

Kiew (dpa). Bei einem schweren Grubenunglück in der Ukraine sind 63 Bergleute ums Leben gekommen. Rettungsmannschaften bargen gestern im ostukrainischen Kohlerevier Donezk die Leichen der letzten beiden Kumpel. Die Katastrophe hatte sich am Samstag morgen ereignet. Grubengas war in 1270 Metern Tiefe explodiert, als 264 Bergleute in der Morgenschicht unter Tage arbeiteten. Fünf Bergleute schwebten gestern noch in Lebensgefahr, meldete die Agentur Itar-Tass.

6. Informiere dich im Internet oder in geeigneten Nachschlagewerken über Ethan! Vergleiche die Strukturen von Methan und Ethan miteinander und erkläre gemeinsame und unterschiedliche Eigenschaften dieser beiden Stoffe!

7. Definiere den Begriff Substitution und erläutere ihn an einem selbst gewählten Beispiel!

8. Stelle Strukturformeln für Kohlenwasserstoffe mit sechs Kohlenstoffatomen auf! Versuche, außer Hexan weitere Möglichkeiten zu finden!

9. Ordne zu!

a) $C_{13}H_{28}$	A) fest
b) Ethan	B) gasförmig
c) $C_{18}H_{38}$	C) dünnflüssig
d) $C_{20}H_{42}$	D) ölig
e) Hexan	E) salbenartig

10. Gib für die Stoffe die Summen-, die ausführliche und die verkürzte Strukturformel an: Ethan, Propan, Butan, Pentan, Hexan!

11. Autohersteller investieren seit Jahren hohe Beträge in die Entwicklung neuer Motoren und Treibstoffe. Erdgas, Flüssiggas, Wasserstoff und Biodiesel werden getestet.
Stelle jeweils mögliche Vorteile und Nachteile dieser Treibstoffe zusammen!

12. Informiere dich im Internet über Halogenalkane und die für sie geltenden Gefahrenhinweise und Sicherheitsratschläge!

13. Notiere eine Reaktion, bei der als Reaktionsprodukt Monochlorethan erzeugt wird! Benenne die Reaktionsart und stelle die Reaktionsgleichung auf!

14. Welche der folgenden Aussagen sind wahre Aussagen? Begründe deine Antwort jeweils!
   a) Bei der Substitutionsreaktion von Alkanen mit Halogenen entstehen als Nebenprodukte Stoffe, die mit Wasser saure Lösungen bilden.
   b) Organische Stoffe enthalten andere Elemente als anorganische, deshalb gelten unterschiedliche Gesetzmäßigkeiten.
   c) Die Schmelz- und Siedetemperaturen der Alkane hängen von der Kettenlänge ihrer Moleküle ab.
   d) Die Reaktionsprodukte, die bei der vollständigen Verbrennung von Methan und Ethan gebildet werden, sind gleich.

7.3 Ungesättigte Kohlenwasserstoffe und ihre Reaktionen

Geschweißt wird mit Ethin

Beim Schweißen wird neben dem Sauerstoff ein weiteres Gas verwendet: das Ethin. Das Ethin (auch Acetylen genannt) ist sehr reaktionsfreudig.
Sicherlich hat jeder schon Schweißer bei der Arbeit beobachtet. Unsachgemäßer Umgang kann schwere Explosionen hervorrufen.
Worauf ist die Reaktionsfreudigkeit des Ethins zurückzuführen?

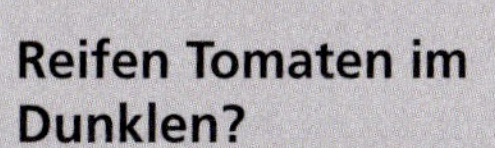

Reifen Tomaten im Dunklen?

Tomatenpflanzen sind recht wärmeliebend. Die Tomaten bleiben bei zu wenig Sonne grün.
Es gibt aber einen Trick, auch bei schlechtem Wetter ausreichend Tomaten zu ernten. Man nimmt die sich gelblich färbenden Früchte ab, legt sie in einen Tontopf und bewahrt sie an einer dunklen Stelle zusammen mit einem reifen Apfel auf. Nach wenigen Tagen haben sich die Tomaten rot gefärbt.
Der Apfel gibt Stoffe ab, die den Reifungsprozess anregen.
Was ist das für ein Gas, das Reifungsprozesse von Früchten beschleunigt?

Dasselbe und auch wieder nicht

Der gasförmige Stoff, der das Reifen von Tomaten anregt, hat dieselbe qualitative und quantitative Zusammensetzung wie ein Stoff, aus dem Eimer, Wannen, Schüsseln, Folien und Folientaschen, Vorratsgefäße und vieles mehr hergestellt wird.
Welcher Zusammenhang kann zwischen einem gasförmigen Stoff und den Gegenständen aus Plast bestehen?

GRUNDLAGEN

Ungesättigte kettenförmige Kohlenwasserstoffe

Es gibt nicht nur gesättigte Kohlenwasserstoffe – Alkane und Cycloalkane – sondern auch wasserstoffärmere. Bei diesen Stoffen ist nicht die maximal mögliche Anzahl von Wasserstoffatomen im Molekül enthalten. Zwischen Kohlenstoffatomen liegen dann **Mehrfachbindungen** vor. Es haben sich zwischen ihnen nicht nur ein gemeinsames Elektronenpaar (Einfachbindung), sondern zwei oder drei bindende Elektronenpaare herausgebildet.

Kohlenstoffverbindungen, die zwischen mindestens zwei Kohlenstoffatomen eine Mehrfachbindung enthalten, sind **ungesättigt.**

Alkene sind kettenförmige ungesättigte Kohlenwasserstoffe, die zwischen zwei benachbarten Kohlenstoffatomen eine **Doppelbindung** besitzen. **Alkine** enthalten eine **Dreifachbindung** im Molekül.

Auch bei Alkenen und Alkinen unterscheiden sich aufeinander folgende Verbindungen durch eine Differenz von $-CH_2-$.

> M **Alkene/Alkine sind kettenförmige ungesättigte Kohlenwasserstoffe mit einer Doppelbindung/Dreifachbindung zwischen zwei Kohlenstoffatomen und Einfachbindungen zwischen den übrigen Kohlenstoffatomen.**

Der wichtigste Vertreter der Alkene ist Ethen, und der wichtigste Vertreter der Alkine ist Ethin.

Ethen und Ethin

Ethen (Ethylen) ist ein farbloses, süßlich riechendes Gas. Dieses Gas ist brennbar und bildet mit Sauerstoff explosive Gemische.

Im Ethenmolekül besteht zwischen den beiden Kohlenstoffatomen eine Doppelbindung. Jedes Kohlenstoffatom ist außerdem mit zwei Wasserstoffatomen verbunden (Abb.1).

Ethen stellt in der Petrolchemie einen wesentlichen Ausgangstoff dar, u. a. für die Produktion von Plaste (Polyethylen und Polyester) (s. S. 229). Außerdem handelt es sich um ein pflanzliches Hormon, das in reifenden Früchten produziert wird und den Reifungsprozess beeinflusst. Diese Erkenntnis nutzt man beim Transport von Obst aus. Bananen werden z. B. in ihrem Herkunftsland noch in unreifem Zustand geerntet. Während des Transportes unterdrückt man die natürliche Produktion von Ethen. Erst bei uns werden die noch grünen Bananen mit Ethen begast und so zur Reifung angeregt.

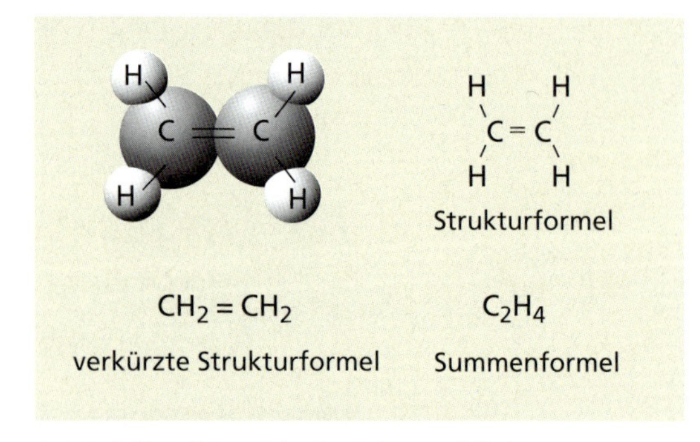

1 Modell und Formeln des Ethenmoleküls

Ethen kann im Labor dargestellt werden (Abb. 2). Das aufgefangene Ethen verbrennt bei ausreichend Sauerstoffzufuhr vollständig.

$$C_2H_4 + 3O_2 \longrightarrow 2CO_2 + 2H_2O$$

An der Luft verbrennt Ethen mit leuchtender Flamme (unvollständige Verbrennung). Das Leuchten entsteht durch glühende Kohlenstoffteilchen.

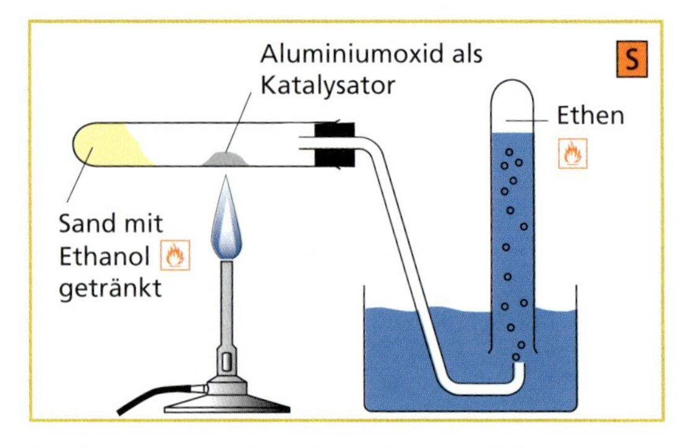

2 Laborexperiment zur Darstellung von Ethen

Ethin (Acetylen) ist ein sehr reaktionsfreudiges Gas. An der Luft verbrennt es mit stark rußender Flamme und bildet mit Sauerstoff oder Luft explosive Gemische. Das Rußen der Flamme kommt durch den steigenden Kohlenstoffanteil und den geringer werdenden Wasserstoffanteil im Molekül zustande. Vergleicht man diesbezüglich Ethan, Ethen und Ethin, ergibt sich:

	Ethan	Ethen	Ethin
% C	80	86	92
% H	20	14	8

Ethinmoleküle bestehen aus je zwei Kohlenstoffatomen und zwei Wasserstoffatomen. Zwischen den Kohlenstoffatomen existieren drei Atombindungen (Abb. 1).
Die Verbrennung des Ethins in reinem Sauerstoff wird z. B. beim Schweißen ausgenutzt. Es werden Temperaturen bis 3000 °C erreicht.

$$2C_2H_2 + 5O_2 \longrightarrow 4CO_2 + 2H_2O; Q = -nkJ$$

Zum Schweißen wird das Gasgemisch so reguliert, dass mit einem Überschuss an Ethin gearbeitet werden kann. Dabei entsteht eine Flamme mit reduzierender Wirkung, damit das geschmolzene Metall nicht oxidiert.
Das Prinzip des Schneidbrenners basiert hingegen auf seiner oxidierenden Flamme, mit der das Metall an der zu trennenden Stelle im reinen Sauerstoffstrom „verbrannt“ wird.

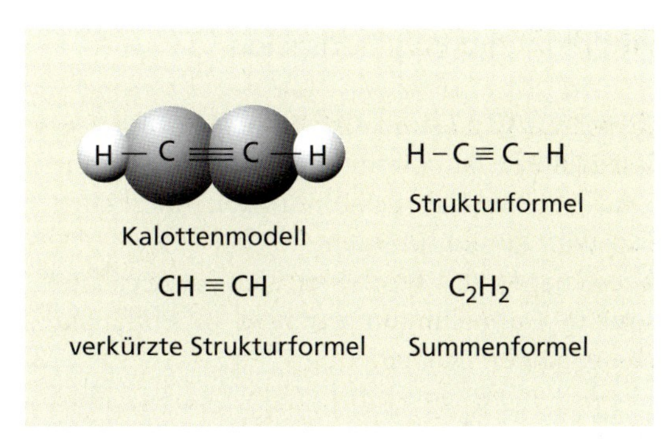

1 Modell und Formeln des Ethinmoleküls

Ethin stellt, genauso wie Ethen, einen wesentlichen Ausgangsstoff für die Herstellung vielfältiger organischer Substanzen dar, z.B. für die Produktion von Polyvinylchlorid (PVC).
Im Labor wird Ethin durch die Reaktion von Calciumcarbid mit Wasser dargestellt (Abb. 2).

$$CaC_2 + 2H_2O \longrightarrow Ca(OH)_2 + C_2H_2$$

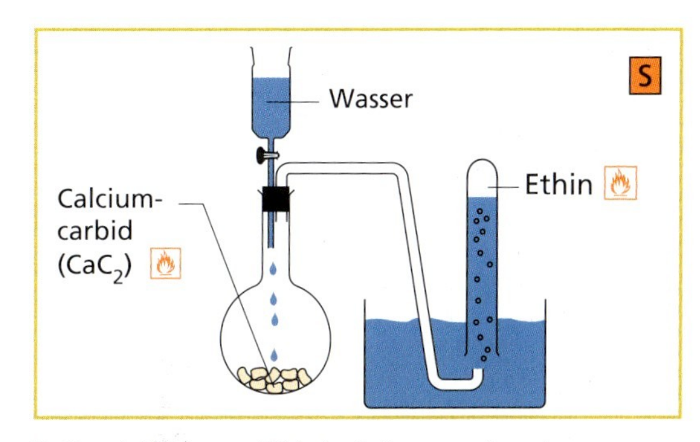

2 Darstellung von Ethin im Laborexperiment

Eigenschaften und Verwendung von Ethen und Ethin

	Ethen (Ethylen) C_2H_4	Ethin (Acetylen) C_2H_2
Eigenschaften	farblos, süßlich riechend, bei Zimmertemperatur gasförmig, brennt mit leuchtender Flamme, sehr reaktionsfähig, bildet mit Sauerstoff explosive Gemische	farblos, fast geruchlos, bei Zimmertemperatur gasförmig, brennt mit leuchtender, stark rußender Flamme, sehr reaktionsfähig, bildet hochexplosive Gemische mit Luft oder Sauerstoff
Verwendung	Ausgangsstoff zur Herstellung von Kunststoffen (Polyethylen) und vielen anderen organischen Produkten	Ausgangsstoff zur Herstellung von Kunststoffen (Polyvinylchlorid), Schweiß- und Schneidgas

Addition und Polymerisation

Reagieren Alkene und Alkine mit Halogenen, verlaufen die Reaktionen anders als bei den Alkanen. Das ist auf die Mehrfachbindungen innerhalb der Moleküle zurückzuführen.
Diese haben das Bestreben, sich „aufzurichten“ und in Doppelbindungen bzw. in Einfachbindungen überzugehen.

$$H_2C=CH_2 \longrightarrow \cdot CH_2-CH_2 \cdot$$

Dabei können andere Stoffe „addiert“ werden. Diese Reaktion bezeichnet man als **Addition.** Der im Vergleich zu den Alkanen andere Molekülbau bedingt also andere chemische Eigenschaften.
Bei der Reaktion von Brom mit Ethen wird beispielsweise ein Brommolekül an ein Ethenmolekül addiert, wobei die Doppelbindung in eine Einfachbindung umgewandelt wird (Abb. 1). Bei der Reaktion von Ethin mit Brom können sogar zwei Brommoleküle addiert werden. Dabei bildet sich 1,1,2,2-Tetrabromethan.
Die Addition stellt eine typische Reaktion von Stoffen dar, die mindestens eine Mehrfachbindung im Molekül aufweisen.

> M **Die Addition ist eine Reaktion, bei der Atome oder Atomgruppen an Moleküle ungesättigter Verbindungen unter Umwandlung von Mehrfachbindungen in Doppel- bzw. Einfachbindungen angelagert werden.**

$$H_2C=CH_2 + |\overline{\underline{Br}}-\overline{\underline{Br}}| \longrightarrow |\overline{\underline{Br}}-CH_2-CH_2-\overline{\underline{Br}}|$$

$$CH_2=CH_2 + Br_2 \longrightarrow CH_2Br-CH_2Br$$

$$C_2H_4 + Br_2 \longrightarrow C_2H_4Br_2$$

1,2-Dibromethan

1 Addition von Brom an Ethen

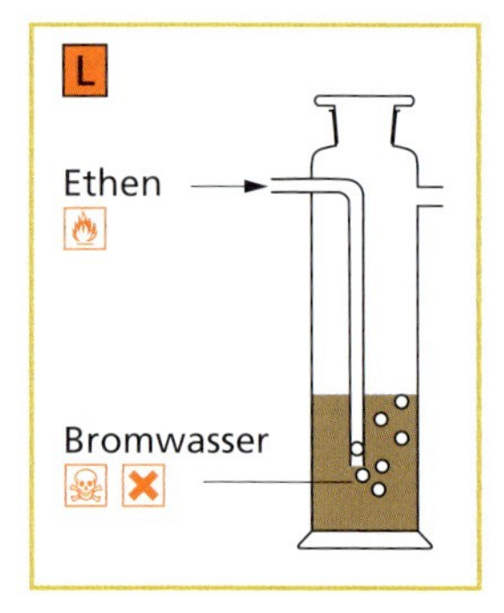

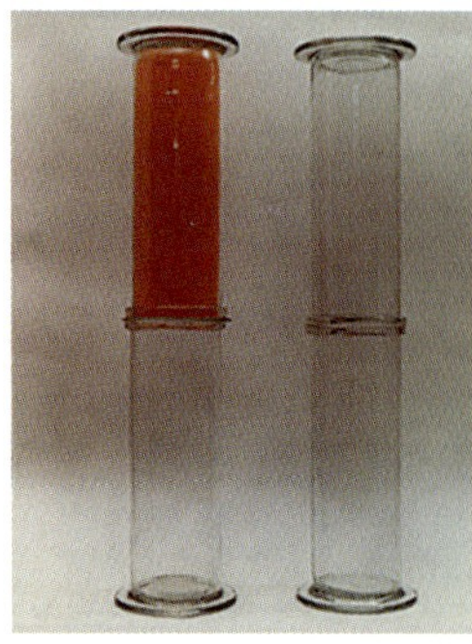

2 Ethen reagiert mit Brom.

Die Addition von Wasserstoff hat große Bedeutung. Sie wird als **Hydrierung** bezeichnet.
Die Addition von Brom **(Bromierung)** lässt sich als Entfärbung von Brom oder Bromwasser gut beobachten (Abb. 2). Die Entfärbung dient in der organischen Chemie zum **Nachweis von Mehrfachbindungen** zwischen Kohlenstoffatomen.

Polymerisation

Ethenmoleküle können sich außerdem durch fortgesetzte Addition (unter entsprechenden Bedingungen) zu langen Molekülketten vereinigen, die man **Makromoleküle** nennt.
Den Zusammenschluss vieler ungesättigter Einzelmoleküle (Monomere) zu Makromolekülen (Polymere) nennt man **Polymerisation**. Sie stellt einen Sonderfall der Addition dar. Dabei werden geeignete Katalysatoren zugesetzt, die die Ethenmoleküle zu dieser Reaktion anregen.

> M **Die Polymerisation ist eine Additionsreaktion, bei der viele Moleküle mit Mehrfachbindungen unter deren Aufspaltung zu Makromolekülen reagieren.**

Polyethen, auch Polyethylen genannt, ist einer unserer wichtigsten Kunststoffe, der durch Polymerisation hergestellt wird. Viele Dinge des Haushalts und der Industrie werden aus ihm gefertigt.
Andere wichtige Plaste, die durch Polymerisation gebildet werden, sind Polyvinylchlorid (PVC), Polyacrylnitril (PAN) und Polystyrol (PS) (s. S. 229).

Durch Polymerisation zum Kunststoff

$$CH_2 = CH_2 + CH_2 = CH_2 + ... + CH_2 = CH_2 \xrightarrow{\text{Katalysator}} ... - CH_2 - CH_2 - CH_2 - CH_2 - CH_2 - CH_2 - ...$$

$$n\ CH_2 = CH_2 \xrightarrow{\text{Katalysator}} [CH_2 - CH_2]_n$$

Faktor Ethen (Ethylen) Monomer → Polyethen (Polyethylen) Polymer

Ist z.B. n = 1000, sind 1000 Moleküle des Ausgangsstoffes zu einem Molekül des Reaktionsprodukts zusammengetreten. Dieses ist aus 1000 Resten von Molekülen des Ausgangsstoffes aufgebaut.

Monomeres		Polymeres	
Name	**Formel**	**Name**	**Verwendung**
Ethen	$CH_2=CH_2$	Polyethylen, PE	Wannen, Eimer, Folien, Mülltonnen
Propen	$CH_2=CH-CH_3$	Polypropylen, PP	Rohre, Dichtungen, Batteriekästen
Monochlorethen, Vinylchlorid, VC	$CH_2=CH-Cl$	Polyvinylchlorid, PVC	Rohre, Bodenbeläge, Schläuche, Schallplatten, Kunstleder
Buta-1,3-dien	$CH_2=CH-CH=CH_2$	Polybutadien, BUNA	Synthesekautschuk

Eliminierung

Im Experiment kann Ethen aus Ethanol dargestellt werden (s. Abb. 2, S. 226).
Zur technischen Herstellung von Ethen nutzt man Ethan (im Erdgas enthalten). Bei beiden Reaktionen werden aus den Molekülen Atome abgespalten. Zwischen den Kohlenstoffatomen entstehen Mehrfachbindungen. Diese Reaktion heißt **Eliminierung.** Die Eliminierung ist die **Umkehrung der Addition.**

M Die Eliminierung ist eine Reaktion, bei der aus Molekülen des Ausgangsstoffes Atome oder Atomgruppen unter Ausbildung von Mehrfachbindungen abgespalten werden.

Handelt es sich bei den abgespaltenen Atomen um Wasserstoffatome, bezeichnet man die Reaktion als **Dehydrierung.**
Werden aus dem Ethanmolekül zwei Wasserstoffatome abgespalten, entsteht ein Molekül mit einer Doppelbindung.

Ethanol → Ethen + Wasser

$$H-\underset{H}{\overset{H}{C}}-\underset{OH}{\overset{H}{C}}-H \xrightarrow{\text{Katalysator}} H_2C=CH_2 + H-O-H$$

$$CH_3-CH_2OH \xrightarrow{\text{Eliminierung}} CH_2=CH_2 + H_2O$$

Ethan → Ethen + Wasserstoff

$$H-\underset{H}{\overset{H}{C}}-\underset{H}{\overset{H}{C}}-H \xrightarrow{\text{Katalysator}} H_2C=CH_2 + H-H$$

$$CH_3-CH_3 \xrightarrow{\text{Dehydrierung (Eliminierung)}} CH_2=CH_2 + H_2$$

Homologe Reihen

Es gibt verschiedene Gruppen von Kohlenwasserstoffen. Während bei **Alkanen** und **Cycloalkanen** die Kohlenstoffatome im Molekül mit der maximalen Anzahl an Wasserstoffatomen verbunden sind und nur Einfachbindungen zwischen den Kohlenstoffatomen bestehen, gibt es bei **Alkenen** und **Alkinen** Mehrfachbindungen. Sie sind an Wasserstoff ungesättigt.
Es gibt aber eine allgemeine Gesetzmäßigkeit, die für alle Arten von Kohlenwasserstoffen gültig ist. Ein Vergleich der Summenformeln aller vier Gruppen (s. Tab.) von Kohlenwasserstoffen zeigt, dass sich jeweils zwei aufeinanderfolgende Verbindungen um ein Kohlenstoff- und zwei Wasserstoffatome unterscheiden, also um eine Differenz von $-CH_2-$.
Derartige Reihen ähnlicher organischer Verbindungen, bei denen sich Moleküle aufeinanderfolgender Glieder jeweils um die Differenz von $-CH_2-$ unterscheiden, bezeichnet man als **homologe Reihe** (homologos = übereinstimmend).
Homologe Reihen treten auch bei organischen Verbindungen auf, die außer Kohlenstoff und Wasserstoff weitere Elemente im Molekül enthalten (s. Kap. 8).
Die gleichen Strukturmerkmale innerhalb einer homologen Reihe bewirken Übereinstimmungen in vielen Eigenschaften. Das trifft besonders für die chemischen Eigenschaften zu, aber nicht nur für diese. Die Differenz von $-CH_2-$ bei aufeinanderfolgenden Gliedern der homologen Reihe bewirkt aber auch Unterschiede (s. Tab. unten).
Für alle homologen Reihen lassen sich allgemeine Summenformeln aufstellen. Dabei gibt man die Anzahl der Kohlenstoffatome mit „n" an und ermittelt dann in Abhängigkeit davon die Anzahl der Wasserstoffatome.

Alkane: C_nH_{2n+2}
Cycloalkane: C_nH_{2n}
Alkene: C_nH_{2n}
Alkine: C_nH_{2n-2}

Aus dem Namen von Hexadecan ergibt sich die Anzahl von sechzehn Kohlenstoffatomen im Molekül. Mithilfe der allgemeinen Summenformel kann man für Hexadecan die Summenformel $C_{16}H_{34}$ ermitteln, für Hexadecin hingegen ergibt sich $C_{16}H_{30}$.
Bei den Alkenen besitzt jedes Molekül zwei Wasserstoffatome weniger als das entsprechende Alkan und zwei mehr als das Alkin.

Eine homologe Reihe ist eine Folge chemisch ähnlicher Verbindungen. In dieser Reihe unterscheiden sich die Summenformeln von zwei aufeinanderfolgenden Verbindungen jeweils um $-CH_2-$.
Die ähnliche Struktur bedingt ähnliche Eigenschaften der Stoffe. Graduelle Unterschiede in den Eigenschaften resultieren aus der zunehmenden Molekülmasse.

Alkane	Alkene	Alkine	Cycloalkane
CH_4 > $-CH_2-$ C_2H_6 > $-CH_2-$ C_3H_8 > $-CH_2-$ C_4H_{10}	C_2H_4 > $-CH_2-$ C_3H_6 > $-CH_2-$ C_4H_8	C_2H_2 > $-CH_2-$ C_3H_4 > $-CH_2-$ C_4H_6	C_3H_6 > $-CH_2-$ C_4H_8

Gemeinsame Eigenschaften aufgrund ähnlicher Strukturmerkmale	Unterschiedliche Eigenschaften aufgrund unterschiedlicher Kettenlängen
Alle Kohlenwasserstoffe sind brennbar. Alle Kohlenwasserstoffe sind in Wasser praktisch unlöslich. Alkane und Cycloalkane können Substitutionsreaktionen eingehen. Alkene und Alkine gehen Additionsreaktionen ein. Viele lassen sich polymerisieren.	Durch die Zunahme der relativen Molekülmasse um jeweils 14 gibt es abgestufte Unterschiede in den physikalischen Eigenschaften, wie Siedetemperatur, Schmelztemperatur, Dichte usw. Im chemischen Verhalten gibt es nur geringe Unterschiede.

Ringförmige ungesättigte Kohlenwasserstoffe

1825 fand MICHAEL FARADAY einen bis dahin unbekannten Kohlenwasserstoff im Steinkohlenteer. Er nannte ihn **Benzol.** Heute heißt dieser Stoff mit der Summenformel C_6H_6 **Benzen.** Mit dieser Summenformel müsste Benzen eine stark **ungesättigte Verbindung** sein.
Führt man jedoch mit Benzen den Test mit Bromwasser durch, kommt es zu keiner Entfärbung. Dieses widersprüchliche Verhalten des Benzens hängt mit seiner Struktur zusammen.
1865 schlug AUGUST KEKULÉ (1829–1896) eine ringförmige Struktur vor. Er nahm an, dass die sechs Kohlenstoffatome einen Ring bilden und mit je einem Wasserstoffatom verbunden sind. Innerhalb des Ringes sollten drei Doppelbindungen existieren und sehr schnell wandern. Dadurch würde kein Brom addiert werden.
Heute ist bekannt, dass keine Doppelbindungen zwischen den Kohlenstoffatomen existieren, sondern die bei der Bildung der C-C- und C-H-Einfachbindungen übrig bleibenden sechs Außenelektronen ein **Elektronensextett** ergeben. Das Elektronensextett ist über die Kohlenstoffatome im Benzenmolekül verteilt und bedingt die besonderen Eigenschaften des Stoffes. Dieses Strukturmerkmal wird in der Strukturformel durch einen Kreis symbolisiert (Abb. 1).

M **Benzen (Benzol) ist ein ringförmiger Kohlenwasserstoff. Im Molekül existiert ein Elektronensextett.**

Benzen ist eine farblose Flüssigkeit mit süßlichem Geruch, die bei 80 °C siedet. In Wasser ist Benzen unlöslich. Es ist selbst aber ein gutes Lösemittel für organische Verbindungen. Aufgrund des hohen Kohlenstoffgehalts brennt Benzen mit stark rußender Flamme (Abb. 2).
Benzen ist giftig und Krebs erregend. Es schädigt bei Hautkontakt und beim Einatmen der Dämpfe Blut bildende Organe und verursacht Leukämie.
Trotzdem wird Benzen Treibstoffen als so genanntes Antiklopfmittel zugesetzt. Im EU-Raum enthalten Benzine durchschnittlich 1 % Benzen.

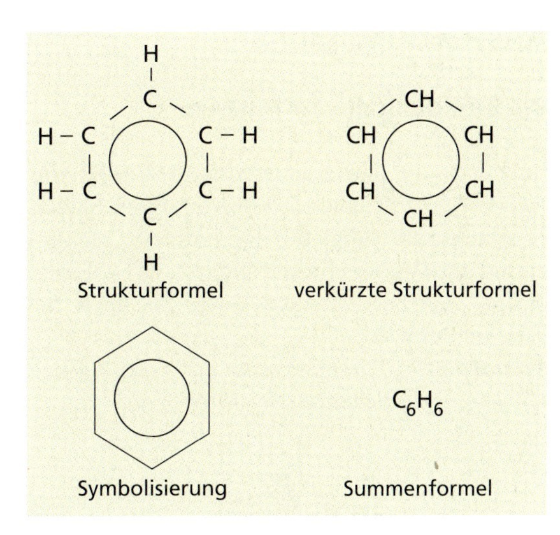

1 Verschiedene Darstellungen für die Formel des Benzens

Da beim Betanken von Kraftfahrzeugen von einem Liter Benzin ungefähr 1,4 g verdampfen und damit auch giftiges Benzen in die Luft gelangt, sind die Zapfpistolen mit einer Saugvorrichtung ausgerüstet. Dadurch werden die Dämpfe in die unterirdischen Tanks zurückgeleitet.
Der Stoff hat als Ausgangsstoff zahlreicher Synthesen eine große Bedeutung in der chemischen Industrie. Hunderttausende wichtige Verbindungen lassen sich auf das Benzen zurückführen. Da viele von ihnen wohlriechend sind (z.B. Anis, Vanille, Zimt) führte man den Begriff **aromatische Verbindungen** bzw. **Aromaten** ein. Ein großer Teil dieser Verbindungen ist allerdings giftig. Dazu gehört auch das häufig in den Medien genannte Insektizid DDT (vgl. S. 222).

2 Verbrennung von Benzen (Benzol)

ANWENDUNGEN

Die Erfindung des Sir Humphry

Anfang des 19. Jahrhunderts erfand Sir Humphry Davy (1778–1829) die nach ihm benannte Sicherheitslampe für Bergleute. Sie enthielt Calciumcarbid und Wasser und verhinderte die Explosion sowohl des entstehenden Gases als auch der Gase im Bergwerk.
Erläutere die Funktionsweise der Carbidlampe! Gib jeweils die Reaktionsgleichungen an!

Die Carbidlampe enthält einen Behälter mit Calciumcarbid (unterer Teil) und einen Behälter mit Wasser. Lässt man Wasser auf das Calciumcarbid tropfen, erfolgt eine chemische Reaktion, bei der Ethin entsteht.

$$CaC_2 + 2H_2O \longrightarrow C_2H_2 + Ca(OH)_2$$

Die Reaktion von Ethin mit Sauerstoff verläuft exotherm. Sie setzt neben der Wärmeenergie auch die erforderliche Lichtenergie frei.
Vollständige Verbrennung:

$$2C_2H_2 + 5O_2 \longrightarrow 4CO_2 + 2H_2O$$

Bei der Lampe umhüllt ein Drahtgitter die offene Flamme und wirkt als Rückschlagsicherung. Das Metall besitzt eine sehr gute Wärmeleitfähigkeit. Ein Teil der abgegebenen thermischen Energie wird von den Gasen weggeleitet. Dadurch reicht die verbleibende Energie nicht aus, um eine Explosion auszulösen.

Ein Chemie-Puzzle

Der Chemielehrer hatte elf Kärtchen in ein Schema zur Systematisierung behandelter Reaktionen von Kohlenwasserstoffen eingeordnet – plötzlich eine Unachtsamkeit, neun der elf Kärtchen fliegen weg. Auf den Kärtchen standen die folgenden Begriffe: Chlorierung, Dehydrierung, Polymerisation, Halogenierung, Addition, organische Reaktionen, Eliminierung, Halogenierung, Dehydratisierung.
Ordne alle Begriffe zu! Begründe die Zuordnungen!

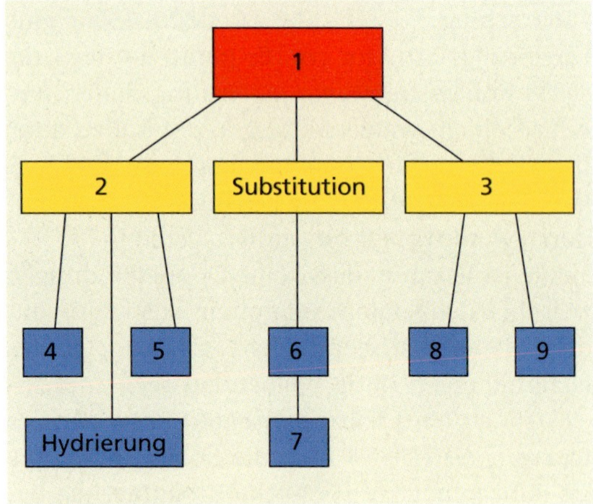

Begründung	Feld
„organische Reaktionen" = Oberbegriff	1
Da die Hydrierung eine Addition ist, muss „Addition" in Feld	2
Danach muss „Eliminierung" in Feld	3
Die „Dehydrierung" ist eine Eliminierung, also kommt sie in Feld	8
Ebenso „Dehydratisierung" in Feld	9
Die „Polymerisation" ist eine Addition, also kommt sie in Feld	4
Eine „Halogenierung" kann sowohl eine Addition als auch eine Substitution sein, die beiden Kärtchen kommen in die Felder	5 und 6
Dann bleibt nur noch die „Chlorierung" übrig für Feld	7

AUFGABEN

1. Notiere die ersten fünf Glieder der homologen Reihe der Alkene mit ihren Namen, Struktur- und Summenformeln. Triff eine Aussage über die Entwicklung der Schmelz- und Siedetemperaturen innerhalb dieser homologen Reihe und begründe deine Aussage!

2. Unreife Bananen werden mit Ethen begast, ehe sie in den Handel kommen.
Erkläre, welches Ziel damit erreicht werden soll!

3. Beschreibe den Molekülbau von Ethen und von Ethin!

4. Alkane, Alkene und Alkine bilden homologe Reihen. Das einfachste Alkan ist Methan.
Begründe, warum es kein Alken mit dem Namen Methen geben kann!

5. Stelle die Summenformeln und verkürzte Strukturformeln aller dir bekannten Kohlenwasserstoffe mit vier Kohlenstoffatomen auf!
Benenne die Stoffe! Versuche auf fünf Verbindungen zu kommen!

6. Vergleiche Ethan, Ethen und Ethin hinsichtlich struktureller Merkmale und ihrer Eigenschaften! Erläutere mithilfe der zusammengetragenen Fakten, warum Ethan mit kaum rußender Flamme verbrennt, die Flamme von Ethen jedoch rußt, die von Ethin noch stärker!

7. Vervollständige die Reaktionsgleichung!

$$CH_3-CH_2-CH_3 + Br_2 \longrightarrow \ldots + \ldots$$

8. Bei welcher der folgenden Reaktionen kann kein Monochlorethan entstehen? Begründe!
   a) Reaktion von Ethan mit Chlor
   b) Reaktion von Ethen mit Chlor
   c) Reaktion von Ethen mit Chlorwasserstoff

9. Wenn Propin mit Brom reagiert, kann die Reaktion in zwei Stufen verlaufen.
   a) Formuliere die beiden theoretisch möglichen Reaktionsgleichungen!
   b) Benenne die beiden Reaktionsprodukte!

10. Durch welche Reaktion lassen sich Octan und Octen voneinander unterscheiden?
Stelle die entsprechenden Reaktionsgleichungen auf!

11. Stelle für die folgenden Reaktionen die Reaktionsgleichungen auf! Entscheide, um welche Reaktionsart es sich handelt! Begründe deine Entscheidung jeweils!
   a) Propen entfärbt Bromwasser.
   b) Ethin reagiert mit Wasserstoff zu Ethan.
   c) Ethan wird in Ethen umgewandelt.
   d) Ein Reaktionsprodukt der Reaktion von Butan mit Chlor bildet mit Wasser eine saure Lösung.

12. Kohlenwasserstoffe lassen sich ineinander umwandeln. Wende die folgenden allgemeinen Gleichungen auf Kohlenwasserstoffe mit fünf Kohlenstoffatomen an!
Benenne die Stoffe und die Reaktionsart!
Wie lassen sich die Reaktionsprodukte nachweisen?

$$\text{Alkan} \underset{\text{Hydrierung}}{\overset{\text{Dehydrierung}}{\rightleftharpoons}} \text{Alken} \underset{\text{Hydrierung}}{\overset{\text{Dehydrierung}}{\rightleftharpoons}} \text{Alkin}$$

13. Definiere den Begriff Eliminierung! Begründe, warum diese Reaktionsart für die Alkine nicht typisch ist?

14. Der Umgang mit dem Schweißgerät ist nur geschulten Fachleuten gestattet. Begründe!

15. Begründe, dass die Reaktion von Monochlorethen zu PVC eine Polymerisation ist!

16. Aus wie viel Molekülen Vinylchlorid ist ein Makromolekül Polyvinylchlorid mit der relativen Molekülmasse 125 000 gebildet worden?

17. Ordne die Angaben a – d, A – D und 1 – 4 zu zusammengehörenden Dreiergruppen!
    a) Anlagerung von Wasserstoff
    b) Herstellung von PVC
    c) Austausch von Wasserstoff gegen Chlor
    d) Entzug von Wasserstoff

    A) Dehydrierung
    B) Polymerisation
    C) Hydrierung
    D) Chlorierung

    1) Eliminierung
    2) Addition
    3) Substitution
    4) Addition

18. Ergänze die Reaktionsgleichungen, benenne alle Stoffe und ermittle die Reaktionsart!
    a) C_3H_8 + … ⟶ C_3H_7Cl + …
    b) … + … ⟶ $C_3H_6Cl_2$
    c) … ⟶ C_4H_8 + H_2

19. Beschreibe die Struktur von Benzen! Erkläre, warum heute anstelle des ursprünglichen Namens (Benzol) die Bezeichnung Benzen verwendet wird!

20. Den ersten Vorschlag für eine Strukturformel des Benzens unterbreitete KEKULÉ. Informiere dich über die von ihm vorgeschlagene Struktur in einem Nachschlagewerk oder im Internet, z. B. unter www.schuelerlexikon.de!

21. Informiere dich über Gefahrstoffsymbole, Gefahrstoffhinweise und Sicherheitsratschläge für Benzen und begründe, warum Schülerexperimente mit Benzen nicht gestattet sind!

22. Hexen und Benzen sollen unterschieden werden. Beschreibe ein mögliches Experiment, mit dem man die Flüssigkeiten unterscheiden kann! Begründe!

23. Im vorigen Lehrbuchabschnitt findest du die prozentualen Zusammensetzungen von Ethan, Ethen und Ethin. Ein Wertepaar trifft auch für Benzen zu. Ermittle, welches!

24. Beantworte mit Hilfe von „Formeln und Tabellen", ob Benzen
    a) siedet, wenn ein mit dieser Flüssigkeit gefülltes Reagenzglas in siedendes Wasser gestellt würde,
    b) in Schnee zu einer festen Masse erstarrt oder flüssig bleibt.

25. Beantworte mithilfe geeigneter Medien, ob aus einem Schiff ausgelaufenes Benzen auf Wasser schwimmt oder ob es sinkt!
    Nach Beantwortung dieser Frage kannst du auch entscheiden, ob sich Benzenbrände mit Wasser löschen lassen!

26. Immer mehr Tankstellen haben Zapfsäulen mit Absaugvorrichtungen. Nenne Gründe für diese Verteuerung des Tankvorgangs!

27. Definiere die Begriffe Addition und Substitution! Nenne jeweils ein Beispiel für diese Reaktionsarten!

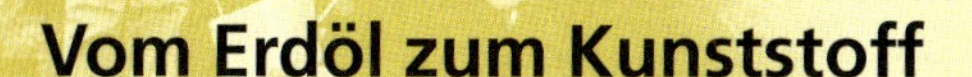

Vom Erdöl zum Kunststoff

Ohne Erdöl – ob als Energieträger oder chemischer Rohstoff – ist das gegenwärtige Leben der Menschheit nicht vorstellbar. Nach der Förderung und Reinigung wird es weiterverarbeitet.

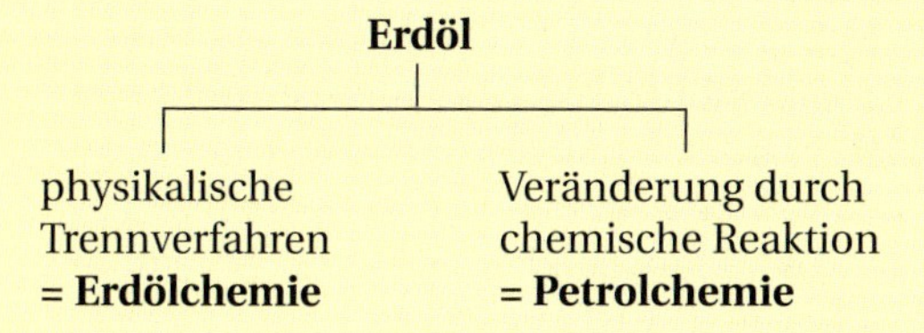

Aufträge:

1. Informiere dich über die Weltölförderung in den letzten 100 Jahren! Werte die Zunahme der Förderung!
2. Informiere dich über Erdölvorkommen in der Welt! Ordne die Förderländer nach ihrer Bedeutsamkeit!
3. Informiere dich darüber, wo das in Deutschland genutzte Erdöl herkommt!
4. Gib in einer Tabelle die Zusammensetzung des Erdöls verschiedener Fördergebiete an!

Unterschiedliche Erdöle dienen verschiedenen Zwecken. Dazu müssen viele Stoffkonstanten ermittelt werden!

S Experiment

Ermittle die Dichte von Erdöl mithilfe selbst entworfener Experimentieranordnungen! Versuche, verschiedene Methoden anzuwenden! Führe ein Experiment nach Absprache mit dem Chemielehrer durch!

Wenn Kerzen verbrennen, nutzen wir eigentlich die Energie des Sonnenlichts. Es wurde vor Millionen von Jahren bei der Reaktion von Kohlenstoffdioxid und Wasser mithilfe des Chlorophylls in chemische Energie umgewandelt. Der gebundene Kohlenstoff und Wasserstoff bilden die Grundlage vieler organischer Stoffe.

S Experiment

Weise nach, dass in den organischen Stoffen die Elemente Kohlenstoff und Wasserstoff enthalten sind! Verbrenne dazu etwas Erdöl, eine Kerze und ein Stück Würfelzucker, das mit ein wenig Asche bestreut wurde! Weise die Oxidationsprodukte Kohlenstoffdioxid und Wasser nach!

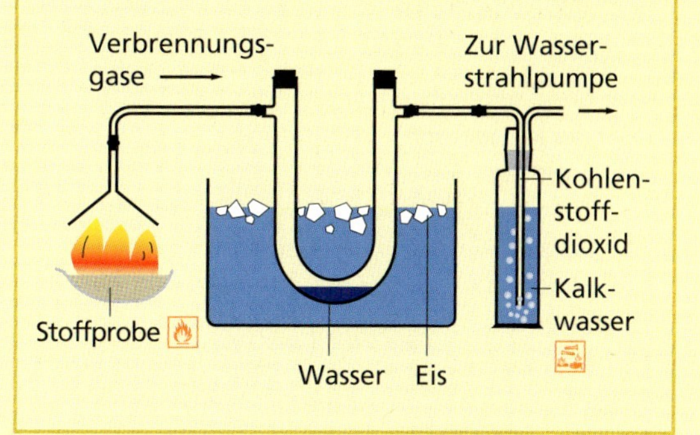

Die Destillation ist eine Methode zur Trennung flüssiger Stoffgemische.
Dabei wird die leichter siedende Komponente des Gemisches durch Überführen in den gasförmigen Aggregatzustand und anschließendes Kondensieren abgetrennt. Bei einer fraktionierten Destillation werden Stoffgemische durch stufenweise Kondensation in mehrere Komponenten zerlegt.

L S Experiment

Eine Erdölprobe wird im Lehrerexperiment in drei Fraktionen zerlegt. Protokolliere das Vorgehen! Untersuche Proben der drei Erdölfraktionen mithilfe von Bromwasser auf gesättigte und ungesättigte Verbindungen!
Notiere vor dem Experiment notwendige Geräte, Chemikalien und Sicherheitsvorschriften, die einzuhalten sind! Führe das Experiment erst durch, nachdem der Lehrer deine Aufzeichnungen kontrolliert hat!

Erdöl wird zu rund 95 % verbrannt (Benzin, Diesel, Heizöl). Doch spielt die Gewinnung reaktionsfähiger Verbindungen eine immer größere Rolle.
Bei einem besonderen Veredlungsverfahren werden daher aus den meist langkettigen Kohlenwasserstoffen des Erdöls kurzkettige, oft ungesättigte Kohlenwasserstoffe gewonnen. Das Verfahren heißt **Cracken.** Unter dem Einfluss von Katalysatoren und unter Energiezufuhr werden die langen Ketten der Kohlenwasserstoffmoleküle „zerbrochen".

S / L Experiment

Aufgabe:
Wandle experimentell eine langkettige Verbindung zu kurzkettigen Verbindungen um!
Vorbereitung:
Geräte und Chemikalien: Geräte laut Durchführungsskizze, Pipette, Reagenzglas, Paraffinöl, Eisenfeilspäne (Katalysator), Bromwasser
Durchführung:

a)

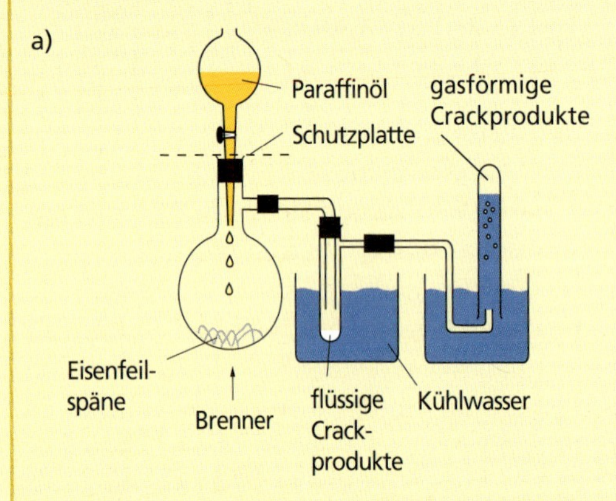

b) Die gasförmigen und flüssigen Reaktionsprodukte werden mithilfe von Bromwasser auf Mehrfachbindungen in den Molekülen getestet.

Beobachtung und Auswertung:
Notiere deine Beobachtungen!
Leite eine Schlussfolgerung ab! Ermittle eine mögliche Reaktionsgleichung für den ablaufenden Prozess!

In der chemischen Industrie können die chemischen Reaktionen so gesteuert werden, dass der Anteil an ungesättigten Verbindungen bei den Reaktionsprodukten relativ hoch ist.Ungesättigte Kohlenwasserstoffe bilden u. a. Ausgangsstoffe für verschiedene Plastsorten.

Auftrag:
Informiere dich über Herstellung, Eigenschaften und Verwendung von Polyethen! Bereite einen Vortrag vor oder gestalte eine Wandzeitung! Nutze für die Materialsammlung das Internet!

Plaste werden „nach Maß" hergestellt. Sie zeichnen sich meist durch geringe Dichte, gute elektrische Isolierfähigkeit und geringe Wärmeleitfähigkeit aus. Sie sind formbar und leicht zu verarbeiten. Man kann sie kleben und einige auch schweißen. Plaste sind geruch- und geschmackfrei. Gegen viele Chemikalien sind sie weitgehend unempfindlich. Allerdings ist es von Nachteil, dass die meisten Plastsorten bei relativ niedrigen Temperaturen erweichen oder sich zersetzen.

Aufgabe:
Die Buna Sow Leuna Olefinverbund GmbH (BSL) als Tochterunternehmen der amerikanischen Dow Chemical Company ist der größte Betrieb der mitteldeutschen Chemieregion.
Informiere dich mithilfe der Medien über die chemischen Produkte der Werke Buna, Böhlen und Leuna!

Plaste werden nach ihrem Verhalten beim Erwärmen in Thermoplaste und Duroplaste unterschieden. Bei der Polymerisation entstehen Thermoplaste. Sie können beim Erwärmen beliebig oft verformt werden. Duroplaste zersetzen sich bei starker Temperaturerhöhung.

S Experiment

Erwärme verschiedene Plastproben über der Sparflamme des Brenners! (Achtung: Der Abstand zwischen Flamme und Probe muss so groß sein, dass eine Zersetzung vermieden wird!)

1 Beilsteinprobe

2 Bei diesem Plast fallen brennende Tropfen herab.

Verschiedene Plastsorten bestehen aus Halogenderivaten der Kohlenwasserstoffe. Die in ihnen enthaltenen Halogene lassen sich durch die Beilsteinprobe nachweisen. Durch die Bildung flüchtiger Kupferhalogenide entsteht eine grüne Flammenfärbung (Abb.1).

S Experiment

Berühre eine PVC-Stoffprobe mit einem stark erwärmten Kupferdraht und halte ihn dann in die entleuchtete Flamme des Brenners! Deute deine Beobachtungen!

Polyvinylchlorid (PVC) ist ein Plast, der häufig Verwendung findet. Aufgrund seiner elementaren Zusammensetzung und seiner Eigenschaften ist PVC aber nicht für jeden Einsatz geeignet.
Es ist zwar ab 150 °C verformbar, beginnt aber, sich ab 200 °C zu zersetzen. Dabei entsteht ein stechend riechendes, giftiges Gas – Chlorwasserstoff. Bei der Verbrennung von 1 kg PVC werden 350 l Chlorwasserstoff freigesetzt. Daher dürfen Plastabfälle auch nicht privat verbrannt werden, denn das belastet unsere Umwelt.

L Experiment

PVC-Schnitzel werden im Reagenzglas auf über 200 °C erhitzt. (Vorsicht: Abzug!)
In die Reagenzglasöffnung wird ein angefeuchteter Uniteststreifen gehalten.
Protokolliere das Experiment! Notiere die Beobachtungen und stelle eine Reaktionsgleichung auf! Was kannst du über die elementare Zusammensetzung von Polyvinylchlorid ableiten?

Plaste und Chemiefaserstoffe können anhand ihrer Eigenschaften identifiziert werden. Einen wichtigen Hinweis liefert die Brennprobe, denn viele Kunststoffe verhalten sich charakteristisch, wenn sie offenem Feuer ausgesetzt werden. Dabei muss man mit Sorgfalt vorgehen, um Verletzungen zu vermeiden (Abb. 2).

S Experiment

Verbrenne einige Kunststoffe (z. B. s. Tab.) und halte deine Beobachtungen fest!

Plast/Faserart	Beobachtungen bei der Verbrennung	Geruch	Rückstände
Wolle	verbrennt langsam	nach verbrannten Haaren	blasig, verkohlt
Nylon			
PE			

Das Wichtigste im Überblick

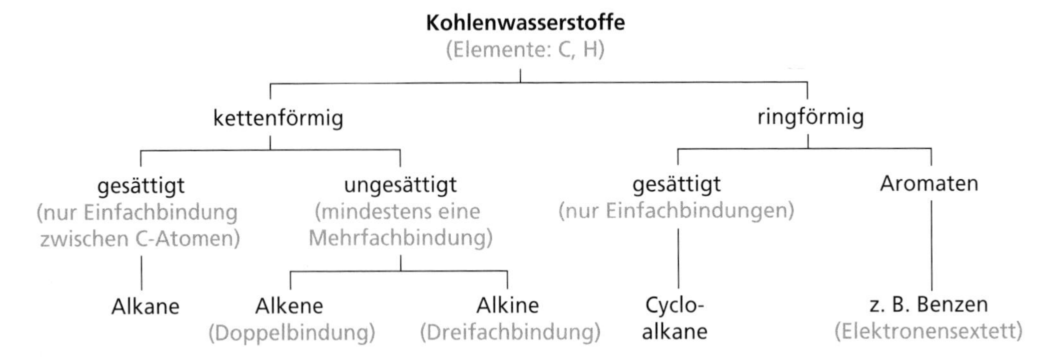

Die homologen Reihen der kettenförmigen Kohlenwasserstoffe

Stoffgruppe	Alkane	Alkene	Alkine
Strukturmerkmal	Einfachbindung	Doppelbindung	Dreifachbindung
Typische Reaktion	Substitution, Eliminierung	Addition, Polymerisation, Eliminierung	Addition
Beispiel	Ethan C_2H_6	Ethen C_2H_4	Ethin C_2H_2

Alkane, Alkene und Alkine bilden **homologe Reihen.** Homologe Reihen sind Stoffe mit gleichen Strukturmerkmalen und graduellen Unterschieden in den Eigenschaften, deren aufeinander folgende Glieder sich um eine Differenz von $-CH_2-$ unterscheiden.

Benennung von Alkanen, Alkenen und Alkinen

Wortstamm	Meth	Eth	Prop	But	Pent	Hex	Hept	Oct	Non	Dec
C-Atome im Molekül	1	2	3	4	5	6	7	8	9	10

Endungen:
- -an: nur Einfachbindungen zwischen benachbarten C-Atomen
- -en: mindestens eine Doppelbindung zwischen benachbarten C-Atomen
- -in: mindestens eine Dreifachbindung zwischen benachbarten C-Atomen

Reaktionsarten organischer Verbindungen

Die Substitution ist eine Reaktion, bei der Atome in Molekülen organischer Verbindungen durch andere Atome oder Atomgruppen ersetzt werden.

Die Addition ist eine Reaktion, bei der Atome oder Atomgruppen an Moleküle ungesättigter Verbindungen unter Umwandlung von Mehrfachbindungen in Doppel- bzw. Einfachbindungen angelagert werden (Sonderform: Polymerisation).

Die Eliminierung ist eine Reaktion, bei der aus Molekülen der Ausgangsstoffe Atome oder Atomgruppen unter Ausbildung von Mehrfachbindungen abgespalten werden.

8 Organische Sauerstoffverbindungen

8.1 Ethanol und Verwandte

Vorsicht mit Spirituosen!
Wenn man den Begriff Alkohol hört, dann denkt man an jene alkoholischen Getränke in den Regalen von Einkaufsläden und Supermärkten. Beim genaueren Hinsehen wird aber deutlich, dass diese Getränke nicht nur Alkohol enthalten. Der Hauptanteil ist Wasser. Daneben finden sich Aromastoffe, Farbstoffe und z. T. Zucker (Liköre).
Warum dürfen diese Produkte nicht oder nur sehr eingeschränkt an Jugendliche abgegeben werden? Welche Bedeutung haben die alkoholischen Getränke für den Menschen?

Eine Industriechemikalie
Ethanol wird nicht nur als Genussmittel, sondern auch als „Industriealkohol" produziert. Als Ausgangsmaterial dienen nicht nur Lebensmittel, wie Getreide und Kartoffeln. Für die Herstellung von Ethanol, das nicht für den Verzehr bestimmt ist, gelten andere Maßstäbe. Daher kommen u.a. auch vergärungsfähige Abfälle, die bei der Zuckerherstellung oder bei der Verarbeitung von Holz zu Cellulose anfallen, zum Einsatz. Industriealkohol wird auch auf petrolchemischer Basis hergestellt.
Wozu wird Industriealkohol benötigt? Welche Eigenschaften des Stoffes nutzt man dabei aus?

Ist Hopfen und Malz verloren?
Das geflügelte Wort hängt eng mit der Braukunst zusammen. Als Malz bezeichnet man nämlich ein aus Getreide (meist Gerste) gewonnenes Produkt. Das Getreide wird dazu in Wasser eingeweicht und anschließend zur Keimung gebracht. Hopfen gibt dem Bier das typische Aroma und den herben Geschmack. Außer diesen Zutaten dürfen für die Bierherstellung nur noch Hefe und Wasser verwendet werden.
Was passiert eigentlich beim Brauen mit diesen Zutaten? Wie entsteht Bier?

GRUNDLAGEN

Ethanol – eine „gehaltvolle“ Chemikalie

Den Begriff „Alkohol“ verwendet man im täglichen Leben häufig. Da wird z. B. von alkoholhaltigen Gesichtswässern gesprochen. Eigentlich ist **Ethanol (C_2H_5OH)** gemeint, der Stoff, der die berauschende Wirkung von alkoholischen Getränken hervorruft.

Ethanol gehört ohne Zweifel zu den Stoffen mit einer langen Geschichte, und zwar hauptsächlich als Genussmittel. Man glaubt, dass die Weinherstellung schon in der Antike und im alten Ägypten eine Rolle spielte. Funde von entsprechenden Trinkgefäßen (aus der Zeit um 2000 v. Chr.) deuten darauf hin. In alten Schriften gibt es entsprechende Hinweise auf den Weingenuss.

Nicht nur Wein, auch Bier ist lange bekannt. Eines der ältesten Rezepte zur Bierherstellung wurde auf einer Tontafel in Keilschrift von den Sumerern festgehalten.

Auch wenn die Nutzung dieser Getränke schon eine sehr lange Tradition besitzt, handelt es sich trotzdem um problematische Genussmittel (Abb. 1). Das enthaltene Ethanol wird im Körper sehr schnell verteilt und wirkt u. a. auf das Zentralnervensystem.

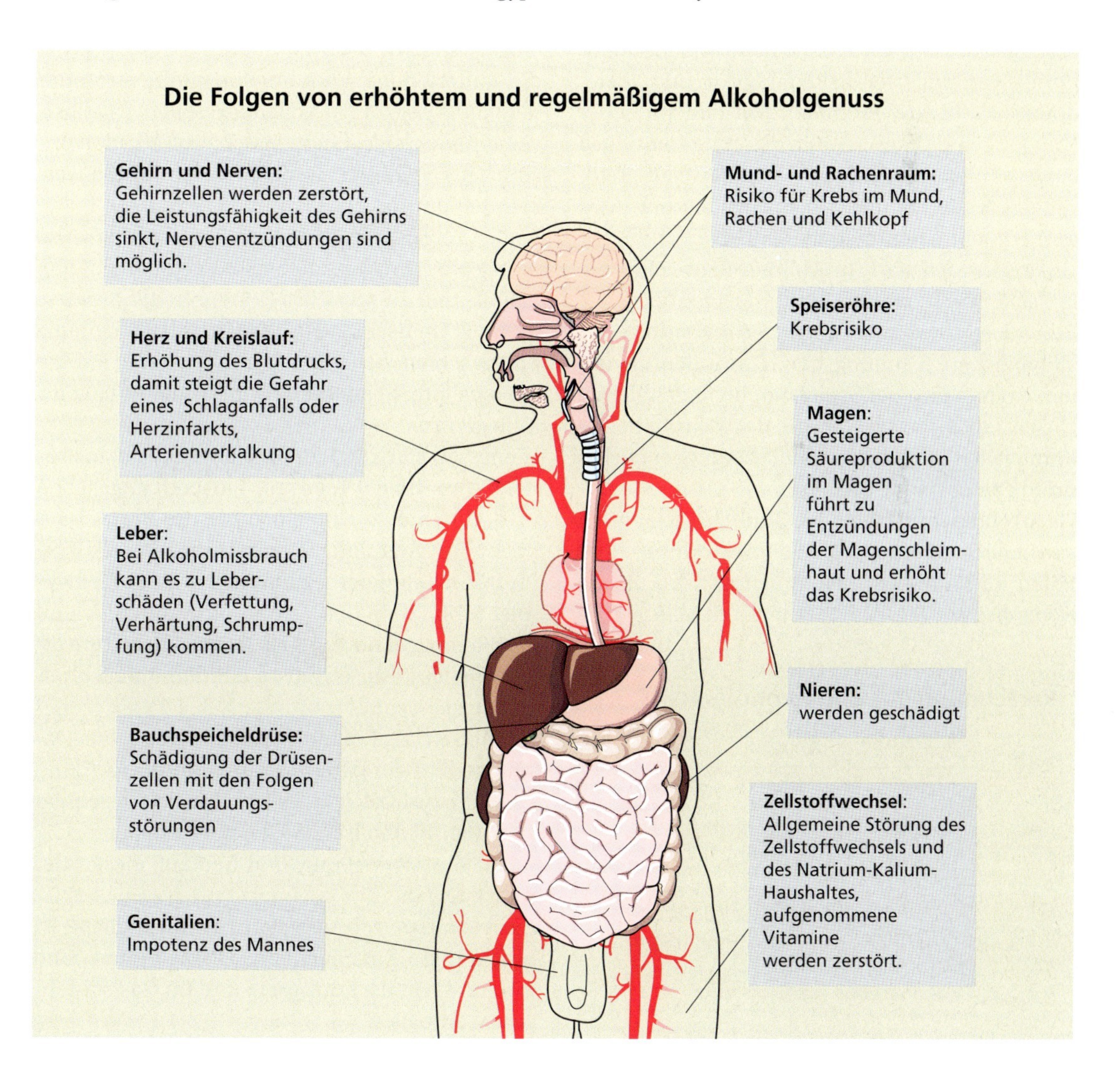

1 Der Alkoholgehalt der verschiedenen Getränke wird leicht unterschätzt.

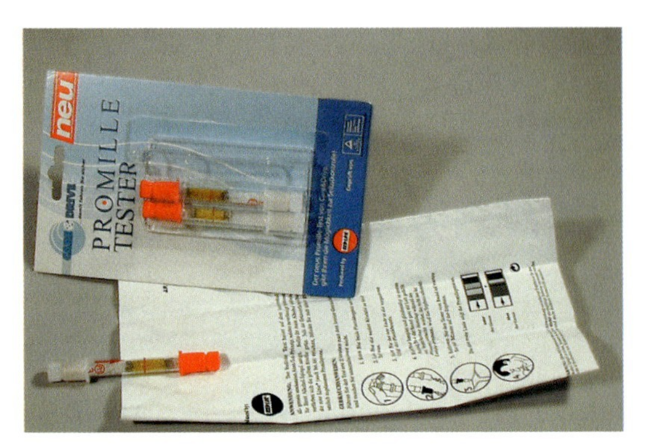

2 Mit einem Alkohol-Prüfröhrchen sind Rückschlüsse auf den Blutalkoholgehalt möglich.

Durch Beeinträchtigung einiger Hirnfunktionen kommt es zuerst zu Fröhlichkeit und Enthemmung, verminderter Kritikfähigkeit und Rededrang (0,1 bis 0,5 Promille). Mit zunehmender Menge wird das Wahrnehmungsvermögen eingeschränkt. Seh-, Sprach- und Bewegungsstörungen treten auf. Der Gleichgewichtssinn wird immer mehr beeinträchtigt. Die Reaktionszeiten verlängern sich stark. Im Vollrausch (2–3 Promille) schließlich setzen Bewusstseinstrübungen, Erbrechen, Gedächtnisstörungen und infolge der allmählichen Lähmung der Hirnrindenfunktionen ein narkotischer Schlaf ein. In noch höheren Dosen (ab 3 Promille) kann der Betroffene ins Koma fallen und durch Atemlähmung lebensbedrohliche Zustände erleiden.

Da Alkohol sehr leicht in die Blutbahn gelangt, ist es möglich, dass sogar die Entwicklung eines Föten im Mutterleib beeinträchtigt wird. Schon 60 bis 80 g pro Tag (Abb.1) können zu Missbildungen führen. Die verlängerte Reaktionszeit und eingeschränkte Wahrnehmungsfähigkeit sowie die auftretenden Koordinationsprobleme unter dem Einfluss von „Trinkalkohol“ sollten es selbstverständlich erscheinen lassen, auf Alkoholkonsum zu verzichten, wenn man am Straßenverkehr teilnimmt.

Leider zeigen die Zahlen ein anderes Bild. Die häufigsten Unfallursachen sind alkoholbedingte Unfälle und zu schnelles Fahren. In der Bundesrepublik Deutschland drohen erst ab 0,5 Promille Führerscheinentzug für einen Monat und Punkte in Flensburg. In anderen Ländern gilt die 0,0 Promillegrenze.

Gemessen wird der Blutalkoholgehalt, der in Promille (pro Mille = Teile von Tausend) angegeben wird, durch eine Untersuchung des Blutes oder über die Atemluft. Hierzu werden Alkohol-Prüfröhrchen oder elektronische Tester eingesetzt (Abb. 2). In den Alkohol-Prüfröhrchen läuft eine Redoxreaktion ab. Das Ausmaß der Grünverfärbung lässt Rückschlüsse auf den Blutalkoholgehalt zu.

Der Abbau des Ethanols erfolgt in der Leber. Dabei entsteht ein giftiges Zwischenprodukt (Ethanal), das zusätzlich schädigend wirkt. Wegen der Wirkung alkoholischer Getränke existieren Gesetze, die Herstellung und Verkauf dieser Getränke regeln.

Insbesondere der Ausschank an Jugendliche ist beschränkt. Entsprechende Paragraphen sind u. a. im Jugendschutzgesetz und im Gaststättengesetz enthalten.

Berechnung des Blutalkoholgehalts

$$BAG = \frac{m_{\text{Alkohol}}}{m_K \cdot r} = \frac{V_{\text{Alkohol}} \cdot D}{m_K \cdot r}$$

BAG Blutalkoholgehalt in ‰ (pro Mille)

r Reduktionsfaktor männl. 0,7, weibl. 0,6

D Dichte von Alkohol ($0{,}79\,g \cdot ml^{-1}$)

m_{Alkohol} aufgenommene Alkoholmenge in g

m_K Körpermasse in kg

V_{Alkohol} Volumen des Alkohols in ml

Ein Produkt der alkoholischen Gärung

Ethanol ist ein Produkt der alkoholischen Gärung. Bei der Gärung handelt es sich um einen Stoffwechselprozess bei bestimmten Mikroorganismen (Hefen).

Bei uns ist gesetzlich geregelt, dass Alkohol (Ethanol), der zu Genusszwecken, zur Herstellung von Arzneimitteln, im Bereich Kosmetik und zur Herstellung von Speiseessig verwendet wird, aus landwirtschaftlichen Rohstoffen hergestellt und somit Gärungsalkohol sein muss.

Der Prozess der alkoholischen Gärung ist ein Vorgang, bei dem eine **Zuckerlösung** (meist Traubenzucker) durch Einwirkung von **Hefen** unter **Luftabschluss** zu Ethanol und Kohlenstoffdioxid umgesetzt (vergoren) wird. Diese Gärung erfolgt immer dann, wenn die entsprechenden Mikroorganismen geeignete Bedingungen vorfinden.

$$C_6H_{12}O_6 \xrightarrow{\text{Enzyme der Hefe}} 2C_2H_5OH + 2CO_2$$

Leitet man das entstehende Kohlenstoffdioxid in Kalkwasser (wässrige Calciumhydroxidlösung), so zeigt sich eine Trübung (Nachweis von Kohlenstoffdioxid), die auf die Bildung von schwer löslichem Calciumcarbonat zurückzuführen ist.

$$CO_2 + Ca^{2+} + 2OH^- \longrightarrow CaCO_3\downarrow + H_2O$$

Tod im Mostfass

Oberteuringen (dpa). Ein 40 Jahre alter Landwirt ist beim Mostfass-Reinigen auf einem Hof in Oberteuringen (Bodenseekreis) ums Leben gekommen. Er war in das 4000 Liter fassende Holzfass gestiegen, in dem noch vergorener Most einige Zentimeter hoch stand. Plötzlich wurde der Bauer bewusstlos. Der 20jährige Sohn bemerkte dies und stieg in das Fass, um seinen Vater zu retten. Doch auch ihm schwanden die Sinne.

Ein Verwandter behielt einen kühlen Kopf, schnitt mit einer Motorsäge ein Loch in das Fass und zog beide heraus. Für den Vater kam jedoch jede Hilfe zu spät. In dem Fass war es offenbar zu einer Nachgärung gekommen. Dabei hatte Kohlenstoffdioxid den Sauerstoff verdrängt und ein Atmen unmöglich gemacht.

Durch die alkoholische Gärung ist es nicht möglich, hoch konzentrierten Alkohol (Ethanol) zu produzieren, da die notwendigen Mikroorganismen spätestens bei einem Ethanolanteil von 15 % absterben und damit die Gärung beendet ist. Höhere Konzentrationen können nur durch die Destillation erreicht werden.

M **Ethanol bildet sich, wenn Traubenzucker unter Luftabschluss vergoren wird.**

Die Bierherstellung

Die Farbe und der Geschmack des Bieres werden zum großen Teil durch das Malz bestimmt. Dabei handelt es sich um speziell ausgewähltes **Getreide** (häufig Gerste), das in Wasser zum Quellen und Keimen gebracht wird. Das Produkt wird weiter verarbeitet. Die enthaltene Stärke wird zu Malzzucker abgebaut. Nach einigen Tagen ist **Grünmalz** entstanden, das durch Trocknung zu **Darrmalz** wird. In der Brauerei wird das Malz gemahlen und mit Wasser zur **Maische** vermischt. Nachdem die Maische von der Flüssigkeit getrennt worden ist, wird Hopfen dazu gegeben und diese **Würze** mit ausgewählten Hefen (Abb. 1) zum **Gären** gebracht. Nach Beendigung des Gärprozesses und einer abschließenden Filtration füllt man das **Bier** in Flaschen, Dosen oder Fässer.

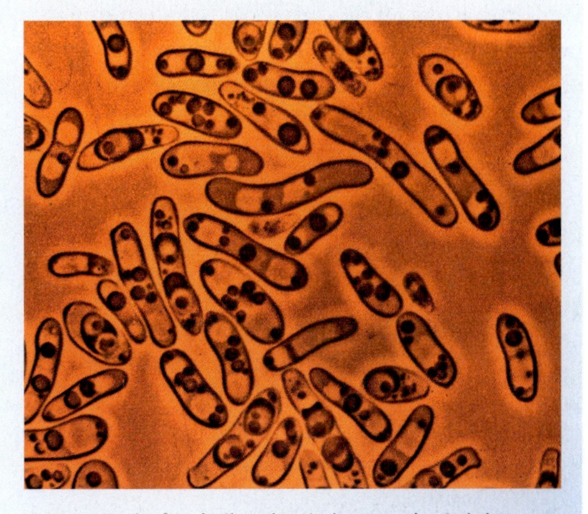

1 Von Bierhefen (mikroskopisches Foto) wird der Malzzucker vergoren.

Ethanol – eine chemische Verbindung

Ethanol wird aufgrund seiner Eigenschaften vielfältig verwendet. Der Stoff ist in jedem Verhältnis mit Wasser mischbar und löst gut Fett. Daher wird Ethanol als Lösemittel eingesetzt, z.B. zum Lösen von fetthaltigen Gemischen, Farben, Lacken und Aromen (Abb. 1). Letzteres nutzt man bei der Herstellung von kosmetischen Präparaten (besonders Parfüms) oder von Arzneimitteltinkturen. Die kühlende Wirkung von äußerlich anzuwendenden ethanolhaltigen Präparaten beruht auf der relativ niedrigen Siedetemperatur (78,3 °C) und der Tatsache, dass der Stoff auch schon bei wesentlich geringeren Temperaturen leicht verdunstet. Bei der Verdunstung wird der Umgebung Wärme entzogen.

Ethanol wirkt in hoher Konzentration zerstörend auf Eiweiß und daher auch auf Mikroorganismen. Deshalb kann es als Desinfektionsmittel verwendet werden.

Die farblose Flüssigkeit ist stark wasseranziehend (hygroskopisch), sodass es schwierig ist, wasserfreies Ethanol zu erhalten. Der handelsübliche „reine Alkohol" ist daher 95,6%ig. Unter dem Namen Brennspiritus findet man Ethanol, welches für den menschlichen Genuss unbrauchbar gemacht (vergällt) wurde. Beim Einsatz von Brennspiritus nutzt man die gute Brennbarkeit von Ethanol aus.

Die Eigenschaften des Ethanols beruhen auf seinem chemischen Bau. Die Moleküle bestehen aus den Elementen Kohlenstoff, Wasserstoff und Sauerstoff (Abb. 1). Als strukturelle Besonderheit fällt die **Hydroxylgruppe (–OH)** auf.

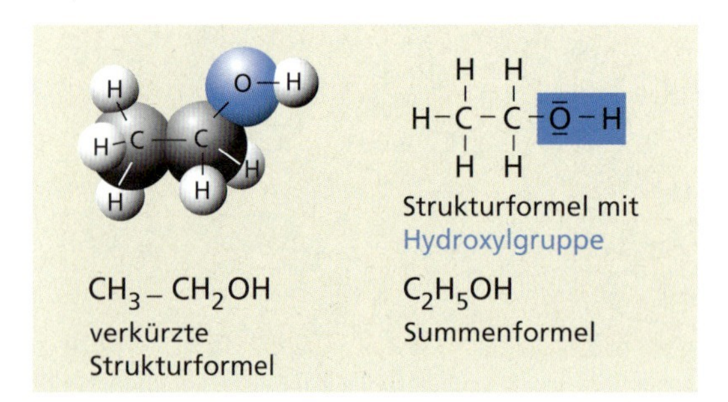

1 Modell und Formeln von Ethanol – die Hydroxylgruppe ist eine funktionelle Gruppe.

2 In vielen Parfüms ist Ethanol als Lösemittel enthalten.

Da sie maßgeblich die Eigenschaften des Stoffes mitbestimmt, bezeichnet man sie als **funktionelle Gruppe**. Im Namen erkennt man die Hydroxylgruppe an der **Endung –ol**, die an den Wortstamm angefügt wird.

M Funktionelle Gruppen, wie die Hydroxylgruppe, sind strukturelle Besonderheiten, die maßgeblich die Eigenschaften der Stoffe mitbestimmen. Im Namen ist die Hydroxylgruppe an der Endung -ol zu erkennen.

Eine oder mehrere Hydroxylgruppen sind das kennzeichnende Merkmal von Stoffen, die der Chemiker unter der Bezeichnung **Alkohole** zusammenfasst.

M Alkohole sind organische Verbindungen, die im Molekül eine oder mehrere Hydroxylgruppen aufweisen.

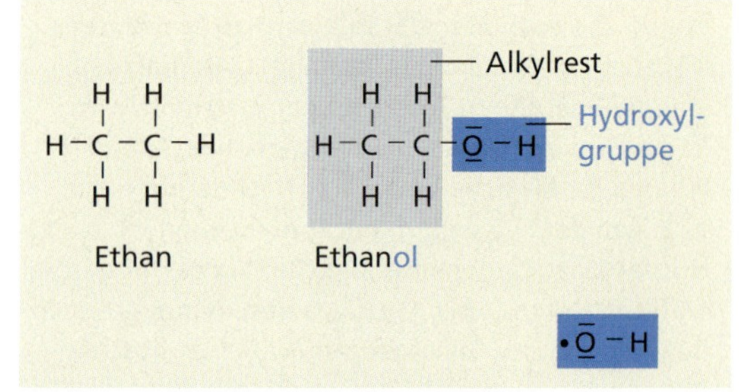

3 Die Hydroxylgruppe stellt das kennzeichnende Strukturmerkmal der Alkohole dar.

Alkanole – Abkömmlinge der Alkane

Außer Ethanol existieren noch viel mehr Stoffe, die durch gleiche strukturelle Merkmale gekennzeichnet sind, z. B. **Methanol (CH_3OH), Propanol (C_3H_7OH)** und **Butanol (C_4H_9OH)**.
Die Verbindungen lassen sich von kettenförmigen Alkanen ableiten und nur ein Wasserstoffatom ist durch eine Hydroxylgruppe ersetzt. Ethanol lässt sich beispielsweise vom Ethan ableiten. Man bezeichnet diese besonderen Alkohole als **Alkanole.**

M Alkanole lassen sich aus den Alkanen ableiten und besitzen nur eine Hydroxylgruppe. Sie gehören zu den Alkoholen.

Methanol gerät im Zusammenhang mit selbstgebranntem Alkohol immer wieder in die Schlagzeilen, da es die Ursache für Todesfälle bildet (Abb. 1). Trotz seiner Giftigkeit hat Methanol als Grundchemikalie große Bedeutung, da es u. a. für die Herstellung von Kunststoffen genutzt

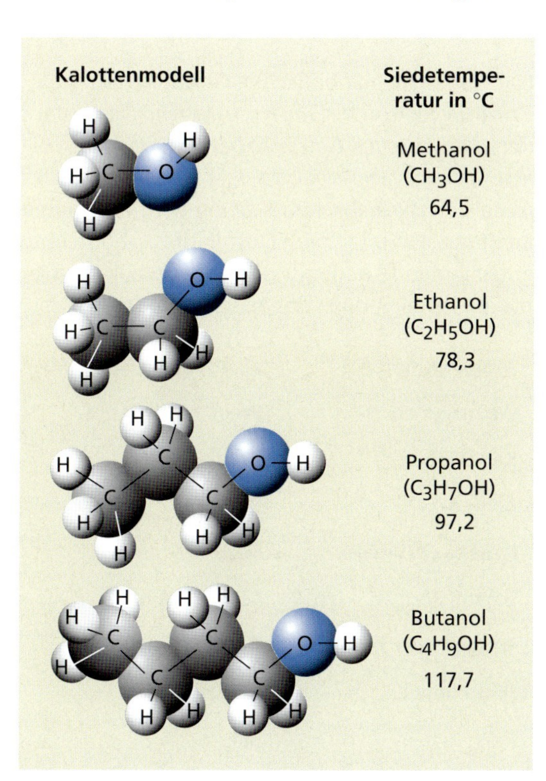

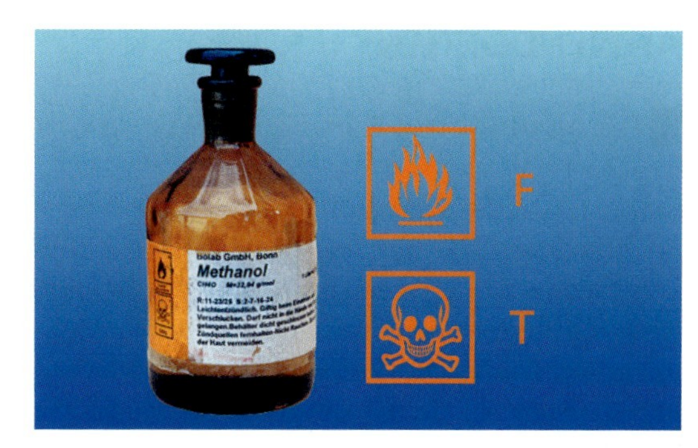

1 Methanol ist leicht brennbar und sehr giftig.

wird. Außerdem findet es als Kraftstoff zunehmend Verwendung. Methanol ist genauso wie Propanol und Butanol ein gutes Lösemittel für viele Stoffe.
Diese ähnlich gebauten Alkanole (s. Kasten) bilden eine homologe Reihe.
Die Eigenschaften der Stoffe werden durch die Hydroxylgruppe bestimmt. Der Einfluss der Hydroxylgruppe nimmt jedoch mit zunehmender Länge des Moleküls ab.
Die Schmelz- und Siedetemperaturen steigen an, denn infolge der längeren Kette werden die Kräfte, die innerhalb eines Moleküls wirken, immer stärker.
Bei den Alkanolen liegen die Siedetemperaturen jedoch deutlich höher als bei Alkanen mit vergleichbarer Anzahl an Kohlenstoffatomen. Diese Erscheinung ist auf Wechselwirkungen zwischen den Alkanolmolekülen infolge der Hydroxylgruppen zurückzuführen.
Die Hydroxylgruppe ist auch die Ursache für die bessere Wasserlöslichkeit der Alkanole im Vergleich zu den Alkanen.
Allerdings sinkt die Wasserlöslichkeit ab Butanol mit zunehmender Kettenlänge.
Die chemischen Eigenschaften der Alkanole ähneln sich aufgrund der ähnlichen Struktur. Typisch für diese Stoffgruppe sind **Oxidationen**. Durch oxidative Vorgänge kann sich z. B. aus Ethanol die Ethansäure (Essigsäure) bilden.

M Alkanole weisen aufgrund der Hydroxylgruppe ähnliche chemische Eigenschaften auf. Ihre physikalischen Eigenschaften sind abhängig von der Kettenlänge.

ANWENDUNGEN

S Die alkoholische Gärung im Experiment

Manche Gärtner setzen ihre eigenen Obstweine an. Man kann ganz unterschiedliche Obstsorten verwenden, z.B. Johannisbeeren, Stachelbeeren, Kirschen. Durch nachfolgendes Experiment kann auch im Unterricht Wein hergestellt werden: Dazu werden in 2,5 l Wasser 1,1 kg Traubenzucker gelöst und ungefähr 1 kg gesäuberte und zerkleinerte (grob pürierte) Hagebutten hinzu gegeben. Der Ansatz wird an einem warmen Ort aufgestellt und nach einem Tag durch ein Tuch gepresst. Diesen Press-Saft bringt man durch Zugabe von Hefenährsalz und Gärhefe zur Gärung. Das Gärgefäß muss mit einem Gärröhrchen, gefüllt mit Wasser oder Kalkwasser, verschlossen werden.

a) Notiere, welche Beobachtungen zu erwarten sind! Erläutere, welche Funktion das gefüllte Gärröhrchen besitzt!

b) Beschreibe, wie die Konzentration des Ethanols (z.B. für weiterführende Experimente) erhöht werden kann!

a) Der Traubenzucker in der Lösung wird von den Hefen vergoren. Bei der biochemischen Reaktion bilden sich aus dem Zucker Ethanol und Kohlenstoffdioxid. Das ist am Geruch (nach Beendigung des Gärprozesses) und an aufsteigenden Gasblasen zu erkennen. Mit dem Kalkwasser im Gärröhrchen wird das aufsteigende Kohlenstoffdioxid nachgewiesen.

Das gefüllte Gärröhrchen hat zum einen die Funktion, ein Entweichen des Kohlenstoffdioxids zu ermöglichen. Zum anderen wird dadurch der Luftabschluss gewährleistet und somit der Zutritt von Sauerstoff verhindert. Das ist notwendig, denn die alkoholische Gärung ist ein biochemischer Prozess, der unter Sauerstoffabschluss verläuft.

b) Der Gehalt an Ethanol beträgt auch nach Abschluss der Gärung maximal 15 %. Um die Konzentration der Ethanollösung zu erhöhen, nutzt man die unterschiedlichen Siedetemperaturen der enthaltenen Stoffe (reines Ethanol: 78,3 °C; Wasser: 100 °C) aus. Durch die weit auseinander liegenden Siedetemperaturen kann die Destillation zum Einsatz kommen. Reines Ethanol erhält man trotzdem nicht, da Wasser leicht verdunstet und deshalb schon unterhalb der Siedetemperatur in den gasförmigen Zustand übergeht. Außerdem ist Ethanol hygroskopisch.

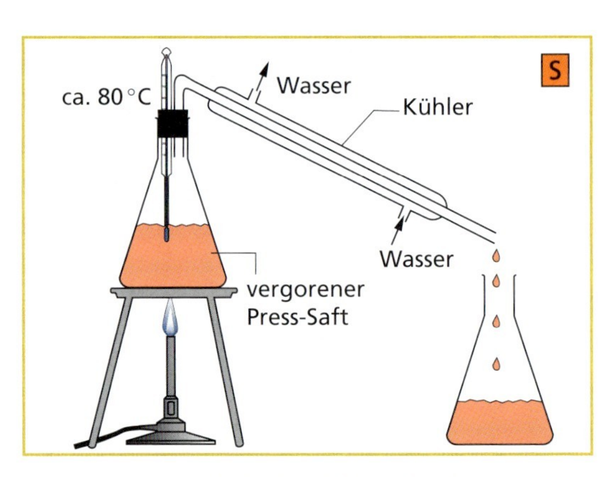

1 Das Destillat enthält neben Ethanol auch andere Stoffe. Eine Geschmacksprobe darf nicht durchgeführt werden.

Auf das Ausgangsmaterial kommt es an

Die Vielfalt an alkoholischen Getränken ist groß. *Ermittle, worauf der unterschiedliche Geschmack der alkoholischen Getränke beruht!*

Nach der alkoholischen Gärung wird der Gehalt an Ethanol häufig durch Destillation erhöht. Eine entscheidende Rolle für den Geschmack des Getränkes spielt jedoch das Ausgangsmaterial.

Ausgangsmaterial	alkoholische Getränke
Weintrauben	Wein, Branntwein
Kartoffeln	Wodka
Rohrzucker	Rum
Früchte der Agave	Tequila
Gerste, Roggen	Scotch (Whisky)
Roggen oder Mais	Bourbon (Whisky)
Pflaumen	Sliwowitz
Reis	Sake

Ethanol – ein Stoff mit zwei Gesichtern

Ethanol kann man fast unbegrenzt mit Wasser mischen. Das bedeutet, jedes Mischungsverhältnis kann erreicht werden. Andererseits setzt man Ethanol aber auch ein, um andere organische Stoffe zu lösen. Es ist auch in Benzin und sogar in Fett löslich.
Wie ist dieser scheinbare Widerspruch – einerseits wasserlöslich, andererseits fettlöslich – zu erklären?

Während die Hydroxylgruppe den polaren, hydrophilen („Wasser liebenden") Teil der Alkanole darstellt, ist der Alkylrest die unpolare Seite des Alkanols und damit für die hydrophoben (Wasser abweisenden) Eigenschaften verantwortlich. Durch diese beiden Enden der Alkanole werden die Löslichkeitseigenschaften der Stoffe bedingt. Mit zunehmender Kettenlänge überwiegen die unpolaren strukturellen Merkmale. Alkanole mit mindestens fünf Kohlenstoffatomen im Molekül sind schlecht wasserlöslich, aber gut mit Benzin mischbar. Alkohole mit mehreren Hydroxylgruppen lösen sich kaum in Benzin.
Beim Ethanol sind die beiden Gruppen (Alkylrest und Hydroxylgruppe) in ihrer Wirkung auf die Eigenschaften des Stoffes etwa gleich stark.
Das hat Konsequenzen bei der Aufnahme des Ethanols in den Körper. Ethanol löst sich ausgezeichnet im Blut, aber auch im Fettgewebe, das beispielsweise Nervengewebe umgibt. Da die Moleküle zudem sehr klein sind, kann Alkohol die Blut-Hirn-Schranke überwinden und die Nervenzellen schädigen.

S Zweimal „OH"?

Für ein Experiment standen zwei Reagenzgläser zur Verfügung, von denen das eine Ethanollösung und das zweite verdünnte Kaliumhydroxidlösung enthielt. Beide Lösungen wurden mit Indikatorpapier (Unitest) geprüft.
Ethanol (C_2H_5OH) und Kaliumhydroxid (KOH) enthalten in ihren Formeln jeweils „OH". Dennoch war das Ergebnis der Prüfung mit dem Indikatorpapier unterschiedlich.

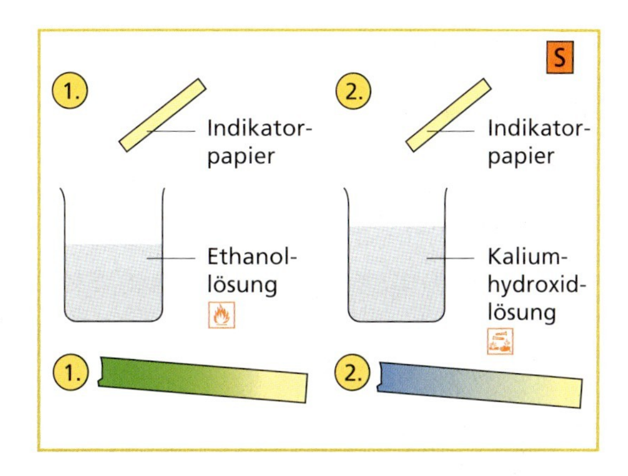

Erkläre das unterschiedliche Ergebnis, obwohl beide Stoffe „OH„ in der Summenformel enthalten!

Bei der Ethanollösung zeigt Unitestpapier eine Grünfärbung.
In die Kaliumhydroxidlösung getaucht, färbt sich das Papier blau. Das Indikatorpapier zeigt einen Überschuss an Hydroxid-Ionen in der Lösung an.
Sowohl Ethanol als auch Kaliumhydroxid enthalten ihrer Summenformel nach eine „OH"-Gruppierung. Trotz der scheinbaren Gemeinsamkeiten sind die Strukturen dieser Stoffe und auch die Bindungsverhältnisse in den Teilchen unterschiedlich.
Ethanol enthält die Hydroxylgruppe, die durch eine Atombindung an eines der Kohlenstoffatome gebunden ist. Diese wird durch das Lösen in Wasser nicht abgespalten. In der Ethanollösung liegt somit kein Überschuss an Hydroxid-Ionen vor – der Indikator schlägt nicht um.
Kaliumhydroxid ist ein salzartiger Stoff und dissoziiert in wässriger Lösung. Dabei werden Hydroxid-Ionen (OH^-) frei.

$$KOH \xrightarrow{+ H_2O} K^+ + OH^-$$

Diese werden durch die Blaufärbung des Indikators angezeigt. Dass in der wässrigen Lösung Ionen vorliegen, könnte durch ein weiteres Experiment bestätigt werden.
Frei bewegliche Ionen leiten den elektrischen Strom. Bei einer Überprüfung dürfte Ethanollösung den elektrischen Strom praktisch nicht, die Kaliumhydroxidlösung jedoch sehr gut leiten.

Aufgaben

1. Stelle dar, welche Wirkung Ethanol auf unseren Körper hat! Gehe dabei unter Nutzung geeigneter Medien auch auf Faktoren ein, von denen der Blutalkoholgehalt abhängt!

2. Sieh dich in eurem Haushalt um! Finde heraus, welche Präparate und Lebensmittel Ethanol enthalten!
   Notiere, welche Funktion der Stoff in diesen Gemischen erfüllt!

3. Oft ist zu lesen, dass Frauen weniger Alkohol (Ethanol) vertragen als Männer.
   Diskutiere, ob diese Aussage korrekt ist!
   Informiere dich dazu auch über den Abbau von Ethanol im menschlichen Körper!

4. Bei der alkoholischen Gärung entsteht Ethanol. Nutzt man diesen Stoffwechselprozess, um alkoholische Getränke herzustellen, erreicht man maximal einen Ethanolgehalt von 15 %. Erkläre diese Erscheinung!

5. Das im Handel erhältliche Ethanol ist maximal 96%ig. Warum kann man kein 100%iges Ethanol erwerben? Erkläre!

6. Wer mit einem Blutalkoholwert von über 0,5 Promille Auto fährt und ertappt wird, verliert seinen Führerschein. Werte!

7. Informiere dich über die Wein- und Bierherstellung. Beschreibe die Verfahren!

8. S Vergleiche die Strukturen und Eigenschaften von Ethanol und Natriumhydroxid!
   Plane ein Experiment, mit dem man beweisen kann, dass die strukturellen Besonderheiten im Aufbau beider Stoffe nicht identisch sein können!

9. Die Hydroxylgruppe ist das kennzeichnende Strukturmerkmal des Ethanolmoleküls.
   Erläutere diese Aussage!

10. Ethanol ist sowohl in jedem Verhältnis mit Wasser mischbar als auch ein gutes Lösemittel für Fett.
    Ethan hingegen ist nicht wasserlöslich, löst sich aber gut in organischen Lösemitteln.
    Wasser ist mit Fett nicht mischbar.
    Ermittle die Ursache für das unterschiedliche Lösungsverhalten von Ethanol, Ethan und Wasser! Nutze geeignete Nachschlagewerke bzw. das Internet!

11. Erkläre folgende Beobachtung!

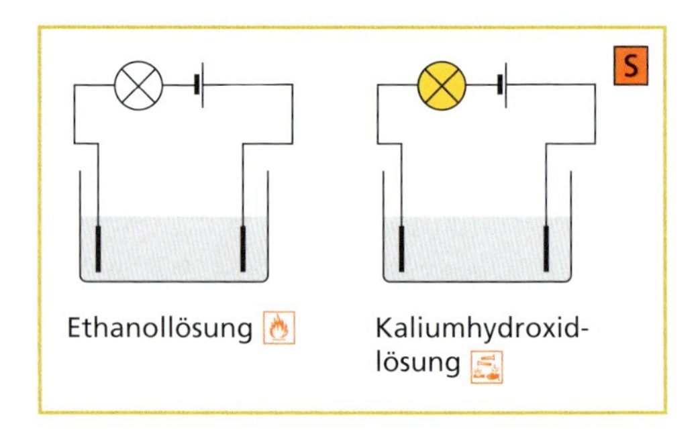

12. Um Unfälle zu vermeiden, sollen Weinkeller während der Gärphase erst nach ausreichender Lüftung und niemals allein betreten werden. Falls es doch zu einem Unfall kommt, darf der Retter nur mit einem Atemschutzgerät zum Opfer vordringen. Begründe!

13. Erläutere, warum Ethanol als Droge bezeichnet wird!

14. Trage Informationen über die Bedeutung des Ethanols in der Geschichte und in der Gegenwart zusammen!

15. Beim Umgang mit Methanol müssen besondere Sicherheitsbestimmungen beachtet werden, denn der Stoff ist sehr giftig.

Er kann nicht nur über das Verdauungssystem aufgenommen werden. Dämpfe dieses Stoffes gelangen mit der Atmung in unseren Körper. Außerdem wird Methanol über die Haut aufgenommen.
Erkläre, warum diese Aufnahme möglich ist!

16. In den Spirituosenflaschen wird der Alkoholgehalt immer in Vol % angegeben und nicht in Masse %.
Versuche zu erklären, warum diese Angabe für die Hersteller günstiger ist! Bedenke, dass der Alkohol der teure Bestandteil ist! (Die Dichte von Ethanol liegt bei 15 °C bei 0,74 $g \cdot ml^{-1}$.)

17. Gib die Summenformeln für Alkane und Alkanole bis zu Stoffen mit 7 Kohlenstoffatomen an!
Leite eine allgemeine Summenformel für die Alkane und die Alkanole ab!

18. Bei den Alkanolen nimmt die Löslichkeit in Wasser mit steigender Kettenlänge ab!
Erkläre diese Erscheinung!

19. **S** Untersuche experimentell die Mischbarkeit von Ethanol und Hexanol mit Wasser und Benzin! Notiere deine Beobachtungen! Vergleiche die Struktur der beiden Stoffe und erkläre mithilfe der gewonnenen Erkenntnisse die Beobachtungen!

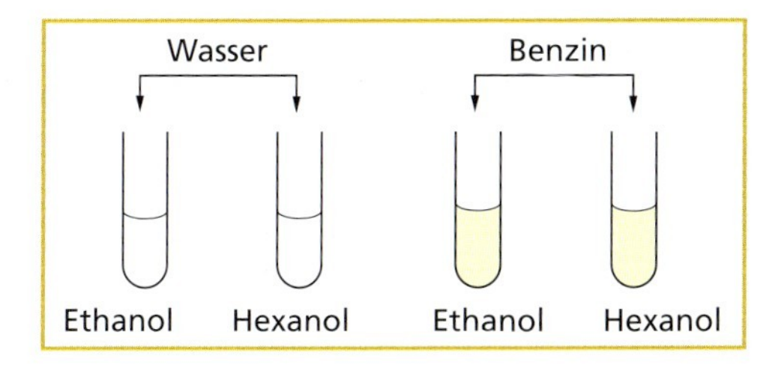

20. **L** Alkohole reagieren mit Natrium. Gleiche Mengen wasserfreies Methanol, Propanol und Butanol werden mit jeweils der gleichen Masse Natrium zur Reaktion gebracht und die Zeitdauer bis zur Beendigung der Reaktion gemessen (s. Skizze).
Interpretiere die Grafik!
Leite eine Schlussfolgerung aus den Versuchsergebnissen ab!

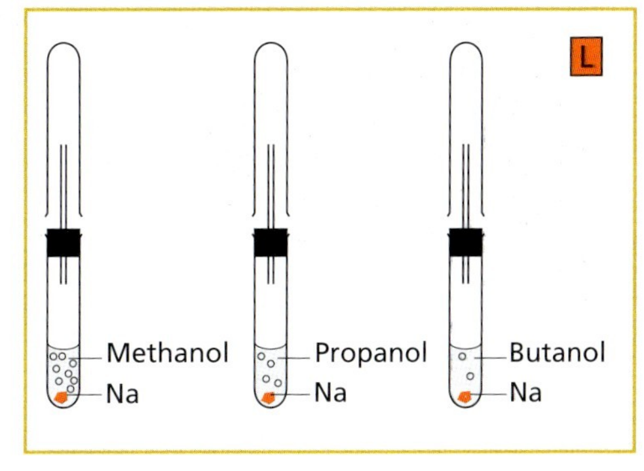

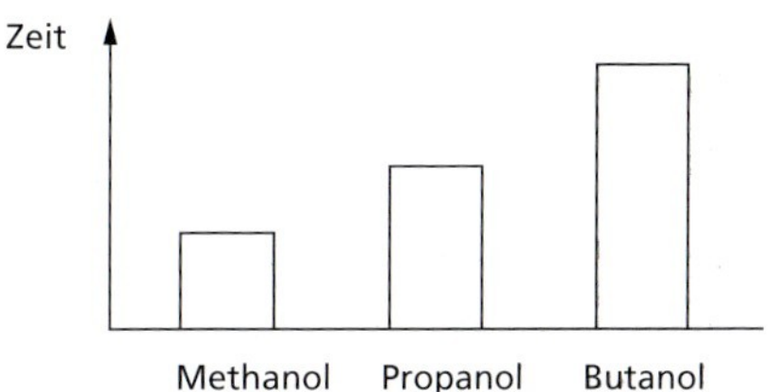

21. Fertige eine grafische Darstellung an, aus welcher der Zusammenhang zwischen den Siedetemperaturen der Alkane bzw. der Alkanole und der Anzahl der Kohlenstoffatome in ihrem Molekül deutlich wird!
Entnimm die notwendigen Werte entsprechenden Tabellen! Nutze die Verbindungen mit 1 bis 5 Kohlenstoffatomen!

22. **S** Mische in einer Vertiefung der Tüpfelplatte 10 Tropfen Ethanol mit 1 Tropfen Wasser, in der nächsten 10 Tropfen Ethanol mit 2 Tropfen Wasser, in der dritten 10 Tropfen Ethanol mit 3 Tropfen Wasser usw.!
Versuche, die Gemische zu entzünden! (Vorsicht, Schutzbrille!)
Ab welchem Mischungsverhältnis wird die Ethanol-Wasser-Mischung unbrennbar?

8.2 Essigsäure und andere organische Säuren

Aus Wein kann Essig werden?
In Supermärkten und Verkaufsstellen findet man verschiedene Würzmittel mit der Aufschrift „Weinessig“. Wein bildet wirklich das Ausgangsmaterial für Essig. Technisch wird Essig in entsprechenden Anlagen hergestellt.
Wodurch werden die Veränderungen bewirkt? Welche Beziehungen bestehen zwischen Wein und Essig?

Essig – Gewürz und Heilmittel
In den Regalen der Lebensmittelhandlungen entdeckt man eine große Vielfalt von Essigsorten. Jedem individuellen Geschmack wird damit Rechnung getragen.
Aber nicht nur die würzenden Eigenschaften der sauren Lösungen, auch die gesundheitsfördernden Aspekte der Substanzen interessieren die bewussten Verbraucher.
Welche unterschiedlichen Essigsorten gibt es eigentlich? Was ist das Besondere an den unterschiedlichen Sorten?

Säure zum Abwehren
Kommt man mit Ameisen in Berührung, beißen sie und geben in die Wunde ein Gift ab, das stechend riecht und ätzend wirkt. Diese Verteidigung ist äußerst wirksam.
Auch in den Brennhaaren der Brennnessel ist ein Bestandteil dieses Giftes enthalten.
Der Inhaltsstoff ist sehr wirksam und ruft auch auf unserer Haut Reaktionen hervor.
Um welchen Stoff handelt es sich?
Wie ist er aufgebaut?
Worauf beruht die ätzende Wirkung?

GRUNDLAGEN

Saurer Wein

Bei der Herstellung von Wein muss der Weinballon mit einem Gärröhrchen verschlossen werden, damit kein Luftzutritt möglich ist. Ansonsten passiert es leicht, dass der Wein sauer wird.
Dieser Vorgang kann aber auch erwünscht sein. Schon im Altertum ließ man Wein in nur teilweise gefüllten Ziegenschläuchen oder Tonkrügen so lange an warmer Luft stehen, bis der Inhalt sauer schmeckte. Spezielle Bakterien, die Essigsäurebakterien, vermehrten sich in den offenen Gefäßen und wandelten das Ethanol im Wein in den begehrten sauren Stoff um. Bei der sauer schmeckenden Verbindung handelte es sich um Essig, chemisch **Ethansäure (Essigsäure – CH_3COOH)**. Auch im Weinballon läuft unter **Sauerstoffeinfluss** dieselbe biochemische Reaktion ab. Sie dient zur Freisetzung der Energie, die die **Essigsäurebakterien** zum Leben benötigen. Es handelt sich um einen zweischrittigen Vorgang. Zuerst wird Ethanol zu Ethanal oxidiert und dann in einer zweiten Oxidation in Ethansäure umgewandelt. Der Prozess lässt sich durch eine zusammenfassende Reaktionsgleichung beschreiben:

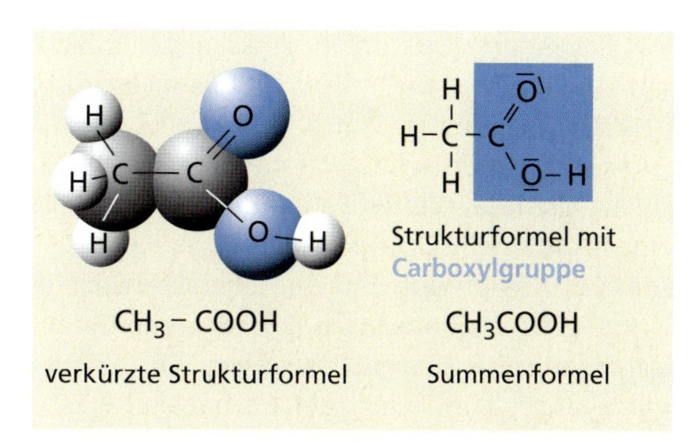

1 Modell und Formeln des Ethansäuremoleküls

$$CH_3CH_2OH + O_2 \longrightarrow CH_3COOH + H_2O$$

Die Ethansäure ist auch heute in jedem Haushalt zu finden. Sei es, dass sie als Würzmittel für Salate verwendet wird oder als Konservierungsmittel, z. B. für saure Heringe, eine Rolle spielt.
Ethansäure besteht aus Molekülen (Abb. 1). Es handelt sich um einen Sauerstoffabkömmling (Derivat) des Ethans. Aufgrund der **zwei** vorhandenen **Kohlenstoffatome** im Molekül und der **Einfachbindung** zwischen ihnen wird der Stoff als **Ethan**säure bezeichnet. Im Molekül fällt eine besondere Gruppe auf. Darauf weist auch die Bezeichnung **„-säure“** hin.

Vom Nutzen des Essigs

Essig ist schon seit 5000 v. Chr. bekannt. Die Lösung, häufig in einer Verdünnung von 5%, wurde wegen ihrer vielseitigen Verwendbarkeit geschätzt.
Essig war damals wie heute ein wichtiges **Konservierungsmittel** und **Gewürz**. In alten Schriften wird der Stoff als **Erfrischungsgetränk** auf Reisen, der Jagd, auf Eroberungszügen und bei der Arbeit erwähnt.
HIPPOKRATES beschrieb die Anwendung des Essigs als innerliches und äußerliches **Heilmittel.**
Über viele Jahrhunderte benutzte man die Säure als **Desinfektionsmittel**. So wurden zum Beispiel die Pestmasken während der todbringenden Epidemien in Essig getränkt.
Ende des 14. Jahrhunderts stand die Zunft des Essigsiedens in voller Blüte. In Essigstuben, welche sich an den Südseiten der Häuser befanden, wurde das kostbare Nass hergestellt. Die Wände dieser Stuben bestanden aus Gips, denn nur dieser Baustoff konnte den aggressiven Essigdämpfen standhalten.
Als Ausgangsstoff verwendeten die Essigsieder vorzugsweise Bier, Obst- und Traubenweine, die mit Fruchtsäften, Zucker, Honig oder Malz versetzt waren. Auch heute werden viele verschiedene Essigsorten produziert. Die Basis bilden oft Weißweine und Rotweine. Der gebildete Weinessig wird mit Auszügen versetzt, z. B. mit Kräuterauszügen, mit Auszügen aus Blüten oder aus Früchten (z. B. Hagebutten). Außerdem werden auch verschiedene Fruchtweine als Grundlage für die Essigherstellung eingesetzt.
Als spezieller Essig wird heute u. a. Apfelessig produziert. Er spielt für die gesunde Ernährung eine besondere Rolle. Apfelessig reguliert den Säurehaushalt des Körpers und wirkt verdauungsfördernd und entschlackend.

Das besondere strukturelle Merkmal der Ethansäuremoleküle wird als **Carboxylgruppe (– COOH)** bezeichnet (Abb. 1, S. 251).
Sie beeinflusst entscheidend die chemischen Eigenschaften des Stoffes. Es handelt sich also um eine **funktionelle Gruppe**.
Die Carboxylgruppe ist die charakteristische Gruppe der **Carbonsäuren.** Diese werden auch als **organische Säuren** bezeichnet. Die Ethansäure gehört demnach zu den Carbonsäuren.

Die Ethansäure ist eine Carbonsäure. Carbonsäuren sind organische Stoffe, die im Molekül mindestens eine Carboxylgruppe enthalten. Diese funktionelle Gruppe bestimmt die Eigenschaften der Stoffe.

Die Struktur bestimmt die Eigenschaften

Wasserfreie Ethansäure wird **Eisessig** genannt. Der Name rührt daher, dass die reine Essigsäure schon bei 16,6 °C zu eisähnlichen Kristallen erstarrt. Bei Normaltemperatur ist Ethansäure eine farblose, flüssige, stark Licht brechende Substanz, die den elektrischen Strom nicht leitet und Unitestindikator nicht rot färbt. Lässt man Eisessig mit Wasser reagieren, zeigen sich die typischen Reaktionen einer sauren Lösung. Die Ursache dafür ist natürlich die Carboxylgruppe.

$$CH_3{-}COOH \xrightarrow{H_2O} CH_3{-}COO^- + H^+$$
Acetat-Ion

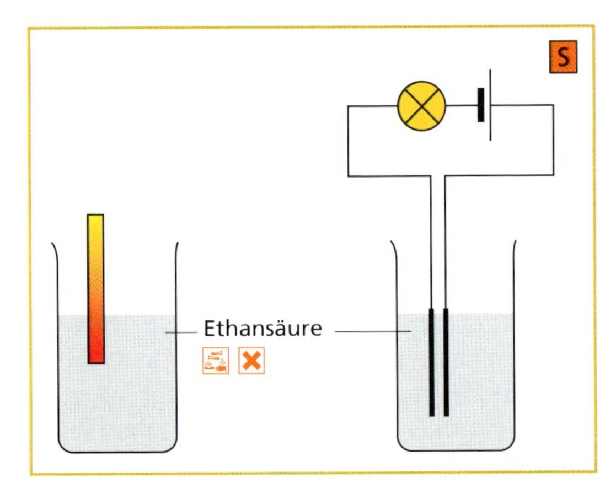

1 Säurenachweis und Leitfähigkeitsprüfung von Ethansäure

Das Vorhandensein frei beweglicher Wasserstoff-Ionen kann durch Farbumschlag eines entsprechenden Indikators nachgewiesen werden. **Die Lösung reagiert sauer.** Durch die entstandenen frei beweglichen Ionen ist die Ethansäurelösung **elektrisch leitfähig** (Abb. 1).
Typisch für Säuren sind Salzbildungsreaktionen (s. S. 174/175). Auch die Ethansäure bildet Salze (s. Tab.). Ihre Salze heißen **Acetate**.
Die Salze der Kohlensäure, die Carbonate, werden durch Säuren zersetzt. **Ethansäure zersetzt Carbonate**. Dies nutzt man aus, wenn man Essig einsetzt, um Kalk von Armaturen zu beseitigen.
Aufgrund der Carboxylgruppe sind für die Ethansäure, wie für andere organische Säuren auch, einige spezielle chemische Reaktionen typisch. Eine davon ist die **Esterbildung** (Kap. 8.3).

Salzbildungsreaktionen der Ethansäure

Reaktion	**Reaktionsgleichung für ein Beispiel**
Reaktion mit basischen Lösungen (Neutralisationsreaktion)	Ethansäurelösung + Natriumhydroxidlösung ⟶ Natriumacetatlösung + Wasser $CH_3COO^- + H^+ + Na^+ + OH^- \longrightarrow CH_3COO^- + Na^+ + H_2O$
Reaktion mit Metalloxiden	Ethansäurelösung + Magnesiumoxid ⟶ Magnesiumacetatlösung + Wasser $2CH_3COO^- + 2H^+ + MgO \longrightarrow 2CH_3COO^- + Mg^{2+} + H_2O$
Reaktion mit Metallen	Ethansäurelösung + Zink ⟶ Zinkacetatlösung + Wasserstoff $2CH_3COO^- + 2H^+ + Zn \longrightarrow 2CH_3COO^- + Zn^{2+} + H_2\uparrow$

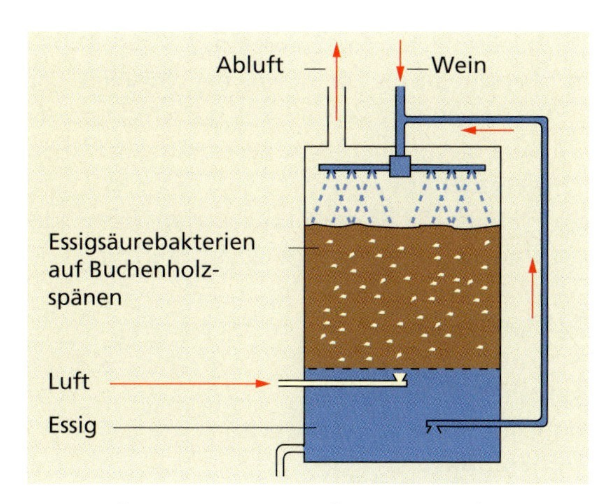

1 Herstellung von Essig in großen Bottichen (biotechnologischer Prozess)

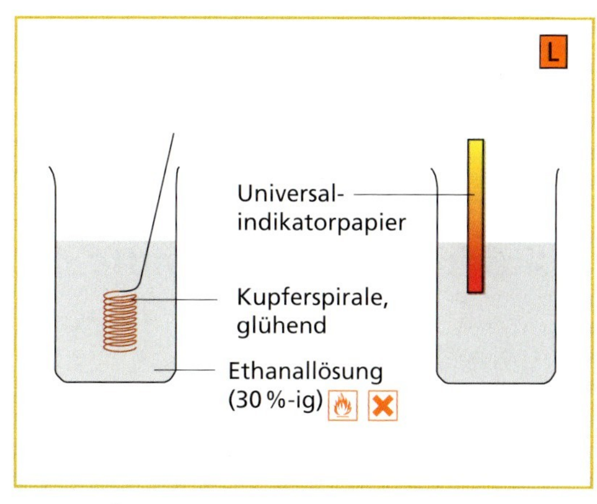

2 Herstellung von Essigsäure durch katalytische Oxidation

Herstellung von Essig

Die biotechnologische Herstellung von Essig erfolgt mithilfe verschiedener Verfahren unter Nutzung von Essigsäurebakterien. Bei einem dieser Verfahren wird ein Gemisch, das Ethanol enthält, in großen Bottichen über Buchenholzspänen verrieselt.

Die Belüftung wird von unten gewährleistet, sodass stets für ausreichend Sauerstoff gesorgt ist (Abb. 1).

Ethansäure wird jedoch nicht nur durch Gärung hergestellt, sondern auch auf technischem Wege.

Ausgangsstoffe für technisch produzierte Ethansäure sind Ethanol und Ethanal.

Die Oxidationsreaktion von Ethanol wird über Ethanal weitergeführt. Es entsteht Essigsäure.

Ethanol → Ethanal

$$2\,CH_3CH_2OH + O_2 \longrightarrow 2\,CH_3CHO + 2\,H_2O$$

Ethanal → Ethansäure

$$2\,CH_3CHO + O_2 \longrightarrow 2\,CH_3COOH$$

Diese Reaktionen lassen sich im Experiment auch mit Kupfer(II)-oxid durchführen (Abb. 2).

Echter Balsamico-Essig – Aroma durch traditionelle Herstellung

Der echte Balsamico-Essig (Aceto Balsamico Tradizionale) ist sehr teuer und gilt als „König unter den Essigen“. 100 ml kosten über 100 Euro. Der Preis resultiert aus dem sehr aufwändigen Herstellungsverfahren. Das ist über 1000 Jahre alt und die Einhaltung wird, ebenso wie die Qualität des Essigs, streng überprüft.

Balsamico-Essig wird nur aus dem Traubenmost der weißen Trebbianotraube oder aus dem Traubenmost der Lambruscotraube der emilianischen Ebene gefertigt. Der Most wird so lange eingekocht, bis er auf 30 bis 70 % eingedickt ist. Dadurch wird er süß und dick wie Sirup.

Dieses Ausgangsmaterial gärt nur in offenen Holzfässern einer bestimmten Sorte. In der Reifezeit wird er immer wieder in kleinere Fässer umgefüllt. Dabei ist die Holzsorte und die Reihenfolge der Holzfässer genau vorgeschrieben: nacheinander Eiche, Kastanie, Kirsch, Esche, Maulbeerbaum. Die Konzentration des Essigs steigt während der sehr langen Reifezeit von mindestens 12 Jahren an. Von 100 Kilo Trauben werden nur ungefähr 2,5 bis 5 Liter Essig gewonnen.

Dieser traditionelle Balsamico-Essig ist sirupartig und von starkem Aroma. Er zeichnet sich durch einen intensiven Duft aus und schmeckt würzig und fruchtig.

Echter Balsamico-Essig wird sparsam verwendet und nur tröpfchenweise über Blattsalate oder Carpaccio gegeben.

Essigsäure und Verwandte

S Experiment 1

Aufgabe:
Stelle Essig (verdünnte Ethansäure) aus Wein her!
Vorbereitung:
Geräte und Chemikalien: dickbauchige Flasche, sterilisierter Stofflappen, verdünnter Weißwein (60 ml Wein mit 60 ml Wasser gemischt)
Durchführung:
a) Fülle die Flasche zur Hälfte mit verdünntem Wein! Überprüfe den pH-Wert!
b) Stelle die offene Flasche fünf Tage auf die Fensterbank!
c) Schließe die Flasche dann mit dem Stofflappen und schüttle sie regelmäßig drei Wochen lang 1 bis 2-mal täglich!
Teste den pH-Wert nach Abschluss des Experimentes!
Beobachtung und Auswertung:
Vergleiche die pH-Werte der Lösungen! Erkläre die Veränderungen!

S Experiment 2

Aufgabe:
Finde experimentell heraus, wozu man Essig beim Ostereierfärben braucht!
Vorbereitung:
Geräte: Becherglas, Reagenzglas, Glasstab
Chemikalien: Speiseessig (25%ig), Ostereierfarben, destilliertes Wasser
Durchführung:
a) Versetze ein Stück Eierschale im Becherglas mit Essig und lasse es 10 min in der Lösung!
b) Löse Ostereierfarbe in destilliertem Wasser! Löse nun zum Vergleich in einem zweiten Becherglas die gleiche Menge Farbstoff und gib 5 bis 10 Tropfen Essig hinzu!

Beobachtungen und Auswertung:
a) Beschreibe die Oberfläche der Eierschale vor und nach dem Versuch a)! Erkläre, warum die veränderte Oberfläche besser für das Färben geeignet ist!
b) Notiere die Beobachtungen zum Versuch b) und formuliere eine mögliche Erklärung!

S Experiment 3

Aufgabe:
Untersuche das Gift der Ameisen!
Vorbereitung:
Geräte und Chemikalien: Universalindikator, destilliertes Wasser, Papiertaschentuch, Pinzette, Glas mit Verschluss
Durchführung:
Lege behutsam ein Papiertaschentuch auf einen Ameisenhügel! Entferne das Papiertaschentuch nach 10 min mit einer Pinzette und schüttle die Ameisen ab! (Naturschutz beachten!)
Führe eine Geruchsprobe durch! Gib das Taschentuch in das Gefäß und versetze es mit etwas Wasser! Verschließe das Gefäß und schüttle es! Gib zu der Lösung einige Tropfen Indikator!
Beobachtungen und Auswertung
Notiere deine Beobachtungen! Was kannst du über die Stoffklasse des Giftes ableiten?

S Experiment 4

Aufgabe:
Prüfe eine Honiglösung, Orangensaft, Sauerkrautsaft, Limonade, Jogurt oder Buttermilch und die Lösung einer Vitamin-Brause-Tablette mit verschiedenen Indikatoren!
Vorbereitung:
Geräte, Chemikalien und Lebensmittel: Reagenzgläser, Trichter, verschiedene Lebensmittel und Getränke, Indikatoren
Durchführung:
Gib von den Substanzen jeweils 3 ml in die Reagenzgläser! Versetze die Proben mit den unterschiedlichen Indikatoren!
Beobachtungen und Auswertung:
Stelle die Beobachtungen in einer Tabelle zusammen und werte aus!

Ethansäure und andere Alkansäuren

1 Brennnesselhaare enthalten Ameisensäure.

2 Zecken (unten: ♀, oben: ♂).

Ethansäure (Essigsäure) ist eigentlich jedem bekannt, jedoch mit Sicherheit auch andere, ganz ähnlich gebaute Stoffe.
Mit der **Methansäure (Ameisensäure – HCOOH)** hatte sicher jeder schon Kontakt. Ameisen verspritzen den Stoff bei Gefahr, Brennnesselblätter (Abb. 1) setzen die Säure bei Berührung ihrer feinen Haare frei. Bienen, Skorpione und Quallen enthalten Methansäure in den der Verteidigung dienenden Körpersäften.
Die reine Säure ist eine farblose, äußerst stechend riechende Flüssigkeit. Sie ätzt und weist eine stark keimtötende Wirkung auf Bakterien, Hefen und Schimmelpilze auf. Die Säure wird daher u. a. als Konservierungsmittel (E 236) für Rohsäfte und Sauergemüse eingesetzt. Außerdem wird sie zum Färben von Textilien benötigt.
Auch die **Propansäure (Propionsäure – C_2H_5COOH)** wird häufig als Konservierungsstoff genutzt und muss ebenfalls als Nahrungsmittelzusatz gekennzeichnet werden (E 280).
Bei der **Butansäure (Buttersäure – C_3H_7COOH)** handelt es sich um eine im Umgang äußerst unangenehme Substanz, die durch ihren widerlichen Geruch auffällt. Butansäure entsteht, wenn Fette (z. B. Butter) ranzig werden, aber auch bei der bakteriellen Zersetzung von Schweiß und Hautzellen. Zecken nutzen den Geruch zur Orientierung (Abb. 2). Auch Hunde nehmen den Geruch in sehr geringen Konzentrationen wahr.

Octadecansäure (Stearinsäure – $C_{17}H_{35}COOH$) ist eine langkettige, feste Alkansäure und wird zur Herstellung kosmetischer Präparate und zur Produktion von Kerzen verwendet. Außerdem ist sie als Fettsäure wesentlicher Ausgangsstoff vieler Fette und Öle.
Die aufgeführten Stoffe sind durch ähnliche Strukturen gekennzeichnet. Alle diese Substanzen besitzen **eine** Carboxylgruppe im Molekül. Deshalb sind sie den **Monocarbonsäuren** und da sie sich von Alkanen ableiten, den **Alkansäuren** zuzuordnen.
Aufeinanderfolgende Alkansäuren unterscheiden sich durch eine Differenz von $-CH_2-$. Ihre chemischen Eigenschaften ähneln sich aufgrund ihrer ähnlichen Struktur. Bei zunehmender Molekülmasse ändern sich die physikalischen Eigenschaften. Die Schmelz- und Siedetemperaturen nehmen zu. Bis zur Butansäure sind die Alkansäuren gut in Wasser löslich. Nimmt die Anzahl der Kohlenstoffatome in der Kette zu, sinkt ihre Wasserlöslichkeit.
Aufgrund ihrer ähnlichen chemischen Eigenschaften, die durch ähnliche Strukturmerkmale bedingt sind, und aufgrund ihrer abgestuften physikalischen Eigenschaften, die aus unterschiedlichen Kettenlängen resultieren, bilden Alkansäuren eine homologe Reihe (s. S. 230).

Alkansäuren sind Carbonsäuren, die sich von den Alkanen herleiten und eine Carboxylgruppe im Molekül besitzen.

ANWENDUNGEN

Essig – das natürliche Reinigungsmittel

Sieht man sich die Inhaltsstoffe verschiedener Badreiniger an, bemerkt man, dass viele von ihnen Säuren enthalten. Deshalb wird auch auf der Packungsaufschrift besondere Vorsicht im Umgang mit diesen Reinigungsmitteln angeraten.
Ist es auch möglich, Speiseessig zur Reinigung der Badarmaturen von Kalkbelägen anzuwenden?

Speiseessig enthält Ethansäure, die in Wasser gelöst ist. Die Konzentration ist relativ hoch.
Da auch die Alkansäuren, zu denen die Ethansäure gehört, typische Eigenschaften der Säuren zeigen, reagiert Ethansäure mit den Kalkrückständen.
Bei diesen Kalkrückständen handelt es sich hauptsächlich um Carbonate (z.B. Calciumcarbonat). Durch die Reaktion der Ethansäure mit dem Kalk werden die Carbonate zersetzt. Es bilden sich Salze der Ethansäure. Daneben werden kleine Bläschen von Kohlenstoffdioxid sichtbar.

$$2CH_3COOH + CaCO_3 \longrightarrow (CH_3COO)_2Ca + H_2O + CO_2$$

Calciumacetat

Die entstehenden Salze sind wasserlöslich und können leicht entfernt werden. (Sie müssten also eigentlich in dissoziierter Form dargestellt werden.) Bedingt durch diese Reaktion, kann man Essig als Reinigungsmittel einsetzen. Hinzu kommt, dass durch die ätzende Wirkung des Essigs der Gegenstand auch gleichzeitig desinfiziert wird.

Sauerkraut – Essigsäure oder was?

Sauerkraut gibt es in jedem Gemüseladen oder Lebensmittelmarkt zu kaufen.
Man kann es aber auch selbst herstellen. Dazu wird ein Weißkohlkopf gut gewaschen und geputzt, in feine Streifen geschnitten und diese in einem Steinguttopf geschichtet. Jede Schicht muss dabei so fest gestampft werden, bis der Zellsaft austritt. Das Kraut wird mit Salz, Haushaltszucker und einigen Wachholderbeeren gewürzt (pro 1 kg Kohl 13 g Salz, 4 g Zucker). Zum Schluss deckt man den Topf mit einem ausgekochten Geschirrtuch zu und beschwert das Ganze mit einem sterilen Stein oder Brett.
Man lässt das Gefäß 4–5 Tage bei etwa 20 °C ruhen, dann das Sauerkraut noch weitere zwei Wochen bei ca. 15 °C reifen.
Beschreibe, was im Sauerkrauttopf geschieht!

Die Weißkohlstreifen verändern sich. Das wird am sauren Geschmack des Produkts erkennbar. Irrtümlich wird häufig angenommen, dass eine Essigsäuregärung abläuft. Aber Sauerkraut schmeckt doch etwas milder als ein Essigdressing.
Im Topf finden allerdings wirklich Gärprozesse statt. Ausgelöst werden sie durch spezielle Mikroorganismen, durch Milchsäurebakterien.
In den Zellen der Kohlblätter ist eine bestimmte Menge an Zucker enthalten. Die überall vorhandenen Milchsäurebakterien wandeln den Zucker in Milchsäure um.

$$C_6H_{12}O_6 \longrightarrow 2\ CH_3CHOHCOOH$$

Dieser biochemische Prozess dient der Freisetzung von Energie, die die Organismen für alle Lebensvorgänge benötigen.
Die Energiefreisetzung ist geringer als bei der Atmung, weil das Reaktionsprodukt, die Milchsäure, noch recht energiereich ist.
Der saure Geschmack des Lebensmittels rührt also von der gebildeten Milchsäure her.
Durch die Nutzung der Milchsäuregärung kann nicht nur Sauerkraut hergestellt werden, sondern auch Quark, Jogurt und Sauermilch.

AUFGABEN

1. Formuliere die Reaktionsgleichung für die Herstellung von Ethansäure aus Ethanol!

2. Soll durch alkoholische Gärung Wein hergestellt werden, muss der Prozess unter Luftabschluss verlaufen.
   Begründe die Notwendigkeit!

3. Beschreibe den Bau der funktionellen Gruppe der Carbonsäuren!

4. Die Carboxylgruppe als funktionelle Gruppe der Alkansäuren bestimmt deren chemisches Verhalten.
   Gib für drei mögliche chemische Reaktionen der Ethansäure die Wort- und Reaktionsgleichungen an! Wähle den jeweiligen Reaktionspartner selbst! Benenne, soweit möglich, die Reaktionsprodukte!

5. Beim Essigsieden wurde für die Wände der Räume als Baustoff Gips ($CaSO_4$) verwendet. Was wäre passiert, wenn man kalkhaltige Baumaterialien verwendet hätte?

6. Marmor ist ein beliebter Baustoff. Man sollte jedoch Fensterbretter aus Marmor oder die teuren Marmorfliesen im Bad nicht mit essighaltigen oder anderen säurehaltigen Reinigungsmitteln säubern. Erkläre!

7. Eisessig wird auf Stromleitfähigkeit und auf das Vorhandensein einer sauren Reaktion geprüft.
   Gib an, welche Beobachtungsergebnisse zu erwarten sind, und begründe deine Antwort!

8. Aluminiumacetat ist ein Bestandteil der in Apotheken erhältlichen „essigsauren Tonerde".
   a) Informiere dich darüber, welche Erkrankungen mit essigsaurer Tonerde gelindert werden können!
   b) Stelle eine mögliche Gleichung zur Herstellung von Aluminiumacetat auf!

9. S Beweise experimentell, dass Methansäure und Ethansäure (beide 10%ig. ☒) gut als Konservierungsmittel geeignet sind! Stelle in einer Tabelle Lebensmittel zusammen, die die entsprechenden Säuren enthalten!

10. Angefeuchtetes Unitestpapier wird auf einen Ameisenhaufen gelegt. Welche Beobachtung erwartest du? Begründe!

11. Will man das Platzen von Eiern verhindern, gibt man einen Teelöffel Essig ins Kochwasser. Erkläre!

12. Oft weist das Wasser eine große Wasserhärte auf. Töpfe, Wasserkessel, Waschmaschinen und Kaffeemaschinen bekommen schnell graue Beläge aus Kesselstein.
    a) Was ist Kesselstein? Erkläre!
    b) Behandelt man die Beläge mit verdünnter Essigsäure, verschwinden sie. Gib die chemische Gleichung für die ablaufende Reaktion an!

13. Hausfrauen geben gern etwas Essig ins Fensterputzwasser. Erkläre, was der Trick bewirken soll!

14. Frisches Gemüse hält sich länger, wenn man es in mit Essig getränkte Tücher einschlägt. Erkläre, worin die Wirkung besteht!

15. Informiere dich anhand der Verpackungsangaben, welche Konservierungsstoffe Cola und Ketschup enthalten!

8.3 Ester

Düfte und Aromen von Früchten

Gehen wir im Frühjahr und im Sommer in die Natur hinaus, fallen besonders viele blühende Pflanzen auf.

Zur Erntezeit kommt es weniger auf das Aussehen als auf den Geschmack der Früchte an. Verantwortlich für den typischen Geschmack der verschiedenen Obstsorten sind natürliche Aromastoffe. Viele Aromastoffe aber auch Duftstoffe gehören zur Gruppe der Ester.

Um was für Stoffe handelt es sich bei den Estern?

Aromen in Lebensmitteln

Aromastoffe gibt es nicht nur in natürlichen Lebensmitteln wie Obst und Gemüse. Man ist heute in der Lage, solche Stoffe auch künstlich herzustellen. Gleichen diese Aromen natürlichen Vorbildern, bezeichnet man sie als naturidentische Aromastoffe. Es gibt aber auch Aromastoffe, die keine natürliche Entsprechung haben.

Wie sind diese Stoffe, die Ester, aufgebaut? Durch welche Reaktion entstehen sie?

Geschmackvolle Naschereien

Die Vielfalt möglicher Aromastoffe wird klar, wenn man vor der Auslage eines Süßwarengeschäftes steht und die verschiedenen Bonbons betrachtet. Um einen möglichst natürlichen und aromatischen Geschmack zu erzeugen, muss meist eine große Anzahl verschiedener Aromastoffe eingesetzt werden.

Mit welchen chemischen Methoden lassen sich Aromastoffe synthetisch herstellen?

1 Das Gefieder wird mit Fett vor Nässe geschützt.

3 Bienenwachs dient den Bienen als Baumaterial.

GRUNDLAGEN

Ester auf Schritt und Tritt

Wir sind uns zwar dessen nicht bewusst, aber Ester begegnen uns im täglichen Leben ständig. Ihre Palette ist sehr vielfältig. Viele Duft- und Aromastoffe gehören in diese Gruppe. Einige von ihnen werden schon künstlich hergestellt und Nahrungsmitteln zugesetzt.
Viele Nahrungsmittel enthalten die unterschiedlichsten Fette. Auch diese Stoffe gehören zu den Estern. Durch ihren Bau ist die Palette der Fette sehr umfangreich.
Im Nagellackentferner sind Ester enthalten. Sie dienen als Lösungsmittel für Fette.
Polituren bestehen u.a. aus Wachsen. Viele Wachse sind ebenfalls den Estern zuzuordnen. Auch das Baumaterial der gleichmäßig gebauten Bienenwaben gehört zu dieser Stoffgruppe (Abb. 3).
Arzneimittel wie das bekannte Aspirin sind esterartige Stoffe (Abb. 2).
Einige Waschmittel sind ebenfalls Ester. Spezielle Ester werden Plasten zugesetzt und dienen als Weichmacher.
Zur Herstellung von Fasern sind die Polyester von Bedeutung (poly = viel).
Nicht zuletzt handelt es sich auch bei dem Sprengstoff Nitroglycerin und bei einigen Insektiziden um Ester.
So unterschiedliche Stoffe, so viele Einsatzmöglichkeiten, trotzdem gehören all diese Verbindungen zu einer Stoffgruppe. Das Gemeinsame an ihnen ist, dass sie aus einer Reaktion von Säuren mit Alkoholen hervorgegangen sind. Da sich daraus vielfältige Kombinationsmöglichkeiten ergeben, wird die breite Palette erklärlich.

M **Ester entstehen bei der Reaktion von Säuren mit Alkoholen.**

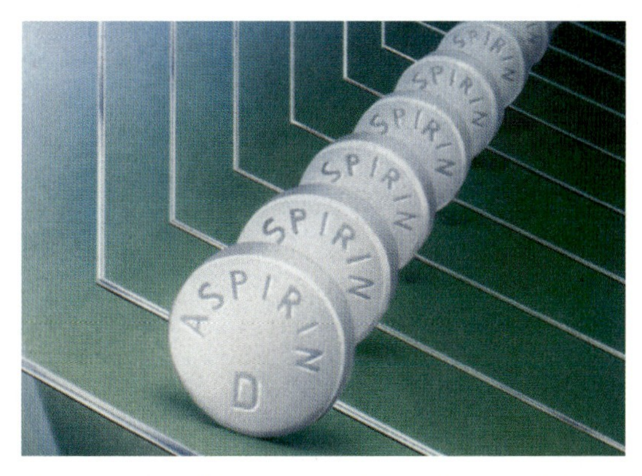

2 Aspirin ist ein häufig verwendetes Schmerzmittel.

4 Einige Klebstoffe enthalten Ester als Lösemittel.

Bildung von Estern

Carbonsäureester (s. Tab.) bilden eine Gruppe von Estern, die entstehen, wenn Carbonsäuren mit Alkoholen reagieren. Wie alle anderen Ester auch sind diese Stoffe durch eine besondere Gruppe gekennzeichnet, durch die **Esterbindung.**

$$\cdot C(=\overline{O}|)-\overline{\underline{O}}\cdot$$

Da es sich bei den Estern nicht um salzartige Stoffe handelt, muss ein anderer Reaktionsmechanismus vorliegen. Die entscheidende strukturelle Voraussetzung für diese Reaktion bilden die **Carboxylgruppe,** z. B. der Alkansäuren, und die **Hydroxylgruppe** der Alkohole.
Bei dem chemischen Prozess werden aus den funktionellen Gruppen der Alkansäuren und der Alkohole Atome und Atomgruppen abgespalten und lagern sich zu Wassermolekülen zusammen. Dabei wird die **Esterbindung** ausgebildet (Abb. 1). Die chemische Reaktion, die zur Bildung von Estern führt, nennt man **Veresterung**. Die verallgemeinerte Wortgleichung lautet:

M **Carbonsäure + Alkohol ⇄ Carbonsäureester + Wasser**

Beispiele für Ester

Name	verkürzte Strukturformel	Verwendung
Essigsäureethylester	$CH_3-C(=\overline{O}|)-\overline{\underline{O}}-CH_2-CH_3$	Lösemittel
Buttersäuremethylester	$CH_3-(CH_2)_2-C(=\overline{O}|)-\overline{\underline{O}}-CH_3$	Ananasaroma
Palmitinsäuremyricylester	$CH_3-(CH_2)_{14}-C(=\overline{O}|)-\overline{\underline{O}}-(CH_2)_{29}-CH_3$	Wachs

Die **Veresterung** ist eine besondere Form der Substitution, da zwischen den Molekülen der Ausgangsstoffe Atome bzw. Atomgruppen ausgetauscht werden.
Der Name der sich bildenden Ester wird aus dem Namen der Säure, gefolgt vom Alkylrest des Alkohols und der Bezeichnung **-ester** gebildet.
Die Ester der kurzkettigen Alkansäuren und Alkohole sind leicht flüchtig und haben oft einen deutlichen Geruch, der angenehm fruchtig und aromatisch ist. In diese Gruppe gehören viele der erwähnten Duft- und Aromastoffe (s. Tab. S. 261).

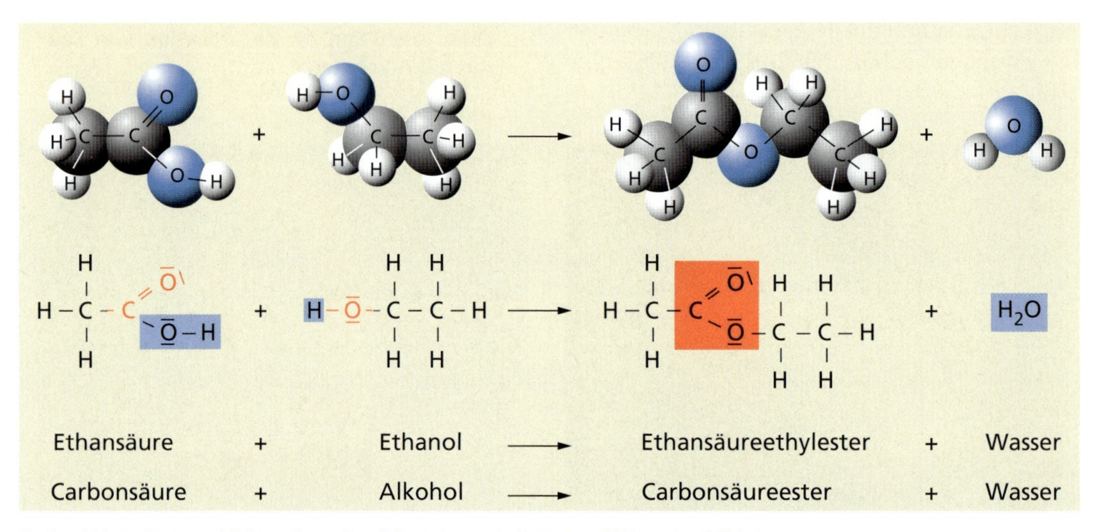

1 Aus Ethansäure und Ethanol werden Ethansäureethylester und Wasser gebildet.

Aromen

Aroma (lat. Wohlgeruch) bedeutet so viel wie das Wahrnehmen eines Gesamteindrucks einer Probe, die flüchtige Substanzen abgibt. Genau genommen müsste man von Aroma (Sinneseindruck) und Aromastoffen (Substanzen) sprechen. Das Aroma wird dabei als ein Eindruck verstanden, der über die Geruchswahrnehmung hinausgeht, kurz aus Geruch und Geschmack entsteht (Abb. 1).
Zu den Substanzen, die ganz maßgeblich Träger der Aromen sind, gehören die so genannten ätherischen Öle (z. B. Bittermandelöl), die eine Vielzahl von Stoffen, neben Aldehyden, Ketonen, Alkoholen auch viele Ester enthalten.
Unterschieden wird zwischen **natürlichen** Aromastoffen, die aus Naturprodukten gewonnen werden, und **naturidentischen** Aromastoffen, die im Allgemeinen durch chemische Verfahren hergestellt werden und den natürlichen Substanzen gleichen. **Künstliche** Aromastoffe werden synthetisch hergestellt und kommen als Geruchs- oder Geschmacksstoffe in der Natur nicht vor.
Schon mit schulüblichen Mitteln lassen sich Aromakompositionen aus unterschiedlichen Estern herstellen (s. S. 263).

1 Vielfach werden Aromen erst beim Kauen in Wechselwirkung mit dem Organismus wahrnehmbar.

Ethansäureethylester ist ebenfalls aus kurzkettigen Verbindungen entstanden. Dieser Ester kommt als Lösemittel zum Einsatz und riecht kleberartig.
Bedeutung in der Natur haben die Ester langkettiger Carbonsäuren und langkettiger Alkohole, die als Wachse bezeichnet werden und den Verdunstungsschutz auf Pflanzenblättern, -nadeln und Früchten bilden. Der Hauptbestandteil des Bienenwachses ist der Ester eines längerkettigen Alkohols mit der Hexadecansäure (Palmitinsäure).
Besondere biologische Bedeutung besitzen die Ester der längerkettigen Alkansäuren, die mit dem Alkohol Glycerol (Propan-1,2,3-triol), der drei Hydroxylgruppen besitzt, verbunden sind. Wir kennen diese Ester als **Fette**.
Einige natürlich vorkommende Ester sind wichtige Ausgangsstoffe für die chemische Industrie. Will man die Carbonsäure und den Alkohol aus dem Ester gewinnen, muss zur Spaltung der Estermoleküle Wasser zugesetzt werden. Die Esterspaltung ist die Umkehrung der Esterbildung. Es handelt sich dabei um eine **Hydrolyse**.

$$\text{Ester} + \text{Wasser} \xrightarrow{\text{Katalysator}} \text{Säure} + \text{Alkohol}$$

Einige Fruchtester

Ester	Geruch
Ethansäure-2-butylester	Banane
Ethansäure-2-methyl-1-propylester	Banane
Ethansäurepentylester	Birne
Ethansäure-2-hexylester	Erdbeere
Ethansäure-3-methyl-1-butylester	Birne, Apfel
Propionsäurebutylester	Rum
Propionsäure-2-methyl-1-propylester	Rum
Butansäuremethylester	Ananas, Apfel
Butansäureethylester	Pfirsich, Ananas
Butansäure-3-methyl-1-butylester	Birne, Aprikose
Benzoesäureethylester	Pfefferminz
Salicylsäuremethylester	Kaugummi

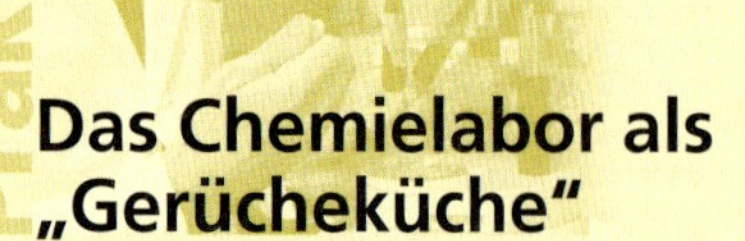

Das Chemielabor als „Gerücheküche"

S Experiment 1

Aufgabe:
Stelle ein Fruchtaroma her!
Vorbereitung:
Geräte: Reagenzgläser, Siedesteinchen, Bunsenbrenner, Becherglas, Reagenzglashalter, Pipette, Schutzbrille
Chemikalien: Hexanol, Ethansäure, konzentrierte Schwefelsäure, verdünnte Natronlauge
Durchführung:
Gib in ein Reagenzglas Siedesteinchen und je 3 ml Hexanol und Ethansäure! Tropfe sehr vorsichtig fünf Tropfen konzentrierte Schwefelsäure hinzu und schüttle die Mischung!
Erwärme die Lösung in der leuchtenden Flamme des Bunsenbrenners, sodass sie etwa eine Minute lang siedet! Nimm das Reagenzglas aus der Flamme, verschließe es mit einem Stopfen. Gieße die Lösung nach ein paar Minuten in verdünnte Natronlauge!
Beobachtung und Auswertung:
1. Beobachte die Oberfläche der Flüssigkeit, prüfe den Geruch und notiere deine Beobachtungen!
2. Vergleiche die Eigenschaften des neuen Stoffes mit den Eigenschaften der Ausgangsstoffe! Was kannst du schlussfolgern?

L Experiment 2

Aufgabe:
Führe bei der Herstellung eines Lösemittels Protokoll!
Vorbereitung:
Geräte: Rückflussapparatur, Wärmequelle, Pipette, Schutzbrille, Standzylinder
Chemikalien: Ethanol, Ethansäure, konzentrierte Schwefelsäure, Wasser
Durchführung:
In einer Rückflussapparatur werden 20 ml Essigsäure und 20 ml Ethanol mit 3 ml konzentrierter Schwefelsäure für zehn Minuten erhitzt. Dann wird das Reaktionsgemisch in einen Standzylinder mit 40 ml Wasser gegossen.

Beobachtung und Auswertung:
Schildere deine Beobachtungen und prüfe den Geruch! Erkläre Sinn und Funktion einer Rückflussapparatur!

S Experiment 3

Aufgabe:
Überprüfe die Eigenschaften des Lösemittels!
Vorbereitung:
Geräte: Reagenzgläser, Reagenzglasständer, Pipetten
Chemikalien: Benzin, Lösemittel aus Experiment 2, Pflanzenfett, Pflanzenöl, Wachs
Durchführung:
Gib in je ein Reagenzglas wenig Benzin, Pflanzenfett, Pflanzenöl bzw. Wachs! Füge von dem im Experiment 2 hergestellten Lösemittel einige Tropfen hinzu und schüttle die Mischung vorsichtig!
Beobachtung und Auswertung:
Notiere die Beobachtungen und leite eine Aussage über die Struktur des Lösemittels ab!

ANWENDUNGEN

S Aroma pur

Viele Früchte enthalten natürliche Aromastoffe. Einige lassen sich mit relativ einfachen Mitteln künstlich herstellen. Es handelt sich dann um naturidentische Aromastoffe.
Stelle ein Gemisch aus Aromastoffen her, das nach Bananen, Birnen und Pfirsichen duftet!

Die nötigen Aromastoffe gehören alle zu den Fruchtestern. Beispielsweise riecht Ethansäure-2-butylester nach Bananen, Ethansäurepentylester nach Birnen und Butansäureethylester nach Pfirsichen.
Aus den Namen der Ester erkennt man die Ausgangsstoffe für die Veresterung. Daraus ergeben sich die Chemikalien, die bereitgestellt werden müssen.
Über die jeweiligen Sicherheitsvorschriften muss man sich vor Beginn des Experiments informieren.

Vorbereitung:
Geräte: Reagenzgläser, Reagenzglashalter, Brenner, Bechergläser, Pipetten, Schutzbrille
Chemikalien: Ethansäure, Butansäure, Ethanol, Butan-2-ol, Pentan-1-ol, konzentrierte Schwefelsäure, verdünnte Natronlauge

Durchführung:
In je ein Reagenzglas wird etwa ein Finger breit des jeweiligen Alkanols und der ausgewählten Carbonsäure gegeben.
Zu den Mischungen fügt man Siedesteinchen hinzu. Dann setzt man sehr vorsichtig fünf Tropfen konzentrierter Schwefelsäure zu und schüttelt die Lösungen.
Das erste Gemisch wird an der leuchtenden Flamme des Bunsenbrenners erwärmt, sodass die Lösung gleichmäßig siedet. Nach etwa einer Minute verschließt man das Reagenzglas mit einem Stopfen, lässt es ein paar Minuten stehen und wiederholt den Vorgang mit anderen Gemischen aus Carbonsäure und Alkanol.
Abschließend werden alle drei Reagenzgläser in je ein Becherglas mit stark verdünnter Natronlauge entleert.

Beobachtung und Auswertung:
Beim Prüfen des Geruches müsste sich ein Duftpotpourri feststellen lassen.
Die verdünnte Natronlauge dient dazu, nicht umgesetzte Carbonsäure zu neutralisieren. Das entsprechende Salz liegt in gelöster Form vor. Auch die nicht umgesetzten Alkanole werden in Wasser gelöst. So kann man den Geruch des Esters deutlicher wahrnehmen.

Zeigt ein Carbonsäureester Farbe?

Wasserlösliche Carbonsäuren, z. B. Ethansäure, kann man mithilfe des Indikators Unitest (oder mit anderen Indikatoren) identifizieren. Bei Anwesenheit von Ethansäure färbt sich dieser Indikator rot.
Prüft man Ethansäureethylester mit Unitest, ergibt sich keine Rotfärbung. Erst wenn zum Ethansäureethylester Wasser hinzugegeben wird, zeigt der Indikator die Rotfärbung.
Erkläre die beobachteten Erscheinungen!

Die Ursache für die Rotfärbung des Universalindikators ist die Anwesenheit von freien Wasserstoff-Ionen.
Im Ethansäureethylester liegen keine Ionen vor,

$$CH_3-C\overset{\displaystyle /\!\!/ \overline{O}|}{\underset{\displaystyle \searrow \underline{\overline{O}}-CH_2-CH_3}{}}$$

Durch Zugabe von Wasser wird der Ester gespalten.

$$CH_3COOC_2H_5 + H_2O \longrightarrow CH_3COOH + C_2H_5OH$$

In wässriger Ethansäurelösung liegen Ionen vor.

$$CH_3COOH \xrightarrow{H_2O} CH_3COO^- + H^+$$

Die Wasserstoff-Ionen verursachen die Rotfärbung des Indikators.

AUFGABEN

1. Die folgende Übersicht zeigt die große Vielfalt der Ester.
   Erkläre, wie diese vielen unterschiedlichen Eigenschaften und Verwendungsmöglichkeiten zustande kommen!

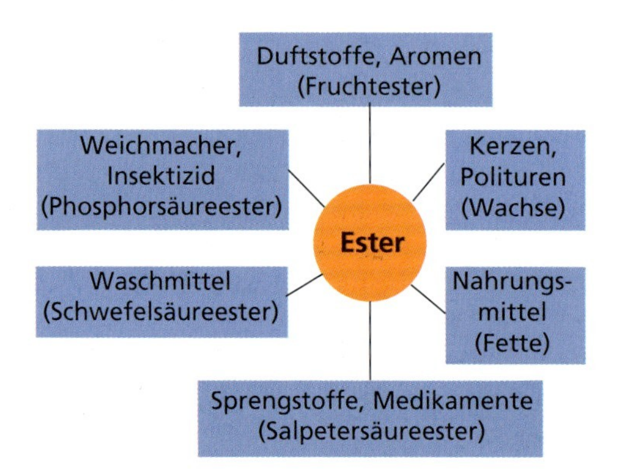

2. Erläutere die Veresterung an einem selbst gewählten Beispiel!

3. Übertrage die Tabelle in dein Heft und fülle die Lücken aus!

Name der Carbonsäure	Name des Alkanols	Name des Esters
Ethansäure	Propanol	Ethansäure-propylester
Methansäure		-ethyl-
	Methanol	Propan-
		Butansäure-propyl-
Pentansäure		-methyl-

4. In einer Chemiestunde stöhnen die Schüler über den Geruch der Buttersäure, die der Lehrer in einem Erlenmeyerkolben mit zwei weiteren Flüssigkeiten zusammenbringt.
   Einige Zeit später riecht es vom Lehrertisch her deutlich nach Ananas.
   Erkläre diese Beobachtungen! Stelle eine Wortgleichung auf!

5. In einer Chemiearbeit eines Schülers findet sich der Satz: „Der Ester ist das Ergebnis aus der Reaktion funktioneller Gruppen." Erläutere diesen Satz!

6. Wie bei der Neutralisation bildet sich auch bei der Veresterung Wasser.
   Sind Neutralisation und Veresterung gleichartige chemische Reaktionen? Begründe deine Antwort!

7. Bei einer Veresterung als einer Kondensationsreaktion entsteht als Nebenprodukt Wasser. Beschreibe, wie es zur Bildung des Wassers kommt!

8. Benenne folgende Ester!

   a) $CH_3 - CH_2 - COO - CH_2 - CH_3$

   b) $CH_3 - (CH_2)_5 - C(=\overline{O}) - \underline{\overline{O}} - (CH_2)_4 - CH_3$

   c) $HCOOCH_3$

9. Das Kaugummiaroma, ein Ester, hat die Formel (1). Ein Ausgangsstoff ist Salicylsäure (2).

   (1) $C_6H_4(-\overline{O}-H)(-C(=\overline{O})-\underline{\overline{O}}-CH_3)$

   (2) $C_6H_4(-\overline{O}-H)(-C(=\overline{O})-\underline{\overline{O}}-H)$

   Wie heißt der zweite Ausgangsstoff und wie lautet seine Formel?

10. Nenne einige Beispiele für Ester, die im täglichen Leben eine Rolle spielen!

11. Informiere dich im Internet über Ester der Salpetersäure und der Phosphorsäure! Diskutiert in der Gruppe ihren Einsatz!

12. Was versteht man unter natürlichen, naturidentischen und künstlichen Aromastoffen?

Das Wichtigste im Überblick

Zu den organischen Stoffen mit funktionellen Gruppen in den Molekülen gehören die Alkanole und die Alkansäuren. Dabei handelt es sich um Abkömmlinge (Derivate) der Alkane.
Die verschiedenen Gruppeneigenschaften werden jeweils durch die funktionelle Gruppe im Molekül in Abhängigkeit von der Molekülgröße bestimmt.

Stoffgruppe	funktionelle Gruppe	Beispiel	typische Reaktionen
Alkanole	Hydroxylgruppe •Ō–H	Ethanol C_2H_5OH	• Esterbildung • Oxidation
Alkansäuren	Carboxylgruppe •C(=Ō|)–Ō–H	Ethansäure CH_3COOH	• saure Reaktion der Lösungen • Salzbildungsreaktionen • Esterbildung

Die funktionellen Gruppen bilden die Ursache für typische chemische Eigenschaften der Stoffe.

$$\mathrm{H{-}\underset{H}{\overset{H}{C}}{-}\underset{H}{\overset{H}{C}}{-}\underline{\bar{O}}{-}H} \xrightarrow{\text{Oxidation}} \mathrm{H{-}\underset{H}{\overset{H}{C}}{-}C\!\begin{matrix}{=}\bar{O}| \\ {-}\underline{\bar{O}}{-}H\end{matrix}}$$

Ethanol → Ethansäure

Ester

Ester entstehen u. a. bei der Reaktion von Alkansäuren mit Alkoholen. Dabei wird Wasser abgespalten. Die Molekülreste der Ausgangsstoffe sind im Ester über die Esterbindung miteinander verbunden.

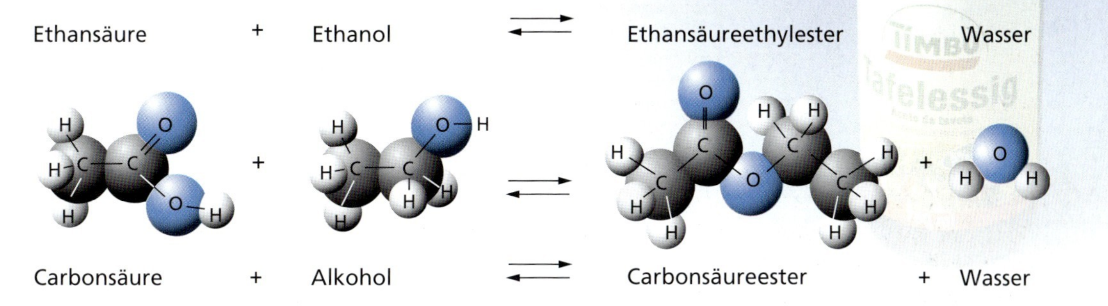

Ausgewählte chemische Reaktionen einiger organischer Verbindungen

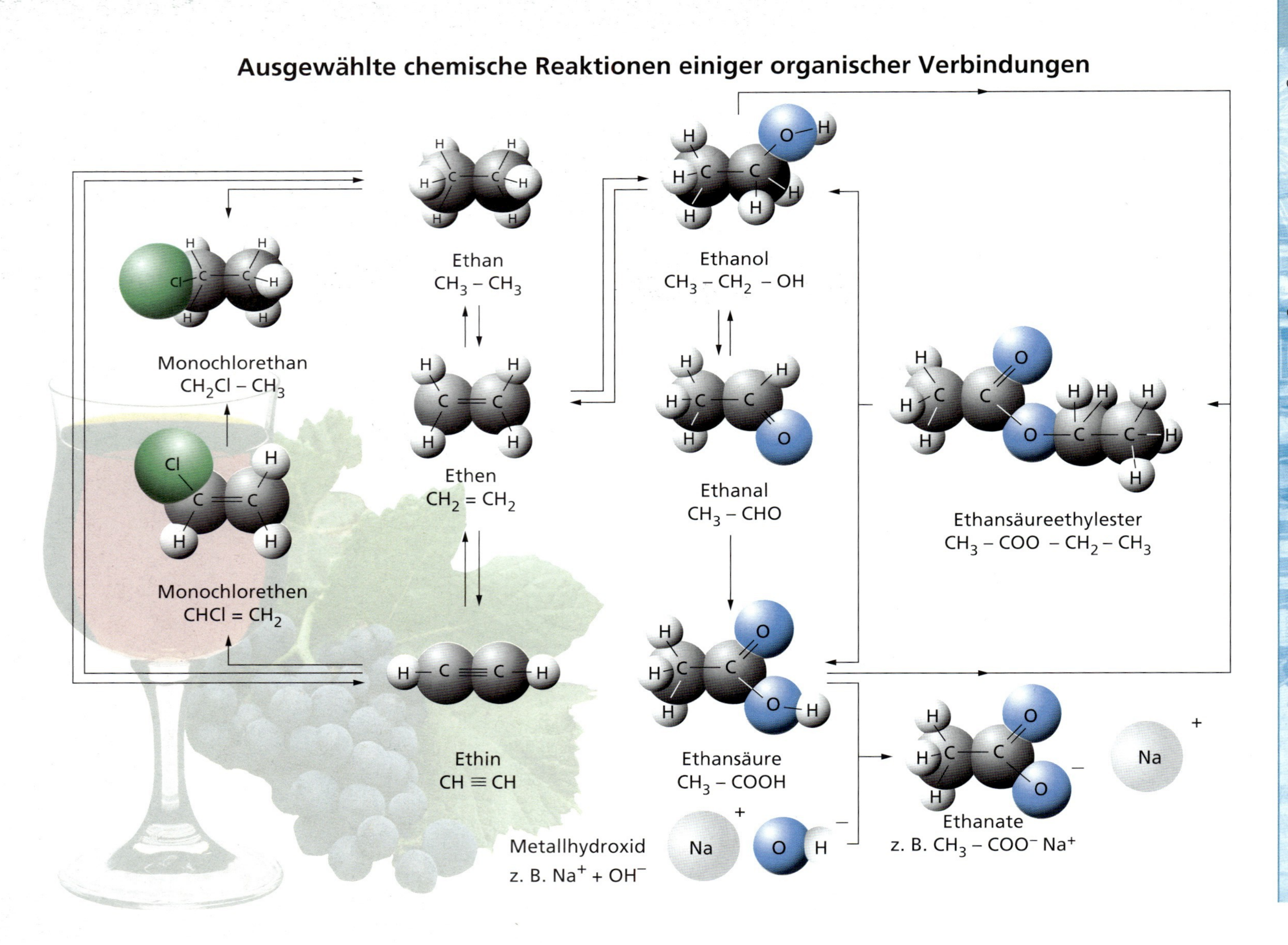

9 Chemie im Alltag – projektorientierter Unterricht

9.1 Seifen und Waschmittel

Fett und Soda ergibt Seife?
Im Mittelalter blühte das Handwerk der Seifensiederei. In große Bottiche aus Holz wurde tierisches Fett, z. B. Rindertalg gegeben. Hinzugefügt wurden Pottasche oder Soda. Bei höheren Temperaturen wurde das Gemisch mit großen Holzlöffeln gerührt.
Welche chemischen Reaktionen laufen beim Seifensieden ab?

Moderne Waschmittel
Im 19. Jahrhundert reichte die in Handwerksbetrieben produzierte Seife für den Bedarf der Menschen nicht mehr aus. Seife wurde industriell hergestellt. Ein Jahrhundert später wurde die Seife zum Reinigen von Wäsche durch Seifenpulver abgelöst. Die synthetische Herstellung von Waschmitteln in großer Menge setzte ein.
Worin besteht der Unterschied zwischen einer Seife und einem Waschmittel? Wirkt ein Waschmittel wie eine Seife?

Stoffe mit Geschichte
Zu Beginn des 20. Jahrhunderts wurde das erste Vollwaschmittel produziert. Bereits lange davor verwendeten Menschen Seifen zum Waschen von Körper und Kleidung. Schon im Altertum kannten die Ägypter die Möglichkeit, Seifen herzustellen, die sie zur Reinigung von Wäsche nutzten.
Was sind Seifen? Wie wirkt eine Seife?

Wissenswertes zur Einführung

> **Auftrag:**
> Lies den folgenden Text aufmerksam durch und überlege, welche Fragestellungen und Experimente sich für dich daraus ergeben!

2 Der Wasserläufer lebt und jagt auf der Wasseroberfläche.

Seife – nicht ein Stoff, sondern eine Stoffgruppe

Wenn man verschmutzte Hände reinigt, greift man zu einem Stück Seife oder nutzt den Seifenspender. Handelt es sich aber bei Mitteln für die persönliche Körperhygiene wirklich immer um „Seife"? Die eine Seife gibt es chemisch gar nicht. **Seifen** bilden eine **Stoffgruppe**.

Seifen sind Natrium- oder Kaliumsalze von Fettsäuren (Monocarbonsäuren) mittlerer und höherer Kettenlänge.

Die Grundlage für die Herstellung von Seifen bilden Fette, sowohl feste Fette als auch flüssige (fette Öle). Verwendung finden z. B. Rindertalg, Schweineschmalz, Hammeltalg (fest) oder Sonnenblumenöl, Kokosöl und Rapsöl (flüssig).
Die Fette stellen Gemische verschiedener Fettsäureester des Glycerols dar. Diese Ester werden mithilfe von Wasser aufgespalten. Die freigesetzten Fettsäuren reagieren mit Alkalilaugen oder mit Alkalisalzen. Es entstehen Seifen und Glycerol (Abb. 1).
Seifen sind gut wasserlöslich. Wässrige Seifenlösungen reagieren basisch. Das kann man mit einer Indikatorlösung überprüfen. Für die Waschwirkung ist der hohe pH-Wert aber eigentlich nicht erforderlich.
Die Waschwirkung wird besonders durch Wechselwirkungen mit Wassermolekülen hervorgerufen: Anziehungskräfte zwischen den Molekülen des Wassers bedingen den Zusammenhalt der Flüssigkeit. Infolgedessen ist Wasser bestrebt, eine möglichst kleine Oberfläche einzunehmen. Dadurch kommt es zur Oberflächenspannung des Wassers. Diese „gespannte" Grenzfläche zwischen Wasser und Luft wird von vielen Organismen als Lebensraum genutzt (Abb. 2). Die Oberflächenspannung wird durch die Teilchen der Seifenlösung herabgesetzt.

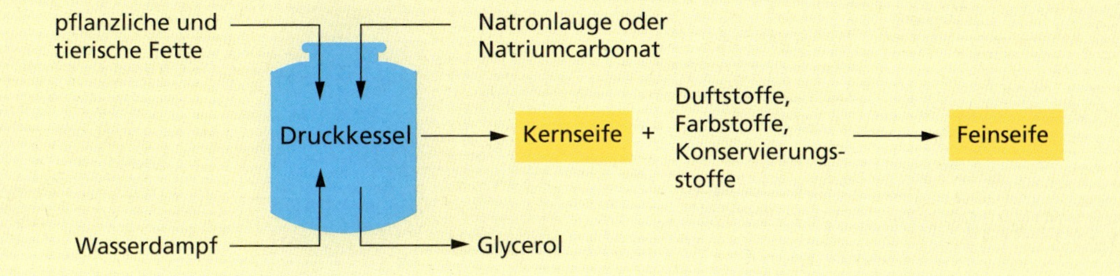

1 Die technische Herstellung von Seife (schematisch)

Waschwirkung von Seifen

Seifen setzen die Oberflächenspannung herab. Dadurch können Haut oder Textilien erst benetzt werden – eine wesentliche Voraussetzung für die Reinigung. Diese Wirkung der Seifenlösung erfolgt aufgrund des besonderen Baus der Teilchen. In wässriger Lösung dissoziiert die Seife in Seifen-Anionen und Alkali-Ionen:

$$\underset{\text{Seife}}{C_{17}H_{35}{-}COOK} \xrightarrow{H_2O} \underset{\text{Seifen-Anion}}{C_{17}H_{35}{-}COO^-} + K^+$$

Ein Seifen-Anion besteht aus einem Rest der Fettsäure und einem Carboxylat-Ion. Beide Enden verhalten sich gegenüber Wasser unterschiedlich.

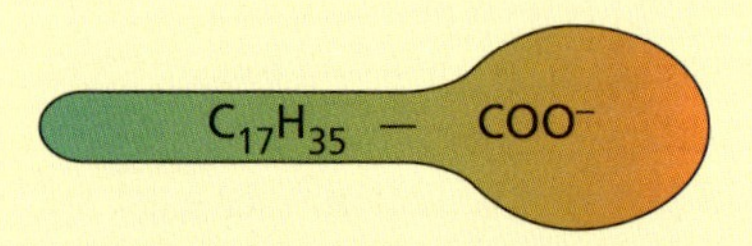

Die Seifen-Anionen lagern sich an der Wasseroberfläche an und durchstoßen mit ihrem Wasser abweisenden Ende diese Grenzfläche. Dadurch werden die Kräfte zwischen den Wassermolekülen herabgesetzt – die Oberflächenspannung nimmt ab **(Grenzflächenaktivität)** (Abb. 2).

Nicht nur die Benetzbarkeit der Stoffe ist beim Waschvorgang entscheidend. Außerdem dringen die Wasser abstoßenden Enden der Seifen-Anionen in die Schmutzteilchen ein. An der Oberfläche der Schmutzteilchen entstehen gleiche Ladungen, die sich abstoßen. Die Teilchen werden in der Schwebe gehalten und während des Spülvorganges entfernt **(Waschaktivität)** (Abb. 1).

Seife zeigt nicht immer befriedigende Waschergebnisse. Naturfasern wie Wolle und Seide werden durch Seifenlösung geschädigt, denn **Seifenlösungen reagieren basisch.** Die vorliegenden Hydroxid-Ionen wirken faserschädigend.

In verschiedenen Gegenden benötigt man unterschiedliche Mengen an Seife für denselben Reinigungseffekt. Schäumt die Seife sehr wenig, ist das Wasser besonders hart. Die im Wasser gelösten Calcium- und Magnesium-Ionen reagieren mit den Seifen-Anionen und bilden Kalkseifen, die ausfallen. Somit tritt die Reinigungswirkung der Seife erst dann in Kraft, wenn mehr Seifenlösung vorhanden ist als für die **Bildung der Kalkseifen** verloren geht (Abb. 3).

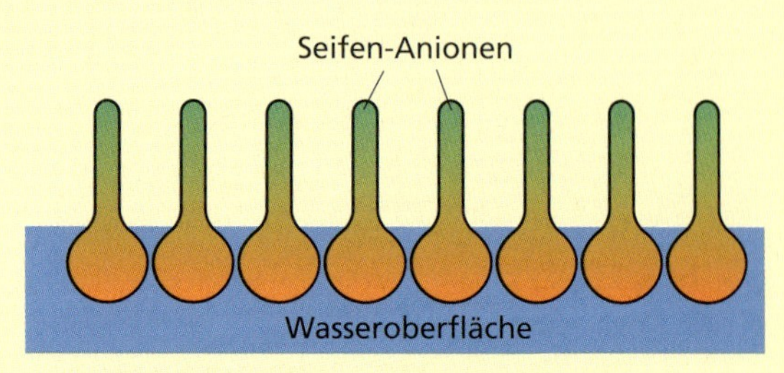

2 Seifen-Anionen wirken an Grenzflächen.

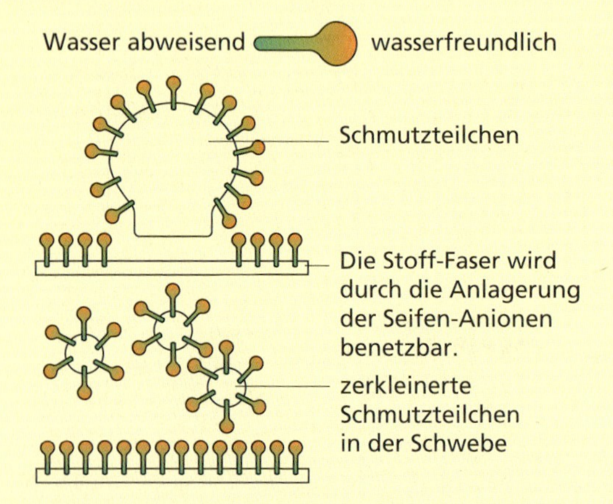

1 Seifen-Anionen lösen Schmutzteilchen von der Faser, sodass sie nun fortgespült werden können.

3 Kalkseifen sind eine der Ursachen der Ränder in der Badewanne.

Moderne Waschmittel

Die Nachteile der Seifen haben dazu geführt, dass man Waschmittel ständig verbessert (Abb. 1).
Auf Waschmittelpackungen werden als waschaktive Substanzen **Tenside** aufgeführt. Tenside sind organische Stoffe, die sehr unterschiedlichen Stoffgruppen angehören. Da alle Tenside einen unpolaren (Wasser abweisenden) und einen polaren (wasserfreundlichen) Teil im Molekül aufweisen, sind sie grenzflächen- und waschaktive Substanzen. Auch die Seifen gehören dazu (**anionische Tenside**). Die Wirkungsweise der Seifen gilt prinzipiell auch für die anderen waschaktiven Substanzen.
Besondere Vorteile weisen nichtionische Tenside auf, denn sie gehen keine Reaktionen mit Magnesium- und Calcium-Ionen ein. Sie sind den Seifen in dieser Hinsicht überlegen.
Häufig werden die Seifen in kosmetischen Produkten durch andere Tenside ersetzt. Als besonders hautschonend gelten seifenfreie Schampoos und Duschbäder.
Moderne Waschmittel enthalten neben Tensiden eine Reihe anderer Stoffe, die die eigentliche Waschwirkung des Waschmittels vervollkommnen, beispielsweise Stoffe, die die Bildung von Kalkseifen vermindern. Dazu gehören Zeolithe (Abb. 2).

Es werden dem Waschmittel auch wieder Seifen zugesetzt. Sie dienen als Schaumblocker.
Als Weißtöner fungieren aromatische Verbindungen. Durch sie wird ultraviolettes Licht absorbiert und im sichtbaren Bereich als Fluoreszenz abgegeben. Die Wäsche erscheint strahlender.
Je nach Inhaltsstoffen werden Vollwaschmittel, Feinwaschmittel, Spezialwaschmittel und Waschmittel nach dem Baukastenprinzip unterschieden.
Damit wird es dem Verbraucher möglich zu entscheiden, welche Inhaltsstoffe er für unbedingt notwendig hält und einsetzen möchte. Außerdem kann jeder auf die richtige Dosierung der eingesetzten Waschmittelmenge entsprechend der Empfehlung des Herstellers achten (s. Tab.) und so seinen Beitrag zur Verminderung der Abwasserbelastung leisten.

Dosieranleitung auf einer Waschmittelverpackung

Wasserhärte	Verbrauch an Waschmittel normal bis stark verschmutzt
weich	110 ml
mittel	120 ml
hart	130 ml
sehr hart	140 ml

1 Moderne Waschmittel enthalten neben waschaktiven Substanzen viele andere Stoffe.

2 Im Inneren der Zeolithe befinden sich Hohlräume, in die u. a. Calcium-Ionen eingelagert werden können.

Mit Wasser und Seife ...

Die Seifenherstellung und die Nutzung von Seifen als Reinigungsmittel sind uralt. Ab wann genau Seife hergestellt wurde, ist nicht bekannt.

Auftrag:
Informiere dich z. B. Im Internet über die Geschichte des Waschens! Sammle auch Informationen über die Nutzung von waschaktiven Substanzen, die nicht zur Gruppe der Seifen gehören (Abb. 2)!

Seife ist nur als Seifenlösung wirksam. Zum Waschen benötigt man Wasser. Wasser aber befindet sich in einem Kreislauf. Auch unser Waschwasser ist Teil dieses Kreislaufs.

Aufgabe:
Zeichne das Schema des natürlichen Wasserkreislaufs! Notiere, welche Veränderung sich durch die Nutzung des Wassers durch den Menschen ergeben! Werte in diesem Zusammenhang auch die Abb. 1, S. 74 aus!

Seifen entfalten ihre Waschwirkung, weil sie die Oberflächenspannung des Wassers herabsetzen. Die Oberflächenspannung ist auch die Ursache dafür, dass sich Wassertropfen bilden (Abb. 1).

2 Das Seifenkraut enthält im Wurzelstock Stoffe, die sich im Wasser schaumig, seifenartig lösen.

Aufgabe:
Erläutere den Begriff „Oberflächenspannung" des Wasser! Erkläre, wie die Oberflächenspannung des Wassers zustande kommt!

Auftrag:
Durch den Bau der Seifen-Anionen wird die Oberflächenspannung des Wassers herabgesetzt (s. S. 270).
Fertige Modelle an, mit denen du die Wirkung dieser Ionen demonstrieren kannst!

1 Ein Wassertropfen wäre im Weltraum kugelförmig, unter den Bedingungen der Schwerkraft erreicht er diese Kugelform nicht.

3 Mückenpuppen nutzen die Oberflächenspannung des Wassers. Was bei Zugabe von Seifenlösung passieren würde, kann man mit Modellen verdeutlichen.

Herstellung von Seife

Die breite Palette der Seifen erreicht man dadurch, dass die harten Kernseifen und die weichen Schmierseifen aus verschiedenen Fetten und durch Zusatz unterschiedlichster Stoffe gefertigt werden. Zu den Rohseifen werden Duftstoffe, Farbstoffe, Rückfettungsmittel, Stabilisatoren, bei medizinischen Seifen auch antiseptisch wirkende Stoffe hinzugefügt.
Der Ausdruck „Seifensiederei" aus der Blütezeit der Seifenherstellung verweist auf den relativ langen Kochvorgang bei der Herstellung der Seife (s. S. 268).
Seifen sind Salze der höheren Fettsäuren. Von den eingesetzten Ausgangsstoffen ist die Seifenart abhängig. Bei Kernseifen handelt es sich um Natriumsalze der Fettsäuren, bei Schmierseifen um ihre Kaliumsalze. Die wesentlichen Eigenschaften der Seifen werden aber hauptsächlich durch die Seifen-Anionen und kaum durch die Alkali-Ionen bestimmt.

S Experiment: Herstellung einer Schmierseife

Vorbereitung:
Geräte: Bechergläser, elektrische Heizplatte, Rührstab, Messzylinder, Pipetten, Topf
Chemikalien: Speisefett (z.B. Margarine), destilliertes Wasser, Kaliumhydroxid, Ethanol (95%ig)
Durchführung:
Achtung Spritzgefahr! Ätzgefahr! Schutzbrille!
Zur Herstellung der Schmierseife werden 10 g Speisefett bis zum Schmelzen erhitzt und mit 20 ml Ethanol und 20 Plätzchen Kaliumhydroxid versetzt. Diese Mischung erhitzt man 15 min unter ständigem Rühren in einem siedenden Wasserbad.
Die Seifenbildung ist beendet, wenn ein Tropfen des Reaktionsgemisches in destilliertem Wasser keine Trübung mehr hervorruft. Tritt eine Trübung ein, muss weiter erhitzt werden.

Nicht jedes Fett ist für die Herstellung von Seife gleich gut geeignet. Fette, die bereits freie Fettsäuren enthalten, lassen sich als Ausgangsstoffe besonders gut verwenden. (Freie Fettsäuren bilden sich, wenn man Fette eine Zeit ungekühlt aufbewahrt.)

S Experiment: Herstellung einer Kernseife

Vorbereitung:
Geräte: Bechergläser, Rührstab, Messzylinder, elektrische Heizplatte, Pipetten
Chemikalien: Speisefett (z.B. Margarine), destilliertes Wasser, Natronlauge, Kochsalzlösung, Duft- und Farbstoffe
Durchführung:
(Spritzgefahr! Ätzgefahr! Schutzbrille!)
10g Speisefett werden mit 10ml destilliertem Wasser versetzt und vorsichtig in einem Becherglas bis zur Schmelze erhitzt. 15ml Natronlauge (etwa 25%ig) werden zugetropft. Das Reaktionsgemisch muss 30 min kochen. Dabei wird es mit einem Glasstab vorsichtig gerührt. Das verdampfende Wasser wird tropfenweise ersetzt. Um den Siedeprozess nicht zu unterbrechen, wird das destillierte Wasser dafür vorher erhitzt. Erscheint das Reaktionsgemisch klar, kann der Kochvorgang abgebrochen werden.
Soll die Seife vom Seifenleim (enthält Glycerol) abgetrennt werden, muss sie „aussalzen". Dazu werden 30 ml Kochsalzlösung (etwa 10%ig) zu dem Stoffgemisch gegeben und vorsichtig erhitzt. Die Seife scheidet sich auf der Flüssigkeitsoberfläche ab. Nachdem sie abgekühlt ist, kann sie abgeschöpft und mit destilliertem Wasser abgespült werden. In einem sauberen Tuch wird die Seife kräftig geknetet. Dabei können Duft- und (oder) Farbstoffe eingearbeitet werden. Die Formgebung erfolgt mit entsprechenden Gefäßen (Abb. 1).

1 Seifen können in ganz unterschiedliche Formen gepresst werden.

Untersuchung von Waschmitteln

Lange Zeit waren Seifen die Mittel für die persönliche Hygiene und zum Waschen der Wäsche.
Mit der Zeit stiegen die Ansprüche an die Reinigungsmittel. Durch Zusätze wurde die Wirkung verbessert. Ende des 19. Jahrhunderts wurden die ersten kombinierten Waschmittel verkauft. Seit dieser Zeit wurden die unterschiedlichsten Waschmittel entwickelt und verbessert.

> **Frage:**
> Worin besteht der Unterschied zwischen einer Seife und einem Waschmittel?

Tenside sind waschaktive Substanzen. Seifen gehören ebenfalls zu den Tensiden. Aufgrund der negativen Ladung der Seifenanionen werden sie den anionischen Tensiden zugeordnet. Aber auch andere synthetisch hergestellte Tenside werden Waschmitteln zugesetzt (Abb. 1).

Moderne Waschmittel enthalten	
Tenside	lösen Schmutz ab
Gerüstsubstanzen	enthärten das Wasser
Bleichmittel	beseitigen Flecken, töten Bakterien ab
Hilfsstoffe	verschiedene Wirkungen

Hilfsstoffe können u. a. sein	
Enzyme	bauen fett-, eiweiß- und kohlenhydrathaltigen Schmutz ab
optische Aufheller	verhindern das Vergrauen der Wäsche
schmutzbindende Stoffe	verhindern das Absetzen des Schmutzes
Parfümöle	geben angenehmen Duft
Füllstoffe	bewirken Rieselfähigkeit
Korrosionsschutzstoffe	schützen das Metall der Waschmaschine

Inhaltsstoffe:
Nach Umweltkriterien ausgewählte anionische und nichtionische Tenside sowie Duft- und Hilfsstoffe.
Angabe nach EG-Empfehlung:
Unter 5% anionische Tenside und nichtionische Tenside. Enthält Konservierungsmittel.
Umweltbeitrag:
- phosphatfreie Formel
- ohne Formaldehyd
- biologisch abbaubare Inhaltsstoffe laut WRMG
- umweltgerechtes Verpackungsmaterial

1 Die Inhaltsstoffe der Wasch- und Reinigungsmittel sind auf der Verpackung angegeben.

Tenside, natürliche oder künstlich hergestellte Stoffe, sind grenzflächenaktiv, weil sie die Spannungen, die an der Grenzfläche zwischen Wasser und Luft auftreten, herabsetzen.

> **Auftrag:**
> Informiere dich über die unterschiedlichen Gruppen von Tensiden! Lies die Angaben über die Inhaltsstoffe verschiedener Flüssigseifen, Waschmittel, Spülmittel, Reiniger und Desinfektionsmittel! Fertige eine Übersicht über die Einsatzmöglichkeiten und die jeweilige Funktion der Tenside an!

Obwohl alle **Tenside** grenzflächenaktive Stoffe sind, weisen sie neben den ähnlichen auch unterschiedliche Eigenschaften auf. Aus diesen **Eigenschaften** ergeben sich ihre Einsatzmöglichkeiten.
Die Eigenschaften lassen sich durch einfache Versuche ermitteln.

> **S Experiment: Tenside und Calcium-Ionen**
> **Aufgabe:**
> Stelle Lösungen von Seifen (z. B. Kernseife) und Waschmitteln (auch Weichspüler) her! Gib diese Lösungen je einmal zu destilliertem Wasser, hartem Leitungswasser und zu einer Calciumchloridlösung ($CaCl_2$) X!
> Fertige ein Protokoll an und erkläre die Beobachtungen!

Auftrag:
Erkläre den Begriff „Micellen"! Nutze dazu das Internet! Fertige Applikationen an und erläutere mit ihnen die Micellenbildung!

S Experiment: Schmutztragevermögen

Überprüfe, ob Tenside einen Einfluss auf das Absinken von Schmutzteilchen in Lösungen haben! Stelle dazu Lösungen von Seifen und Waschmitteln her! Gib zu diesen Lösungen und zu destilliertem Wasser je eine Spatelspitze Aktivkohle und rühre die Mischungen gut um! Miss die Zeit, die bis zum Absetzen der Feststoffteilchen vergeht! Werte die Ergebnisse aus!

Frage:
Welche Bedeutung haben die festgestellten Eigenschaften der Tenside für den Waschprozess?

Moderne Waschmittel enthalten nicht nur Tenside (s. Tab. S. 274). In einigen sind Weißtöner enthalten. Sie absorbieren ultraviolettes Licht und strahlen es im sichtbaren Bereich als Fluoreszenz wieder ab. Wäsche wirkt dadurch weißer.

S Experiment:

Teste unterschiedliche Wasch- und Reinigungsmittel und stelle fest, ob Weißtöner enthalten sind. Stelle dazu die entsprechenden Waschmittellösungen her und strahle diese Lösungen mit einer UV-Lampe an! Nutze als Vergleichslösung eine Kernseifenlösung!

Viele Flecken in der Wäsche entstehen durch Farbstoffe in Lebensmitteln (z. B. in Säften und Wein) oder durch Tee und Kaffee (Abb. 1). Solche Verunreinigungen werden durch Oxidationsprozesse beseitigt („gebleicht"). Früher nutzte man häufig die Sonnenbleiche, d. h. die Wäsche wurde starker Sonneneinstrahlung ausgesetzt.
Auch die so genannte Chlorbleiche durch chemische Zusatzstoffe beim Waschen kam zum Einsatz.

Heute enthalten Vollwaschmittel häufig andere Bleichmittel, die im Allgemeinen Sauerstoff freisetzen (Sauerstoffbleiche).

Auftrag:
Entwickle ein Experiment, mit dem du verschiedene Wasch- und Reinigungsmittel auf das Vorhandensein von Bleichmitteln testen kannst! Ermittle mithilfe von geeigneten Medien, welche Stoffe eine bleichende Wirkung aufweisen!

In vielen Waschmitteln sind Enzyme enthalten. Sie dienen u.a. zum Abbau von Eiweißen. Dadurch werden einige Flecken (z. B. Blutflecken) während des Waschprozesses besser entfernt.

S Experiment:

Teste unterschiedliche Wasch- und Reinigungsmittel auf das Vorhandensein von Enzymen! Dazu benötigst du mit Eiweiß verunreinigte Wollfäden. Tauche deshalb Wollfäden in Eiweiß und halte sie in kochendes Wasser.
Erhitze dann je einen verunreinigten Wollfaden in destilliertem Wasser, in Seifenlösung und in Lösungen der unterschiedlichen Wasch- und Reinigungsmittel! Vergleiche die Waschergebnisse nach ca. 10 min! Notiere deine Beobachtungen und werte das Experiment aus!

1 Rotweinflecken werden durch Bleichmittel oxidiert.

Waschmittel – (k)eine ganz saubere Sache

Waschmittel sind im Abwasser enthalten. Ungereinigt können sie auf die Umwelt schädigend wirken. Besonders die Grenzflächenaktivität der Tenside hat in der Natur große Auswirkungen.
In vielen Gartenbüchern wird beispielsweise eine Seifenlösung (5–20 g Seife in 1 l Wasser gelöst) als Schädlingsbekämpfungsmittel empfohlen. Besprüht man Blattläuse mit diesem Gemisch, sterben sie ab (Abb. 1).

Aufgabe:
Erkläre, warum man Seifenlösungen zur Bekämpfung von Blattläusen einsetzen kann. Welche Folgen hätte es, wenn Waschmittellösungen ungeklärt in die Gewässer gelangen?

Phosphathaltige Stoffe haben ebenfalls starke Auswirkungen auf das ökologische Gleichgewicht in den Gewässern. Vor nicht langer Zeit wurden sie genutzt, um den Kalkgehalt im Waschwasser herabzusetzen. Der Phosphateintrag in die Gewässer führte zu einer Verschlechterung der Wasserqualität. Daraufhin wurde beschlossen, diese Inhaltsstoffe durch andere zu ersetzen.

Auftrag:
Informiere dich über den Zusammenhang zwischen Phosphateintrag in Gewässer und Wasserqualität!

2 Blattläuse können mit Seifenlösung bekämpft werden.

Gesetzliche Regelungen, wie das Waschmittelgesetz über Mengenbestimmung und Vorkehrungen zur weiteren Verbesserung der Umweltqualität von Wasch- und Reinigungsmitteln (gültig seit 1975) garantieren, dass von der Industrie nur solche Waschmittel produziert werden können, die die Umwelt so wenig wie möglich belasten.
1980 wurde die Phosphathöchstmengenverordnung und 1987 das Wasch- und Reinigungsmittelgesetz verabschiedet. Seit 1989 gibt es eine EG-Empfehlung zur Kennzeichnung von Wasch- und Reinigungsmitteln.

Auftrag:
Ermittle wesentliche Inhalte der Verordnungen und Gesetze!

1 Schaumbildung im abwasserbelasteten Fluss – solche Bilder gibt es heute in Deutschland nicht mehr.

3 Natürliches Gewässer mit sehr guter Wasserqualität – das Gewässer ist nährstoffarm (oligotroph).

S Experiment: Phosphattest

Überprüfe bei verschiedenen Waschmitteln, ob sie wirklich kein Phosphat enthalten! Nutze den qualitativen Nachweis:

Phosphatnachweis (qualitativ)

2 ml 9%ige Ammoniummolybdatlösung werden mit 2 ml konzentrierter Salpetersäure versetzt. Diese Nachweislösung gibt man zu der zu untersuchenden Lösung, die ebenfalls mit Salpetersäure (5 Tropfen) versetzt wurde. Ist in der zu testenden Lösung Phosphat enthalten, entsteht ein feiner gelber Niederschlag (Ammoniummolybdatophosphat).

Falls Phosphat nachgewiesen wurde, kann eine quantitative Bestimmung mit entsprechenden Testlösungen (z. B. aus dem Umweltkoffer) vorgenommen werden. Dann sind die jeweiligen Versuchsanordnungen zu beachten.

S Experiment:

Entnimm Gewässerproben an unterschiedlichen Untersuchungsstandorten! Überprüfe, ob in diesen Wasserproben Phosphat-Ionen enthalten sind!
Überlege, ob der quantitative oder der qualitative Nachweis angebracht ist! Begründe deine Entscheidung!

Auch wenn die modernen Waschmittel in ihrer Zusammensetzung immer weiter verbessert werden, kann man Wirkungen auf die Umwelt auch heute nicht vollständig ausschließen.
Daher liegt es auch in der Verantwortung des Verbrauchers, das richtige Waschmittel und nur die notwendige Menge zu verwenden. Er kann Inhaltsstoffe, die nicht notwendig sind, und Überdosierung vermeiden (Abb. 1).
Je nach Inhaltsstoffen werden Vollwaschmittel, Spezialwaschmittel, Feinwaschmittel und Waschmittel nach dem Baukastenprinzip unterschieden. Besonders bei Waschmitteln nach dem Baukastenprinzip kann man das Reinigungsmittel entsprechend der Art und dem Grad der Verschmutzung wählen.
Die Inhaltsstoffe der Waschmittel müssen aus dem Abwasser entfernt werden, ehe das Wasser in die Gewässer zurückgeleitet werden kann. Die Reinigung der Abwässer erfolgt in Klärwerken. Das Abwasser wird in mehreren Reinigungsstufen geklärt.

Auftrag:
Erkundige dich in einem Klärwerk,
a) ob noch Verunreinigungen des Abwassers durch Phosphate nachweisbar sind und woher diese stammen;
b) in welcher Reinigungsstufe die jeweiligen Waschmittelinhaltsstoffe entfernt werden!

1 Durch die Wahl geeigneter Waschmittel kann die Umweltbelastung vermindert werden.

2 In großen Klärwerken werden Phosphate aus dem Abwasser entfernt.

9.2 Nahrung und Ernährung

Gesund ernähren, aber wie?

Oft locken besonders Nahrungsmittel, die einen hohen Fettanteil aufweisen. Ein Zuviel an Fett erweist sich jedoch als ungesund und führt häufig zu Gewichtsproblemen, die auch gesundheitliche Beeinträchtigungen nach sich ziehen können. Das im Körper gespeicherte Fett soll abgebaut werden. Deshalb ist eine gesunde Ernährung wichtig.

Auf welche Weise werden im Körper Fette auf- und abgebaut?

Eiweiß ist nicht gleich Eiweiß

Eiweiße sind als Bestandteil der Nahrung besonders wichtig für die menschliche Ernährung. Eiweißmangel führt zu körperlichen Schäden. Obwohl in vielen Nahrungsmitteln Eiweiße enthalten sind, sind sie nicht gleichwertig. Eine ausgewogene Ernährung fördert das Wohlbefinden und liefert genügend Substanzen für den Aufbau des Körpers.

Warum müssen wir Eiweiße aufnehmen?

Wie lässt sich die unterschiedliche Wertigkeit der Eiweiße erklären?

Kartoffeln und Getreideprodukte als Grundnahrungsmittel

Getreideprodukte aus Weizen, Roggen, Hafer und Mais gehören zu unseren Grundnahrungsmitteln. Seit der ersten Hälfte des 18. Jahrhunderts zählt auch die Kartoffel dazu. Heute verzehren wir häufig Kartoffeln bzw. Kartoffelprodukte. Alle diese Produkte enthalten Stärke.

Warum ist Stärke für den Menschen so wichtig?

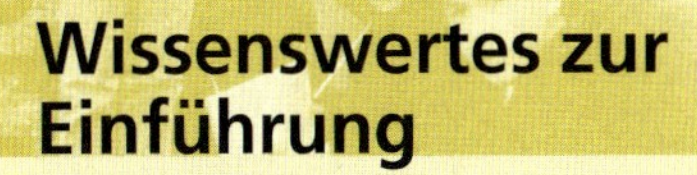

Wissenswertes zur Einführung

Auftrag:
Lies den folgenden Text aufmerksam durch und überlege, welche Fragestellungen und Experimente sich für dich daraus ergeben!

Kohlenhydrate, Fette und Eiweiße gehören zu unseren Hauptnährstoffen. Sind sie nicht ausreichend in der Nahrung enthalten, kommt es zu Mangelerscheinungen.

Kohlenhydrate

Für die menschliche Ernährung spielen die Kohlenhydrate eine bedeutende Rolle. Etwa 14 000 kg Kohlenhydrate nimmt ein Mensch durchschnittlich in 70 Lebensjahren zu sich.
Der Name Kohlenhydrate ist auf die Zusammensetzung der ersten entdeckten Vertreter dieser Stoffgruppe zurückzuführen. Die Elemente Wasserstoff und Sauerstoff sind im Verhältnis 2:1 vorhanden. Die allgemeine Summenformel für ihre Zusammensetzung lautet $C_x(H_2O)_y$. Zu den Kohlenhydraten gehören u.a. Traubenzucker (Glucose), Malzzucker, Fruchtzucker, Stärke und Cellulose. Sie haben Bedeutung als Energielieferanten und als Gerüst- und Stützsubstanz.

+ H_2O + H_2O + H_2O

Traubenzuckermolekülrest Traubenzuckermolekülrest Traubenzuckermolekülrest

Stärke + Wasser ⟶ Traubenzucker

$$(C_6H_{10}O_5)_n + n \cdot H_2O \xrightarrow{\text{Enzyme}} n \cdot (C_6H_{12}O_6)$$

1 Die mit der Nahrung aufgenommene Stärke wird im Verdauungssystem zu Traubenzucker abgebaut und so für unseren Organismus nutzbar.

Trotz der unterschiedlichen Eigenschaften weisen sie einen ähnlichen Grundaufbau auf.
Chemiker verwenden den Namen Zucker (Saccharide) häufig für eine bestimmte Gruppe der Kohlenhydrate. Umgangssprachlich wird ein ganz bestimmter Vertreter dieser Gruppe – der Rohr- und Rübenzucker – als Zucker bezeichnet. Dabei handelt es sich eigentlich um Saccharose. Dieser Zucker wird von uns im Allgemeinen im Haushalt verwendet. Besondere Bedeutung für uns haben auch Stärke (Abb. 1) und Traubenzucker. Die Vielzahl der verschiedenen Kohlenhydrate lässt sich nach ihrer Molekülgröße in Gruppen einteilen (Tab.), in **Monosaccharide, Disaccharide und Polysaccharide.** Aus der Tabelle wird ersichtlich, dass verschiedene Kohlenhydrate die gleiche Summenformel besitzen. Erst die Strukturformel verdeutlicht die Unterschiede.

Kohlenhydrate

Gruppe	Kennzeichnung	Vertreter	Summenformel
Monosaccharide (Einfachzucker)	durch Hydrolyse (unter Einfluss von Wasser) nicht mehr spaltbar	Glucose Fructose	$C_6H_{12}O_6$ $C_6H_{12}O_6$
Disaccharide (Zweifachzucker)	durch Hydrolyse in zwei Monosaccharidmoleküle spaltbar	Maltose Saccharose	$C_{12}H_{22}O_{11}$ $C_{12}H_{22}O_{11}$
Polysaccharide (Mehrfachzucker)	durch Hydrolyse in viele Monosaccharidmoleküle spaltbar	Stärke Cellulose	$(C_6H_{10}O_5)_n$ $(C_6H_{10}O_5)_n$

Fette – wichtige Bestandteile der Nahrung

So lästig für den Menschen zu viel Fett im Körper ist, so lebenswichtig sind die Fette für Pflanzen, Tier und Mensch. Pflanzen bilden die Fette durch Umwandlung von Glucose, die bei der Fotosynthese entsteht, und speichern sie z.B. in den Samen (Raps, Sonnenblume). Zum Aufbau von körpereigenen Fetten nehmen Menschen und Tiere diese Stoffe mit der Nahrung auf. Ununterbrochen findet in den Lebewesen der Fettaufbau und Fettabbau statt. Enzyme, die zu den Biokatalysatoren gehören, lösen diese Prozesse aus und steuern sie.

Beim **Abbau von Fetten** wird **Energie frei**. Diese Energie steht den Organismen zur Abwicklung der Lebensprozesse zur Verfügung. Durch die Nahrungsaufnahme müssen die Reserven wieder ergänzt werden.

Nicht sofort benötigtes Fett wird gespeichert und dient als **Energiereserve**. Eine Fettschicht umhüllt die inneren Organe und besitzt **Schutzfunktion**. Viele Tiere nutzen körpereigene Fette, um sich vor Kälte und vor Feuchtigkeit zu schützen. Dem dient ein ausgeprägtes Unterhautfettgewebe (Robben) oder der Tran bei Fischen. Das Gefieder der Vögel (Abb. 2) oder das Fell der Säuger wird durch Einfetten Wasser abweisend.

Fett ist nicht gleich Fett. Das stellt jeder sofort fest, der sich über gesunde Ernährung informiert. Diese Tatsache hängt mit dem Bau der Fette zusammen. Dabei handelt es sich um **Ester langkettiger Carbonsäuren**. Diese Carbonsäuren sind mit **Glycerol (Propan-1,2,3-triol)**, einem Alkohol mit drei Hydroxylgruppen, verestert. Jede der drei Hydroxylgruppen kann mit einer anderen Carbonsäure reagieren, sodass ganz unterschiedliche Fette existieren (Abb. 1).

2 Die Federn werden mithilfe des öligen Sekrets der Bürzeldrüse gefettet.

Die am Bau der Fette beteiligten Carbonsäuren bezeichnet man als **Fettsäuren.**

Bei den Fettsäuren handelt es sich mit einer Ausnahme um langkettige Carbonsäuren. Die Butansäure gilt ebenfalls als Fettsäure.

Neben den gesättigten Carbonsäuren sind auch häufig ungesättigte und mehrfach ungesättigte Carbonsäuren (z. B. Ölsäure, Linolsäure, Linolensäure) am Aufbau der Fette beteiligt.

Fette sind Gemische aus unterschiedlichen Glycerolestern, wobei Glycerol jeweils mit verschiedenen gesättigten und ungesättigten langkettigen Carbonsäuren verestert sein kann.

Glycerol + Fettsäuren ⇌ Glycerolester + Wasser

$$\begin{matrix} CH_2OH \\ | \\ CHOH \\ | \\ CH_2OH \end{matrix} + \begin{matrix} HOOC-(CH_2)_2-CH_3 \\ HOOC-(CH_2)_{14}-CH_3 \\ HOOC-(CH_2)_{16}-CH_3 \end{matrix} \underset{\text{Abbau}}{\overset{\text{Aufbau}}{\rightleftharpoons}} \begin{matrix} CH_2-OOC-(CH)_2-CH_3 \\ | \\ CH-OOC-(CH)_{14}-CH_3 \\ | \\ CH_2-OOC-(CH)_{16}-CH_3 \end{matrix} + 3H_2O$$

1 Die Molekülreste des Glycerols und der verschiedenen Fettsäuren sind im Molekül des Glycerolesters (Strukturbeispiel) über die Esterbindung miteinander verbunden. Im Verdauungssystem wird diese Bindung aufgespalten.

Eiweiße

Es gibt praktisch keinen Lebensprozess, der ohne Eiweiße funktioniert. Eiweiße sind als Gerüst- und Stützsubstanzen am Aufbau des Körpers beteiligt. Die Muskulatur besteht zum großen Teil aus speziellen Eiweißen (Myosin und Actin). Sie ermöglichen die Muskelkontraktion und somit die Bewegung (Abb. 2). Das Hämoglobin in den roten Blutkörperchen transportiert Sauerstoff und Kohlenstoffdioxid. Andere Eiweiße regeln als Hormone (z.B. Insulin) und Enzyme Stoffwechselprozesse. Auch das Immunsystem eines Menschen basiert u. a. auf unterschiedlichen Eiweißen.

Die Grundbausteine der Eiweiße sind Aminosäuren.

Aminosäuren sind relativ einfach gebaute organische Stoffe, die neben der **Carboxylgruppe (-COOH)** noch eine **Aminogruppe (NH_2)** besitzen.

Gruppe	Strukturformel	Summenformel
Aminogruppe	$\cdot\overline{N}{<}^{H}_{H}$	$-NH_2$
Carboxylgruppe	$\cdot C{<}^{\overline{O}|}_{\overline{O}-H}$	$-COOH$

2 Am Aufbau des Stütz- und Bewegungssystems sind verschiedene Eiweiße beteiligt.

Am Aufbau der Eiweiße sind nur 20 natürlich vorkommende Aminosäuren beteiligt.
Bei diesen Aminosäuren befindet sich die Aminogruppe an dem Kohlenstoffatom, das der Carboxylgruppe benachbart ist. Daher bezeichnet man sie als ***α*-Aminosäuren** (Abb. 1). Nicht alle α-Aminosäuren, die zum Aufbau der Eiweiße benötigt werden, kann unser Körper selbst synthetisieren. Sie müssen mit der Nahrung aufgenommen werden. Man bezeichnet sie als **essenzielle Aminosäuren**. Dazu gehören z. B. Lysin und Leucin.
Am zentralen Kohlenstoffatom der Aminosäuren ist neben den funktionellen Gruppen ein Rest angelagert. Der Rest kann unterschiedlich gebaut sein (Abb. 2) und weitere funktionelle Gruppen enthalten. Er bestimmt neben den oben genannten funktionellen Gruppen wesentlich die Eigenschaften der Aminosäure.

Glycin (2-Aminoethansäure): $H_2N-CH(H)-COOH$

Alanin (2-Aminopropansäure): $H_2N-CH(CH_3)-COOH$

Glutaminsäure: $H_2N-CH(CH_2-CH_2-COOH)-COOH$

Cystein: $H_2N-CH(CH_2-SH)-COOH$

Tyrosin: $H_2N-CH(CH_2-C_6H_4-OH)-COOH$

1 Verschiedene Aminosäuren, die am Aufbau von Eiweißen beteiligt sind.

Entscheidend für die Bildung von Eiweißen ist eine für die Aminosäuren charakteristische Reaktion. Aminosäuren reagieren unter Wasserabspaltung an ihren funktionellen Gruppen miteinander.
Gleiche Aminosäuremoleküle können ebenso miteinander reagieren wie verschiedene. Verbinden sich zwei Aminosäuremoleküle, entsteht ein **Dipeptid**. Die Bindung nennt man **Peptidbindung,** die Gruppierung **Peptidgruppe.**
Verbinden sich viele Aminosäuremoleküle unter Wasserabspaltung miteinander, entstehen **Polypeptide.** Dabei bilden viele Aminosäuremolekülreste einen makromolekularen Stoff.

Schematische Darstellung des Aufbaus/Abbaus einer Polypeptidkette

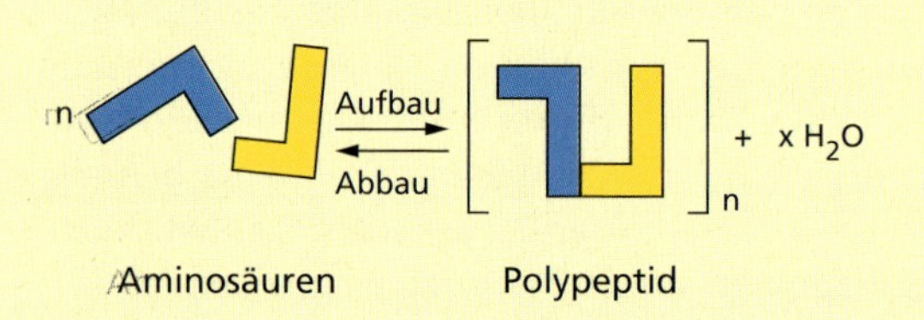

Die 20 Aminosäuren, die am Eiweißaufbau beteiligt sind, können unterschiedlich miteinander verknüpft sein. Zudem können die Eiweiße aus Tausenden Bausteinen bestehen. Dadurch wird die Existenz der vielen verschiedenen und auch individuell spezifischen Eiweißmoleküle erklärlich.
Die Art, die Anzahl und die Reihenfolge der Aminosäurereste bedingen die **Primärstruktur** der Eiweiße. Der Bau der Eiweiße ist jedoch weitaus komplizierter.

Innerhalb der Kette bzw. auch zwischen mehreren Peptidketten kommt es zu Verknüpfungen in spezieller Weise. Dadurch entstehen räumliche, stabile Gebilde (**Sekundär- und Tertiärstruktur**). In einigen Fällen, z.B. beim Hämoglobin, gruppieren sich mehrere gleichartige Einheiten umeinander.
Erst in der endgültigen Form erlangt das Eiweiß seine volle Wirksamkeit im Organismus. Durch Einwirkung von Hitze und Säure wird diese besondere Struktur dauerhaft zerstört und das Eiweiß denaturiert (Abb. 1). Das kann man u. a. beim Braten von Eiern beobachten.
Durch diese Denaturierung verlieren Eiweiße ihre biologische Wirksamkeit.
In unserem Verdauungssystem wird die Struktur der Eiweiße, die in unserer Nahrung enthalten sind, ebenfalls verändert. Durch den Einfluss der Magensäure kommt es zur Denaturierung. Mithilfe von Enzymen werden die Polypeptidketten dann abgebaut. Dabei werden Aminosäuren freigesetzt. Die Aminosäuren sind meist wasserlöslich und gelangen im Dünndarm in das Blut. Vom Blut werden sie zu den Zellen transportiert und zu körpereigenen Eiweißen neu strukturiert.
Für eine optimale Ernährung müssen in unserer Nahrung alle essenziellen Aminosäuren enthalten sein. Nicht alle Eiweiße haben für uns eine günstige Zusammensetzung.
Die Eiweiße in unseren Nahrungsmitteln und organischen Materialien kann man nachweisen. Dazu nutzt man eine spezielle Reaktion der konzentrierten Salpetersäure mit Eiweißen aus, die eine typische Gelbfärbung ergibt (**Xanthoproteinreaktion** – Abb. 2).

1 Hitze zerstört die komplexe Struktur der Eiweiße.

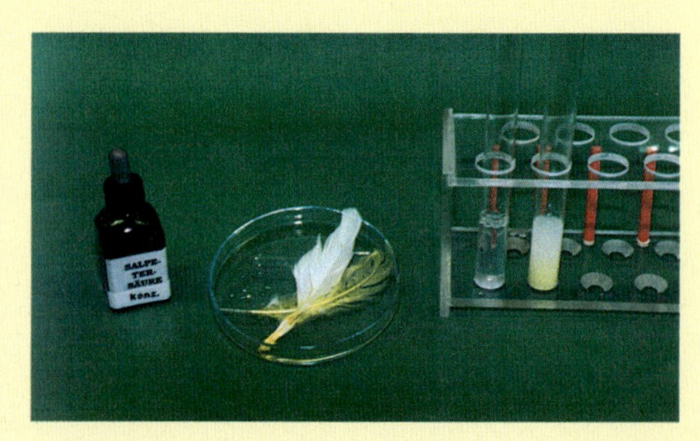

2 Nachweis von Eiweiß in einer Feder

Von Mehl und Zucker

Viele Lebensmittel enthalten Kohlenhydrate. Für die menschliche Ernährung sind vor allem Glucose und Stärke wichtig.

Auftrag:
Informiere dich mithilfe geeigneter Medien über Bau und Vorkommen von Glucose und Stärke! Stelle die gesamten Informationen in einer Tabelle zusammen!

S Experiment:
Teste verschiedene Lebensmittel auf Glucose und Stärke (z. B. Mehl, Haushaltszucker, Apfel, Kartoffel, Mais, Eiklar usw.)! Führe Protokoll! Notiere Geräte und Chemikalien, beschreibe die Nachweise und halte die Beobachtungen in einer Tabelle fest! Leite Schlussfolgerungen ab!

Probe	+ Iod-Kalium-iodidlösung	+ fehling-sche Lösung
Mehl		
Haushalts-zucker		
Apfel		
Kartoffel		
Mais		
Eiklar		

Glucose spielt in der Natur eine besondere Rolle, weil sie bei der Fotosynthese aus anorganischen Stoffen entsteht. Sie stellt den Ausgangsstoff für die Bildung aller weiteren organischen Stoffe in der Pflanze dar und bildet somit die Grundlage für die Ernährung heterotropher Organismen.

Aufgabe:
Beschreibe den Gesamtprozess der Fotosynthese! Übernimm die Zeichnung in dein Heft und vervollständige sie!

Übrigens wird die gebildete Glucose zum großen Teil in andere Kohlenhydrate umgewandelt, häufig in Speicherstärke.

S Experiment:
Untersuche die Löslichkeit von Glucose und Stärke in Wasser!
Leite eine Vermutung ab, warum Glucose in den Zellen nicht gespeichert wird, sondern eine Umwandlung in Speicherstärke erfolgt!

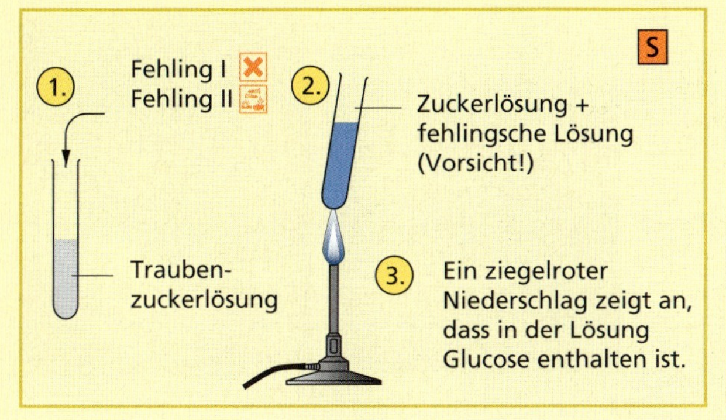

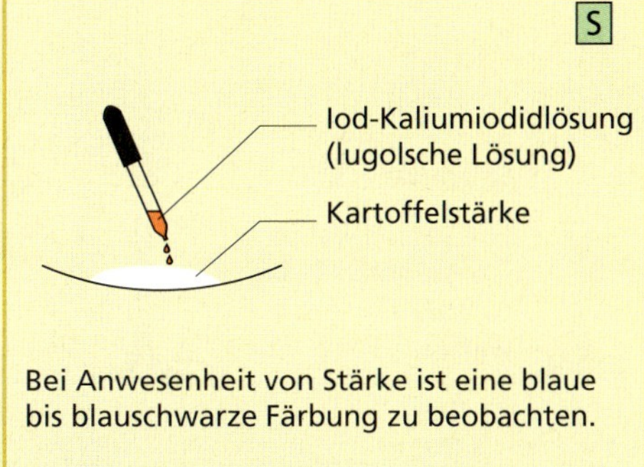

1 Der Nachweis von Glucose erfolgt mit fehlingscher Lösung, der Nachweis von Stärke mit Iod-Kaliumiodidlösung.

Viele unserer Lebensmittel enthalten Stärke. Sie muss im Verdauungssystem erst einmal abgebaut werden, damit unser Organismus sie aufnehmen kann. Der Abbau der Stärke zu Glucose beginnt unter dem Einfluss der Enzyme im Speichel schon im Mund. Wird beispielsweise Brot lange genug gekaut, beginnt es süß zu schmecken und der Test mit fehlingscher Lösung fällt positiv aus.

S Modellexperiment:

Aufgabe:
Weise mithilfe eines Modellexperiments den Stärkeabbau nach! (Hinweis: Verdünnte Salzsäure übernimmt beim Modellexperiment die Funktion der Enzyme)

Vorbereitung:
Notiere benötigte Geräte und Chemikalien und fordere sie beim Lehrer an!

Durchführung:

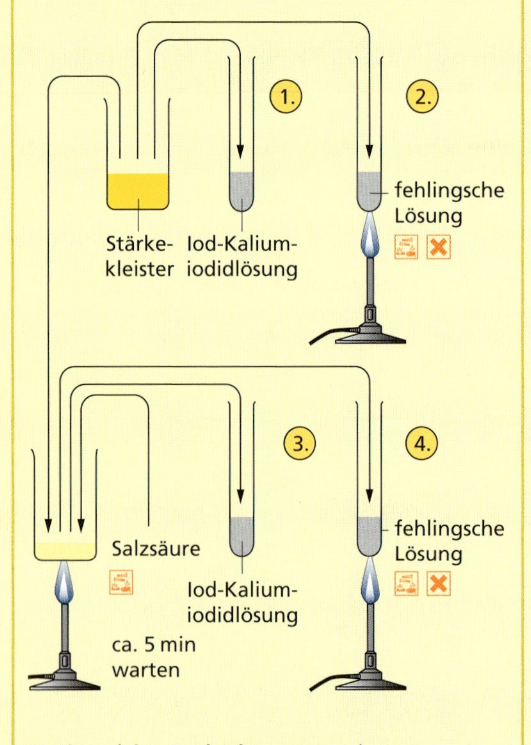

Notiere deine **Beobachtungen** und **werte aus!**

1 Viele Lebensmittel haben einen hohen Zuckergehalt.

Heute nutzen wir im Haushalt zum Süßen meistens Saccharose, ein Disaccharid (Abb. 1).

Auftrag:
Informiere dich über die Zuckergewinnung aus Zuckerrüben! Fertige dazu eine Übersicht an!

Auch wenn uns die Nutzung des Haushaltszuckers (Saccharose) heute selbstverständlich und alltäglich erscheint, war das nicht immer so. Es gab Zeiten, da wurde dieser Zucker mit Gold aufgewogen und seine Verwendung war ein teurer Luxus.

Auftrag:
Stelle Materialien zur Geschichte des Zuckers zusammen!

2 Zucker wird heute aus Zuckerrohr und Zuckerrüben gewonnen.

Rund ums Fett

Häufig ernähren wir uns zu fett. Viele Nahrungsmittel enthalten versteckte Fette. Majonäse ist beispielsweise sehr fetthaltig. Die Hauptzutaten sind Eigelb und Speiseöl. Besonders der Fettgehalt von Speiseöl ist sehr hoch, aber auch Eier enthalten Fette.

Auftrag:
Stelle selbst Majonäse her! Lies dazu das Rezept in einem Kochbuch nach!
Ermittle in Nahrungsmitteltabellen den durchschnittlichen Fettgehalt von Majonäse!
Wie viel Gramm Fett sind in der Majonäse, mit der man eine Portion Pommes würzt, ungefähr enthalten?

Auch Nüsse sind sehr fetthaltige Lebensmittel. Das Fett ist nicht sofort sichtbar. Man kann es aber mithilfe eines Lösemittels entziehen und dabei die Menge an enthaltenem Fett abschätzen.

S Experiment:
Aufgabe:
Extrahiere aus Haselnüssen Fett!
Vorbereitung:
Geräte: Mörser, Pistill, Bechergläser, Brenner, Thermometer, Filter, Filterpapier, Reagenzglas, Stopfen
Chemikalien bzw. Lebensmittel: Pentan, Wasser, klein gehackte Haselnüsse
Durchführung:
a) Gib die Haselnüsse und Pentan in einen Mörser und verreibe sie mit dem Pistill! Gib die Mischung in ein Reagenzglas, verschließe es und stelle es 15 Minuten in ein Wasserbad (50 °C)!
b) Dekantiere die Mischung! Lasse das Filtrat eindunsten und weise das Fett durch die Fettfleckprobe nach!
Beobachtungen und Auswertung:
Fertige ein Protokoll an! Könnte man das Fett auch mit destilliertem Wasser extrahieren? Begründe deine Antwort! Beschreibe eine weitere Möglichkeit, Fett und Lösungsmittel zu trennen!

Fette in unseren Lebensmitteln sind ganz leicht nachweisbar.

S Experiment:
Aufgabe:
Teste mithilfe der Fettfleckprobe verschiedene Lebensmittel auf Fett!
Vorbereitung:
Geräte und Chemikalien: Glasstab, Filterpapier, Spatel, Pipette, Bleistift, Lebensmittelproben (z.B. Apfel, Weintraube, Majonäse, Haselnuss, Käse, Milch), Wasser
Durchführung:
Teile Filterpapier in verschiedene Abschnitte! Zerquetsche jeweils ein kleines Stück der Probe bzw. gib einen Tropfen auf einen Abschnitt und beschrifte ihn! Bringe als Vergleich einen Tropfen Wasser auf! Lasse die Proben trocknen! Halte das Filterpapier gegen das Licht!
Beobachtung und Auswertung:
Stelle deine Beobachtungen und Schlussfolgerungen in einer Tabelle zusammen!

Allerdings müssen in unserer Nahrung bestimmte Fette vorhanden sein, damit es nicht zu Mangelerscheinungen kommt. Wer sich mit gesunder Ernährung beschäftigt weiß, dass Fett nicht gleich Fett ist. Besonders pflanzliche Fette gelten als gesund. Sie enthalten ungesättigte und mehrfach ungesättigte Fettsäurereste. Die entsprechenden Fettsäuren sind häufig essenziell für uns.
Für eine gesunde und ausgewogene Ernährung ist es wichtig zu wissen, welche Nahrungsmittel diese lebensnotwendigen Stoffe enthalten.

Auftrag:
Informiere dich über Fettsäuren! Stelle Namen und Formeln von gesättigten und ungesättigten Fettsäuren zusammen und kläre folgende Fragen:
- Welche Bedeutung haben die Fettsäuren für die menschliche Ernährung?
- In welchen Lebensmitteln sind diese Fettsäuren chemisch gebunden enthalten?
- Welche Lebensmittel sind für eine gesunde Ernährung geeignet?

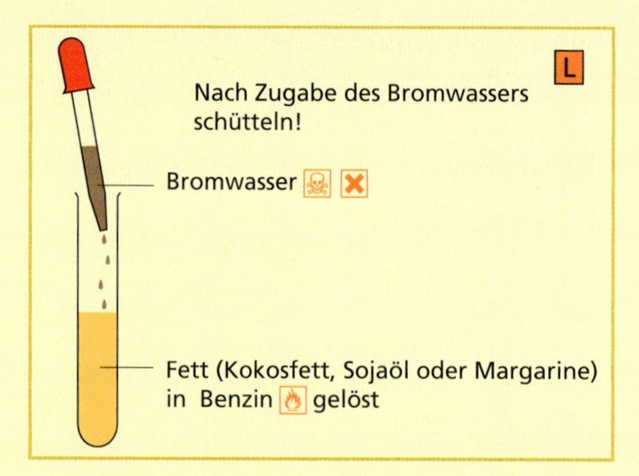

1 Experiment zum Nachweis von Mehrfachbindungen in chemisch gebundenen Fettsäuren

Die Mehrfachbindungen in den Molekülen ungesättigter Fettsäuren können durch Addition von Brom nachgewiesen werden.

Aufgabe:
Verschiedene Lebensmittel sollen darauf getestet werden, ob sie Mehrfachbindungen in den Molekülen enthalten. Führe Protokoll!

Frage:
Fetthaltige Nahrungsmittel können verderben. Sie riechen dann ranzig. Dieser Geruch stammt u. a. von sich bildender Buttersäure.
Welche chemischen Prozesse führen zur so genannten Fettalterung?

Fette sind sehr schlecht in Wasser, jedoch gut in organischen Lösemitteln löslich.

S Experiment:
Teste die Löslichkeit verschiedener fetthaltiger Nahrungsmittel! Gib dazu Olivenöl, Margarine und Leinöl u. a. einmal in ein Reagenzglas mit einem organischen Lösemittel und einmal in ein Reagenzglas mit Wasser!
Beschreibe die Beobachtungsergebnisse und erkläre sie! Welche Schlussfolgerung für die Entfernung von Fettflecken aus Kleidungsstücken kannst du ableiten?

Trotz der schlechten Wasserlöslichkeit ist der Wasseranteil in manchen fetthaltigen Nahrungsmitteln sehr hoch. In Milch sind beispielsweise Fette und Wasser gemischt. Milch ist eigentlich ein Emulsion. Dabei bildet das Fett im Wasser winzige Tropfen, die man nur unter dem Mikroskop erkennen kann. Enthaltene Emulgatoren (bestimmte Eiweiße) weisen polare und unpolare Enden auf, wobei die unpolaren Enden in die Fett-Tröpfchen hineinragen und die polare Enden in die Wassertröpfchen. Dadurch wird die feine Verteilung der nicht mischbaren Stoffe aufrechterhalten.

Frage:
Warum setzt sich der Rahm bei Frischmilch schneller ab als bei H-Milch? Worin besteht der Unterschied der beiden Milchsorten?

Streichfette wie Butter und Margarine stellen eigentlich feste Emulsionen dar. Das wird besonders deutlich, wenn man die Herstellung der Margarine kennt.

Auftrag:
Erstelle mithilfe verschiedener Medien (Fachbücher, Internet, Infohefte der Nahrungsmittelindustrie) eine Wandzeitung über Geschichte und Herstellung von Margarine!

Eine einfache Margarine kann man auch zu Hause zubereiten.

S Experiment:
Stelle aus 100 g Kokosfett, 50 g Pflanzenöl, 15 g Vollmilch, 15 g Wasser, 1 Eigelb und Salz Margarine her!
Das Kokosfett wird bei geringer Wärmezufuhr geschmolzen, danach unter Nutzung eines Rührgerätes mit dem Pflanzenöl vermischt, bis Zimmertemperatur erreicht ist. Die Mischung wird in ein kaltes Wasserbad mit Eiswürfeln gestellt. Unter Rühren werden die übrigen Zutaten hinzugefügt und die Masse steifgeschlagen.

Eiweißen auf der Spur

Es gibt Nahrungsmittel, die besonders eiweißreich sind (Abb. 2), und solche, die kaum Eiweiße enthalten.
Um Lebensmittel auf das Vorhandensein von Eiweißen zu testen, kann man zwei spezielle Reaktionen nutzen. Als Nachweisreaktionen gelten die **Biuretreaktion** und die **Xanthoproteinreaktion**.
Die Biuretreaktion dient eigentlich dem Nachweis von Peptidbindungen und wird durch Zugabe von verdünnter Natriumhydroxidlösung und einigen Tropfen Kupfersulfatlösung zu einer zu testenden Lösung ausgeführt. Sind Peptidbindungen vorhanden, färbt sich die Lösung rotviolett (Abb. 1).
Bei der Xanthoproteinreaktion nutzt man die spezielle Reaktion der Eiweiße mit konzentrierter Salpetersäure aus, die eine charakteristische Gelbfärbung ergibt (griech.: xanthos = gelb). Wird konzentrierte Salpetersäure auf das Testmaterial getropft, weist eine Gelbfärbung auf das Vorhandensein von Eiweißen hin (Abb. 1).

S Experiment:
Weise in verschiedenen Lebensmitteln Eiweiß nach!
Wähle dazu eine der beiden Nachweismöglichkeiten aus, notiere notwendige Geräte und Chemikalien und fordere sie beim Lehrer an!

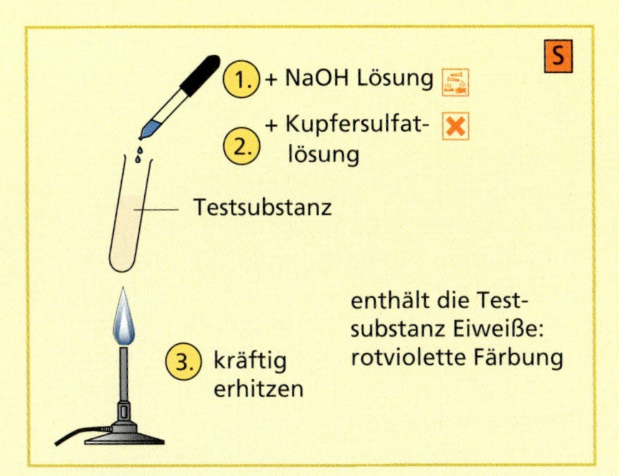

1 Nachweis der Eiweiße durch Biuretreaktion

2 Eiweißhaltige Nahrungsmittel

Auftrag:
Ermittle den prozentualen Anteil an Eiweißen in verschiedenen Lebensmitteln (z. B. Milch, Eier, Kartoffeln usw.)! Nutze Nachschlagewerke, Tabellen oder das Internet!

Eiweiße verlieren durch Denaturierung ihre biologische Wirksamkeit.

S Experiment:
Stelle eine Eiweißlösung her! Gieße die Lösung durch ein Sieb! Ermittle die Wirkung von hochprozentigem Ethanol, verdünnter Säure, Kupfersulfatlösung und Wärmezufuhr auf die Eiweißlösung! Leite aus den Beobachtungsergebnissen Schlussfolgerungen ab!

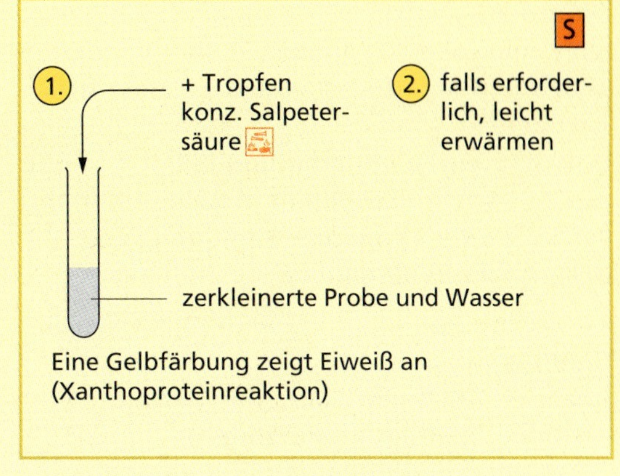

3 Nachweis der Eiweiße durch Xanthoproteinreaktion

1 Eier sind wesentlicher Bestandteil unserer Nahrung.

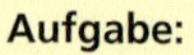

Aufgabe:
Wenn man Kartoffeln kocht, bildet sich manchmal ein weißlicher Schaum.
a) Stelle eine begründete Vermutung auf, woraus dieser Schaum bestehen könnte!
b) Beschreibe eine Möglichkeit, diese Vermutung experimentell zu bestätigen, und führe den Versuch durch!

Eier werden gekocht, gebraten oder auch als Rührei gegessen und auch zur Zubereitung vieler Speisen verwendet. Während des Erhitzens verändert sich das Ei.
Eiweiße denaturieren unter Einfluss von Hitze. Die Struktur wird zerstört. Dadurch werden die Eiweiße fest.
Die in den Peptidketten verbundenen Aminosäuren werden aber bei diesem Prozess nicht angegriffen und können im Verdauungstrakt freigesetzt werden.
Weil die Eiweiße im Eiklar und Eidotter alle für den Menschen essenziellen Aminosäuren enthalten, ist die biologische Wertigkeit dieser Eiweiße höher als die der Eiweiße in Fleisch.

Auftrag:
Definiere den Begriff biologische Wertigkeit! Erläutere ihn an mehreren Beispielen!

2 Muskulatur besteht aus körpereigenem Eiweiß.

Um ihr Körpergewicht zu reduzieren, führen manche Menschen eine Eierdiät durch. Sie essen bevorzugt Eier und verzichten auf andere feste Nahrungsmittel. Ernährungswissenschaftler warnen vor solcher Diät.

Auftrag:
Setze dich mit dieser Diät auseinander! Warum wird vor dieser Diät gewarnt?

Die mit der Nahrung aufgenommenen Eiweiße werden im Verdauungssystem durch Enzyme in Aminosäuren zerlegt. Aus diesen synthetisiert unser Körper körpereigene Eiweiße. Das sind u.a. auch Eiweiße, die die Muskulatur bilden.
Beim Bodybuilding soll besonders die Muskulatur aufgebaut werden (Abb. 2). Nicht nur gezieltes Training, auch die Ernährung spielt dabei eine Rolle.

Auftrag:
Informiere dich über Bodybuilding! Welche Besonderheiten müssen bei der Ernährung Beachtung finden?
Trage Argumente für und gegen diese Sportart zusammen! Diskutiere in diesem Zusammenhang auch die Einnahme von Medikamenten, die den Muskelaufbau steigern!
Lege deinen eigenen Standpunkt dar!

Gesunde Ernährung

Eiweiße, Kohlenhydrate, Fette, aber auch Vitamine, Mineralsalze und Ballaststoffe müssen in den notwendigen Mengen in unserer Nahrung vorhanden sein.

Auftrag:
Notiere, welche Bedeutung die aufgeführten Stoffe jeweils für unseren Organismus haben! Stelle einen „gesunden" Speiseplan für einen Tag zusammen! Orientiere dich dabei an der Ernährungspyramide (Abb. 1)!

Aufgabe:
Nenne und begründe Regeln der gesunden Ernährung!

Die Ernährungsgewohnheiten der Menschen sind unterschiedlich. Dabei geht es nicht nur um die Nahrungsmenge, sondern auch um die Art der Nahrung. Zunehmend mehr Menschen lehnen Fleisch und mehr oder weniger auch tierische Produkte ab.

Auftrag:
Setze dich mit der Ernährungsweise der Vegetarier und der Veganer auseinander! Wie sind die Ernährungsweisen für die Gesundheit einzuschätzen?

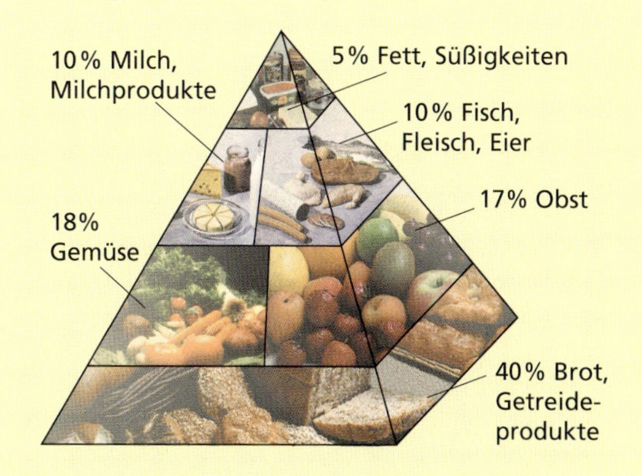

1 Für eine ausgewogene Ernährung wird empfohlen, seinen persönlichen Speiseplan entsprechend der Ernährungspyramide zusammenzustellen.

In der Presse und im Fernsehen wird immer wieder davon berichtet, dass viele Deutsche Übergewicht haben und sogar Kinder schon zu dick sind. Starkes Übergewicht begünstigt die Entstehung von Herz- und Kreislaufkrankheiten. Um sein Gewicht zu reduzieren, werden viele verschiedene Diäten angeboten.

Auftrag:
Sammle Zeitungsartikel zu unterschiedlichen Diäten, die zur Gewichtsreduktion führen sollen! Sind diese Diäten sinnvoll?
Unterbreite Vorschläge, wie man eine langfristige Reduktion von Übergewicht erreichen kann!

Energiegehalt und Nährstoffgehalt ausgewählter Nahrungsmittel

Nahrungsmittel in g (berechnet auf 100 g)	Energiegehalt		Nährstoffe in g			Wassergehalt in g
	in kJ	in kcal	Eiweiß	Fett	Kohlenhydrate	
Jogurt	297	71	4,8	3,8	4,5	86,1
Camembert	1200	287	20,1	24,2	2,0	52,1
Butter	2996	716	0,6	81,0	0,7	17,4
Margarine	2960	720	0,5	80,0	0,4	19,7
Hühnerei	678	162	12,8	11,5	0,7	74,0
Milchschokolade	2176	520	7,7	32,3	56,9	0,9
Schweinekotelett	1427	341	15,2	30,6	0,0	53,9
Entenfleisch	1365	326	16,0	28,6	0,0	54,0
Zervelatwurst	1072	256	12,5	27,6	1,8	55,6

Register

T

U

V

W

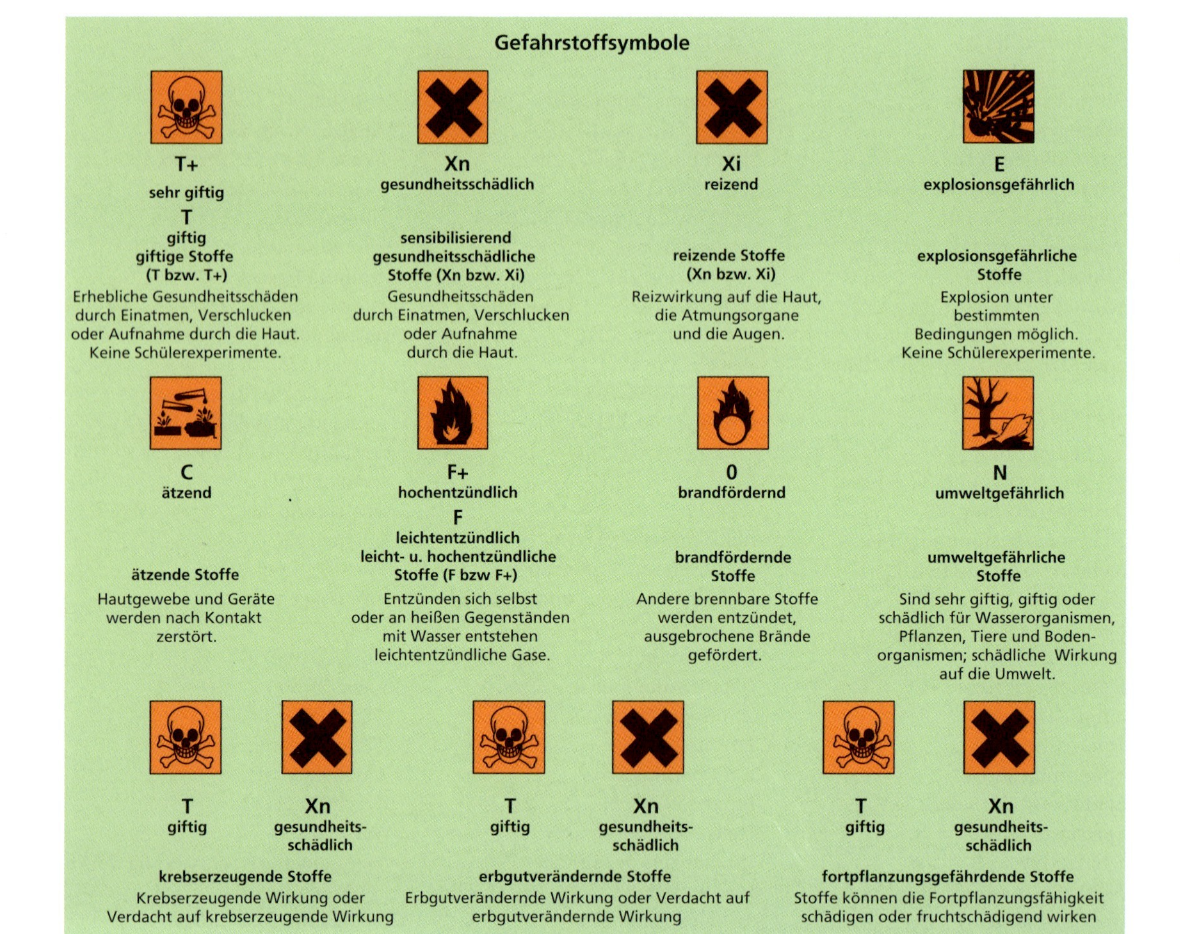
Gefahrstoffsymbole
T+
sehr giftig
T
giftig
giftige Stoffe
(T bzw. T+)
Erhebliche Gesundheitsschäden durch Einatmen, Verschlucken oder Aufnahme durch die Haut. Keine Schülerexperimente.
Xn
gesundheitsschädlich
sensibilisierend
gesundheitsschädliche Stoffe (Xn bzw. Xi)
Gesundheitsschäden durch Einatmen, Verschlucken oder Aufnahme durch die Haut.
Xi
reizend
reizende Stoffe
(Xn bzw. Xi)
Reizwirkung auf die Haut, die Atmungsorgane und die Augen.
E
explosionsgefährlich
explosionsgefährliche Stoffe
Explosion unter bestimmten Bedingungen möglich. Keine Schülerexperimente.
C
ätzend
ätzende Stoffe
Hautgewebe und Geräte werden nach Kontakt zerstört.
F+
hochentzündlich
F
leichtentzündlich
leicht- u. hochentzündliche Stoffe (F bzw F+)
Entzünden sich selbst oder an heißen Gegenständen mit Wasser entstehen leichtentzündliche Gase.
0
brandfördernd
brandfördernde Stoffe
Andere brennbare Stoffe werden entzündet, ausgebrochene Brände gefördert.
N
umweltgefährlich
umweltgefährliche Stoffe
Sind sehr giftig, giftig oder schädlich für Wasserorganismen, Pflanzen, Tiere und Bodenorganismen; schädliche Wirkung auf die Umwelt.
T
giftig
Xn
gesundheitsschädlich
krebserzeugende Stoffe
Krebserzeugende Wirkung oder Verdacht auf krebserzeugende Wirkung
T
giftig
Xn
gesundheitsschädlich
erbgutverändernde Stoffe
Erbgutverändernde Wirkung oder Verdacht auf erbgutverändernde Wirkung
T
giftig
Xn
gesundheitsschädlich
fortpflanzungsgefährdende Stoffe
Stoffe können die Fortpflanzungsfähigkeit schädigen oder fruchtschädigend wirken

Gefahrstoffhinweise für einige Chemikalien

Aluminiumpulver (nicht stabilisiert)	F;	R15, R17	S2, S7/8, S43
Aluminiumpulver (phlegmatisiert)		R10, R15	S2, S7/8, S43
Ammoniak (wasserfrei)	T; N	R10, R 23, R 34, R 50	S 1/2, S 9, S 16, S 26, S 36, S 37, S45, S 61
Ammoniak-Lösung $10\,\% \leq \omega < 25\,\%$	C;	R34	S 1/2, S 26, S 36, S 37, S 39, S 45, S 61
$5\,\% \leq \omega < 10\,\%$	Xi;	R36/37/38	S 1/2, S26, S 36, S 37, S 39, S45, S 61
Ammoniumchlorid	Xn;	R22, R36	S2, S22
Ammoniumnitrat	O;	R8, R9	S15, S16, S41
Bariumchlorid ($\omega \geq 25\,\%$)	Xn;	R20, R 25	S28
Bariumhydroxid ($5\,\% \leq \omega < 10\,\%$)	Xi;	R20/22, R34	S26, S36/37/38, S45
Bariumhydroxid (wasserfrei und Octahydrat)	C;	R20/22, R34	S26, S36/37/38, S45
Brom	T+, C;	R26, R35	S 1/2, S7/9, S26, S45
Bromwasser ($1\,\% \leq \omega < 5\,\%$)	T, Xi;	R23, R24	S7/9, S26
Calcium	F;	R 15	S 2, S 8, S 24/25, S 43
Calciumcarbid	F;	R15	S2, S8, S43
Calciumhydroxid ($5\,\% \leq \omega < 10\,\%$)	Xi;	R34	S26, S36/37/38, S45
Calciumhydroxid	C;	R34	S26, S36/37/38, S45
Calciumoxid	C;	R 34	S 26, S 36
Chlor	T, N;	R23, R36/37/38, R 50	S 1/2, S7/9, S45, S 61
Chlorwasserstoff (wasserfrei)	T, C;	R23, R35	S 1/2, S9, S26, S 36, S 37, S 39, S45
Eisen(II)-sulfat-Heptahydrat	Xn;	R22, R 41	S24, S25
Essigsäure (Ethansäure)			
$\omega \geq 90\,\%$	C;	R10, R35	S 1/2, S23, S26, S45
$25\,\% \leq \omega < 90\,\%$	C;	R10, R34	S 1/2, S23, S26, S45
$10\,\% \leq \omega < 25\,\%$	Xi;	R10, R34	S 1/2, S23, S26, S45
Ethanol	F;	R11	S2, S7, S16
Ethen	F+;	R12	S2, S9, S16, S33
Kalium	F, C;	R14/15, R34	S 1/2, S5, S8, S43, S45
Kaliumhydroxid $\omega \geq 5\,\%$	C;	R35	S 1/2, S26, S37/39, S45
Kaliumnitrat	O;	R8	S16, S41
Kaliumpermanganat	O, Xn;	R8, R22	S2
Kupfer(II)-chloridlösung $3\,\% \leq \omega < 25\,\%$	Xn;	R25, R36/37/38	S37, S45
Kupfer(II)-sulfat	Xn;	R22, R 36/38	S2, S22
Lithium	F, C;	R14/15, R34	S 1/2, S8, S43, S45
Magnesium, Späne	F;	R11, R15	S2, S7/8, S43
Mangandioxid (Braunstein)	Xn;	R20/22	S2, S25
Methan	F+;	R12	S2, S9, S16, S33
Natrium	F, C;	R14/15, R34	S 1/2, S5, S8, S43, S45
1-Naphthylamin	Xn, N;	R22, R51/53	S2, S24, S61
Natriumhydroxid, wasserfrei	C;	R35	S 1/2, S26, S37/39, S45
Natriumhydroxid-Lösung $\omega \geq 5\,\%$ (Natronlauge)	C;	R35	S 1/2, S26, S37/39, S45
$2\,\% \leq \omega < 5\,\%$	C;	R34	S 1/2, S26, S37/39, S45
ortho-Phosphorsäure $\omega \geq 25\,\%$	C;	R 34	S 1/2, S 26, S 45
$10\,\% \leq \omega \geq 25\,\%$	Xi;	R 36/38	S 25
Petroleumbenzin (Siedebereich 40 – 60 °C)	F;	R11	S9, S16, S29, S33
Petroleumbenzin (Siedebereich 60 – 80 °C)	F;	R11	S9, S16, S29, S33
Petroleumbenzin (Siedebereich 100 – 140 °C)	F;	R11	S9, S16, S29, S33
Salpetersäure ($20\,\% \leq \omega < 70\,\%$)	C;	R35	S 1/2, S23, S26, S27
$5\,\% \leq \omega < 20\,\%$	C;	R34	S 1/2, S23, S26, S27
Salzsäure, $\omega \geq 25\,\%$	C,	R34, R37	S 1/2, S26, S45
Salzsäure, $10\,\% \leq \omega < 25\,\%$	Xi;	R36/37/38	S2, S28
Schwefeldioxid	T;	R23, R34	S 1/2, S9, S26, S36, S37, S39, S45
Schwefelsäure ($w \geq 15\,\%$)	C;	R35	S 1/2, S26, S30, S45
$5\,\% \leq \omega < 15\,\%$	Xi;	R36/38	S2, S26
Silbernitrat	C;	R 34	S 1/2, S 26, S 45
Silbernitrat ($5\,\% \leq \omega < 10\,\%$)	Xi;	R34	S 1/2, S26, S45
Sulfanilsäure (4-Aminobenzolsulfonsäure)	Xi;	R36/38, R43	S2, S24, S37
Wasserstoff	F+;	R12	S2, S9, S16, S33
Zink-Pulver phlegmatisiert		R10, R15	S2, S7/8, S43
Zink-Pulver nicht stabilisiert	F;	R15, R17	S2, S7/8, S43
Zinkchlorid	C;	R34	S 1/2, S7/8, S28, S45
$5\,\% \leq \omega < 10\,\%$	Xi;	R34	S 1/2, S7/8, S28, S45

Gefahrenhinweise (R-Sätze)

R-Sätze weisen auf besondere Gefahren hin

R 1	In trockenem Zustand explosionsgefährlich	R 22	Gesundheitsschädlich beim Verschlucken	R 44	Explosionsgefahr bei Erhitzen unter Einschluss
R 2	Durch Schlag, Reibung, Feuer oder andere Zündquellen explosionsgefährlich	R 23	Giftig beim Einatmen	R 45	Kann Krebs erzeugen
R 3	Durch Schlag, Reibung, Feuer oder Zündquellen besonders explosionsgefährlich	R 24	Giftig bei Berührung mit der Haut	R 46	Kann vererbbare Schäden verursachen
R 4	Bildet hochempfindliche explosionsgefährliche Metallverbindungen	R 25	Giftig beim Verschlucken	R 48	Gefahr ernster Gesundheitsschäden bei längerer Exposition
R 5	Beim Erwärmen explosionsfähig	R 26	Sehr giftig beim Einatmen	R 49	Kann Krebs erzeugen beim Einatmen
R 6	Mit und ohne Luft explosionsfähig	R 27	Sehr giftig bei Berührung mit der Haut	R 50	Sehr giftig für Wasserorganismen
R 7	Kann Brand verursachen	R 28	Sehr giftig beim Verschlucken	R 51	Giftig für Wasserorganismen
R 8	Feuergefahr bei Berührung mit brennbaren Stoffen.	R 29	Entwickelt bei Berührung mit Wasser giftige Gase	R 52	Schädlich für Wasserorganismen
R 9	Explosionsgefahr bei Mischung mit brennbaren Stoffen	R 31	Kann bei Gebrauch leichtentzündlich werden	R 53	Kann in Gewässern längerfristig schädliche Wirkungen haben
R 10	Entzündlich	R 32	Entwickelt bei Berührung mit Säure sehr giftige Gase	R 54	Giftig für Pflanzen
R 11	Leichtentzündlich	R 33	Gefahr kumulativer Wirkungen	R 55	Giftig für Tiere
R 12	Hochentzündlich	R 34	Verursacht Verätzungen	R 56	Giftig für Bodenorganismen
R 14	Reagiert heftig mit Wasser	R 36	Reizt die Augen	R 57	Giftig für Bienen
R 15	Reagiert mit Wasser unter Bildung leichtentzündlicher Gase	R 37	Reizt die Atmungsorgane	R 58	Kann längerfristig schädliche Wirkungen auf die Umwelt haben
R 16	Explosionsgefährlich in Mischung mit brandfördernden Stoffen	R 38	Reizt die Haut	R 59	Gefährlich für die Ozonschicht
R 17	Selbstentzündlich an der Luft	R 39	Ernste Gefahr irreversiblen Schadens	R 60	Kann die Fortpflanzungsfähigkeit beeinträchtigen
R 18	Bei Gebrauch Bildung explosionsfähiger/ leichtentzündlicherDampf-Luftgemische möglich	R 40	Irreversibler Schaden möglich	R 61	Kann das Kind im Mutterleib schädigen
R 19	Kann explosionsfähige Peroxide bilden	R 41	Gefahr ernster Augenschäden	R 62	Kann möglicherweise die Fortpflanzungsfähigkeit beeinträchtigen
R 20	Gesundheitsschädlich beim Einatmen	R 42	Sensibilisierung durch Einatmung möglich	R 63	Kann das Kind im Mutterleib möglicherweise schädigen
R 21	Gesundheitsschädlich bei Berührung mit der Haut	R 43	Sensibilisierung durch Hautkontakt möglich	R 64	Kann Säuglinge über die Muttermilch schädigen

Sicherheitsratschläge (S-Sätze)

S-Sätze geben Ratschläge für den sachgemäßen Umgang mit gefährlichen Stoffen

S 1	Unter Verschluss aufbewahren	S2 2	Staub nicht einatmen	S 42	Beim Räuchern/Versprühen geeignetes Atemschutzgerät anlegen (geeignete Bezeichnung vom Hersteller anzugeben)
S 2	Darf nicht in die Hände von Kindern gelangen	S 23	Gas/Rauch/Dampf/Aerosol nicht einatmen (geeignete Bezeichnung vom Hersteller anzugeben).	S 43	Zum Löschen ... (vom Hersteller anzugeben) verwenden (wenn Wasser die Gefahr erhöht, anfügen: Kein Wasser verwenden)
S 3	Kühl aufbewahren	S 24	Berührung mit der Haut vermeiden	S 45	Bei Unfall oder Unwohlsein (wenn möglich, dieses Etikett vorzeigen)
S 4	Von Wohnplätzen fernhalten	S 25	Berührung mit den Augen vermeiden	S 46	Bei Verschlucken sofort ärztlichen Rat einholen und Verpackung oder Etikett vorzeigen
S 5	Unter ...aufbewahren (geeignete Flüssigkeit vom Hersteller anzugeben)	S 26	Bei Berührung mit den Augen gründlich mit Wasser abspülen und Arzt konsultieren	S 47	Nicht bei Temperaturen über ... °C aufbewahren (vom Hersteller anzugeben)
S 6	Unter ... aufbewahren (inertes Gas vom Hersteller anzugeben)	S 27	Beschmutzte, getränkte Kleidung sofort ausziehen	S 48	Feucht halten mit ... (geeignetes Mittel vom Hersteller anzugeben)
S 7	Behälter dicht geschlossen halten	S 28	Bei Berührung mit der Haut sofort abwaschen mit viel ... (vom Hersteller anzugeben)	S 49	Nur im Originalbehälter aufzubewahren
S 8	Behälter trocken halten.	S 29	Nicht in die Kanalisation gelangen lassen	S 50	Nicht mischen mit ...(vom Hersteller anzugeben)
S 9	Behälter an einem gut belüfteten Ort aufbewahren	S 30	Niemals Wasser hinzugießen	S 51	Nur in gut gelüfteten Bereichen verwenden
S 12	Behälter nicht gasdicht verschließen	S 33	Maßnahmen gegen elektrostatische Aufladungen treffen	S 52	Nicht großflächig für Wohn- und Aufenthaltsräume zu verwenden
S 13	Von Nahrungsmitteln, Getränken und Futtermitteln fernhalten.	S 34	Schlag und Reibung vermeiden	S 53	Exposition vermeiden. Vor Gebrauch besondere Anweisung einholen
S 14	Von ...fernhalten (inkompatible Substanzen vom Hersteller anzugeben)	S 35	Abfälle und Behälter müssen in gesicherter Weise beseitigt werden	S 56	Diesen Stoff und seinen Behälter der Problemabfallentsorgung zuführen
S 15	Vor Hitze schützen	S 36	Bei der Arbeit geeignete Schutzkleidung tragen	S 57	Zur Vermeidung einer Kontamination der Umwelt geeigneten Behälter verwenden
S 16	Von Zündquellen fernhalten – Nicht rauchen.	S 37	Geeignete Schutzhandschuhe tragen	S 59	Information zur Wiederverwendung/Wiederverwertung beim Hersteller/Lieferanten erfragen
S 17	Von brennbaren Stoffen fernhalten	S 38	Bei unzureichender Belüftung Atemschutzgerät anlegen	S 60	Dieser Stoff und sein Behälter sind als gefährlicher Abfall zu entsorgen
S 18	Behälter mit Vorsicht öffnen und handhaben.	S 39	Schutzbrille/Gesichtsschutz tragen	S 61	Freisetzung in die Umwelt vermeiden. Besondere Anweisungen einholen/Sicherheitsdatenblatt zu Rate ziehen
S 20	Bei der Arbeit nicht essen und trinken	S 40	Fußboden und verunreinigte Gegenstände mit ...reinigen (vom Hersteller anzugeben)	S 62	Bei Verschlucken kein Erbrechen herbeiführen. Sofort ärztlichen Rat einholen und Verpackung oder dieses Etikett vorzeigen.
S 21	Bei der Arbeit nicht rauchen	S 41	Explosions- und Brandgase nicht einatmen		